U1018402

大足學研究文庫 乙種

黎方銀 主编

大足石刻編年史

方珂 编著

武漢大學出版社
WUHAN UNIVERSITY PRESS

圖書在版編目(CIP)數據

大足石刻編年史/方珂編著.—武漢:武漢大學出版社,2020.12
(2022.4 重印)
大足學研究文庫/黎方銀主編.乙種
ISBN 978-7-307-21960-1

Ⅰ.大… Ⅱ.方… Ⅲ.大足石窟—編年史—中國 Ⅳ.K879.27

中國版本圖書館 CIP 數據核字(2020)第 233638 號

責任編輯:朱金波　　責任校對:李孟瀟　　版式設計:韓聞錦

出版發行:**武漢大學出版社**　(430072　武昌　珞珈山)
(電子郵箱:cbs22@whu.edu.cn 網址:www.wdp.com.cn)
印刷:武漢郵科印務有限公司
開本:720×1000　1/16　印張:28.75　字數:414 千字　插頁:1
版次:2020 年 12 月第 1 版　2022 年 4 月第 2 次印刷
ISBN 978-7-307-21960-1　定價:99.00 元

一部中國世俗石刻的編年史（代序）

重慶大足石刻藝術博物館的方珂將其積多年撰寫的《大足石刻編年史》送來，粗閱之後，感到資料豐富詳實，爲我們全面認識大足石刻的發展歷史提供了一個很好的藍本。

其實對於佛道之學和石刻藝術來説，我是一個外行，只是在幾十年的中國歷史文化地理研究過程中，對中國的一些佛道藝術遺址多有考察。另在編寫《西南歷史文化地理》過程中對一些佛道文化的空間演變有一點點探索，寫過一兩篇關於佛教地理的論文，所以只能説有一點接觸，僅觸及皮毛而已。近三十年來，因研究歷史地理的需要，本人的考察足跡遍佈巴山蜀水，就佛道石刻造像遺址來看，先後考察過大足石刻群（只到過北山、寶頂、南山、石門、石篆山）、安岳石刻群（只到過大佛廟、千佛寨）、合川釣魚山大佛、龍多山石刻、榮縣大佛、南部大佛、閬中大佛寺、廣元千佛岩、皇澤寺石刻、巴中石刻群（只到過南龕、西龕）、仁壽大佛、樂山大佛、夾江千佛岩、瀘州玉蟾山等地，對巴蜀大地的古代石刻造像的整體狀況略知一二，也深深地爲巴蜀大地的石刻造像藝術之豐富所折服。在以上衆多的石刻造像中，大足石刻從造像數量和藝術影響上來看，都最具有不可替代的地位。我們知道在全國話語裏有“北有敦煌，南有大足”，在巴蜀話語中則有“上朝峨眉，下朝寶頂”，在川南地區將瀘縣玉蟾山稱爲“小寶頂”，這些都足以證明大足石刻在中國佛教文化中的地位和影響。

大家都很熟悉的是，佛教傳入中國後經過了一個中國化的過程，所以學術界對於歷史上儒佛道文化的整合過程研究甚多，同時在佛道的地域流派方面的研究也很多，但如果不考慮流派而僅從地域文化角度來研究佛道文化的地域差異，可能做的工作就相對較少了。我們都知道在中國敦煌、雲岡、龍門、麥積山、大足等幾大石窟造像中，大足石刻是最爲世俗化的，但原因何在？由於區位環境和文化傳統的關係，在某種程度上講巴蜀文化本身天然具有一種務實的世俗化氛圍。我們講巴蜀文化地理時，不時談到蜀人尚滋味、喜宴遊、好嬉錢，好文畏兵，世俗而務實。所以，在這樣的文化氣氛下，再高深莊嚴的説教也可能演變成身邊娓娓而來的親情告諭，再嚴肅高尚的情懷都可以用詼諧風趣的巴蜀言子抒發。所以，我常常感覺到大足石刻中不僅有天上本土的神仙，遠方佛教的菩薩，更有那個時代身邊活著的聖賢。可能也正是因此，我們研究歷史的學者可以於大足石刻中更多更直接找到反映唐宋時期的社會風情的資料百科，而不僅只限於研究佛教藝術上面。

作爲一位本土的歷史學者，一直想爲大足石刻做些事情。記得大約是在 1999 年，在西南師範大學召開唐史學術的一次會議上，來了一位陝西省寶雞市博物館的老先生，在會上展示他收藏的民國時期一批學者考察大足石刻等巴蜀石刻的照片集。我仔細一看，照片大多是考察大足石刻造像的老照片，包括北山多寶塔的照片都相當珍貴。當時老先生本擬送給我們學院的，因爲他感覺這本畫集只有留在巴蜀的研究機構更有意義。可會下有一位先生不知出於何種動機建議老先生自己留著會更有價值，老先生也就放棄了贈送的念頭。現在想起來，相當遺憾！後來，大約是 2008 年，我考察經過寶雞市博物館，瞭解到先生已經仙逝，而照片集已經下落不明了，更感傷感！當時曾在博物館要了先生後人的電話，但當時先生後人不在寶雞居住，由於時間關係，至今没有聯繫到先生後人，也不知這批照片留在何方。現在看來，這些照片可能是民國三十四年楊家駱的大足石刻考察團所留的兩百幅照片（照片爲黑白明片鑲在照片集上，遠比楊家駱《大足石刻圖征初編》收録照片多，且更清晰），尤爲珍貴。本想爲大足做點事情卻没有做到，不能不深感愧疚！記得方珂畢業時，我向大足石刻藝術博物館推薦了他，没有想到，大足照片遺失的愧疚從我培養的研究生所撰的《大足石刻編年史》中得到稍許安慰。

方珂在讀研究生時，學習一直認真刻苦。當年由於經濟困難，我就讓他住在研究所資料室中。除平時喜歡喝點小酒外，他並無啥子其他愛好，在學問上做得踏踏實實，所寫的碩士論文《明代四川省急遞鋪的地理研究》資料豐富，考證精嚴，顯現了他較好的考證功底。可能正是因爲有這樣的基礎愛好，加上在工作中受到郭相穎、陳明光、黎方銀等大足石刻專家的教誨，目前呈現在大家面前的這一部《大足石刻編年史》中仍有以前研究的一些風格，同時在分析上又更爲成熟了。作爲第一部大足石刻的編年史，此書填補空白的價值不可替代。稍有一點遺憾的是，書中有個別銘文没有斷句，一定程度上影響了一般讀者的閲讀。

作爲老師，我希望每一位學生能在不同的崗位上做到最好。就做學問來說，他們不一定非得在重點高校，也不一定非要在大城市的研究所，因爲學術成果本身品質是不受單位、身份制約的。只要原創性强，成果就一定會傳承下去，影響後世的。方珂做到了這一點。我感到十分欣慰，所以十分高興爲之作序。

藍　勇

2018年4月

前　言

大足石刻，是重慶市大足縣(區)境内自唐至清共75處石窟、5萬餘尊造像、10余萬字銘文的總稱。重慶位於中國之西南，大足，又位於重慶之西南，相去重慶83公里。唐乾元二年(公元759年)置昌州，大足縣與州同置，取境内“大足川”而爲縣名，從而正式載入歷史進程。迄今算來，已有1257年矣。

地處“山水奇秀”的静南(唐時該地曾設静南軍)，又少有戰事擾及，小農經濟的發展爲這塊土地帶來了一片安寧富裕的田園風光。北宋元豐時期，昌州人口密度是渝州(今重慶市)的4倍；南宋時期，“人文之盛，棠與渝同”。由於昌州海棠獨有香味，遂稱“棠城”，與當地的特産——龍水五金，一併蜚聲海内，流淌在千年的寧静歲月中。

在大足現今發現最早的有紀年的石刻造像，乃是唐永徽年間(公元650—655年)的尖山子造像，而後兩百餘年又一直寂寂無聞。唐朝末年，黄巢之亂，各地藩鎮擁兵自重，有韋君靖者，糾合義兵，征戰東西兩川，後於大足縣城西北之龍崗山建永昌寨，“糧貯十年，兵屯數萬，耕織無妨，徭役不闕”，割據一方，維持了地方的安寧。唐代崇佛之風熾盛，閒暇之餘，韋君靖與官員在寨内的北山佛灣“鑿出金仙，以建浮圖”，成爲了有文字記載的大足石刻大規模建造的肇始。晚唐五代時期，動盪的外部大環境和大足地區相對安適的狀況形成劇烈的對撞，更多的當地民眾甚至官員被吸引到北山，開鑿佛像以祈平安，使得北山佛灣中，佛像寧静的表情背後蘊含了强烈的時代色彩。

四川佛道造像的起源，實源于成都周邊地區南北朝時期之造像。後來明皇奔蜀，僖宗入川，使得地處巴蜀門户的廣元和巴中的造像大盛。但自中唐以後，中原政治經濟中心向東南移動，故道寥落，蜀地造像開始向川中内地轉移。重慶由於地處嘉陵江和長江交匯處，上可通三秦，下可達荆楚，在北宋的茶馬貿易和南宋的長江防線中至關重要，經濟和軍事地位驟陞，逐漸成爲與傳統政治經濟中心的成都相匹的川中第二中心。由於成渝中路自安岳而來，穿大足而過，大足也迎來了新的發展契機。南宋淳熙年間，在潼川府大足縣米糧里出生的僧人趙智鳳赴成都地區雲遊之後，據稱繼承了川地的密宗瑜伽派，師承唐末的柳本尊，回到家鄉主持修建了寶頂山工程，成爲了今天我們所看到的大足石刻最具代表性的巨作。而這些作品，建造時卻正當金與南宋在陝西前線反復争奪四川邊境的時代，漢人成功防守住了四川，才使得蜀地相對安定，但是百姓遭受了徭役賦税沉重和“干旱連年”，寶頂山工程或許正是以工代賑的産物。

曾是四川北方長城的秦嶺擋住了金人，卻在“上帝之鞭”的蒙古鐵騎前終成“馬奇諾防線”，蒙古人從雲南方向對四川進行了大包抄。南宋末年的“狄難”(元兵入蜀)與明朝末年的“蜀難”(張獻忠入蜀)對四川地區的人口與經濟造成毁滅性打擊，大足自然也未免於難，“環千里荆榛矣”，其地曾被併入鄰近的合州和榮昌縣，至清初移民實川後才得以恢復，直至現今。明代早期，以寶頂山寺廟爲代表的大足石刻雖略有恢復，但是已非昨日往昔。清嘉慶年間的大足知縣張澍有詩云：“磨崖蘚字又來尋，乾道淳熙歲月深”，曾經的佛光普照，已爲荒野深處的青苔和浮葉所掩蓋矣。

時間轉到了1945年，艱苦卓絶的全面抗戰已進入末期，由於全國的人文精華集中於大後方西南地區，特别是重慶，于是，大足迎來了以楊家駱爲首的乙酉考察團前來參觀考察，寂静的山林多了他們忙碌的身影，沉默了數百載的文物又重焕光彩，爲抗戰時代豐富多彩的文化又添了濃重而俏麗的一筆。大足石刻似乎總是在民族苦難的時刻才蓬勃地發出光芒。是佛欲現人間？是人間欲顯佛耶？天意難測。

相較於源遠流長的敦煌石窟、富麗清秀的雲岡石窟、皇室典雅的龍門石窟，大足石刻作爲中國南方的大型石窟，其年代最晚，而更多一份世俗氣。從不見於經典的難以解釋的造像組合(四川石窟特色)，至全無佛教氣息的世間百態形象，甚至被經典儒家視爲“不倫”的三教合一造像，無不浸染著難以言喻的巴蜀特色。這一方面顯示著佛教在中原之外的地區繼續深入地中國本土化，另一方面顯示著巴蜀地區受中原正統文化影響的薄弱。這也正反映出中原的北方文化系統與南方的本土文化系統互相交融與抵抗，所結出的文化成果。

老子的《道德經》中言“大象無形”，其實石刻的大佛都不如心中之神，望著那些俯視眾生的衮衮諸佛，正如《金剛經注正訛》中所說：“如來説當其既悟無我，便是佛菩薩心腸”。見佛而忘佛，愛身而推人，豈不正是范仲淹的“先天下之憂而憂，後天下之樂而樂”乎？我想，這應是我們看到大足石刻之外的意義，非皓首窮經者所解。這樣看“大足”二字，是否會有新的意義？

自 1981 年大足石刻正式開放以來，迄今已近 40 個年頭。四季往復，歲月荏苒，石佛在漸漸風化，鎏金與妝彩也在漸漸淺淡，我們也在自然規律中漸行。唯一不變的是時間的變化，唯一真實的是歷史的存在。若干年的滄海桑田後，歷史的回聲中或許會有今天我們的聲音……

僅以此文爲此《大足石刻編年史》一書作開篇。

方　珂

2018 年 10 月

本書體例

本書收集資料范圍乃從公元前685年巴人首見於史書記載，至公元1949年大足石刻停止建造。因爲大足所屬地區爲春秋時期的巴地，所以開篇以地理范圍納入；而1949年中國新政權成立，因特以此時間劃爲終止。

本書中所選資料，并非僅限於大足石刻，有關大足地區，擴至四川地區，乃至全中國的政治、軍事、經濟、宗教等材料均有收録，凡與大足相關或有可能對大足造成影響之資料，均以史書實文録入，類於長編體裁。

爲保持原文字貌，特以繁體中文出示。對於有些銘文中本身使用的簡化字，如“國”寫作“国”，“嘉靖”寫作“加靖”等，也盡量保持原貌。

若引用到《史記》中《集解》《索引》《正義》的注文，則在引用中標明《三家注史記》。若僅有《史記》原文而無注文，則僅標明《史記》。其餘引用類似。

若在每紀年下有一條以上録文出自同一引用資料，則只在最后一條録文中注明出處。

紀年均用公元紀年。自漢“建元”年號起，公元紀年后附主要中原政權年號，南北朝時期和五代十國時期，紀年后均附有與該年録取資料相關的政權年號。宋、遼、金、西夏時期，以宋政權年號所記。本地石刻中出現的明洪武三十一年後至“三十五年”年號恢復爲“建文”年號。

本書作中有使用到多種字符號，因許多録文取自《大足石刻銘文録》，也依其體例，同其符號。特在此作一説明：

1.“【】”(資料起頭)中所注明的乃是“銘文”“墨書”“碑文”等

各種石刻上所發現文字。

2. “|”乃是銘文中斷行符號，表示石上所刻原文自此下另起一行。

3. “△”乃碑銘文中的空字位，一個“△”代表一個空字。

4. “□”乃碑銘文中的漶滅字，一個“□”代表一個漶字，不明字數的以“(漶)”表示。

5. “【】”(資料録文)中的字，乃碑銘文中現已漶失而据文獻校補的字。

6. “〔〕”中的字，乃碑銘文中依稀可辨的字，讀者可自行辨識認定與否。

7. 録文後注有“(白)”之文字，乃是大足北山白塔内的銘文。

書中提到造像，尺寸單位多爲“釐米”，也有少數大尺寸造像以“米”爲單位，皆注有單位。提到的“字徑”均爲横徑。

關於文中之斷句，所采資料中若是直接録自未整理之原文，則不作斷句，以保持資料原始面貌；若是采自今人所整理之資料，則也依整理者之原意，以有標點之斷句形式録入，筆者或有異議之處多已作説明。書中均有注明出處，讀者可自行參酌。

目　　録

先 秦 卷

公元前685年

巴子使韓服告於楚，請與鄧爲好。楚子使道朔將巴客以聘於鄧。鄧南鄙鄾人攻而奪之幣，殺道朔及巴行人。楚子使薳章讓於鄧，鄧人弗受。

夏，楚使鬬廉帥師及巴師圍鄾。鄧養甥、聃甥帥師救鄾。三逐巴師，不克。鬬廉衡陳其師於巴師之中，以戰，而北。鄧人逐之，背巴師；而夾攻之。鄧師大敗。鄾人宵潰。

（《左傳·魯桓公九年》）

這是巴人首見於史書之記録。巴國，據《華陽國志》卷一記載："《洛書》曰：'人皇始出，繼地皇之後，兄弟九人，分理九州，爲九囿。人皇居中州，制八輔。'華陽之壤，梁岷之域，是其一囿；囿中之國，則巴蜀矣。其分野，輿鬼、東井。其君，上世未聞。五帝以來，黄帝、高陽之支庶，世爲侯伯。及禹治水命州，巴、蜀以屬梁州。"但是至於巴人先祖爲誰，自何處而來，至今仍是學界一大謎團。巴人來源首次見於史書在《後漢書》卷八十六《南蠻西南夷列傳》中，載："巴郡南郡蠻，本有五姓：巴氏、樊氏、瞫氏、相氏、鄭氏。皆出於武落鍾離山。其山有赤黑二穴，巴氏之子生於赤穴，四姓之子皆生黑穴。未有君長，俱事鬼神，乃共擲劍于石穴，約能中者，奉以爲君。巴氏子務相乃獨中之，衆皆歎。又令各乘土船，約能浮者，當以爲君。餘姓悉沉，唯務相獨浮。因共立之，是爲廩君。乃乘土船，從夷水至鹽陽。鹽水有神女，謂廩君曰：'此地廣大，魚鹽所出，願留共居。'廩君不許。鹽神暮輒來取宿，旦即化爲蟲，與諸蟲群飛，掩蔽日光，天地晦冥。積十餘日，廩君伺其便，因射殺之，天乃開明。廩君于是君乎夷城，四姓皆臣之。廩君死，魂魄世爲白虎。巴氏以虎飲人血，遂以人祠焉。"此記載應是出於《世本》。武落鍾離山，一說在今湖北省宜昌長陽縣縣城西南30公里處，即"佷山"，山上至今有向("向"與廩君"務相"字同音)王廟。在《太平寰宇記》"峽州"條下記載："武落山，一名難留山，在(長陽)縣西七十八里，本稟君所出處也"，《讀史方輿紀要》中"夷陵州"條下"佷山"又别是一處，並在"巴山"下載："武落鍾山，《寰宇記》：在縣西北七十八里，有石穴，即巴蠻之先廩君刺劍處。一名難留山。《荆州記》：難留山北有石室，可容數百人僻險，不可攻，因名難留城。"近年來有部分研究者根據廩君從鍾離山順清江到達夷城的方向以及清楊守敬等編繪的《水經注圖(外二種)》，認爲武落鍾離應是在湖北巴東縣水布婭鎮西北的三里城。各執一詞，尚無定論。近世根據考古發現，結合文獻材料，更多學者認爲春秋時代的巴人分爲數支，起源地不同，衆説紛紜。也有學者提出"巴人"與"巴國"是不同概念，前者起源要早得多，在《山海經》第十卷《海内南經》中就記載有："夏后啟之臣曰孟涂，是司神于巴，有請訟于孟涂之所，其衣有血者乃執之，是請生。居山上，在丹山西"之句；而近年來三峽庫區的考古發掘，更多地證明在夏商西周時期，巴人主要活動在自重慶至湖北的大三峽地區。不管早期巴人起源如何，湖北清江一帶的巴人因受到下游江漢平原上的楚國壓迫，自清江溯長江進入四川盆地，建立的戰國時代的巴國，按《華陽國志》中的説法，其國疆域"東至魚復，西至僰道，北接漢中，南極黔涪"，即東至奉節，西起宜賓，北接漢中，南抵貴州思南一帶。

自漢代後，巴人在史書的記載上突然消失，巴人到底去了何處，演變爲其他哪個民族，又成一謎。有認爲是漢代史書中重慶地區的"板楯蠻"的，但這也不能解釋最後走向；有認爲是合併到苗、瑶族系中，但是缺乏依據；更多的是認爲現在重慶東部山區及鄂西、湘西地區大量分佈的土家族是其後裔，雖然從民族學上有據，但是近年來做的小範圍DNA測試，表明兩者血緣相承的概率不大，也不足支持此説。

公元前611年

魯文公十六年，巴與秦、楚共滅庸。

（《華陽國志》卷一《巴志》）

《左傳·文公十六年》載："庸人曰：'楚不足與戰矣。'遂不設備。楚子乘馹，會師於臨品，分爲二隊，子越自石溪，子貝自仞，以伐庸。秦人、巴人從楚師。羣蠻從楚子盟，遂滅庸。"庸國在今湖北省竹山縣一帶。這説明當時巴人仍活躍在今湖北省西北部地區。

約公元前570年

老子誕生。

關於老子生平，自古以來未有定論。《史記·老子韓非列傳》載："老子者，楚苦縣厲鄉曲仁里人也，姓李氏，名耳，字聃，周守藏室之史也。……或曰：老萊子亦楚人也，著書十五篇，言道家之用，與孔子同時云。……或曰儋即老子，或曰非也，世莫知其然否。老子，隱君子也。"可見在司馬遷時代，老子的生平已爲當代人不清楚了。胡適先生在研究大量文獻後，認爲應是約公元前570年生，今學界多從此説。老子與孔子爲同時代人，爲"楚苦縣厲鄉曲仁里人也"，其地今位於河南省周口市鹿邑縣（一説爲安徽渦陽，但學界支持不多），年長孔子約20歲，是負責當時周朝國家藏書的官員，"孔子適周，將問禮於老子"。後來老子出函谷關，關令尹喜强求老子爲其著書，老子乃作五千言《道德經》而去（據1972年長沙馬王堆漢墓辛追墓出土的帛書來看，分爲帛書甲本和乙本，均缺字，且《德經》在《道經》前；1993年在湖北荆門郭店戰國楚墓中出土的竹簡《老子》，亦分爲甲組、乙組和丙組，與漢代至今的傳本差别較大），去向不明。流傳至今的《道德經》，也稱《老子》，其闡發的哲學思想乃以“道”爲宇宙萬物之源，“道生一，一生二，二生三，三生萬物”，認爲萬事萬物應遵循自然規律，推崇“無爲”，並以兩極轉化爲事物的發展的源流動力，“天下之至柔，馳騁天下之至堅。出於無有，入於無間”。老子和《道德經》對中國樸素哲學觀的形成有著重大深遠的影響，在世界的哲學發展史上也佔有重要的地位。

約公元前565年

釋迦牟尼生。

釋迦牟尼，姓喬達摩，名悉達多，相傳爲古印度北部迦毗羅衛國（在今尼泊爾境内）净飯王的兒子。在其29歲時，因苦惱於人間的生、老、病、死，且不滿當時處於統治地位的婆羅門神權統治，出家修道。經6年苦行，在佛陀迦耶菩提樹下成道。後即在鹿野苑（今屬印度貝拿勒斯城）開始傳教，宣揚世事無常和緣起諸理，即佛經中的“初轉法輪”。其後一直在印度各地宣揚教理，被信徒尊爲“佛陀”。《魏書》卷一一四《釋老志》中記載：“釋加生時，當周莊王九年。《春秋》魯莊公七年夏四月，恆星不見，夜明是也。”周莊王九年乃公元前688年，與釋迦牟尼在世年歲相差太遠。

公元前552年

魯襄公二十二年而孔子生。《索隱》：公羊傳“襄公二十一年十有一月庚子，孔子生”。今以爲二十二年，蓋以周正十一月屬明年，故誤也。

（《三家注史記》卷四七《孔子世家》）

孔子出生年月到底是何時，歷來一直爭議很大。《史記》中記載的魯襄公二十二年是公元前551年，而《公羊傳》中載："魯襄公二十一年，冬，十月庚辰朔，日有食之。十有一月庚子，孔子生。"《穀梁傳》中載："魯襄公二十一年，冬，十月庚辰朔，日有食之。庚子，孔子生"。兩書對孔子生年記載一致，唯在於十月還是十一月有異。據宋人考證，《公羊傳》所記十一月有誤，認爲按當時曆法，十月有庚子日，十一月無庚子日，因此，月份應當採用《穀梁傳》的記載。那麼，孔子生年到底是不是符合《穀梁傳》記載和《索隱》注解呢？1999年，江曉原教授以天文學爲依據重新研究了孔子的出生時間問題。他考察發現，同樣記載孔子出生，魯襄公二十一年有日食記載，魯襄公二十二年無日食記載。而根據現代天文學知識推算，魯襄公二十一年，在曲阜的確可以見到一次食分達到0.77的大食分日偏食。這説明《公羊傳》和《穀梁傳》的對孔子生年的記載是準確的。江曉原教授據此考定孔子出生於魯襄公二十一年十月庚子，這是個非常科學和值得關注的結論。但由於唐代應韶著、明代孔彦繩增修的《孔庭纂要》文中記載孔子生於"魯襄公二十二年"，此後爲數種文獻包括《孔子世家譜》所採用，直到民國年間，魯襄公二十二年説，得到了廣泛的認同，至今沿襲不改。臺灣的孔廟中也將其出生年定爲公元前551年。實際上，筆者認爲，這些説法紛爭都是後人忽視了古人的"劃年"制度所造成，《三家注史記》卷八《高祖本紀》中載："正月，項羽自立爲西楚霸王"，其下顏師古注曰："凡此諸月號，皆太初正曆之後記事者追改之，非當時本稱也。以十月爲歲首，即以十月爲正月。今此正月，當時謂之四月也。他皆放此"，這已經説得很清楚了，後人所言"十月"即爲當時"正月"。即至漢初，也沿襲如此，如《三家注史記》卷二八《封禪書》中載："遂以十月至灞上，與諸侯平咸陽，立爲漢王。因以十月爲年首，而色上赤"，《漢書》卷六《武帝紀》中載："其以十月爲元封元年"。明晰古制之後，再看孔子出生年月之爭，就比較清楚了，後人所記"魯襄公二十一年十月"正是當時人所記"魯襄公二十二年正月"。

據記載，孔子的祖先本是殷商後裔，爲子姓。自孔子的六世祖孔父嘉之後，後代子孫開始以孔爲氏，其曾祖父孔防叔爲了逃避宋國内亂，從宋國逃到了魯國。孔子的父親叔梁紇是魯國出名的勇士，晚年與年輕女子顔徵在"魯昌平鄉陬邑"(今山東曲阜市東南南辛鎮)生下孔子(此即爲《史記·孔子世家》中云"紇與顔氏女野合而生孔子"，"野合"乃指夫婦年齡不匹，不合禮儀)。孔子名丘，字仲尼，在家中排行第二。其在魯國任大司寇時，魯國大治。但由於身處春秋末年"禮崩樂壞"的亂世，其才未得盡展，後來由於得罪權貴，不得已而離開魯國，周遊列國，四處講學，宣傳其儒家思想。曾被困在陳、蔡國之間，絶食七日，後被楚國派兵解救，方得脱困。在68歲時又被迎回魯國，但仍未受重用，於73歲時卒。由於其教育觀提倡"有教無類"，世言其弟子三千人，賢者七十二，其一生言行被弟子和門徒以語録體和對話文體爲主，撰爲《論語》一書，集中體現了孔子的政治主張、倫理思想、道德觀念及教育原則等，自宋代始，與《大學》《中庸》《孟子》并稱爲"四書"(秦火以前，儒家只有"六經"，爲《詩經》《尚書》《儀禮》《樂經》《周易》《春秋》，《樂經》後失傳)，因此被後人稱爲"至聖""萬世師表"，歷代加封。至宋仁宗至和二年被封爲"衍聖公"，自後一直沿用，明朝世宗嘉靖九年尊爲"至聖先師"，中華民國二十四年國民政府尊稱"大成至聖先師"。其儒家思想中"克己""復禮"的傳統禮儀道德以及後來儒者提出的"修身齊家治國平天下"的人生觀，自漢武帝元光元年(公元前134年)由董仲舒提出並推行"獨尊儒術"政策以來，成爲中華民族知識分子正統思想，獨領風騷2000多年，爲中華大一統的國家的形成發展作出了不可磨滅的貢獻。儒學發展至宋代，由北宋的程顥、程頤兄弟及南宋的朱熹，融合佛、道部分教理，形成繼承儒家的"程朱理學"，提倡"天人合一"的天、地、人的倫理，將儒學上陞到哲學化的高度；後由南宋的陸九淵、明代的王陽明興起的"心性之學"，更是受到禪宗影響，而提倡"心外無物""知行合一"，成爲後期影響儒家最深的一派。至20世紀20年代，由於西學侵染，中國學者開始重新思索儒學的出路，以期在新時代能與新社會而結合，以梁漱溟、熊十力等人先行探索，提倡將儒學從政治中剥離，强調"心性之學"，而與西方的哲學融匯在一起，開始形成“新儒學”。後有方東美、牟宗三等人繼續發揚，至今已有數代人之努力。時至今日，儒家思想在世界哲學中也佔有不可忽視的地位。

公元前 485 年

釋迦牟尼涅槃。

這一年釋迦牟尼 79 歲，在拘尸那迦(今屬印度聯合邦迦夏城)附近的娑羅樹下入滅，其徒衆分其舍利建塔貯之。後來，將其一生所宣揚的教法經記録整理，通過幾次結集，成爲經、律、論“三藏”。據梁啟超《中國歷史研究法》中言，舊説佛滅度于西紀前九百五十年，而《佛祖通載》稱梁武帝時有僧伽跋陀羅傳來之《善見律》，依其書之記載，佛滅度于西紀前四八五年；後經近代歐洲學者根據西藏文、印度石柱、巴厘文等諸種資料，考證確定佛滅度于公元前 485 年(也有説 487 年的)。

公元前 479 年

孔子年七十三，以魯哀公十六年四月己丑卒。

(《史記》卷四七《孔子世家》)

公元前 475 年

(秦)厲共公二年，蜀人來賂。

(《史記》卷五《秦本紀》)

蜀國，據《華陽國志》卷三記載，“蜀之爲國，肇於人皇，與巴同囿。至黄帝，爲其子昌意娶蜀山氏之女，生子高陽，是爲帝嚳。封其支庶於蜀，世爲侯伯”，《史記》和《蜀王本紀》等書記載也幾乎一致，只不過認爲高陽是顓頊，不是帝嚳。武王伐紂之戰，蜀國曾參與其中。但是根據《華陽國志》記載來看，其在諸侯中地位頗低，“有周之世，限以秦、巴，雖奉王職，不得與春秋盟會，君長莫同書軌”，被中原諸侯作爲蠻夷看待。“其地東接於巴，南接於越，北與秦分，西奄峨嶓”，即疆域東至沱江、涪江一帶，南接雲、貴，北抵漢中，西極峨眉。

公元前439年

魯哀公十八年，巴人伐楚，敗於鄾。是後，楚主夏盟，秦擅西土，巴國分遠，故於盟會希。

（《華陽國志》卷一《巴志》）

《左傳》載：“巴人伐楚，圍鄾。初，右司馬子國之卜也，觀瞻曰：‘如志。’故命之。及巴師至，將卜帥。王曰：‘寧如志，何卜焉？’使帥師而行。請承，王曰：‘寢尹、工尹勤先君者也。’三月，楚公孫寧、吳由于、薳固敗巴師於鄾”。鄾，楚地，在今河南鄧縣南。

公元前316年

（秦惠文王）九年，司馬錯伐蜀，滅之。

（《史記》卷五《秦本紀》）

周慎王五年秋，秦大夫張儀，司馬錯、都尉墨等從石牛道伐蜀。蜀王自於葭萌拒之，敗績。王遯走至武陽，爲秦軍所害。其傅相及太子退至逄鄉，死於白鹿山。開明氏遂亡。凡王蜀十二世。冬十月，蜀平。司馬錯等因取苴與巴焉。

（《華陽國志》卷三《蜀志》）

《華陽國志》卷三載：“蜀王別封弟葭萌於漢中，號曰苴侯。命其邑曰葭萌焉。苴侯與巴王爲好。巴與蜀仇，故蜀王怒，伐苴。苴侯奔巴。巴爲求救於秦。秦惠王方欲謀楚，與群臣議曰：‘夫蜀，西僻之國，戎狄爲鄰，不如伐楚。’司馬錯、中尉田真黄曰：‘蜀有桀紂之亂。其國富饒，得其布帛金銀，足給軍用。水通於楚。有巴之勁卒，浮大舶船以東向楚，楚地可得。得蜀則得楚。楚亡，則天下並矣。’惠王曰：‘善！’”。《資治通鑒》載：“(周慎王)五年，巴、蜀相攻擊，俱告急于秦。秦惠王欲伐蜀。以爲道險狹難至，而韓又來侵，猶豫未能决。司馬錯請伐蜀。”兩説有别。據《蜀中廣記》引揚雄《蜀本紀》云：“蜀王據有巴蜀之地，本治廣都樊鄉，徙居成都者也。巴與蜀讐，求救于秦，秦惠王二十七年，遣張儀與司馬錯等滅蜀，遂置蜀郡”。揚雄乃西漢蜀人，當以其説爲是。

先秦石牛道，與後來之劍閣道大致相合。乃是自陜西眉縣經斜谷、褒谷棧道入漢中，從勉縣西出陽平關，出五丁峽經七盤關、龍門閣和明月峽的棧道進入廣元昭化(古葭萌)，再至沙溪壩，而入劍門。再從劍門經梓潼、綿陽入成都。司馬錯入蜀，蜀王是在今劍閣一帶與之交戰。

公元前 312 年

(周赧王)三年，分巴、蜀置漢中郡。

(《華陽國志》卷三《蜀志》)

《史記·秦本紀》載：“(秦惠文王)十三年，庶長章擊楚於丹陽，虜其將屈匄，斬首八萬；又攻楚漢中，取地六百里，置漢中郡。”《資治通鑒》卷 3 載：“(周赧王)三年春，秦師及楚戰於丹陽，楚師大敗，斬甲士八萬，虜屈匄及列侯、執珪七十餘人，遂取漢中郡”。

公元前 308 年

(周赧王)七年，封公子惲爲蜀侯。司馬錯率巴、蜀衆十萬，大舶船萬艘，米六百萬斛，浮江伐楚，取商於之地，爲黔中郡。

（《華陽國志》卷三《蜀志》）

公元前 255 年

（秦昭襄王）五十二年，周民東亡，其器九鼎入秦。周初亡。

（《史記》卷五《秦本紀》）

約公元前 249 年後

周滅後，秦孝文王以李冰爲蜀守。

（《華陽國志》卷三《蜀志》）

《資治通鑒》卷六載："冬，十月，己亥，（秦孝文）王即位；三日薨。子楚立，是爲莊襄王"。秦孝文王即位三天即薨，李冰在蜀時期應是其後的秦莊襄王時期。

秦漢三國卷

公元前221年

秦使將軍王賁從燕南攻齊，得齊王建。

（《三家注史記》卷六《秦始皇本紀》）

自此戰國六國俱滅，秦國建立了統一的中原王朝。《史記》載："分天下以爲三十六郡，《集解》：三十六郡者，三川、河東、南陽、南郡、九江、鄣郡、會稽、潁川、碭郡、泗水、薛郡、東郡、琅邪、齊郡、上谷、漁陽、右北平、遼西、遼東、代郡、鉅鹿、邯鄲、上黨、太原、雲中、九原、雁門、上郡、隴西、北地、漢中、巴郡、蜀郡、黔中、長沙凡三十五，與内史爲三十六郡。"

公元前219年

齊人徐市等上書，言海中有三神山，名曰蓬萊、方丈、瀛洲，仙人居之。請得齋戒，與童男女求之。于是遣徐市發童男女數千人，入海求仙人。

（《史記》卷六《秦始皇本紀》）

《資治通鑒》卷六載："初，燕人宋毋忌、羨門子高之徒稱有仙道、形解銷化之術，燕、齊迂怪之士皆争傳習之。自齊威王、宣王燕昭王皆信其言，使人入海求蓬萊、方丈、瀛洲，云此三神山在勃海中，去人不遠。患且至，則風引舡去。嘗有至者，諸仙人及不死之藥皆在焉。及始皇至海上，諸方士齊人徐市等争上書言之，請得齊戒與童男女求之。于是遣徐市發童男女數千人入海求之。舡交海中，皆以風解，曰：‘未能至，望見之焉。’”

公元前 206 年

羽自立爲西楚霸王，王梁、楚地九郡，都彭城。背約，更立沛公爲漢王，王巴、蜀、漢中四十一縣，都南鄭。……漢王大説，遂聽信策，部署諸將。留蕭何收巴、蜀租，給軍糧食。

（《漢書》卷一《高帝紀上》）

公元前 205 年

關中大饑，米斛萬錢，人相食。令民就食蜀、漢。

（《漢書》卷一《高帝紀上》）

公元前 195 年

十一月，上過魯，以太牢祠孔子。

（《資治通鑒》卷一二）

公元前 136 年(建元五年)

置《五經》博士。

（《漢書》卷六《武帝紀》）

漢代“五經”乃指《詩》《書》《禮》《易》《春秋》。漢以前儒家經典的“六經”，還包括後來失傳的《樂》。但孔子並未以“經”來命名這些儒家典籍，錢穆所著《國學概述》第一章“孔子與六經”中述：

“綜上以言：孔子以前未嘗有六經，孔子亦未嘗造六經。言孔子者，固不必專一注重於後世之所謂六經也”。

公元前135年(建元六年)

犍爲郡，武帝建元六年開。莽曰西順。屬益州。户十萬九千四百一十九，口四十八萬九千四百八十六。

(《漢書》卷二八《地理志八上》)

從譚其驤主編的《中國歷史地圖集》第二冊《西漢圖組》中可看到，當時的犍爲郡在今四川範圍内(此“四川”指地理概念，非行政稱謂)的部分，乃是西至峨眉，東接永川的。現今的大足應在犍爲郡内。

公元前133年(元光二年)

夏，發巴、蜀治南夷道。

(《漢書》卷六《武帝紀》)

此南夷道乃是對秦人所開“五尺道”的延續。在李冰治蜀時期，已修通自成都至僰道(今宜賓)道路。始皇一統後，加寬此路，沿朱提江上溯修築。此次西漢續修，也稱夜郎道，從今宜賓經貴州赫章、威寧，到雲南宣威而直達曲靖，是巴蜀通滇的重要道路。

公元前122年(元狩元年)

乃令騫因蜀、犍爲發間使王然於等四道並出駹，出冉，出徙，出邛、僰，指求身毒國，各行一二千里，其北方閉氐、莋，南方閉巂、昆明。昆明之屬無君長，善寇盜，輒殺略漢使，終莫得通。于是漢以求身毒道，始通滇國。

(《資治通鑒》卷一九)

公元前 121 年(元狩二年)

霍去病爲驃騎將軍，將萬騎出隴西，擊匈奴，歷五王國，轉戰六日，過焉支山千餘里，殺折蘭王，斬盧侯王，執渾邪王子及相國、都尉，獲首虜八千九百餘級，收休屠王祭天金人。

(《資治通鑒》卷一九)

有説"祭天金人"即爲中國最早佛像，此説太過附會牽强。

公元前 115 年(元鼎二年)

秋九月，詔曰："仁不異遠，義不辭難，今京師雖未爲豐年，山林、池澤之饒與民共之。今水潦移於江南，迫隆冬至，朕懼其饑寒不活。江南之地，火耕水耨，方下巴、蜀之粟致之江陵，遣博士中等分循行，諭告所抵，無令重困。吏民有振救饑民免其厄者，具舉以聞"。

(《漢書》卷六《武帝紀》)

公元前 112 年(元鼎五年)

遣伏波將軍路博多出桂陽，下湟水；樓船將軍楊僕出豫章，下湞水；歸義越侯嚴爲戈船將軍，出零陵，下離水；甲爲下瀨將軍，下蒼梧。皆將罪人，江、淮以南樓船十萬人，越馳義侯遺别將巴、蜀罪人，發夜郎兵，下牂柯江，咸會番禺。

(《漢書》卷六《武帝紀》)

牂柯江到底爲後來哪條江流，自古争論不休。有指爲貴州濛江的，有説是都江的，另説是今北盤江地區。番禺即今廣州。自巴蜀發兵，道經貴州省，而會廣州，從此行程看，似以第三説較當。則可看出巴蜀間亦有道路可通濱海之地。

此事在《資治通鑑》卷二一中記爲元鼎六年，“馳義侯發南夷兵，欲以擊南越。且蘭君恐遠行旁國虜其老弱，乃與其眾反，殺使者及犍爲太守。漢乃發巴、蜀罪人當擊南越者八校尉，遣中郎將郭昌、衛廣將而擊之，誅且蘭及邛君、莋侯，遂平南夷爲牂柯郡”。

公元前109年(元封二年)

遣樓船將軍楊僕、左將軍荀彘將應募罪人擊朝鮮。又遣將軍郭昌、中郎將衛廣發巴、蜀兵平西南夷未服者，以爲益州郡。

(《漢書》卷六《武帝紀》)

《資治通鑑》卷二一載：“初，上使王然於以越破及誅南夷兵威喻滇王入朝。滇王者，其眾數萬人，其旁東北有勞深、靡莫，皆同姓相杖，未肯聽。勞深、靡莫數侵犯使者吏卒。于是上遣將軍郭昌、中郎將衛廣發巴、蜀兵擊滅勞深、靡莫，以兵臨滇。滇王舉國降，請置吏入朝，于是以爲益州郡，賜滇王王印，複長其民。是時，漢滅兩越，平西南夷，置初郡十七，且以其故俗治，毋賦稅。”

公元前106年(元封五年)

初置刺史部十三州。

(《漢書》卷六《武帝紀》)

《資治通鑑》卷二一載：“上既攘卻胡、越，開地斥境，乃置交趾、朔方之州，及冀、幽、并、兗、徐、青、揚、荆、豫、益、涼等州，凡十三部，皆置刺史焉。”自此，兩漢的刺史制度正式形成，對中國後來政治制度形成了深遠影響。但是西漢年間的刺史僅僅負責監察州郡，至東漢後，刺史一職才成爲掌管地方軍政的大吏。巴蜀地區與今之貴、滇地區屬益州。

公元前26年(河平三年)

三年春二月丙戌，犍爲地震、山崩、雍江水，水逆流。

(《漢書》卷一〇《成帝紀》)

《漢書》卷二七《五行志七》也載有此事："成帝河平三年二月丙戌，犍爲柏江山崩，捐江山崩，皆壅江水，江水逆流壞城，殺十三人，地震積二十一日，百二十四動。"

公元1年(元始元年)

封周公後公孫相如爲褒魯侯，孔子後孔均爲褒成侯，奉其祀。追謚孔子曰褒成宣尼公。

(《漢書》卷一二《平帝紀》)

公元3年(元始三年)

夏，安漢公奏車服制度，吏民養生、送終、嫁娶、奴婢、田宅、器械之品。立官稷及學官：郡國曰學，縣、道、邑、侯國曰校，校、學置經師一人；鄉曰庠，聚曰序，序、庠置《孝經》師一人。

(《漢書》卷一二《平帝紀》)

"安漢公"乃王莽。

公元8年(初始元年)

廣饒侯劉京言齊郡新井，車騎將軍千人扈雲言巴郡石牛，太保屬臧鴻言扶風雍石，莽皆迎受。

（《資治通鑒》卷三六）

公元35年(建武十一年)

閏月，征南大將軍岑彭率三將軍與公孫述將田戎、任滿戰于荆門，大破之，獲任滿。威虜將軍馮駿圍田戎于江州，岑彭遂率舟師伐公孫述，平巴郡。

公孫述遣間人刺殺征南大將軍岑彭。馬成平武都。

十二月，大司馬吳漢率舟師伐公孫述。

（《後漢書》卷一《光武帝紀下》）

關於荆門入蜀之戰，《資治通鑒》卷四二載："岑彭屯津鄉，數攻田戎等，不克。帝遣吳漢率誅虜將軍劉隆等三將，發荆州兵凡六萬餘人、騎五千匹，與彭會荆門。彭裝戰船數十艘，吳漢以諸郡棹卒多費糧穀，欲罷之。彭以爲蜀兵盛，不可遣，上書言狀。帝報彭曰：'大司馬慣用步騎，不曉水戰，荆門之事，一由征南公爲重而已。'閏月，岑彭令軍中募攻浮橋，先登者上賞。于是偏將軍魯奇應募而前，時東風狂急，魯奇船逆流而上，直沖浮橋，而欃柱有反杷鉤，奇船不得去。奇等乘勢殊死戰，因飛炬焚之，風怒火盛，橋樓崩燒。岑彭悉軍順風並進，所向無前，蜀兵大亂，溺死者數千人，斬任滿，生獲程汎，而田戎走保江州。彭上劉隆爲南郡太守；自率輔威將軍臧宫、驍騎將軍劉歆長驅入江關。令軍中無得虜掠，所過，百姓皆奉牛酒迎勞，彭複讓不受。百姓大喜，争開門降。詔彭守益州牧，所下郡輒行太守事，彭若出界，即以太守號付後將軍。選官屬守州中長吏。彭到江州，以其城固糧多，難卒拔，留馮駿守之；自引兵乘利直指墊江，攻破平曲，收其米數十萬石。吳漢留夷陵，裝露橈繼進。"在其後文中又言："公孫述以王元爲將軍，使與領軍環安拒河池。六月來歙與蓋延等進攻元、安，大破之，遂克下辨，乘勝遂進。蜀人大懼，使刺客刺歙，未殊，馳召蓋延。延見歙因伏悲哀，不能仰視。歙叱延曰：'虎牙何敢然！今使者中刺客，無以報國，故呼巨卿，欲相屬以軍事，而反效兒女子涕泣乎！刃雖在身，不能勒兵斬公邪?'延收淚强起，受所誡。歙自書表曰：'臣夜人定後，爲何人所賊傷，中臣要害。臣不敢自惜，誠恨奉職不稱，以爲朝廷羞。夫理國以得賢爲本，太中大夫段襄，骨鯁可任，願陛下裁察。又臣兄弟不肖，終恐被罪，陛下哀憐，數賜教督。'投筆抽刃而絶。帝聞，大驚，省書攬涕。以揚武將軍馬成守中郎將代之。歙喪還洛陽，乘輿縞素臨吊、送葬。"來歙被刺後，岑彭繼進，"公孫述使其將延岑、吕鮪、王元、公孫恢悉兵拒廣漢及資中，又遣將侯丹率二萬餘人拒黄石。岑彭使臧宫將降卒五萬，從涪水上平曲，拒延岑，自分兵浮江下還江州，溯都江而上，襲擊侯丹，大破之；因晨夜倍道兼行二千餘里，徑拔武陽。使精騎馳擊廣都，去成都數十里，勢若風雨，所至皆奔散"。然數月之後，"冬，十月，公孫述使刺客詐爲亡奴，降岑彭，夜，刺殺彭。太中大夫監軍鄭興領其營，以俟吴漢至而授之彭持軍整齊，秋毫無犯。邛谷王任貴聞彭威信，數千里遣使迎降；會彭已被害，帝盡以任貴所獻賜彭妻子。蜀人爲立廟祠之。"一年之内連喪兩員大將，"十二月，吴漢自夷陵將三萬人溯江而上，伐公孫述"。

公元36年(建武十二年)

冬十一月戊寅，吴漢、臧宫與公孫述戰于成都，大破之。述被創，夜死。辛巳，吴漢屠成都，夷述宗族及延岑等。

(《後漢書》卷一《光武帝紀下》)

成都之戰，《資治通鑒》卷四三載："公孫述困急，謂延岑曰：'事當奈何！'岑曰：'男兒當死中求生，可坐窮乎！財物易聚耳，不宜有愛。'述乃悉散金帛，募敢死士五千餘人以配岑。岑於市橋僞建旗幟，鳴鼓挑戰，而潛遣奇兵出吴漢軍後襲擊破漢，漢墮水，緣馬尾得出。漢軍餘七日糧，陰具船，欲遁去。蜀郡太守南陽張堪聞之，馳往見漢，説述必敗，不宜退師之策。漢從之，乃示弱以挑敵。冬，十一月，臧宫軍咸陽門；戊寅，述自將數萬人攻漢，使延岑拒宫。大戰，岑三合三勝，自旦及日中，軍士不得食，並疲。漢因使護軍高午、唐邯將鋭卒數萬擊之，述兵大亂；高午奔陳刺述，洞胸墮馬，左右輿入城。述以兵屬延岑，其夜，死；明旦，延岑以城降。辛巳，吴漢夷述妻子，盡滅公孫氏，並族延岑，遂放兵大掠，焚述宫室。”

公元 37 年(建武十三年)

益州傳送公孫述瞽師、郊廟樂器、葆車、輿輦，于是法物始備。

(《資治通鑒》卷四三)

由此見，東漢初的宫廷法物皆來自巴蜀。這或許可以加深瞭解四川地區東漢畫像磚中的器物與中原器物之關係。

公元 65 年(永平八年)

楚王英奉黄縑、白紈詣國相曰：“托在藩輔，過惡累積，歡喜大恩，奉送縑帛，以贖愆罪。”國相以聞。詔報曰：“楚王誦黄、老之微言，尚浮屠之仁祠，潔齊三月，與神爲誓，何嫌何疑，當有悔吝！其還贖，以助伊蒲塞、桑門之盛饌。”初，帝聞西域有神，其名曰佛，因遣使之天竺求其道，得其書及沙門以來。其書大抵以虚無爲宗，貴慈悲不殺；以爲人死，精神不滅，隨復受形；生時所行善惡，皆有報應，故所貴修練精神以至爲佛；善爲宏闊勝大之言以勸誘愚俗。精於其道者號曰沙門。于是中國始傳其術，圖其形像，而王公貴人獨楚王英最先好之。

(《資治通鑒》卷四五)

伊蒲塞即優婆塞，桑門即沙門。這是最早見於記載的關於中國人信佛的記録。

公元 66 年(永平九年)

夏，四月，甲辰，詔司隸校尉、部刺史歲上墨綬長帝崇尚儒學，自皇太子、諸王侯及大臣子弟、功臣子孫，莫不受經。又爲外戚樊氏、郭氏、陰氏、馬氏諸子立學於南宫，號“四姓小侯”。置《五經》師，搜選高能以授其業。自期門、羽林之士，悉令通《孝經》章句。匈奴亦遣子入學。

(《資治通鑒》卷四五)

公元 69 年(永平十二年)

十二年春正月，益州徼外夷哀牢王相率内屬，于是置永昌郡，罷益州西部都尉。

(《後漢書》卷二《孝明帝紀》)

據《後漢書》卷二三《郡國五》記載：“永昌郡，明帝永平十二年分益州置。雒陽西七千二百六十里。八城，户二十三萬一千八百九十七，口百八十九萬七千三百四十四。嶲不韋(出鐵)、嶲唐、比蘇、楪榆、邪龍、雲南、哀牢(永平中置，故牢王國)、博南(永平中置，南界出金)八縣。”大致涵蓋今日中國雲南省西部以及緬甸克欽邦、撣邦部分土地。東漢、魏、晉時其治所在不韋縣，今雲南保山市隆陽區金雞村。

《資治通鑒》卷四五載：“春，哀牢王柳貌率其民五萬餘户内附，以其地置哀牢、博南二縣。始通博南山，度蘭倉水，行者苦之，歌曰：‘漢德廣，開不賓；度蘭倉，爲它人。’”博南山在今雲南省永平縣，蘭倉水即瀾滄江。

公元 75 年(永平十八年)

十一月戊戌，蜀郡太守第五倫爲司空。

(《後漢書》卷三《孝章帝紀》)

《後漢書》卷四五《第五倫傳》載："倫在職四年，遷蜀郡太守。蜀地肥饒，人吏富實，掾史家資多至千萬，皆鮮車怒馬，以財貨自達。倫悉簡其豐贍者遣還之，更選孤貧志行之人以處曹任，于是争賕抑絶，文職修理。所舉吏多至九卿、二千石，時以爲知人。"

公元 106 年(延平元年)

尚書郎南陽樊準以儒風浸衰，上疏曰："臣聞人君不可以不學。光武皇帝受命中興，東西誅戰，不遑啟處然猶投戈講藝，息馬論道。孝明皇帝庶政萬機，無不簡心，而垂情古典，遊意經藝，每饗射禮畢，正坐自講，諸儒並聽，四方欣欣。又多征名儒，布在廊廟，每宴會則論難衎衎，共求政化，期門、羽林介胄之士，悉通《孝經》，化自聖躬，流及蠻荒，是以議者每稱盛時，咸言永平。今學者益少，遠方尤甚，博士倚席不講，儒者競論浮麗，忘謇謇之忠，習諓諓之辭，臣愚以爲宜下明詔博求幽隱，寵進儒雅，以俟聖上講習之期。"太后深納其言，詔："公、卿、中二千石各舉隱士、大儒，務取高行，以勸後進，妙簡博士，必得其人。"

(《資治通鑒》卷四九)

公元 114 年(元初元年)

羌豪號多與諸種鈔掠武都、漢中、巴郡，板楯蠻救之，漢中五官掾程信率郡兵與蠻共擊破之。

(《資治通鑒》卷四九)

“板楯蠻”乃是巴蜀地區破敵之鋒，多次出現在平定巴蜀的戰爭中。有説爲巴人後裔，但是史書無所指。三國之後消失於歷史資料中。

公元 120 年（永寧元年）

十二月，永昌徼外撣國王雍由調遣使者獻樂及幻人。

（《資治通鑒》卷五〇）

撣國，有説是今緬甸東北部撣邦地區傣撣族聚集地的，但時間上並不對應；有説是今敘利亞地區的，但未找到能解釋的地名。《後漢書》中記載撣國在永元九年、永寧元年和永建五年三次朝拜漢廷，分别自今滇緬邊界和南海渡海而來。不論其究竟來自何地，這表明我國西南早就有道路溝通緬甸，理論上，佛教也有可能從西南或海上傳入中原。

公元 125 年（延光四年）

【銘文】延光四年五月十日作。

（《豐都槽房溝墓地發掘報告》）

爲轉移將被淹没於三峽水庫蓄水線以下地區的文物，2001 年在三峽地區搶救性考古發掘中，在重慶豐都槽房溝東漢墓葬中出土帶佛像的摇錢樹殘件，上有該銘文。摇錢樹是較獨特的一種隨葬品，於西南地區自東漢流行至魏晉時期，今重慶、湖北、雲南地區墓葬發掘中都有發現。發現於豐都的該摇錢樹上的佛像，高肉髻，有項光，頸下似有表現淺 U 形袈裟上緣，左胸前有數道平行的褶皺，右手手掌向外施無畏印，這些應是無可争議的佛像特徵。乃是至今國内發現的有明確紀年最早的佛像。但是，此墓被擾動過，而且佛像是殘件，也有學者對於年代表示懷疑。在四川樂山的麻浩一區1號崖墓中後室門額上有一佛像，爲高浮雕，通高37釐米，寬30釐米，有圓形頭光，著V字形通肩袈裟，右手施無畏印，左手握大衣下裾，肩部及頸下有陰刻的圓弧衣紋，因臨近的崖墓崖壁上刻有“延熹”(公元158—166年)、“熹平”(公元172—177年)年號，因此被認定爲是四川也是中國現存的最早的石刻佛教遺跡。在樂山柿子灣1號崖墓中也有類似佛像。現學界多認爲此類乃是蜀漢時期的作品。

公元161年(延熹四年)

犍爲屬國夷寇鈔百姓。益州刺史山昱擊破之。

冬十月，天竺國來獻。

(《後漢書》卷七《孝桓帝紀》)

公元165年(延熹八年)

八年春正月，遣中常侍左悺之苦縣，祠老子。……使中常侍管霸之苦縣，祠老子。

(《後漢書》卷七《孝桓帝紀》)

公元166年(延熹九年)

庚午，祠黃、老於濯龍宮。

(《後漢書》卷七《孝桓帝紀》)

自永平以來，臣民雖有習浮屠術者，而天子未之好；至帝，始篤好之，常躬自禱祠，由是其法侵盛，故楷言及之。

(《資治通鑒》卷五五)

《資治通鑒》卷五五載：“庚午，上親祠老子於濯龍宮，以文罽爲壇飾，淳金釦器，設華蓋之坐，用郊天樂”。

公元 167 年(永康元年)

丁丑，帝崩于德陽前殿。年三十六。

(《後漢書》卷七《孝桓帝紀》)

《後漢書》該卷末論曰："(桓帝)飾芳林而考濯龍之宫，設華蓋以祠浮圖、老子，斯將所謂‘聽於神’乎!”此則資料表明當時佛、道已經並祀，極值得注意。

公元 168 年(建寧元年)

蜀郡出現李冰造像，有淺刻隸書題記三行，其像衣襟中刻“故蜀郡李府君諱冰”，左袖上刻“建寧元年閏月戊申朔廿五日都水掾”，右袖上刻“尹龍長陳壹造三神石人除水萬世焉”。

此像爲中華石刻文物中目前發現的最早紀年石刻人像。據四川省灌縣文教局在《文物》1974 年 7 期上發表的《都江堰出土東漢李冰石像》一文記述，1974 年 3 月 3 日，修建都江堰樞紐工程的民工，在渠首魚咀附近的外江裏掘出。石像是一座直立全身的大型圓雕，身高 2.90 米，肩寬 0.96 米，肩至足高 1.90 米，用灰白色砂岩琢成，重約 4 噸。像的底部有一個方榫頭，殘長 18 釐米。石像頭上戴冠，冠帶系至頸下。面部肌肉豐滿，微帶笑容，神態自然。身穿長衣，腰間束帶。兩手袖在胸前，衣袖寬大下垂。雙腳前部露出衣外。整個石像造型粗壯穩重，雕刻線條簡潔樸實，漢刻之風濃重。

“府君”乃是東漢時對太守的稱呼，因爲李冰曾任蜀郡太守。“都水掾”乃是“都水長丞”屬下的官吏，負責治水具體事務。“除水”乃是“鎮水”的意思。

據銘文中的“造三神石人”來看，應還有兩石人。這很可能是作爲古代的水則來使用的。在《華陽國志·蜀志》中言:“(冰)於玉女房下白沙郵作三石人,立水中,與江神要。水竭不至足,盛不没肩”。此即將石人作爲盛水年與枯水年的標誌。“三石人”應當就是尹龍長、陳壹仿造李冰的做法所製。

公元175年(熹平四年)

四年春三月,詔諸儒正《五經》文字,刻石立於太學門外。

(《後漢書》卷八《孝靈帝紀》)

《資治通鑒》卷五七載:“春,三月,詔諸儒正《五經》文字,命議郎蔡邕爲古文、篆、隸三體書之,刻石,立於太學門外,使後儒晚學咸取正焉。碑始立,其觀視及摹寫者車乘日千餘輛,填塞街陌。”此即中華碑刻中負有盛名的“熹平石經”。又名“漢石經”“一體石經”,刊刻《魯詩》《周易》《尚書》《儀禮》《春秋》《公羊傳》及《論語》七種經典,共四十六塊石碑(王國維《魏石經考》中認爲:楊龍驤《洛陽記》中記載的四十六石最爲準確),原碑立於洛陽城南開城門外“太學”講堂前東側(遺址在今河南偃師縣境内)。由於漢代提倡儒學,設立五經博士,經書傳授,有今、古文經學派之争;而各學派以家法傳授,兼以歷代口授傳抄,造成經文章句不少訛誤。熹平四年,漢靈帝詔由當時大儒蔡邕、堂谿典、楊賜、馬日磾等人主持訂正經本文字,經奏准,刊文七種立於石碑之上以爲《石經》,作爲定本,供來自四方的儒生觀視及摹寫。經文始刻於東漢靈帝熹平四年,竣工於光和六年。至東漢末,董卓進京,洛陽宫室焚毁,石經亦遭波及。其後又歷多次的兵災人禍,迨唐貞觀初,魏徵曾收聚之,已十不存一。北宋時,略有殘石發現,且有數種經文傳刻。民國以後,多有殘石重現天日。根據考古發現可知碑石上原有瓦屋覆蓋保護,四面設欄障,僅在南面開門。原石寬高不等,碑陽及碑陰兩面刻字各33—38行,且均有碑座,各經石插於碑座之中,依次相連。近代以來收集的石經大都入於羅振玉、馬衡等金石學家,他們並對石經原文校勘、考釋及碑文復原等作了相當研究。這些學者曾對收集的熹平石經加以研究，試圖恢復各碑石的原貌，並復原各碑排列次序與樹立位置，對經籍校勘、石經刊刻人員、石經興廢等問題也加以考證。馬衡著有《漢石經集存》一書，共收集殘石520件，計存8000餘字，最大者存百餘字，最小者僅一二字。近年來，又在洛陽太學遺址内陸續發現和收集到一批石經殘石及碑趺，爲熹平石經研究增添了新的内容。另外，迄今有文字可考的儒家經籍石刻除東漢“熹平石經”外，尚有魏晉“正始石經”(又稱三體石經)、唐“開成石經”、五代蜀“廣政石經”、北宋石經(又稱二體石經)、南宋石經(又稱宋高宗禦書石經)及清乾隆石經。同時，佛、道等諸家也刻有石經，構成中國獨有的石刻書籍林。這些石經的意義在於一來訂正了各種經書的經典正本，宣揚了各家主張和思想，擴大影響；二來促進了石刻工藝的發展，並引出了雕版印刷的先驅——捶拓技術。

公元179年(光和二年)

巴郡板楯蠻叛，遣禦史中丞蕭瑗督益州刺史討之，不克。

(《後漢書》卷八《孝靈帝紀》)

公元182年(光和五年)

板楯蠻寇亂巴郡，連年討之，不能克。帝欲大發兵，以問益州計吏漢中程包，對曰：“板楯七姓，自秦世立功，複其租賦。其人勇猛善戰。昔永初中，羌入漢川，郡縣破壞，得板楯救之，羌死敗殆盡，羌人號爲神兵，傳語種輩，勿復南行。至建和二年，羌複大入，實賴板楯連摧破之。前車騎將軍馮緄南征武陵，亦倚板楯以成其功。近益州郡亂，太守李顒亦以板楯討而平之。忠功如此，本無貳心。長吏鄉亭更賦至重，僕役棰楚，過於奴虜。亦有嫁妻賣子，或乃至自剄割，雖陳冤州郡，而牧守不爲通理，闕庭悠遠，不能自聞，含怨呼天，無所叩訴。故邑落相聚以致叛戾，非有謀主僭號以圖不軌。今但選明能牧守，自然安集，不煩征伐也。”帝從其言，選用太守曹謙，遣宣詔赦之，即時皆降。

（《資治通鑒》卷五八）

公元 184 年（中平元年）

春二月，巨鹿人張角自稱“黄天”，其部帥有三十六方，皆著黄巾，同日反叛。

（《後漢書》卷八《孝靈帝紀》）

《資治通鑒》卷五八又載：“初，巨鹿張角奉事黄、老，以妖術教授，號‘太平道’。咒符水以療病，令病者跪拜首過，或時病癒，衆共神而信之。角分遣弟子周行四方，轉相誑誘，十餘年間，徒衆數十萬，自青、徐、幽、冀、荆、揚、兖、豫八州之人，莫不畢應。或棄賣財産、流移奔赴，填塞道路，未至病死者亦以萬數。郡縣不解其意，反言角以善道教化，爲民所歸。……角遂置三十六方，方猶將軍也。大方萬餘人，小方六七千，各立渠帥。訛言：‘蒼天已死，黄天當立，歲在甲子，天下大吉。’以白土書京城寺門及州郡官府，皆作‘甲子’字。……一時俱起，皆著黄巾以爲標幟，故時人謂之‘黄巾賊’。二月，角自稱天公將軍，角弟寶稱地公將軍，寶弟梁稱人公將軍，所在燔燒官府，劫略聚邑，州郡失據，長吏多逃亡；旬月之間，天下回應，京師震動。”《後漢書》卷三〇《襄楷傳》言：“初，順帝時，琅邪宫崇詣闕，上其師幹吉於曲陽泉水上所得神書百七十卷，皆縹白素朱介青首朱目，號《太平清領書》。其言以陰陽五行爲家，而多巫覡雜語。有司奏崇所上妖妄不經，乃收臧之。後張角頗有其書焉。”《後漢書》卷七五《劉焉傳》注引《典略》曰：“初，熹平中，妖賊大起，漢中有張修爲五斗米道，張角爲太平道。”此條記録對張修籍貫記載錯誤。但是結合各記録綜合來看，太平道與五斗米道皆與巫術關聯緊密，爲即將到來的早期道教雛形的形成奠定了基礎。

“天公將軍”“地公將軍”“人公將軍”的本義似來自《太平經》。

據李養正《道教概說》第三章所提觀點，《太平經》卷三五言："故天乃好生不傷也，故稱居稱父也；地以好養萬物，故稱良臣稱母也；人者當用心仁，而愛育似天地，故稱仁也。此三者善也，故得共將萬物，爲其師長也。"《太平經》卷九三又言："天地人相得乃成道德，故適百國有德也。故天主生，地主養，人主成。……三合而成德，適百國。"

巴郡張修以妖術爲人療病，其法略與張角同，令病家出五斗米，號"五斗米師"。秋，七月，脩聚衆反，寇郡縣；時人謂之"米賊"。

（《資治通鑒》卷五八）

公元188年(中平五年)

太常江夏劉焉見王室多故，建議以爲："四方兵寇，由刺史威輕，既不能禁，且用非其人，以致離叛。宜改置牧伯，選清名重臣以居其任。"焉内欲求交趾牧。侍中廣漢董扶私謂焉曰："京師將亂，益州分野有天子氣。"焉乃更求益州。會益州刺史郤儉賦斂煩擾，謡言遠聞，而耿鄙、張懿皆爲盜所殺，朝廷遂從焉議，選列卿、尚書爲州牧，各以本秩居任。以焉爲益州牧，太僕黄琬爲豫州牧，宗正東海劉虞爲幽州牧。州任之重，自此而始。焉，魯恭王之後；虞，東海恭王之五世孫也。虞嘗爲幽州刺史，民夷懷其恩信，故用之。董扶及太倉令趙韙皆棄官，隨焉入蜀。

（《資治通鑒》卷五九）

益州黄巾馬相攻殺刺史郗儉，自稱天子，又寇巴郡，殺郡守趙部，益州從事賈龍擊相，斬之。

（《後漢書》卷八《孝靈帝紀》）

《資治通鑒》卷五九載："益州賊馬相、趙祗等起兵綿竹，自號黄巾，殺刺史郤儉，進擊巴郡、犍爲，旬月之間，破壞三郡，有衆數萬，相自稱天子。州從事賈龍率吏民攻相等，數日破走，州界清静。龍乃選吏卒迎劉焉。焉徙治綿竹，撫納離叛，務行寬惠，以收人心。”自此劉焉入蜀，焉乃劉璋之父。

公元 191 年（初平二年）

劉焉在益州陰圖異計。沛人張魯，自祖父陵以來世爲五斗米道，客居於蜀。魯母以鬼道常往來焉家，焉乃以魯爲督義司馬，以張修爲別部司馬，與合兵掩殺漢中太守蘇固，斷絶斜穀閣，殺害漢使。焉上書言：“米賊斷道，不得復通。”又托他事殺州中豪强王咸、李權等十餘人，以立威刑。犍爲太守任岐及校尉賈龍由此起兵攻焉，焉擊殺岐、龍。焉意漸盛，作乘輿車具千餘乘，劉表上“焉有似子夏在西河疑聖人”之論。時焉子范爲左中郎將，誕爲治書御史，璋爲奉車都尉，皆從帝在長安，惟小子別部車馬瑁素隨焉；帝使璋曉喻焉，焉留璋不遣。

（《資治通鑒》卷六〇）

《後漢書》卷七五《劉焉傳》載：“魯字公旗。初，祖父陵，順帝時客於蜀，學道鶴鳴山中，造作符書，以惑百姓。受其道者輒出米五斗，故謂之‘米賊’。陵傳子衡，衡傳于魯，魯遂自號‘師君’。其來學者，初名爲‘鬼卒’，後號‘祭酒’。祭酒各領部眾，眾多者名曰‘理頭’。皆校以誠信，不聽欺妄，有病但令首過而已。諸祭酒各起義舍于路，同之亭傳，縣置米肉以給行旅。食者量腹取足，過多則鬼能病之。犯法者先加三原，然後行刑。不置長吏，以祭酒爲理，民夷信向。”這種利用道路郵傳置“義舍”的方法，利用了交通便利，而隨取酒肉，也是一種民間賑濟方式，符書的造作及爲民療病的方式，更是對民眾蒙上了神化的色彩，這樣已經具有了基層傳播的大眾基礎，道教的淵源基於此開始産生。張魯是五斗米道繼承者，張修是黄巾軍，其行法也如同五斗米道。中國早期的道教與五斗米道有深刻聯繫，在巴蜀地區巫風熾烈之地産生，有其必然相關。

公元192年(初平三年)

太祖將步騎千餘人，行視戰地，卒抵賊營，戰不利，死者數百人，引還。賊尋前進。黄巾爲賊久，數乘勝，兵皆精悍。太祖舊兵少，新兵不習練，舉軍皆懼。太祖被甲嬰胄，親巡將士，明勸賞罰，眾乃復奮，承間討擊，賊稍折退。賊乃移書太祖曰："昔在濟南，毁壞神壇，其道乃與中黄太乙同，似若知'道'，今更迷惑。漢行已盡，黄家當立。天之大運，非君才力所能存也。"太祖見檄書，呵罵之，數開示降路；遂設奇伏，晝夜會戰，戰輒禽獲，賊乃退走。

(《三國志》卷一《魏書・武帝紀》引《魏書》)

"昔在濟南，毁壞神壇"是指魏武帝在爲濟南相時，毁壞淫祠之事。"似若知'道'"的"道"乃是"以善道教化"之意。但此中也能看出似乎當時的太平道並未接受其他雜神。

公元194年(興平元年)

馬騰之攻李傕也，劉焉二子範、誕皆死。議郎河南龐羲，素與焉善，乃募將焉諸孫入蜀。會天火燒城，焉徙治成都，疽發背而卒。州大吏趙韙等貪焉子璋温仁，共上璋爲益州刺史，詔拜潁川扈瑁爲刺史。璋將沈彌、婁發、甘寧反，擊璋，不勝，走入荆州；詔乃以璋爲益州牧。璋以韙爲征東中郎將，率眾擊劉表，屯朐忍。

(《資治通鑒》卷六一)

《後漢書》卷七五《劉焉傳》載："興平元年，征西將軍馬騰與範謀誅李傕，焉遣叟兵五千助之，戰敗，範及誕並見殺。焉既痛二子，又遇天火燒其城府車重，延及民家，館邑無餘，于是徙居成都，遂疽發背卒。州大吏趙韙等貪璋温仁，立爲刺史。詔書因以璋爲監軍使者，領益州牧，以韙爲征東中郎將。先是，荆州牧劉表表焉僭擬乘輿器服，韙以此遂屯兵朐忍備表。”

初，同郡人笮融，聚眾數百，往依於謙，謙使督廣陵、下邳、彭城運糧。遂斷三郡委輸，大起浮屠寺。上累金盤，下爲重樓，又堂閣周回，可容三千許人，作黄金涂像，衣以錦彩。每浴佛，輒多設飲飯，布席於路，其有就食及觀者且萬餘人。

（《後漢書》卷七三《陶謙列傳》）

關於笮融禮佛事，是最早見於史書的佛門法事記録。其規模浩大，觀者萬人，表明佛教在中國民間的傳播已開始起步，並不再局限於社會上層人物的狹小範圍内。

公元 200 年（建安五年）

初，南陽、三輔民數萬户流入益州，焉悉收以爲眾，名曰“東州兵”。璋性柔寬無威略，東州人侵暴爲民患，不能禁制，舊士頗有離怨。趙韙之在巴中，甚得眾心，璋委之以權。韙因人情不輯，乃陰結州中大姓。建安五年，還共擊璋，蜀郡、廣漢、犍爲皆反應。東州人畏見誅滅，乃同心並力，爲璋死戰，遂破反者，進攻韙于江州，斬之。

張魯以璋暗懦，不復承順。璋怒，殺魯母及弟，而遣其將龐羲等攻魯，數爲所破。魯部曲多在巴土，故以羲爲巴郡太守。魯因襲取之，遂雄於巴漢。

（《後漢書》卷七五《劉焉傳》）

公元 201 年（建安六年）

璋擢（程）畿爲江陽太守。朝廷聞益州亂，以五官中郎將牛亶爲益州刺史。征璋爲卿，不至。

（《資治通鑑》卷六四）

《華陽國志》卷五《公孫述劉二牧志》中載："張魯稍驕於漢中，巴夷杜濩、朴胡、袁約等叛詣魯。璋怒，殺魯母弟，遣和德中郎將龐羲討魯。不克。巴人日叛。乃以羲爲巴郡太守，屯閬中御魯。羲以宜須兵衛，輒召漢昌賨民爲兵。或構羲於璋，璋與之情好攜隙。趙韙數進諫，不從，亦恚恨也。建安五年，趙韙起兵數萬，將以攻璋。璋逆擊之。明年，韙破敗。羲懼，遣吏程郁宣旨於郁父漢昌令畿，索益賨兵。畿曰：'郡合部曲，本不爲亂。縱有讒諛，要在盡誠。遂懷異志，非所聞也。'羲令鬱重往。畿曰：'我受牧恩，當爲盡節。汝自郡吏，宜念效力。不義之事，莫有二意。'羲恨之，使人告曰：'不從太守，家將及禍。'畿曰：'昔樂羊食子，非無父子之恩，大義然也。今雖羹子，畿飲之矣。'羲乃厚謝於璋。璋善畿，遷爲江陽太守。"

《華陽國志》卷三《蜀志》中載："江陽郡，本犍爲枝江都尉，建安八年置郡。漢安程徵、石謙白州牧劉璋求立郡。璋聽之，以都尉、廣漢成存爲太守。屬縣四。户五千。去洛四千八十里。東接巴郡。南接牂柯。西接犍爲。北接廣漢。有荔芰、巴菽、桃枝、蒟、給橙。俗好文刻，少儒學，多樸野，蓋天性也"。下又有："漢安縣郡東五百里。土地雖迫，山水特美好。宜蠶桑，有鹽井。魚池以百數，家家有焉。一郡豊沃。四姓，程、姚、郭、石。八族張、季、李、趙輩。而程、石傑立，郡常秉議論選之。"又《宋書》志二八《州郡四》中言："江陽太守，劉璋分犍爲立。中失本土，寄治武陽。領縣四，户一千五百二十五，口八千二十七。"但是此中人口已遠不如漢時。按劉琳校注的《華陽國志》中所附犍爲郡與江陽郡圖來看，唐乾元年間建立的大足縣在漢末即屬於犍爲郡所分出的江陽郡漢安縣一帶。

公元211年(建安十六年)

十六年，益州牧劉璋遥聞曹公將遣鍾繇等向漢中討張魯，内懷恐懼。别駕從事蜀郡張松説璋曰："曹公兵强無敵於天下，若因張魯之資以取蜀土，誰能御之者乎?”璋曰："吾固憂之而未有計。”松曰："劉豫州，使君之宗室而曹公之深讎也，善用兵，若使之討魯，魯必破。魯破，則益州强，曹公雖來，無能爲也。”璋然之，遣法正將四千人迎先主，前後賂遺以巨億計。正因陳益州可取之策。《吳書》曰：備前見張松，後得法正，皆厚以恩意接納，盡其殷勤之歡。因問蜀中闊狹，兵器府庫人馬眾寡，及諸要害道里遠近，松等具言之，又畫地圖山川處所，由是盡知益州虛實也。

(《裴注三國志》卷三二《蜀書·先主傳》)

《資治通鑒》卷六六載："劉璋敕在所供奉備，備入境如歸，前後贈遺以巨億計。備至巴郡，巴郡太守嚴顏拊心歎曰：‘此所謂獨坐窮山放虎自衛者也。’備自江州北由墊江水詣涪。璋率步騎三萬餘人，車乘帳幔，精光耀日，往會之。……璋增備兵，厚加資給，使擊張魯，又令督白水軍。備並軍三萬餘人，車甲、器械、資貨甚盛。璋還成教，備北到葭萌，未即討魯，厚樹恩德以收眾心。”墊江水乃今日涪江，涪乃今日綿陽，葭萌乃今劍閣一帶。

公元212年(建安十七年)

先主留諸葛亮、關羽等據荆州，將步卒數萬人入益州。至涪，璋自出迎，相見甚歡。……是歲，璋還成都。先主北到葭萌，未即討魯，厚樹恩德，以收眾心。璋敕關戍諸將文書勿複關通先主。先主大怒，召璋白水軍督楊懷，責以無禮，斬之。乃使黄忠、卓膺勒兵向璋。先主徑至關中，質諸將並士卒妻子，引兵與忠、膺等進到涪，據其城。璋遣劉璝、冷苞、張任、鄧賢等拒先主於涪，皆破敗，退保綿竹。璋復遣李嚴督綿竹諸軍，嚴率眾降先主。先主軍益强，分遣諸將平下屬縣，諸葛亮、張飛、趙雲等將兵溯流定白帝、江州、江陽，惟關羽留鎮荆州。先主進軍圍雒；時璋子循守城，被攻且一年。

(裴注《三國志》卷三二《蜀書·先主傳》)

《資治通鑒》中以劉備荆州軍入蜀是建安十九年，載："諸葛亮留關羽守荆州，與張飛、趙雲將兵溯流克巴東。至江州，破巴郡太守嚴顔，生獲之。……分遣趙雲從外水定江陽、犍爲，飛定巴西、德陽。"但《三國志》《華陽國志》及《資治通鑒》本身也都記載劉備圍攻雒城一年多方克之，以劉備據蜀是建安十九年來算，荆州軍入蜀當是在建安十七年。外水指長江，趙雲自長江奪取江陽（郡治今瀘州）、犍爲（郡治今武都），張飛溯嘉陵江奪取巴西郡（郡治今閬中），溯涪江而上奪取德陽（今遂寧地區）。

公元214年（建安十九年）

十九年夏，雒城破，進圍成都數十日，璋出降。蜀中殷盛豐樂，先主置酒大饗士卒，取蜀城中金銀分賜將士，還其穀帛。

（《三國志》卷三二《蜀書·先主傳》）

《資治通鑒》卷六七載："備圍城數十日，使從事中郎涿郡簡雍入説劉璋。時城中尚有精兵三萬人，穀帛支一年，吏民咸欲死戰。璋言：'父子在州二十餘年，無恩德以加百姓。百姓攻戰三年，肌膏草野者，以璋故也，何心能安！'遂開城，與簡雍同輿出降，群下莫不流涕。備遷璋於公安，盡歸其財物，佩振威將軍印綬。"《三國志》卷三一《蜀書·劉璋傳》載其後之事："孫權殺關羽，取荆州，以璋爲益州牧，駐秭歸。"

（法）正揚武將軍、蜀郡太守……張飛爲巴西太守……李嚴爲犍爲太守，費觀爲巴郡太守。

（《資治通鑒》卷六七）

公元215年（建安二十年）

秋，七月，魏公操至陽平。張魯欲舉漢中降，其弟衛不肯，率衆數萬人拒關堅守，橫山築城十餘里。……張魯聞陽平已陷，欲降，閻圃曰："今以迫往，功必輕；不如依杜濩赴朴胡，與相拒，然後委質，功必多。"乃奔南山入巴中。

（《資治通鑒》卷六七）

《三國志》卷八《魏書·張魯傳》中記載："魯聞陽平已陷，將稽顙，圃又曰：'今以迫往，功必輕；不如依杜濩赴朴胡相拒，然後委質，功必多。'于是乃奔南山入巴中。左右欲悉燒寶貨倉庫，魯曰：'本欲歸命國家，而意未達。今之走，避鋭鋒，非有惡意。寶貨倉庫，國家之有。'遂封藏而去。太祖入南鄭，甚嘉之。又以魯本有善意，遣人慰喻。魯盡將家出，太祖逆拜魯鎮南將軍，待以客禮，封閬中侯，邑萬户。封魯五子及閻圃等皆爲列侯。爲子彭祖取魯女。魯薨，謚之曰原侯。子富嗣。"陳壽在卷尾評曰："（張）燕、（張）繡、（張）魯舍群盜，列功臣，去危亡，保宗祀，則於彼爲愈焉。"自此言及其傳看，張魯後來似乎再未從事五斗米道的神仙活動。

九月，巴七姓夷王朴胡、賨邑侯杜濩舉巴夷、賨民來附（魏），于是分巴郡，以胡爲巴東太守，濩爲巴西太守，皆封列侯。

（《三國志》卷一《魏書·武帝紀》）

張魯之走巴中也，黄權言于劉備曰："若失漢中，則三巴不振，此爲割蜀之股臂也。"備乃以權爲護軍，率諸將迎魯；魯已降，權遂擊朴胡、杜濩、任約，破之。魏公操使張郃督諸軍徇三巴，欲徙其民于漢中，進軍宕渠。劉備使巴西太守張飛與郃相拒五十餘日，飛襲擊郃，大破之。郃走還南鄭，備亦還成都。

（《資治通鑒》卷六七）

三巴，指巴西、巴東、巴三郡。宕渠，據《辭海·歷史地理分冊》載："郡名。東漢建安二十三年（公元218年）劉備分巴西郡置。治所在宕渠（今四川渠縣東北）。轄境相當今四川南江、營山、渠縣以東，城口、開江、大竹以西，鄰水以北地區。其後屢有廢置，南朝宋廢。隋大業時又曾改渠州爲宕渠郡。"但此時乃建安二十年，似已有宕渠郡，或文中“宕渠”指“宕渠縣”，《後漢書》卷一二三《郡國志五》中的“巴郡”下有“宕渠”縣。

公元219年(建安二十四年)

二十四年春，自陽平南渡沔水，緣山稍前，於定軍山勢作營。……及曹公至，先主斂眾拒險，終不交鋒，積月不拔，亡者日多。夏，曹公果引軍還，先主遂有漢中。

秋，群下上先主爲漢中王，表於漢帝……遂於沔陽設壇場，陳兵列眾，群臣陪位，讀奏訖，御王冠於先主。

(《三國志》卷三二《蜀書·先主傳》)

公元220年(建安二十五年,延康元年,魏黄初元年)

庚子，(魏)王崩於洛陽，年六十六。遺令曰：“天下尚未安定，未得遵古也。葬畢，皆除服。其將兵屯戍者，皆不得離屯部。有司各率乃職。斂以時服，無藏金玉珍寶。”謚曰武王。二月丁卯，葬高陵。

(《三國志》卷一《魏書·武帝紀》)

冬十月乙卯，皇帝遜位，魏王丕稱天子。奉帝爲山陽公，邑一萬户，位在諸侯王上，奏事不稱臣，受詔不拜，以天子車服郊祀天地，宗廟、祖、臘皆如漢制，都山陽之濁鹿城。四皇子封王者，皆降爲列侯。

(《後漢書》卷九《孝獻帝紀》)

公元221年(魏黄初二年，蜀漢章武元年)

(漢中王)即皇帝位於成都武擔之南。

秋七月，遂帥諸軍伐吳。孫權遣書請和，先主盛怒不許，吳將陸議、李異、劉阿等屯巫、秭歸；將軍吳班、馮習自巫攻破異等，軍次秭歸。

（《三國志》卷三二《蜀書·先主傳》）

公元 222 年（魏黄初三年，蜀漢章武二年）

後十餘日，陸議大破先主軍於猇亭……先主自猇亭還秭歸，收合離散兵，遂棄船舫，由步道還魚複，改魚復縣曰永安。……孫權聞先主住白帝，甚懼，遣使請和。先主許之，遣太中大夫宗瑋報命。

（《三國志》卷三二《蜀書·先主傳》）

公元 223 年（魏黄初四年，蜀漢章武三年，建興元年）

三年春二月，丞相亮自成都到永安。……先主病篤，託孤於丞相亮，尚書令李嚴爲副。夏四月癸巳，先主殂於永安宫，時年六十三。……五月，梓宫自永安還成都，謚曰昭烈皇帝。秋，八月，葬惠陵。

（《三國志》卷三二《蜀書·先主傳》）

劉備是否葬惠陵，存有多説。正史記載是在成都南郊的惠陵，四川省社科院三國文化研究專家沈伯俊支持此説。然《全蜀藝文志》卷三七宋人任淵的《重修先主廟記》云："成都之南三里所，丘阜巋然曰惠陵者，實昭烈弓劍所藏之地。"後人因此推論此陵爲衣冠塚，也有説"弓劍"即"屍身"的意思。按劉備於四月（按今日陽曆計算，乃是六月）去世，天氣炎熱，自奉節迎梓成都，確有些困難，有可能就地安葬。近年有人據劉氏家譜記載，説是劉備葬奉節縣城外某山中。奉節白帝城文管所於 20 世紀 80 年代中期請來四川省地礦局南江水文地質工程地質隊進行物探、鑽探，發現在原夔州賓館舊址(當地傳説爲甘夫人墓)下，15～20 米深處有 1 米多長、0.5 米左右寬，位置略帶傾斜的一塊鐵塊存在，這與搜集的《劉氏家譜》記載的劉備墓“鐵墓爲志”相符。同時，還發現旁邊的老縣府花園中有兩個空洞，疑爲墓道。但奉節縣文管所一直稱未曾發掘。九十年代又有成都彭山縣蓮花壩爲劉備真墓說法，喧囂一時，但經發掘後是明代墓，此説自破。現主要是成都説和奉節説爭議不下，但都缺乏實物證據。

五月，後主襲位於成都，時年十七。尊皇后曰皇太后。大赦，改元。是歲魏黄初四年也。

(《三國志》卷三三《蜀書・後主傳》)

公元 225 年(魏黄初六年，蜀漢建興三年)

三年春，亮率衆南征，其秋悉平。軍資所出，國以富饒。乃治戎講武，以俟大舉。

(《三國志》卷三五《蜀書・諸葛亮傳》)

《三國志・蜀書・後主傳》記載：“三年春三月，丞相亮南征四郡，四郡皆平。改益州郡爲建寧郡，分建寧、永昌郡爲雲南郡，又分建寧、牂牁爲興古郡。十二月，亮還成都。”

公元 226 年(魏黄初七年，蜀漢建興四年)

四年春，都護李嚴自永安還住江州，築大城。

(《三國志》卷三三《蜀書・後主傳》)

裴注曰：“今巴郡故城是。”《華陽國志・巴志》中載：“劉先主初以江夏費瓘爲太守，領江州都督。後都護李嚴更城大城，周迴十六里。欲穿城後山，自汶江通水入巴江，使城爲州。求以五郡置巴州。丞相諸葛亮不許。亮將北征，召嚴漢中。故穿山不逮。然造蒼龍、白虎門。”“欲穿城後山”處當就是今重慶市佛圖關，此處嘉陵江和長江水面相隔最近，僅500米左右。

依此看，當時城址當在今朝天門——李子壩一帶。據藍勇、彭學斌在《中國歷史地理論叢》2016年4期《古代重慶主城城址位置、範圍、城門變遷考——兼論考古學材料在歷史城市地理研究中的運用方式》一文中，通過對古人記載的詳細分析並結合近年來重慶考古材料，認爲秦、西漢時的江州城俱在渝中半島，在東漢後曾將城池短暫移到嘉陵江北，稱爲“北府城”，而在此東漢末年又由李嚴移回渝中半島。

公元262年(魏景元三年)

譙郡嵇康，文辭壯麗，好言老、莊而尚奇任俠，與陳留阮籍、籍兄子咸、河内山濤、河南向秀、琅邪王戎、沛人劉伶特相友善，號竹林七賢。皆崇尚虛無，輕蔑禮法，縱酒昏酣，遺落世事。

(《資治通鑒》卷七七)

公元263年(魏景元四年，蜀漢景耀六年)

詔諸軍大舉伐漢，遣征西將軍鄧艾督三萬餘人自狄道趣甘松、遝中，以連綴姜維；雍州刺史諸葛緒督三萬餘人自祁山趣武街橋頭，絶維歸路；鍾會統十餘萬眾分從斜谷、駱谷、子午谷趣漢中。以廷尉衛瓘持節監艾、會軍事，行鎮西軍司。……(艾)遂自陰平行無人之地七百餘里，鑿山通道，造作橋閣。山高谷深，至爲艱險，又糧運將匱，瀕於危殆。艾以氈自裹，推轉而下。將士皆攀木緣崖，魚貫而進。……漢人不意魏兵卒至，不爲城守調度；聞艾已入平土，百姓擾擾，皆迸山野，不可禁制。……漢主乃遣侍中張紹等奉璽綬以降於艾。……張紹等見鄧艾於雒，艾大喜，報書褒納。漢主遣太僕蔣顯别敕姜維使降鍾會，又遣尚書郎李虎送士民簿於艾，户二十八萬，口九十四萬，甲士十萬二千，吏四萬人。艾至成都城北，漢主率太子諸王及群臣六十餘人，面縛輿櫬詣軍門。艾持節解縛焚櫬，延請相見；檢御將士，無得虜略，綏納降附，使復舊業；輒依鄧禹故事，承制拜漢主禪行驃騎將軍，太子奉車、諸王駙馬都尉，漢群司各隨高下拜爲王官，或領艾官屬；以師纂領益州刺史，隴西太守牽弘等領蜀中諸郡。

（十二月）壬子，分益州爲梁州。癸丑，特赦益州士民，復除租稅之半五年。

（《資治通鑒》卷七八）

兩晉南北朝卷

公元277年(咸寧三年)

咸寧三年春，刺史濬誅犍爲民陳瑞。瑞初以鬼道惑民。其道始用酒一斗，魚一頭，不奉他神。貴鮮潔。其死喪、産乳者，不百日不得至道治。其爲師者曰祭酒。父母妻子之喪，不得撫殯、入弔，及問乳、病者。〔後〕轉奢靡，作朱衣、素帶、朱幘、進賢冠。瑞自稱天師。徒衆以千百數。濬聞，以爲不孝。誅瑞及祭酒袁旌等，焚其傳舍。益州民有奉瑞道者，見官二千石長吏，巴郡太守犍爲唐定等，皆免官或除名。蜀中山川神祠皆種松柏。濬以爲非禮，皆廢壞燒除，取其松柏爲舟船，惟不毁禹王祠及漢武帝祠。又禁民作巫祀。于是蜀無淫祀之俗。教化大行，有木連理、嘉禾、黄龍、甘露之祥。

(《華陽國志》卷八《大同志》)

陳瑞教派所用"酒一斗，魚一頭"，稱頭目爲"祭酒"，與張魯"五斗米道"頗有相似，"不奉他神"與黄巾的"太平道"也頗相似，更有"焚其傳舍"之事，説明其還建立了交通旅舍("傳舍"即是當時的旅館)，在早期的道教雛形中常有這些表現。

"木連理"即兩樹樹幹糾纏在一起。在生物學上是一種兩樹同幹或者一種樹寄生在另一種樹上的現象，前者較少見，後者在西南地區亞熱帶叢林中較常見。嘉禾，乃是特别飽滿的稻穗，王充《論衡·講瑞篇》云："嘉禾、醴泉、甘露，嘉禾生於禾中，與禾中異穗，謂之嘉禾。"應是稻類作物的生物變異現象，古人視爲祥瑞之兆。

公元280年(晉太康元年，吴天紀四年)

太康元年正月，(王)濬發自成都，率巴東監軍、廣武將軍唐彬攻吴丹楊，克之，擒其丹楊監盛紀。……二月庚申，克吴西陵，獲其鎮南將軍留憲、征南將軍成據、宜都太守虞忠。……乙亥，詔進濬爲平東將軍、假節、都督益梁諸軍事。

濬自發蜀，兵不血刃，攻無堅城，夏口、武昌，無相支抗。于是順流鼓棹，徑造三山。……壬寅，濬入於石頭。皓乃備亡國之禮，素車白馬，肉袒面縛，銜璧牽羊，大夫衰服，士輿櫬，率其僞太子瑾、瑾弟魯王虔等二十一人，造於壘門。濬躬解其縛，受璧焚櫬，送於京師。收其圖籍，封其府庫，軍無私焉。帝遣使者犒濬軍。

(《晉書》卷四二《王濬傳》)

《王濬傳》中所記其先前在蜀之日及平吴之後作爲，載："除巴郡太守。郡邊吴境，兵士苦役，生男多不養。濬乃嚴其科條，寬其徭課，其産育者皆與休復，所全活者數千人。……濬于是統兵(伐吴)。先在巴郡之所全育者，皆堪徭役供軍，其父母戒之曰：'王府君生爾，爾必勉之，無愛死也!'……濬平吴之後，以勳高位重，不復素業自居，乃玉食錦服，縱奢侈以自逸。其有辟引，多是蜀人，示不遺故舊也。"王濬又在平吴後自辯的上表中稱："餘軍縱横，詐稱臣軍，而臣軍類皆蜀人，幸以此自别耳，豈獨浚之將士皆是夷齊，而臣諸軍悉聚盜跖耶！……云臣屯聚蜀人，不時送皓，欲有反狀。"以此看來，王濬下江東的將士吏卒多爲蜀人。

《華陽國志》卷八《大同志》中載："(咸寧五年)冬十有二月，濬因自成都帥水陸軍及梁州三水胡七萬人伐吴。臨發，斬牙門將李延，所愛侍將也，以爭騎斬。衆莫不肅。至江州，詔書進濬平東將軍，都督二州，巴東監軍唐彬及平南軍皆受指授。别遣參軍李毅將軍由涪陵入取武陵，會巴陵。"涪陵爲古"枳"地，即巴人先人陵墓所在，巴陵即巴丘，今湖南岳陽地區，李毅一軍由涪陵而入巴陵，可以佐證"枳"與"巴丘"的通道存在，今岳陽地區考古發現的帶有巴文化痕跡的遺物或許與涪陵巴人有關。

《晉書》卷三《武帝紀》中言:“收其圖籍,得州四,郡四十三,縣三百一十三,户五十二萬三千,吏三萬三千,兵二十三萬,男女口二百三十萬。”《三國志》卷四八《吳書·孫皓傳》中裴注引《晉陽秋》中更載:“……米穀二百八十萬斛,舟船五千餘艘,後宮五千餘人。”至此,吳亡,歷時六十一年的三國時代以三家歸晉而結束。

公元297年(元康七年)

及齊萬年反,關中薦饑,略陽、天水等六郡民流移就穀入漢川者數萬家,道路有疾病窮乏者,(李)特兄弟常營護振救之,由是得眾心。流民至漢中,上書求寄食巴、蜀,朝議不許,遣侍御史李苾持節慰勞,且監察之,不令入劍閣,苾至漢中,受流民賂,表言:“流民十萬餘口,非漢中一郡所能振贍;蜀有倉儲,人復豐稔,宜令就食。”朝廷從之。由是散在梁、益,不可禁止。

(《資治通鑒》卷八二)

《晉書》卷一二〇《李特載記》中載:“巴人呼賦爲賨,因謂之賨人焉。及漢高祖爲漢王,募賨人平定三秦。既而求還鄉里,高祖以其功,復同豐、沛,不供賦稅,更名其地爲巴郡。……漢末,張魯居漢中,以鬼道教百姓,賨人敬信巫覡,多往奉之。值天下大亂,自巴西之宕渠遷於漢中楊車阪,抄掠行旅,百姓患之,號爲楊車巴。魏武帝克漢中,特祖將五百餘家歸之,魏武帝拜爲將軍,遷於略陽,北土復號之爲巴氐。特父慕,爲東羌獵將。”又《通鑒》卷八二中載:“(元康六年)秋,七月,雍、秦二州大旱,疾疫,米斛萬錢。”由此造成流民入漢中,繼而入巴蜀,散佈川中。

公元300年(永康元年)

詔征刺史廞爲大長秋。遣成都内史中山耿滕爲益州刺史、折衝將軍，因廞所服佩。……廞自稱大將軍益州牧。……徙犍爲太守李庠爲威寇將軍。

（《華陽國志》卷八《大同志》）

初，朝廷符下秦、雍州，使召還流民入蜀者，又遣御史馮該、張昌督之。李特兄輔自略陽至蜀，言中國方亂，不足復還。特然之，累遣天水閻式詣羅尚求權停至秋，又納賂于尚及馮該；尚、該許之。

羅尚遣從事督遣流民，限七月上道。時流民布在梁、益，爲人傭力，聞州郡逼遣，人人愁怨，不知所爲；且水潦方盛，年穀未登，無以爲行資。特復遣閻式詣尚，求停至冬；辛冉及犍爲太守苾以爲不可。尚舉别駕蜀郡杜苾秀才，式爲苾説逼移利害，苾亦欲寬流民一年；尚用冉、苾之謀，不從；苾乃致秀才板，出還家。冉性貪暴，欲殺流民首領，取其資貨，乃與苾白尚，言："流民前因趙廞之亂，多所剽掠，宜因移設關以奪取之。"特數爲流民請留，流民皆感而恃之，多相帥歸特。特乃結大營於綿竹以處流民，移辛冉求自寬。冉大怒，遣人分榜通衢，購募特兄弟，許以重賞。特見之，悉取以歸，與弟驤改其購云："能送六郡之豪李、任、閻、趙、楊、上官及氐、叟侯王一首，賞百匹。"于是流民大懼，歸特者愈衆，旬月間過二萬人。流亦聚衆數千人。尚移書令梓潼太守張演於諸要施關，搜索寶貨。

（《資治通鑒》卷八四）

公元 301 年（永寧元年）

春正月，廞遣萬餘人斷北道，次綿竹，以長史費遠爲繼。前軍宿石亭。特等相合，得七百餘人，夜襲之，因放火，殺廞軍略盡。進攻成都。城中恟懼。中郎常美與費遠、李苾、張微等夜斬關委廞走。文武散盡，廞獨與妻子乘小船順水至廣都，爲下人朱竺所殺。廞字和叔，本巴西安漢人也。祖世隨張魯内移，家趙。趙王倫器之。歷長安令，天門、武陵太守，來臨州。長子昺在洛，亦見誅。

（《華陽國志》卷八《大同志》）

于是六郡流民李含等共推特行鎮北大將軍，承制封拜；以其弟流行鎮東大將軍，號東督護，以相鎮統；又以兄輔爲驃騎將軍，弟驤爲驍騎將軍……羅尚素貪殘，爲百姓患。特與蜀民約法三章，施捨振貸，禮賢拔滯，軍政肅然，蜀民大悦。尚頻爲特所敗，乃阻長圍，緣郫水作營，連延七百里，與特相拒，求救於梁州及南夷校尉。

（《資治通鑒》卷八四）

公元 303 年（太安二年）

春，正月，李特潛渡江擊羅尚，水上軍皆散走。蜀郡太守徐儉以少城降，特入據之，惟取馬以供軍，餘無侵掠，赦其境内，改元建初。羅尚保太城，遣使求和於特。蜀民相聚爲塢者，皆送款於特，特遣使就撫之；以軍中糧少，乃分六郡流民於諸塢就食。

（《資治通鑒》卷八五）

成都城内有少城、太城，《華陽國志》卷三《蜀志》中言："州治太城。郡治少城。"據劉琳在《四川大學學報》1978 年第 2 期上的《成都城池變遷史考述》中所考證，"太城在東，少城在西。"

二月，尚遣兵掩襲特營，諸塢皆應之，特兵大敗，斬特及李輔、李遠，皆焚屍，傳首洛陽。流民大懼，李流、李蕩、李雄收餘眾還保赤祖。流自稱大將軍、大都督、益州牧，保東營，蕩、雄保北營。

秋，七月，李流徒屯郫。蜀民皆保險結塢，或南入寧州，或東下荆州。城邑皆空，野無煙火，流虜掠無所得，士眾饑乏。

（《資治通鑒》卷八五）

寧州大致範圍在今雲南境内及貴州廣西小部，由於李雄部在成都——梓潼一帶，蜀民往北無路（關中饑荒，即使到達也無法生存），只有南下或者東遷，旱路則走寧州，水路則往荆州。南宋郭允蹈所著《蜀鑒》卷四中對此有較詳細記載："晉太安二年，益州流民十余萬户徙荆州。李特之亂，三蜀民迸南入東下，城邑皆空，野無煙火。其入荆州者十余萬户，羈旅貧乏。鎮南將軍劉弘大給其田及種糧，擢其賢才，隨才授用，流民稍安。……巴蜀流民布在荆州間，數爲土民所侵苦。蜀人李驤聚衆據樂鄉，應詹與杜弢擊破之。弢字景文，蜀郡成都人，祖植有名蜀土。弢才學著稱，州舉秀才，爲成都别駕。巴氐流民入蜀，羅尚督追之，弢勸尚寬流民一年，尚不從。弢致秀才板，歸家。李特反，弢避地荆州，應詹愛其才而禮之，辟爲醴陵令。驤聚衆屯樂鄉，弢擊破之。荆州太守王澄討驤，驤請降，澄許而襲之，以其妻子爲賞，沉八千餘人於江。”後“李驤既死，流民益怨恨。杜疇、蹇撫等復擾湘州。參軍馮素與流民汝班蹇碩不恊，言於刺史荀眺曰：‘流人皆欲反！’眺以爲然，欲盡誅流人，班等懼死，聚衆以應疇，杜弢時在湘中，衆共推爲主。眺委城走，攻下郡邑，征南將軍山簡鎮夏口，弢具陳其事，簡尋卒”。又經累年戰鬥，“建興三年，杜弢遺書應詹，請降於琅琊王，王許之”，不幸的是，“以弢爲巴東監軍，使前南海大守王運受其降。諸將攻弢不已，弢不勝憤怒，殺運復反。(陶)侃等諸軍齊進，弢乃逃遁不知所在。城中金寶溢目，應詹一無所取，惟取圖書，莫不嘆之”。郭允蹈在其後的評論中稱：“豈有賊而載圖書者乎？此皆梁益流徙之衣冠也。悲夫！”又言若以王澄及陶侃之軍，並杜弢戀鄉之流民，破魚復江關而合戰李流之徒，公私兩便，豈徒耗軍力，損傷國家矣！筆者認爲此言甚是。況荆州官員兩次殺降，背信棄義，致使荆楚漂櫓，徒成應詹之名耳！

李流疾篤，謂諸將曰：“驍騎仁明，固足以濟大事；然前軍英武，殆天所相，可共受事於前軍。”流卒，眾推李雄爲大都督、大將軍、益州牧、治郫城。

閏月，李雄急攻羅尚。尚軍無食，留牙門張羅守城。夜，由牛鞞水東走，羅開門降。雄入成都，軍士饑甚，乃帥眾就穀於郪，掘野芋而食之。

(《資治通鑒》卷八五)

郫城即今成都郫縣，牛鞞水即今沱江上游部分。

公元 304 年（永興元年）

羅尚逃至江陽，遣使表狀，詔尚權統巴東、巴郡、涪陵以供軍賦。尚遣別駕李興詣鎮南將軍劉弘求糧，弘綱紀以運道阻遠，且荆州自空乏，欲以零陵米五千斛與尚。弘曰：“天下一家，彼此無異，吾今給之，則無西顧之憂矣。”遂以三萬斛給之，尚賴以自存。

冬，十月，雄即成都王位，大赦，改元曰建興。除晉法，約法七章。

羅尚移屯巴郡，遣兵掠蜀中，獲李驤妻昝氏及子壽。

（《資治通鑒》卷八五）

公元 310 年（永嘉四年）

羅尚卒于巴郡，詔以長沙太守下邳皮素代之。

（《資治通鑒》卷八七）

公元 334 年（咸和九年）

成主雄之子車騎將軍越屯江陽，奔喪至成都。以太子班非雄所生，意不服，與其弟安東將軍期謀作亂。班弟玝勸班遣越還江陽，以期爲梁州刺史，鎮葭萌。班以未葬，不忍遣，推心待之，無所疑間，遣玝出屯於涪。冬，十月，癸亥朔，越因班夜哭，弒之於殯宫，並殺班兄領軍將軍都；矯太後任氏令，罪狀班而廢之。及班死，衆欲立越，越奉期而立之。甲子，期即皇帝位。謚班曰戾太子。以越爲相國，封建寧王，加大將軍壽大都督，徙封漢王；皆録尚書事。以兄霸爲中領軍、鎮南大將軍；弟保爲鎮西大將軍、汶山太守；從兄始爲征東大將軍，代越鎮江陽。

（《資治通鑒》卷九五）

《華陽國志》卷九載："班字世文，蕩第四子也。少見養於雄。年二十六，立爲太子。好學愛士。每觀書傳，謂其師友天水文夔、隴西董融等曰：'吾見周景靈王太子晉、魏太子丕、吴太子登，文章鑒識，超然卓絶，未嘗不有慚色。何古人之難及乎！'"

《華陽國志》劉琳校注中言李始應爲李期伯父。

公元335年(咸康元年)

初，趙主(石)勒以天竺僧佛圖澄豫言成敗，數有驗，敬事之。及虎即位，奉之尤謹，衣以綾錦，乘以雕輦。朝會之日，太子、諸公扶翼上殿，主者唱"大和尚"，衆坐皆起。使司空李農旦夕問起居，太子、諸公五日一朝。國人化之，率多事佛。澄之所在，無敢向其方面涕唾者。争造寺廟，削髮出家。虎以其真偽雜糅，或避賦役爲奸宄，乃下詔問中書曰："佛，國家所奉。里閭小人無爵秩者，應事佛不？"著作郎王度等議曰："王者祭祀，典禮具存。佛，外國之神，非天子諸華所應祠奉。漢氏初傳其道，唯聽西域人立寺都邑以奉之，漢人皆不得出家；魏世亦然。今宜禁公卿以下毋得詣寺燒香、禮拜；其趙人爲沙門者，皆返初服。"虎詔曰："朕生自邊鄙，忝君諸夏，至於饗祀，應從本俗。其夷、趙百姓樂事佛者，特聽之。"

(《資治通鑑》卷九五)

《晉書》卷一〇六《載記六》中載："又内諸比丘尼有姿色者，與其交褻而殺之，合牛羊肉煮而食之，亦賜左右，欲以識其味也。"其人似並不信佛。

公元338年(咸康四年)

(壽)南攻成都。子勢爲開門内應，遂獲期、越。誅其宗族十餘人。……任調與司馬蔡興、侍中李艷及張烈等勸壽自立。壽亦生心，遂背思明所陳之計，稱漢皇帝。尊父驤曰獻帝，母昝氏曰太后。下赦，改元漢興。

（《華陽國志》卷九）

公元 339 年（咸康五年）

五年，春二月，晉將伐巴郡，獲李閎。閎，恭子也。初，壽許自牛鞞以東土斷與閎，執政者以爲不可，乃止。復不益兵，故覆没。

（《華陽國志》卷九）

《晉書》卷七三《庾亮傳》另載："又遣偏軍伐蜀，至江陽，執僞荆州刺史李閎、巴郡太守黄植，送於京都。"《晉書》卷七《成帝紀》中載："夏四月辛未，征西將軍庾亮遣參軍趙松擊巴郡、江陽，獲石季龍將李閎、黄植等。"李閎非石季龍將，巴郡、江陽也非後趙之地，《晉書》此處誤載。

公元 340 年（咸康六年）

閎從鄴還，盛稱石虎威彊，鄴中殷實，宫觀美麗。言虎虐用刑法，故能控制邦域。壽心欣慕，乃徙旁郡户三丁以上實成都。興尚方御府，發州郡工巧以充之。廣修宫室。引水入城。

（《華陽國志》卷九）

公元 343 年（建元元年）

遣益州刺史周撫、西陽太守曹據伐蜀，破蜀將李桓於江陽。

（《晉書》卷七三《庾亮傳》）

公元346年(永和二年)

冬，李奕自晉壽舉兵反，單騎突門，門者射殺，眾潰。勢大赦境内，改年嘉寧。勢驕淫，不卹國事，中外離心。蜀土無僚，至是始從山出，自巴至犍爲、梓潼，布滿山谷，大爲民患。加以飢饉，境内蕭條。

(《華陽國志》卷九)

《蜀鑒》卷四引李膺《益州記》曰："李雄時嘗遣李壽攻朱提，遂有南中之地。壽既篡位，以郊甸未實，都邑空虛，乃縱旁郡户三千(按：當作"丁")以上，以實成都。又從牂柯引僚入蜀境，自象山以北，盡爲僚居。蜀本無僚，至是始出巴西、渠川、廣漢、陽安、資中、犍爲、梓潼，布在山谷，十餘萬家。僚遂挨(當作夾)山旁谷，與土人參居。居家頗輸租賦，在深山者不爲編户。種類滋蔓，保居岩壑，依林履險，若履平地，性又無知，殆同禽獸，諸夷之中，難以道義招懷也。"唐人杜佑的《通典》中亦有此言，但是在"諸獠始出巴西、渠川、廣漢、陽安、資中、犍爲、梓潼"句後的注中言："今蜀川之内。"由此看來，"蜀本無獠"應是指蜀郡之地，並非整個巴蜀之地。

公元347年(永和三年)

春二月，桓温伐蜀。軍至青衣。勢大發兵……勢悉眾出，戰於笮橋。中書監王嘏、散騎常侍常璩勸勢降。勢乃夜開東門走。勢至葭萌，使散騎常侍王幼送降文於温。勢至建康，封歸義侯。

(《華陽國志》卷九)

漢故尚書僕射王誓、鎮東將軍鄧定、平南將軍王潤、將軍隗文等皆舉兵反，眾各萬餘。桓温自擊定，使袁喬擊文，皆破之。温命益州刺史周撫鎮彭模，斬王誓、王潤。温留成都三十日，振旅還江陵。

(《資治通鑒》卷九五)

公元 349 年(永和五年)

夏四月，益州刺史周撫、龍驤將軍硃燾擊範賁，獲之，益州平。

(《晉書》卷八《穆帝紀》)

公元 373 年(寧康元年)

奉遂取梁、益二州，邛、莋、夜郎皆附於秦。秦王堅以楊安爲益州牧，鎮成都；毛當爲州刺史，鎮漢中；姚萇爲寧州刺史，屯墊江；王統爲南秦州刺史，鎮仇池。

(《資治通鑒》卷一〇三)

古墊江在今合川，仇池在今甘肅省成縣。

公元 375 年(寧康三年)

秦王堅下詔曰："新喪賢輔，百司或未稱朕心，可置聽訟觀於未央南，朕五日一臨，以求民隱。今天下雖未大定，權可偃武修文，以稱武侯雅旨。其增崇儒教，禁老、莊、圖讖之學，犯者棄市。"妙簡學生，太子及公侯百僚之子皆就學受業；中外四禁、二衛、四軍長上將士，皆令受學。二十人給一經生，教讀音句，後宮置典學以教掖庭，選閹人及女隸敏慧者詣博士授經。尚書郎王佩讀讖，堅殺之，學讖者遂絶。

(《資治通鑒》卷一〇三)

公元 381 年（太和六年）

六年春正月，帝初奉佛法，立精舍於殿内，引諸沙門以居之。

（《晉書》卷九《孝武帝紀》）

公元 384 年（太元九年）

梁州刺史楊亮帥衆五萬伐蜀，遣巴西太守費統等將水陸兵三萬爲前鋒。亮屯巴郡，秦益州刺史王廣遣巴西太守康回等拒之。

（《資治通鑒》卷一〇五）

公元 385 年（太元十年）

乙酉，秦益州刺史王廣以蜀人江陽太守李丕爲益州刺史，守成都。己丑，廣帥所部奔還隴西，依其兄秦州刺史統，蜀人隨之者三萬餘人。

辛丑，萇遣人縊堅於新平佛寺。

（《資治通鑒》卷一〇六）

公元 405 年（義熙元年）

秦王興以鳩摩羅什爲國師，奉之如神，親帥群臣及沙門聽羅什講佛經，又命羅什翻譯西域《經》《論》三百餘卷，大營塔寺，沙門坐禪者常以千數。公卿以下皆奉佛，由是州郡化之，事佛者十室而九。

（譙）縱稱成都王，以從弟洪爲益州刺史，以明子爲巴州刺史屯白帝。于是蜀大亂，漢中空虚，氐王楊盛遣其兄子平南將軍撫據之。

（《資治通鑒》卷一〇六）

《晉書》卷九五《鳩摩羅什傳》載："西域諸國咸伏羅什神俊，每至講説，諸王皆長跪坐側，令羅什踐而登焉。苻堅聞之，密有迎羅什之意。會太史奏云："有星見外國分野，當有大智入輔中國。"堅曰："朕聞西域有鳩摩羅什，將非此邪?"乃遣驍騎將軍呂光等率兵七萬，西伐龜茲，謂光曰："若獲羅什，即馳驛送之。"光軍未至，羅什謂龜茲王白純曰："國運衰矣，當有勍敵從日下來，宜恭承之，勿抗其鋒。"純不從，出兵距戰，光遂破之，乃獲羅什。"《魏書》卷一一四《釋老志載》："(浮圖)澄卒後，中國紛亂，道安乃率門徒，南游新野。欲令玄宗在所流布，分遣弟子，各趣諸方。法汰詣揚州，法和入蜀，道安與慧遠之襄陽。道安後入苻堅，堅素欽德問，既見，宗以師禮。時西域有胡沙門鳩摩羅什，思通法門，道安思與講釋，每勸堅致羅什。什亦承安令問，謂之東方聖人，或時遥拜致敬。道安卒後二十余載而羅什至長安，恨不及安，以爲深慨。道安所正經義，與羅什譯出，符會如一，初無乖舛。于是法旨大著中原。"

《晉書》卷一一七《姚興傳》載："興如逍遥園，引諸沙門于澄玄堂聽鳩摩羅什演説佛經。羅什通辯夏言，尋覽舊經，多有乖謬，不與胡本相應。興與羅什及沙門僧略、僧遷、道樹、僧睿、道坦、僧肇、曇順等八百餘人，更出大品，羅什持胡本，興執舊經，以相考校，其新文異舊者皆會於理義。續出諸經並諸論三百餘卷。今之新經皆羅什所譯。興既托意於佛道，公卿已下莫不欽附，沙門自遠而至者五千餘人。起浮圖於永貴里，立波若台於中宫，沙門坐禪者恆有千數。州郡化之，事佛者十室而九矣。"《宋史》卷二〇五《藝文志四》載："鳩摩羅什譯《金剛般若波羅蜜經》一卷"。

公元432年(元嘉九年)

流民許穆之，變姓名稱司馬飛龍，自云晉室近親，往依氐王楊難當。難當因民之怨，資飛龍以兵，使侵擾益州。飛龍招合蜀人，得千餘人，攻殺巴興令，逐陰平太守；道濟遣軍擊斬之。……于是涪陵、江陽、遂寧諸郡守皆棄城走，蜀土僑、舊俱反。

（《資治通鑒》卷一二二）

公元 435 年（元嘉十二年）

丹陽尹蕭摹之上言："佛化被於中國，已歷四代，形像塔寺，所在千數。自頃以來，情敬浮末，不以精誠爲至，更爲奢競爲重，材竹銅彩，糜損無極；無關神祇，有累人事，不爲之防，流遁未息。請自今欲鑄銅像及造塔寺者，皆當列言，須報乃得爲之。"詔從之。

（《資治通鑒》卷一二二）

公元 442 年（元嘉十九年）

（太平）真君三年，（寇）謙之奏曰："今陛下以真君御世，建静輪天宫之法，開古以來，未之有也。應登受符書，以彰聖德。"世祖從之。于是親至道壇，受符録。備法駕，旗幟盡青，以從道家之色也。自後諸帝，每即位皆如之。恭宗見謙之奏造静輪宫，必令其高不聞雞鳴狗吠之聲，欲上與天神交接，功役萬計，經年不成。乃言於世祖曰："人天道殊，卑高定分。今謙之欲要以無成之期，説以不然之事，財力費損，百姓疲勞，無乃不可乎？必如其言，未若因東山萬仞之上，爲功差易。"世祖深然恭宗之言，但以崔浩贊成，難違其意，沉吟者久之，乃曰："吾亦知其無成，事既爾，何惜五三百功。"

（《魏書》卷一一四《釋老志》）

公元 446 年（元嘉二十三年，北魏太平真君七年）

三月，詔諸州坑沙門，毀諸佛像。徙長安城工巧二千家於京師。

（《魏書》卷四下《世祖紀下》）

此即“三武帝滅佛”中的第一次大規模滅佛——“北魏武帝”滅佛事。《資治通鑒》卷一二四載：“魏主與崔浩皆信重寇謙之，奉其道。浩素不喜佛法，每言於魏主，以爲佛法虚誕，爲世費害，宜悉除之。及魏主討蓋吴，至長安，入佛寺，沙門飲從官酒；從官入其室，見大有兵器，出以白帝。帝怒曰：‘此非沙門所用，必與蓋吴通謀，欲爲亂耳！’命有司案誅闔寺沙門，閲其財産，大得釀具及州郡牧守、富人所寄藏物以萬計，又爲窟室以匿婦子。浩因説帝悉誅天下沙門，毁諸經像，帝從之。寇謙之與浩固争，浩不從。先盡誅長安沙門，焚毁經像，並敕留台下四方，令一用長安法。詔曰：‘昔後漢荒君，信惑邪僞以亂天常，自古九州之中，未嘗有此。誇誕大言，不本人情，叔季之世，莫不眩焉。由是政教不行，禮義大壞，九服之内，鞠爲丘墟。朕承天緒，欲除僞定真，復羲、農之治。其一切蕩除，滅其蹤跡。自今已後，敢有事胡神及造形像泥人、銅人者誅。有非常之人，然後能行非常之事，非朕孰能去此歷代之僞物？有司宣告征鎮諸軍、刺史，諸有浮圖形像及胡經，皆擊破焚燒，沙門無少長悉坑之！’太子晃素好佛法，屢諫不聽，乃緩宣詔書，使遠近豫聞之，得各爲計。沙門多亡匿獲免，或收藏經像，唯塔廟在魏境者無復孑遺。”

著作令史太原閔湛、趙郡郄標素諂事（崔）浩，乃請立石銘，刊載《國書》，並勒所注《五經》。浩贊成之。恭宗善焉，遂營於天郊東三里，方百三十步，用功三百萬乃訖。

（《魏書》卷三五《崔浩傳》）

公元462年（大明六年）

初，晋庾冰議使沙門敬王者，桓玄復述其議，並不果行。至是，上使有司奏曰：“儒、法枝派，名、墨條分，至於崇親嚴上，厥猷靡爽。唯浮圖爲教，反經提傳，拘文蔽道，在末爾扇。夫佛以謙卑自牧，忠虔爲道，寧有屈膝四輩而簡禮二親，稽顙耆臘而直體萬乘者哉！臣等參議，以爲沙門接見，比當盡虔；禮敬之容，依其本俗。”九月，戊寅，制沙門致敬人主。及廢帝即位，復舊。

（《資治通鑑》卷一二九）

公元480年（南齊建元二年）

上以群蠻數爲叛亂，分荆、益置巴州以鎮之。壬申，以三巴校尉明慧昭爲巴州刺史，領巴東太守。

（《資治通鑑》卷一三五）

巴州，據《南齊書》卷一五《州郡志》記載：“建元二年，分荆州巴東、建平，益州巴郡爲州，立刺史，而領巴東太守，又割涪陵郡屬。永明元年省，各還本屬焉。”巴東郡治魚復，即今奉節一帶；建平郡治巫，即今巫山至建始一帶；巴郡治江州，即今重慶市；涪陵郡治漢平，即今武隆至涪陵一帶。

公元483年（南齊永明元年）

【造像記】齊永明元年歲次癸亥七月十五日，西涼曹比丘釋玄嵩爲帝主臣王、累世師長、父母兄弟、六親眷屬及一切群生，敬造無量壽、當來彌勒成佛二世尊像。願一切眾生發弘曠心，明信王寶，翟修十善，遭遇慈民，龍華三會，聶豫其昌，永去塵結，法身滿足，廣度一切，共成佛道。比丘釋僧成摻□□□共成此□。

（《四川歷代碑刻》83頁釋玄嵩造像記）

若石像無僞，此乃四川地區至今發現的最早的有紀年的佛像。此碑據傳1921年發現於四川茂縣（今茂汶羌族自治縣）縣城東門外較場壩中村寨西南土中，現存於四川博物院。由於此碑中佛像褒衣博帶式的佛裝年代較早，曾引起學界争論此種形式到底是南傳北，還是北傳南。但是也有學者從造像内容及書法風格等方面，懷疑此像的真實性，可見邵磊《茂汶南齊永明造像碑質疑》，載於《四川文物》2001年3期。此碑内容應是根據《無量壽經》及《佛説觀彌勒菩薩上生兜率天經》(也稱《彌勒上生經》《觀彌勒經》)等儀軌而來。從“龍華三會”“永去塵結”等詞語來看，這種彌勒信仰當是彌勒上生信仰，見下文“南齊永明八年”條和“南梁大同七年”條下所造彌勒像銘文。據此可知，在隋代以前，四川地區流行的多是彌勒上生信仰。

公元490年(南齊永明八年)

【造像記】齊永明八年庚午歲十二月十九日比丘釋法海」與母爲亡父造彌勒成佛石像一軀願現」在眷屬七世父母龍華三會□登初首一切」眾生普同斯願。

(《成都市西安路南朝石刻造像清理簡報》)

1995年5月，在成都市西安路中段東側的工地中發現一批南朝石刻造像，有8通佛教造像，1通道教造像。此段銘文記於被編號爲H1：1的造像石上，詳見成都市文物考古工作隊，成都市文物考古研究所《成都市西安路南朝石刻造像清理簡報》，《文物》1998年11期。但是，也有學者認爲南朝石刻極爲少見，這批造像石是宋人僞造的，詳見王玉《四川成都出土南朝石刻造像存疑——兼談平楊府君闕龕像》，《華夏考古》2012年2期。

西元495年(南齊建武二年，北魏太和十九年)

【造像記】齊建武二年歲次」乙亥荆州道人釋」法明奉爲七世父」母師徒善友敬造」觀世音成佛像一」躯願生生之處永」離三塗八難之苦」面都諸佛弥勒三」會願同初首有識」群生咸將斯心發」果菩提廣

度一切。

（《巴蜀佛教雕刻藝術史》）

本文是根據胡文和、胡文成著《巴蜀佛教雕刻藝術史》中第一卷第三章第二節《南齊時期佛教石刻》中的“南齊建武二年造像石”的拓片插圖而録，巴蜀書社 2015 年版，171 頁。與書中原文略有不同。

公元 509 年（南梁天監八年，北魏永平二年）

十一月，己丑，魏主於式乾殿爲諸僧及朝臣講《維摩詰經》。

時佛教盛於洛陽，中國沙門之外，自西域來者三千餘人，魏主別爲之立永明寺千餘間以處之。處士南陽馮亮有巧思，魏主使與河南尹甄琛、沙門統僧暹擇嵩山形勝之地，立閒居寺，極岩壑土木之美。由是遠近承風，無不事佛，比及延昌，州郡共有一萬三千餘寺。

（《資治通鑒》卷一四七）

由北魏楊衒之撰，成書於東魏武定五年（公元 547 年），描述北魏洛陽佛寺的歷史、地理、人文筆記類著作——《洛陽伽藍記》，記述了當時洛陽佛寺地理方位、興盛及衰落的狀况。唐代詩人杜牧的《江南春》：“千里鶯啼緑映紅，水村山郭酒旗風。南朝四百八十寺，多少樓臺煙雨中”，抒發的也正是對南北朝時期佛教興衰情景的感傷。

公元 514 年（南梁天監十三年，北魏延昌三年）

【造像記】延昌三年，太歲在甲午廿日，梁、秦顯明寺惠楞與平都寺比丘僧政等，覺世非常，敬造釋迦文佛石像一區，各爲亡者、現在眷屬、諸師同學，龍華三會，願登初首。諸勸助者，並潤動衆生，普同此願，得道如佛。

（《巴蜀佛教碑文集成》2~3頁廣元魏延昌造像題記）

據《文物》1990年6期，廣元市文管所《廣元新發現的佛教造像》一文介紹，1983年4月和1986年9月，在廣元城關豫劇團基建工地，先後出土兩次佛像，爲北魏至唐代時期，出土時整齊疊放，顯系有意瘞埋地下，但像多殘失。此有紀年之延昌三年造像乃1983年出土，編號爲1號。

公元517年（南梁天監十六年）

魏元法僧遣其子景隆將兵拒張齊，齊與戰於葭萌，大破之，屠十餘城，遂圍武興。法僧嬰城自守，境内皆叛，法僧遣使間道告急於魏。魏驛召鎮南軍司傅豎眼於淮南，以爲益州刺史、西征都督，將步騎三千以赴之。豎眼入境，轉戰三日，行二百餘里，九遇皆捷。五月，豎眼擊殺梁州刺史任太洪。民、獠聞豎眼至，皆喜，迎拜於路者相繼。張齊退保白水，豎眼入州，白水以東民皆安業。

（《資治通鑒》卷一四八）

據《辭海·歷史地理分冊》所釋，“白水”乃郡名，南朝宋置，治所在今四川青川縣東北，轄境大致今廣元縣地。梁改爲平興郡，隋改爲平興縣、景穀縣。

初，魏世宗作瑶光寺，未就，是歲，胡太后又作永寧寺，皆在宫側；又作石窟寺于伊闕口，皆極土木之美。而永寧尤盛，有金像高丈八尺者一，如中人者十，玉像二。爲九層浮圖，掘地築基，下及黄泉；浮圖高九十丈，上刹得高十丈，每夜静，鈴鐸聲聞十里。佛殿如太極殿，南門如端門。僧房千間，珠玉錦繡，駭人心目。自佛法入中國，塔廟之盛，未之有也。

（《資治通鑒》卷一四八）

伊闕，即爲今洛陽城南5里處的龍門，《水經注》中言“昔大禹疏以通水，兩山相對，望之如闕，伊水歷其間北流，故謂之伊闕”。公元前239年，秦將白起在這裏消滅韓魏聯軍二十四萬，創下了以少勝多的“伊闕之戰”的經典戰例。隋朝建都洛陽後，因“伊闕”面對宫城門而始稱“龍門”。(於此更早的地名“龍門”乃是在現今山西河津縣或陝西韓城黄河岸邊，也傳爲大禹治水之處，《史記·太史公自序》中言：“遷生龍門，耕牧河山之陽。”此龍門非彼龍門。)龍門石窟始鑿於魏孝文帝時期，盛於隋唐，至今有造像十萬餘尊，爲大足石刻發現之前的“中國三大石窟”之一。今存有貞觀十五年岑文本撰文，褚遂良書《伊闕佛龕之碑》。

【造像記】大梁天監十六年歲在丁酉十二月初八日，佛弟子陳慶之敬造觀音銅像一區，上爲七世父母同生佛國，一切眷屬，咸同斯福。

(《四川歷代碑刻》84頁陳慶之造觀音銅像銘)

據《四川歷代碑刻》中介紹，此像原爲成都外西佛寺供養品，今下落不詳。

公元518年(南梁天監十七年)

初，洛陽有漢所立《三字石經》，雖屢經喪亂而初無損失。及魏馮熙、常伯夫相繼爲洛州刺史，毁取以建浮圖精舍，遂大致頽落，所存者委於榛莽，道俗隨意取之。侍中領國子祭酒崔光請遣官守視，命國子博士李郁等補其殘缺，胡太后許之。會元叉、劉騰作亂，事遂寢。

(《資治通鑒》卷一四八)

《北史》卷八〇《外戚·馮熙傳》載：“洛陽雖經破亂，而舊《三字石經》宛然猶在。至熙與常伯夫相繼爲州，廢毁分用，大至頽落。熙爲政不能仁厚，而信佛法。自出家財在諸州鎮建佛圖精舍，合七十二處。寫十六部一切經，延致名德沙門，日與講論，精勤不倦，所費亦不貲。而營塔寺多在高山秀阜，傷殺人牛。有沙門勸止之，熙曰："成就後，人唯見佛圖，焉知殺人牛也。'"筆者至此停筆歎曰，其僅爲己求福，而無視傷人傷物，豈得功德？這或許是小乘佛教的局限性，所以後來玄奘西行取經即是爲求大乘佛教。

公元 522 年（南梁普通三年）

魏宋雲與惠生自洛陽西行四千里，至赤嶺，乃出魏境，又西行，再期，至乾羅國而還。二月，達洛陽，得佛經一百七十部。

（《資治通鑒》卷一四九）

公元 523 年（南梁普通四年）

【造像記】梁普通四年三月八日，弟子康勝發心敬造釋迦文石像一軀，願現在眷屬常安，隱捨身受形，常見佛聞法。及七世父母合一切有形之類，普同此願，早得成佛，廣度一切。

（《四川歷代碑刻》84 頁康勝造像記）

此造像記 1922 年由成都城北報恩堂出土，現藏四川博物院。

六月乙丑，分益州置信州。

（《梁書》卷三《武帝紀下》）

約公元 520—527 年（南梁普通元年至普通八年，北魏正光、孝昌年間）

昔後魏末，有僧達摩者，本天竺王子，以護國出家，入南海，得禪宗妙法，云自釋迦相傳，有衣缽爲記，世相付授。達摩齎衣缽航海而來，至梁，詣武帝。帝問以有爲之事，達摩不說。乃之魏，隱於嵩山少林寺，遇毒而卒。……達摩傳慧可，慧可嘗斷其左臂，以求其法，慧可傳璨，璨傳道信，道信傳弘忍。……初，弘忍與道信並住東山寺，故謂其法爲東山法門。神秀既師事弘忍，弘忍深器異之，謂曰："吾度人多矣，至於懸解圓照，無先汝者。"……弘忍以咸亨五年卒，神秀乃往荆州，居於當陽山。則天聞其名，追赴都，肩輿上殿，親加跪禮，敕當陽山置度門寺以旌其德。時王公已下及京都士庶，聞風争來謁見，望塵拜伏，日以萬數。中宗即位，尤加敬異。……神秀以神龍二年卒，士庶皆來送葬。有詔賜謚曰"大通禪師"。……初，神秀同學僧慧能者，新州人也。與神秀行業相埒。弘忍卒後，慧能住韶州廣果寺。韶州山中，舊多虎豹，一朝盡去，遠近驚歎，咸歸伏焉。神秀嘗奏則天，請追慧能赴都，慧能固辭。神秀又自作書重邀之，慧能謂使者曰："吾形貌短陋，北土見之，恐不敬吾法。又先師以吾南中有緣，亦不可違也。"竟不度嶺而死。天下乃散傳其道，謂神秀爲北宗，慧能爲南宗。

（《舊唐書》卷一九一《方伎傳》）

這就是中國佛教的禪宗所稱的"禪宗六祖"的由來。爲便於介紹前因後果，本段文字年代跨度較大，並將原文語句次序作了調整。以下簡單介紹下中國佛教禪宗的歷史：據胡適的《中國禪學的發展》講演稿中所述，在古印度，佛教未興起之前，便流行有某種修行身體、精神及知識的方法，稱爲"瑜伽"，梵文爲 yoga，後來被佛家命名爲"禪"，在漢字中音近"單"。修煉印度禪的方法有安班、不净觀、慈心觀、思維觀、念佛法五種，要達到初禪、歡喜禪、樂禪、調禪的"四禪定"境界。據傳達摩爲印度禪傳入中國的第一人，他是釋迦傳法的第二十八代傳人（實際上這也是胡編，還有八代説、二十三代説、二十四代説、二十五代説、二十九代説，甚至有五十一代説；根據敦煌和日本的唐代資料證明，第二十八代祖之説始於北宋杭州契嵩和尚的僞造），被稱爲中國禪宗之祖。但是梁朝僧人慧皎所撰寫的《高僧傳》中，明明載有"習禪二十一人"，《高僧傳》記載止於公元 519 年，年代在達摩到達中國之前，可見，達摩是最先來中國傳禪之説，是無稽之談。但既然中國禪宗奉達摩爲始祖，其傳法系爲達摩—惠可—璨—道信—弘忍，在弘忍這裏，就發生了著名的神秀和慧能的故事。弘忍在湖北省(當時爲淮南道)黄梅縣修行的時候，門下有兩大弟子——神秀和慧能，弘忍爲確定衣鉢傳人，令各弟子作一偈，神秀寫的是："身是菩提樹，心如明鏡台。時時勤拂拭，莫使惹塵埃。"慧能寫的是："菩提本無樹，明鏡亦非台。本來無一物，何處惹塵埃?"弘忍看後，假意稱讚神秀的好，半夜卻偷偷找到慧能，傳法與他，並令他速逃往南方，以免不測。慧能後來就在韶州(今廣東省韶關市)曹溪山講法收徒，後人稱爲"曹溪派"，成爲禪宗的"南宗"，神秀一派爲"北宗"。神秀一派在北方影響巨大，上文的《舊唐書》中已有記載説明，世皆以爲禪宗正宗。但是，在神秀死後的28年，即開元二十二年(公元734年)，慧能的弟子中有個叫神會的和尚，卻在河南滑台(今河南滑縣)講法，宣稱弘忍並未傳法與神秀，而是傳與他的老師慧能，並稱所傳法衣今在韶州。神秀弟子普寂等人並未駁斥，只是運用政治關係將神會黜居到了外地，最後落脚荆州開元寺。三年後，天寶十四年(公元755年)，"漁陽鼙鼓動地來"，安禄山反，明皇出京；兩年後，收復兩京，但是經歷戰亂，一片蕭疏，朝廷想出了一個臨時的救急經濟政策——賣度牒，"納錢百緡，請牒剃落，亦賜明經出身"。爲推銷戰争公債，衆人推請神會出來大辦法事，神會也不負衆望，以九十高齡，設壇講法，聚集善男信女無數，皆大歡喜。上元元年(公元760年)，神會去世，賜謚真宗大師，建塔洛陽，塔號般若。貞元十二年(公元796年)，唐德宗召集諸禪師，詳定傳法旁正，于是朝廷下敕立菏澤大師(神會曾被詔建禪院於菏澤寺)神會爲禪宗第七祖(那第六祖自然不是神秀，而是慧能了)，便是慧能的南宗遂成爲禪宗的正統了。于是自此後，禪宗各派各徒，皆自稱爲南宗門徒，南宗統一了中國禪宗。在唐末五代時期，禪宗又産生五個流派，即臨濟、曹洞、溈仰、雲門、法眼，其中後世流傳最深遠的是臨濟宗與曹洞宗。大足聖壽寺的《臨濟正宗記》碑中有載："本寺乃臨濟派脈"，見本書"隆慶五年"條。在合川淶灘鎮二佛寺摩崖造像中，西巖第165—171號造像爲禪宗六祖之造像，見本書"淳熙三年"條。一言以蔽之，印度禪强調的是專心，不受外界干擾；而中國禪改變了方向，强調運用智慧，打破障礙，超脱一切。

公元 532 年(南梁中大通四年)

【造像記】中大通四年八月一日，繁東鄉齊建寺比丘釋僧鎮，發心敬造釋迦石像一軀，願生生世世〔因〕〔真〕〔出〕家，離一切苦，得一切樂。過去者陞天，現在者安隱，無諸彰〔礙〕，廣及六道，普同此願。爲亡父母造。

(《四川歷代碑刻》86 頁比丘釋僧鎮造像銘)

此碑於清光緒中葉新繁縣三會院出土，現藏重慶市博物館。碑文中“無諸彰〔礙〕”，“彰”字原文如此。

公元 538 年(南梁大同四年，西魏大統四年，東魏元象元年)

魏自正光以後，四方多事，民避賦役，多爲僧尼，至二百萬人，寺有三萬餘區。至是，東魏始詔“牧守、令長擅立寺者，計其功庸，以枉法論”。

(《資治通鑒》卷一五七)

公元 541 年(南梁大同七年)

【造像記】梁大同七年，太歲辛酉六月乙未朔十三日庚辰，武陵王蕭紀爲亡父母敬造彌勒一軀，供養興國寺。上爲皇帝〔陛〕下，國土康寧，兵災永息，爲〔願〕七世父母乖出六塵，道生〔佛〕國，早登净境，現存眷屬常〔與〕善居一切衆生，咸同斯福。

(《四川歷代碑刻》87 頁蕭紀造彌勒銘)

此“蕭紀爲亡父母造彌勒銘”，據傳1902年於成都外西萬佛寺出土，其餘不詳。武陵王蕭紀，梁高祖蕭衍第八子，大同十一年以前曾“都督益、梁等十三州諸軍事、安西將軍、益州刺史”，後僭號於蜀，改元天正，一年後被殺。

公元546年(南梁大中同元年)

東魏丞相歡如鄴。高澄遷洛陽《石經》五十二碑於鄴。

(《資治通鑒》卷一五九)

鄴城位於今河北臨漳縣西南，是中國六大古都之一，歷史悠久。先後曾是曹魏、後趙、冉魏、前燕、東魏和北齊六個政權的首都。最著名的是曹魏鄴城和東魏鄴城，東魏鄴城在曹魏鄴都的城南擴建，“東西六里，南北八里六十步”，以現今尺寸計算，面積爲11.64平方千米。繼承了曹魏鄴城“百隧轂擊，連軫萬貫”的繁盛，“四民輻湊，里閭填溢。蓋有四百餘坊”。

南北朝時期鄴中佛學發達，上承魏晋傳統，下接隋唐之宗派，華嚴、法華、法相、净土、禪、律及三階教根植於此。《法苑珠林》中言：“高齊六君二十八載，皇家立寺四十三所，譯經一十四部，度人二百餘萬。”魏齊一代，全國寺塔超三萬，出家修行人佔總人口的十分之一强。2012年，考古隊員們從鄴城附近一座埋葬坑内一次性發現了2895件(塊)殘損的佛教造像，其精美程度和數量之多都開創了新中國成立以來佛教考古之最。這批佛像有著明顯的人爲毁損的痕跡，並且可以看出是被雜亂無章地埋葬起來的。所涉佛教題材廣泛，形象生動，爲中國隋唐以前佛教珍品。

公元549年(南梁太清三年)

【造像記】梁太清三年七月八日，佛弟子丁文亂爲亡妻蘇氏敬造釋迦雙身六刑石像一丘，願亡妻並及七世永離幽苦，常獲西方净土，現在兒孫安隱無諸災彰，一切眾生普同此願。

（《四川歷代碑刻》88頁丁文亂造像銘）

此造像碑清代中葉於新繁縣三會院出土，現藏重慶市博物館。主像爲二佛並坐，中間有一弟子模樣人物。

公元550年（南梁大寶元年）

自晉氏度江，三吳最爲富庶，貢賦商旅，皆出其地。及侯景之亂，掠金帛既盡，乃掠人而食之，或賣於北境，遺民殆盡矣。

（五月）是時，唯荊、益所部尚完實，太尉、益州刺史武陵王紀移告征、鎮，使世子圓照帥兵三萬受湘東王節度。圓照軍至巴水，繹授以信州刺史，令屯白帝，未許東下。

（六月）益州沙門孫天英帥徒數千人夜攻州城，武陵王紀與戰，斬之。

（《資治通鑑》卷一六三）

公元553年（南梁承聖二年，西魏廢帝二年）

魏尉遲迥圍成都五旬，永豐侯撝屢出戰，皆敗，乃請降。……八月，戊戌，撝與宜都王圓肅帥文武詣軍門降；迥以禮接之，與盟於益州城北。……魏以撝及圓肅並爲開府儀同三司，以迥爲大都督益、潼等十二州諸軍事、益州刺史。

（《資治通鑑》卷一六五）

公元557年（北周元年）

强獨樂碑上石。

【碑文】北周文王之碑大周使持節、車騎大將軍、儀同三司、大都督、散騎常侍、軍都縣開國伯强獨樂，爲文王建佛道二尊像，樹其碑。元年歲次丁丑造(碑額)

……故於分東之嶺，顯益之岩，天落石傍，爲王敬造佛二尊寶堂。藥王在其左，普賢在其方，文殊、文殊師利挾伺，兩廂飛天化生，在上馳翔；師子吒呰，在下侏張……。

(《四川歷代碑刻》89~92頁北周文王碑)

此碑位於成都市龍泉驛區山泉鎮石佛寺(古成渝南路的驛道上)，乃北周孝閔帝元年，效忠北周的將領强獨樂等爲追憶北周文王宇文泰而立。公元553年，南梁蕭紀之亂被平，援助梁軍的西魏軍趁勢進軍四川(此處承蒙成都文物考古研究所佛教考古研究所雷玉華所长提醒)，進佔成都。在公元556年10月，北周文帝(碑中稱"文王"，因其本人並未稱帝，帝號乃武成元年追謚)宇文泰在北巡途中駕崩，其侄宇文護迫西魏廢帝遜位，孝閔帝践阼，建立北周，强獨樂等四川地區前西魏將領立碑紀念文王，以示效忠北周朝。是年九月，孝閔帝被廢，旋被殺。此碑碑額中提到"佛道二尊像"，但是碑文中并未提到道教像，是否當時刻有道像，歷來存疑。王家祐先生認爲這是最早的道教線刻。

公元573年(南陳太建五年，北周建德二年)

(十一月)癸巳，周主集群臣及沙門、道士，帝自陞高坐，辨三教先後，以儒爲先，道爲次，釋爲後。

(《資治通鑒》卷一七一)

公元574年(南陳太建六年，北周建德三年)

(五月)丙子，初斷佛、道二教，經像悉毀，罷沙門、道士，並令還民。並禁諸淫祀，禮典所不載者，盡除之。

（《周書》卷五《武帝紀上》）

此即"三武帝滅佛"中的北周武帝滅佛事。

公元579年(南陳太建十一年，北周大成元年)

(二月)辛卯，徙鄴城《石經》於洛陽。

（《資治通鑒》卷一七三）

公元580年(南陳太建十二年，北周大象二年)

(六月)庚申，周復行佛、道二教。舊沙門、道士精志者，簡令入道。

（《資治通鑒》卷一七四）

(七月)先是，上柱國王謙爲益州總管，既見幼主在位，政由(隋)高祖，遂起巴蜀之眾，以匡復爲辭。高祖方以東夏、山南爲事，未遑致討。謙進兵屯劍閣，陷始州。至是，乃命行軍元帥、上柱國梁睿討平之，傳首闕下。巴蜀阻險，人好爲亂，于是更開平道，毀劍閣之路，立銘垂誡焉。

（《隋書》卷一《高祖紀上》）

隋 代 卷

公元 581 年(開皇元年)

二月甲子，上自相府常服入宫，備禮，即皇帝位於臨光殿。設壇於南郊，遣使柴燎告天。是日，告廟，大赦，改元。京師慶雲見。易周氏官儀，依漢、魏之舊。

(九月)辛未，以越王秀爲益州總管，改封爲蜀王。

(《隋書》卷一《高祖紀上》)

是歲，隋主詔境内之民任聽出家，仍令計口出錢，營造經像。于是時俗從風而靡，民間佛書，多於《六經》數十百倍。

(《資治通鑒》卷一七五)

公元 582 年(開皇二年)

置西南道行台尚書省於益州，以蜀王秀爲尚書令。

(《隋書》卷一《高祖紀上》)

公元 594 年(開皇十四年)

【造像記】大隋開皇十四年太歲【甲寅】十月十五日，」弟子王鞕□爲亡父貴〔德〕及兄□□智羅蕩」等造□□者□□□□□□者長命富貴，兩」卄□屬，並□□□□□〔並〕同此福，□□□」刺史

□〔明〕。

(《四川閬中石室觀摩崖題刻調查報告》)

此題刻位於四川閬中市城北约5公里的颉家山的石室觀摩崖石刻，在《文物》2013年7期蔣曉春等所撰《四川閬中石室觀摩崖題刻調查報告》中，將此造像題記定編號爲T2，該文中言T2文字應爲相鄰的K2窟的造像題记。K2为一龛道教造像，造像内容为一天尊二弟子二真人二侍童。這是筆者看到的資料中最早的四川隋代道教造像題記。

公元595年(開皇十五年)

【造像記】【大隋開】皇十五年十月十五日，三洞弟子趙法會、」道民侯董子、羅浩、侯曠、侯文稱〔等〕五人同共發心，」各抽身□之分，並捨臨用之財，鑿此岩石，敬造」天尊形□並及左真右真仙〔男〕仙女，一心供養，以」□德。願亡者□天□苦，〔生〕者永保天年，富〔貴〕無極，」六道四生，並同此福。」殿中侍御史沈濤。

(《四川閬中石室觀摩崖題刻調查報告》)

此題刻位於石室觀摩崖造像的的K3窟左側，編爲T3號，與上則中開皇十四年的題刻都是在“十月十五日”。在該文介紹，咸豐年間的《閬中縣志・古跡志》中記載，石室觀中還有貞觀十年(公元636年，其中仍有“王韻”之名)、神龍二年(公元706年)、廣明元年(公元880年)的碑記，俱可參見該文。

公元600年(開皇二十年)

(十二月)辛巳，詔曰：“佛法深妙，道教虛融，咸降大慈，濟度群品，凡在含識，皆蒙覆護。所以雕鑄靈相，圖寫真形，率土瞻仰，用申誠敬。其五嶽四鎮，節宣雲雨，江河淮海，浸潤區域，並生養萬物，利益兆人，故建廟立祀，以時恭敬。敢有毀壞偷盜佛及天尊像、嶽鎮海瀆神形者，以不道論。沙門壞佛像，道士壞天尊者，以惡逆論。”

（《隋書》卷二《高祖紀下》）

公元 601 年（仁壽元年）

（六月）乙丑，詔曰：“儒學之道，訓教生人，識父子君臣之義，知尊卑長幼之序，陞之於朝，任之以職，故能贊理時務，弘益風範。朕撫臨天下，思弘德教，延集學徒，崇建庠序，開進仕之路，佇賢雋之人。而國學胄子，垂將千數，州縣諸生，咸亦不少。徒有名録，空度歲時，未有德爲代範，才任國用。良由設學之理，多而未精。今宜簡省，明加獎勵。”于是國子學唯留學生七十人，太學、四門及州縣學並廢。其日，頒舍利於諸州。

（《隋書》卷二《高祖紀下》）

隋國立舍利塔詔

朕歸依三寶，重興聖教，思與四海之内一切人民俱發菩提，共修福業，使當今現在爰及來世，永作善因，同登妙果。宜請沙門三十人諳解法相兼堪宣導者，各將侍者二人並散官各一人，薰陸香一百二十斤，馬五匹分道送舍利，往前件諸州起塔。其未注寺者，就有山水寺所，起塔依前山；舊無寺者於當州内清静寺處建立其塔，所司造樣送往當州。僧多者三百六十人，其次二百四十人，其次一百二十人。若僧少者，盡見僧。爲朕皇后太子廣諸王子孫等及内外官人一切民庶幽顯生靈，各七日行道並懺悔。起行道日打刹。莫問同州異州，任人佈施，錢限止十文已下，不得過十文。所施之錢以供營塔，若少不充役，正丁及用庫物率土，諸州僧尼，普爲舍利設齋。限十月十五日午時，同下入石函。總管刺史已下縣尉已上，息軍機停常務七日，專檢校行道及打刹等事，務盡誠敬副朕意焉。主者施行。仁壽元年六月十三日内史令豫章王臣暕宣。

（《廣弘明集》卷十七《佛德篇》）

《冊府元龜》卷五一《帝王部·崇釋氏》中亦言："仁壽元年六月頒舍利於諸州。"

公元602年(仁壽二年)

【塔銘】維大隋仁壽二年，歲次壬戌四月戊申朔八日乙卯，皇帝普爲一切法界幽顯生靈，謹於信州金輪寺奉安舍利，敬造靈塔。願太祖武元皇帝、元明皇太后、皇帝皇后皇太子、諸王子孫等，並外郡官□及民庶六道三塗人非人等，生生世世值佛聞法，眾離苦因，同陞妙果。大隋皇帝舍利寶塔下銘。

(《四川歷代碑刻》97頁信州舍利塔銘)

此塔銘爲正方形，直徑52釐米。1872年夔州修城時出土。有奉節知縣吕輝題記："同治癸酉監修夔城，七月六日掘土獲石佛一，妙相莊嚴。越日復得石一方，縱横廣二尺許，中底平凹，刻正書十一行；四邊凸寬寸余，周列小五銖錢七十二枚，上覆石，内貯銅方盒，嵌木，安放一瓶，凝松脂封固。匠氏□啟之，泄赤水瑩瑩，一粒如豆飛擊，剔碑諦視，乃隋仁壽年金輪寺舍利塔下銘也。字兼唐初□□法。爰移置白帝城廟壁，而供佛於龕。署奉節縣事永城吕輝記，萬縣劉家謄書。"信州即夔州，見本書"南梁普通四年"條。

(七月)戊子，以原州總管獨孤楷爲益州總管。

十二月癸巳，上柱國、益州總管蜀王秀廢爲庶人。

(《隋書》卷二《高祖紀下》)

《隋書》卷四五《楊秀傳》載："庶人秀，高祖第四子也。……秀有膽氣，容貌瑰偉，美須髯，多武藝，甚爲朝臣所憚。……皇太子恐秀終爲後變，陰令楊素求其罪而譖之。仁壽二年，徵還京師，上見，不與語。明日，使使切讓之。……因下詔數其罪曰：'汝地居臣子，情兼家國，庸、蜀要重，委以鎮之。汝乃干紀亂常，懷惡樂禍……鳩集左道，符書厭鎮。……又畫我形像，縛手撮頭，仍云請西嶽神兵收楊堅魂神。如此形狀，我今不知楊諒、楊堅是汝何親也？……'"楊秀好佛道鬼神，於此可見。《續高僧傳》中有多處記載他的崇佛行跡，如卷一八《習禪三・釋曇遷傳》中記："尋下勅爲第四皇子蜀王秀，於京城置勝光寺。即以王爲檀越"，卷二六《感通下・釋智隱傳》中記："仁壽創福，勅送舍利於益州之法聚寺。寺即蜀王秀之所造也。道適邛蜀，開化彌昌"。但是佛書中所謂"高僧"，文帝詔書中已直斥爲邪道。今廣元皇澤寺第28龕，傳爲楊秀所開鑿。

公元604年(仁壽四年)

【塔銘】闕大隋仁壽四□□□□〔寅〕□□□丙寅朔八日癸酉，皇帝普爲一切法界幽顯神靈，謹於梓州内昌城縣牛頭山〔吉〕奉安舍利，敬造靈塔。願太祖武元皇帝、元明皇太后、獻皇后、皇帝、皇太子、諸廣王子孫等並内外郡官爰及民庶六道三塗人非人等，生生世世，值佛聞法，永離苦因，同陞妙果。

(《四川歷代碑刻》98頁梓州牛頭山舍利塔銘)

該塔銘高73釐米，寬47釐米，於清光緒二十六年(1900年)出土。昌城縣，據唐李吉甫《元和郡縣圖志》卷三三《劍南道下・梓州》下記載："郪縣……後魏置昌城郡，後又改名昌城縣，隋大業三年復爲郪縣。牛頭山，一名華林山，在縣西南二里。四面危絶"。昌城縣治所在今四川省三台，也歷爲梓州、潼川府治所所在。《廣弘明集》中記載有："會文帝置塔，勅送舍利于梓州牛頭山華林寺。……既至州館，夜放大光明，徹屋上如火焰發，食頃方滅。又掘塔基入深丈餘，正當函處得古瓷瓶，無蓋有水，清澄香美，乃用盛於函内。"隋文帝在仁壽元年、仁壽二年、仁壽四年分三批在全國一百一十一州建塔一百一十一座，此乃第三批。

公元609年(大業五年)

巴中石窟的西龕寺21號龕中龕左壁中部題刻“撿得大隋大業五年造前件古像。永平三年院主僧傅芝記”。

(《巴中西龕石窟調查記》)

大業五年是巴中石窟見到的最早的年號，一般認爲巴中石窟起自隋代，興盛于唐代。廣元、巴中皆位於四川的北境，川陝(甘)通道的咽喉，而唐代以後北方地區造像基本衰落少見，四川内地的造像興盛起來，在川西的青衣江流域。川東的涪江流域漸漸集中。

公元610年(大業六年)

【造像記】大業六年三月廿七日修天尊象」弟子楊佛嚽表齋記。

此則造像題記乃西華師范大學蔣曉春教授提供照片於筆者。該道教造像與位於潼南縣南山百仙巖右側，其左上方還有“記此告”三字，字跡粗陋。據《潼南縣志》中所言，此處共有三龕道教造像，除“大業六年”此造像記外，還有一摩崖畫像碑，題記爲“開皇十一年”(公元591年)，但筆者見到照片中的文字已漶蝕難辨。潼南南山資料可參見後文“紹興二十一年”條。

【造像記】大業六年，太歲庚午，十二月廿八日，三洞道士黄法暾奉爲存亡二世，敬造天尊像一龕供養。

(《巴蜀道教碑文集成》12頁仙雲觀大業造像題記)

此題記與下文“大業十年”條下皆出於綿陽市西郊之仙雲觀，也稱西山觀。唐代以前的道教造像極爲少見，此處造像價值重大。四川地區的道教造像題記多爲天尊像，可參見後文“大中十一年條”。

公元614年(大業十年)

【造像記】大業十年正月八日，女弟子文托生母爲兒托生造天尊像一龕，願生長壽子，福沾存亡，恩被五道供養。

(《巴蜀道教碑文集成》12頁仙雲觀大業造像題記)

公元618年(大業十四年)

四川省蒲江縣長秋山雞公樹山有摩崖造像一件，有“大業十四年”題記一則。

(《蒲江縣長秋山摩崖造像調查》)

據《四川文物》1995年2期劉新生《蒲江縣長秋山摩崖造像調查》文中所述，位於長秋鄉鄉政府以北200米之長秋山北坡，其傍爲壽安通往眉山之古道。有隋大業、唐顯慶、大中年號造像18龕。其第2龕爲上下兩層龕，爲佛教内容，風化較嚴重，有“大業十四年”題記一則，詳見原文。在《成都考古發現》2004年夏暉等人所撰《蒲江雞公樹山摩崖石刻造像調查簡報》一文中也有説明。四川地區的隋代佛教造像雖在廣元皇覺寺、安岳千佛崖等可偶見數龕，但有明確紀年的，筆者所見資料僅此一龕。據《成都考古研究》2013年王劍平、雷玉華《6世紀末7世紀初的四川造像》一文中的“表一”所指出，在劍閣橫樑子有大業三年的佛教造像，但是筆者查看《成都考古發現》2001年廣元皇澤寺博物館、成都市文物考古研究所的《廣元劍閣橫樑子摩崖石刻造像調查簡報》一文中，完全未提到有隋代内容；在該“表一”中還提到廣安沖相寺造像群中有開皇八年造像，若資料無誤，當爲四川最早的有紀年隋代佛像。但是其引用於1998年廣安地區文化體育局出版的劉敏《文物考古集》，本書作者井蛙觀天，未曾見過原著，於此留待釋疑。

唐 代 卷

公元 617 年（義寧元年）

（十二月）甲辰，李淵遣雲陽令詹俊、武功縣正李仲衮徇巴、蜀，下之。

（《資治通鑒》卷一八四）

公元 618 年（武德元年）

戊午，隋恭帝禪位於唐，遜居代邸。甲子，唐王即皇帝位於太極殿，遣刑部尚書蕭造告天於南郊，大赦，改元。罷郡，置州，以太守爲剌史。推五運爲土德，色尚黄。

（《資治通鑒》卷一八五）

懷戎沙門高曇晟因縣令設齋，士民大集，曇晟與僧五千人擁齋衆而反，殺縣令及鎮將，自稱大乘皇帝，立尼静宣爲邪輪皇后，改元法輪。遣使招開道，立爲齊王。開道帥衆五千人歸之，居數月，襲殺曇晟，悉並其衆。

（《資治通鑒》卷一八六）

公元 619 年（武德二年）

【造像記】武德二年，太歲己卯，三月八日，三洞弟子文□□

敬造天尊像一龕供養。

(《巴蜀道教碑文集成》13頁仙雲觀武德造像題記)

該造像位於綿陽市西山觀。

公元620年(武德三年)

(四月)置益州道行台,以益、利、會、鄜、涇、遂六總管隸焉。

甲寅,加秦王世民益州道行台尚書令。

(《資治通鑒》卷一八八)

公元626年(武德九年)

(四月)太史令傅奕上疏請除佛法曰:“佛在西域,言妖路遠,漢譯胡書,恣其假託。故使不忠不孝,削髮而揖君親;遊手遊食,易服以逃租賦。演其妖書,述其邪法,僞啟三塗,謬張六道,恐嚇愚夫,詐欺庸品。凡百黎庶,通識者稀,不察根源,信其矯詐。乃追既往之罪,虛規將來之福。布施一錢,希萬倍之報;持齋一日,冀百日之糧。遂使愚迷,妄求功德,不憚科禁,輕犯憲章。其有造作惡逆,身墜刑網,方乃獄中禮佛,口誦佛經,晝夜忘疲,規免其罪。且生死壽夭,由於自然;刑德威福,關之人主。乃謂貧富貴賤,功業所招,而愚僧矯詐,皆云由佛。竊人主之權,擅造化之力,其爲害政,良可悲矣!

案《書》云:‘惟辟作福威,惟辟玉食。臣有作福、作威、玉食,害於而家,凶於而國,人用側頗僻。’降自犧、農,至於漢、魏,皆無佛法,君明臣忠,祚長年久。漢明帝假託夢想,始立胡神,西域桑門,自傳其法。西晉以上,國有嚴科,不許中國之人,輒行髡髮之事。洎于苻、石,羌胡亂華,主庸臣佞,政虐祚短,皆由佛教致災也。梁武、齊襄,足爲明鏡。昔褒姒一女,妖惑幽王,尚致亡國；况天下僧尼，數盈十萬，翦刻繒彩，裝束泥人，而爲厭魅，迷惑萬姓者乎！今之僧尼，請令匹配，即成十萬餘户。産育男女，十年長養，一紀教訓，自然益國，可以足兵。四海免蠶食之殃，百姓知威福所在，則妖惑之風自革，淳樸之化還興。

且古今忠諫，鮮不及禍。竊見齊朝章仇子他上表言：‘僧尼徒眾，糜損國家，寺塔奢侈，虛費金帛。’爲諸僧附會宰相，對朝讒毀；諸尼依託妃主，潛行謗讟。子他竟被囚執，刑於都市。及周武平齊，制封其墓。臣雖不敏，竊慕其蹤。”

（《資治通鑒》卷一九一）

《舊唐書》卷七九《傅奕傳》中所言上書事，是武德七年，但其後又載：“高祖將從奕言，會傳位而止。”傳位事即玄武門之變，這説明傅奕上書事應當是武德九年所發生。以《通鑒》説爲准。《傅奕傳》中又載：“太宗常臨朝謂奕曰：‘佛道玄妙，聖跡可師，且報應顯然，屢有征驗，卿獨不悟其理，何也?’奕對曰：‘佛是胡中桀黠，欺誑夷狄，初止西域，漸流中國。遵尚其教，皆是邪僻小人，模寫莊、老玄言，文飾妖幻之教耳。於百姓無補，於國家有害。’太宗頗然之。”傅奕一生反佛，臨終誡其子曰：“老、莊玄一之篇，周、孔《六經》之説，是爲名教，汝宜習之。妖胡亂華，舉時皆惑，唯獨竊歎，眾不我從，悲夫！汝等勿學也。”傅奕曾注《老子》，並撰《音義》，又集魏、晉已來駁佛教者爲《高識傳》十卷，均佚。佛教徒所著的《廣弘明集》中載有故事對他實行攻擊。

上詔百官議其事，唯太僕卿張道源稱奕言合理。蕭瑀曰：“佛，聖人也，而奕非之；非聖人者無法，當治其罪。”奕曰：“人之大倫，莫如君父。佛以世嫡而叛其父，以匹夫而抗天子。蕭瑀不生於空桑，乃遵無父之教。非孝者無親，瑀之謂矣!”瑀不能對，但合手曰：“地獄之設，正爲是人!”

上亦惡沙門、道士苟避徵徭，不守戒律，皆如奕言。又寺觀鄰接廛邸，混雜屠沽。辛巳，下詔命有司沙汰天下僧、尼、道士、女冠，其精勤練行者，遷居大寺觀，給其衣食，無令闕乏。庸猥粗穢者，悉令罷道，勒還鄉里。京師留寺三所，觀二所，諸州各留一所，餘皆罷之。

（六月）其僧、尼、道士、女冠並宜仍舊。……廢益州大行台，置大都督府。

（八月）癸亥，詔傳位於太子。太子固辭，不許。甲子，太宗即皇帝位於東宮顯德殿，赦天下。

（《資治通鑒》卷一九一）

公元628年（貞觀二年）

【碑記】並修西龕佛閣記

益昌郡城江岸之（滤）十里有鑿石古龕，龕有釋迦如來像設並諸聖賢」爲侍衛之儀（滤）則（滤）聖唐貞觀二載郡□武都督楊夫□」靈異如響建其（滤）居諸而（滤）□聖儀容（滤）爲風雨所侵」我太守北平公□於（滤）拾浄緡（滤）」勝因遽命良（滤）水（滤）一方（滤）榮（滤）」大唐寶曆二年歲次戍（滤）」。

（《廣元皇澤寺石窟調查報告》）

此碑文據自《四川文物》2004年1期梁詠濤等人撰《廣元皇澤寺石窟調查報告》中第13龕左壁唐碑。廣元皇澤寺位於廣元市城西2里的烏龍山東麓，隔嘉陵江與廣元城遥相對望。《元豐九域志》卷七"利州"條下載："皇澤寺，有唐武后真容殿。按武士彠爲利州都督，生皇后於此"。現存石刻51龕，造像1200余尊，自北周時期至唐中晚期，尤以高宗、武周時期爲興盛。第12、13龕爲武則天父母武士彠及夫人楊氏在貞觀二年（628年）所捐資修建。此碑文記載至寶歷二年（826年）造像已遭風雨侵蝕，利州太守北平公重新妝修之事。今碑猶存，造像與碑文盡毀，此調查報告中録文據《金石苑》補録。

公元630年（貞觀四年）

【造像記】惟大唐貞觀四年歲次庚寅九月癸亥朔」十五日丁丑大

施主持節兼翼州諸軍事」翼州刺史上大將軍李玄嗣行治中張仲品」敬造釋迦及彌勒佛二龕助布施主録事」參軍常詮胄司倉參軍李德超行司户参」軍王季札行參軍李紹約翼針縣令范孝」同丞馮師才翼水縣令席義静丞楊和鸞」左封縣令劉保德丞常白寬如和府統軍宋威」右别將王君相石臼成副□鄭寶賢敬造爲法界(揌)。

(《四川茂县点将台唐代佛教摩崖造像调查简报》)

點將台位於四川省西北部的阿坝藏族羌族自治州的茂县叠溪镇校场坝。據《文物》2006年2期刊載的于春、蔡青等撰《四川茂县点将台唐代佛教摩崖造像调查简报》一文中所統計,該處遺址共有造像22龕,其中題記爲“貞觀四年”的有十五龕,其餘皆爲唐代造像(有兩龕風化不可辨識,但也應爲唐代造像)。本書中所録此則造像記乃是第1龕之題記,乃是其他題記之總領,叙事清楚,人物記載清晰,地名、官職記載詳細,有很高的研究價值。其他龕窟題記與此類似,顯示此處造像遺址爲同一批人所鑿刻。更有意義的是,該處出現了明確題記釋迦與藥師並坐的造像,有四川地區最早記載單獨供奉的“觀世音菩薩”,還首次出現了七佛的名稱——“第一惟衛佛,第二式佛,第三隨葉佛,第四拘留秦佛,第五拘那含牟尼佛,第六迦葉佛,第七釋迦文佛”。筆者注意到,這批官員集中造像與大足北山晚唐《韋君靖碑》中記載的韋君靖等人造像所産生背景相似,茂縣乃是唐人與青衣羌及吐蕃對峙之地,《元和郡縣圖志》卷三一《劍南道上》中載:“临翼郡　通化郡北百四十里。管兵五百人。临翼,今翼州”,而韋君靖當年在大足及也是控扼一方,其麾下多人在北山造像,所以兩相比較,其麾下官員受上級影響而跟風造像,唐代應爲風氣。

公元634年(貞觀八年)

【碑文】造四面龕僧道密(額)

阿彌陀佛並五十二菩薩傳△△〔鄧〕元覺書△作龕及篆字之楊子尚

阿彌陀佛五十菩薩像者蓋西域之瑞像也傳云」雞頭摩寺有五通菩薩至安樂世象白阿彌」陀佛言可爾汝且前去尋遣送〔往〕菩□即還適」道娑婆其像已至有一佛五十菩薩古坐蓮花於」樹葉上圖寫在菩薩前立菩薩遂取供養于是彼」國始有此瑞像焉至後漢明帝使蔡愔從雪」山南懸度道而入天竺請三藏法師迦葉〔摩騰〕至」此洛州爲立精舍於後有三藏姉子法師□〔從〕彼」至持此像來於此漢地始有此像其姉子法師未」盈幾時還將此像而歸西域記傳如此尒時漢地」佛法始尒人情疏略本像復還致今此土不廣流」布自魏晉以來年歲久遠佛流行恵〔延〕頹毀至於」同寫之邇殆欲夢聞阿彌陀佛坐千葉蓮華同根」竝出自大隋開皇元年明猷法師言從道齊長法」師所得此一躯说其回與本無別是已遂更〔圖〕」寫流布至十六年有豫州郊使鄭在州盡得一躯」並本傳遂將入京在真寂寺流通供養于是京師」始有斯像△△△貞觀八年七月十四日……(後爲出資人姓名，略)。

(《綿陽龕窟——四川綿陽古代造像調查研究報告集》)

該造像記位於綿陽市梓潼縣臥龍山千佛崖1號龕右側崖壁。此爲目前所知的綿陽地區最早的佛教造像題記。調查報告中寫爲"元覺書"，據文齊國在《四川文物》1991年5期的《綿陽唐代佛教初探》一文中介紹，爲"鄧元覺書"，本書姑録；值得注意的是，碑中所言"五十二菩薩"，該文中言，碑下半部落款爲五十二個出資人姓名，但是筆者根據調查研究報告，只發現47個出資人姓名，有一人造多像的情况。據《四川文物》1989年1期胡文和《四川唐代摩崖造像中的"西方净土變"》一文中所述，此乃阿彌陀佛净土變，是最早期的"西方净土變"組合。在巴中西龕、邛崍石筍山、丹棱鄭山、夾江千佛崖、榮縣千佛崖、安岳木魚山等多處均可見到此類造像。大足石刻中從晚唐至宋代也有不少西方净土變造像，見後文"天復四年"條。另外，此碑文中提到"五通菩薩"，可見本書"紹興十七年"條下注。

公元637年(貞觀十一年)

武德舊制，釋奠於太學，以周公爲先聖，孔子配饗；玄齡等建議停祭周公，以孔子爲先聖，顏回配響。

（《資治通鑒》卷一九四）

公元 639 年（貞觀十三年）

六月，渝州人侯弘仁自牂柯開道，經西趙，出邕州，以通交、桂，蠻、俚降者二萬八千餘户。

（《資治通鑒》卷一九五）

公元 648 年（貞觀二十二年）

夏，四月丁巳，右武侯將軍梁建方擊松外蠻，破之。

《資治通鑒》卷一九九）

《新唐書》卷二二二上《南蠻列傳》載："貞觀中，巂州都督劉伯英上疏：'松外諸蠻，率暫附亟叛，請擊之，西洱河天竺道可通也。'"《通鑒》卷一九九載："初，巂州都督劉伯英上言：'松外諸蠻暫降複叛，請出師討之，以通西洱、天竺之道。'敕建方發巴蜀十二州兵討之。……群蠻震慴，亡竄山谷。……因遣使詣西洱河，其帥楊盛大駭，具船將遁，使者曉諭以威信，盛遂請降。"

【造像記】"貞觀廿二年，太歲戊申，四月八日，洞玄弟子辨法遷爲兒敬造天尊像一龕供養"。

（《巴蜀道教碑文集成》13 頁辨法遷造像題記）

此題記位於綿陽縣四十五里之佛祖崖。地名稱佛祖，此地當也有佛教造像，要麼爲鄉人誤識道教像爲佛教像。筆者未去過當地，也無資料稽考，備此一説。

五月，庚子，右衛率長史王玄策擊帝那伏帝王阿羅那順，大破之。

（《資治通鑒》卷一九九）

這是有記載的中印第一次戰爭。《新唐書》卷二二一《西域列傳上》載："二十二年，遣右衛率府長史王玄策使其國，以蔣師仁爲副；未至，尸羅逸多死，國人亂，其臣那伏帝阿羅那順自立，發兵拒玄策。時從騎才數十，戰不勝，皆没，遂剽諸國貢物。玄策挺身奔吐蕃西鄙，檄召鄰國兵。吐蕃以兵千人來，泥婆羅以七千騎來，玄策部分進戰茶鎛和羅城，三日破之，斬首三千級，溺水死萬人。阿羅那順委國走，合散兵復陣，師仁禽之，俘斬千計。餘衆奉王妻息阻乾陀衛江，師仁擊之，大潰，獲其妃、王子，虜男女萬二千人，雜畜三萬，降城邑五百八十所。東天竺王尸鳩摩送牛馬三萬饋軍，及弓、刀、寶纓絡。迦没路國獻異物，並上地圖，請老子象。玄策執阿羅那順獻闕下。有司告宗廟，帝曰：'夫人耳目玩聲色，口鼻耽臭味，此敗德之原也。婆羅門不劫吾使者，寧至俘虜邪？'擢玄策朝散大夫。"同前注重劉伯英說言"通西洱河、身竺道"，此時西部邊疆應有道路可通印度，《新唐書》中記載吐蕃發兵從西境攻入印度，也證實了其間必有道路存在。現代學者研究，王玄策出使西域一共有四次，其走的路線應當是"唐蕃古道"和"泥婆羅道"南線，"唐蕃古道"起點在長安，穿越今陝西、甘肅、青海、四川、西藏到達邏些（今拉薩市），"泥婆羅道"南線的起點在今西藏自治區日喀則地區吉隆縣宗喀山口，可通達尼泊爾和印度。1990年，西藏文物工作者在宗喀山口發現《大唐天竺使出銘》碑，記載的正是王玄策出使天竺事。這些説明，川、藏、印道路在唐代時是通達的，川地佛教未必皆從北方輸入。

上以高麗困弊，議以明年發三十萬衆，一舉滅之。或以爲大軍東征，須備經歲之糧，非畜乘所能載，宜具舟艦爲水運。隋末劍南獨無寇盜，屬者遼東之役，劍南複不預及，其百姓富庶，宜使之造舟艦。上從之。秋，七月，遣右領左右府長史强偉於劍南道伐木造舟艦，大者或長百尺，其廣半之。别遣使行水道，自巫峽抵江、揚，趣萊州。……（九月）蜀人苦造船之役，或乞輸直雇潭州人造船；上許之。州縣督迫嚴急，民至賣田宅、鬻子女不能供，穀價踴貴，劍外騷然。上聞之，遣司農少卿長孫知人馳驛往視之。知人奏稱："蜀人脆弱，不耐勞劇。大船一艘，庸絹二千二百三十六匹。

山谷已伐之木，挽曳未畢，復征船庸，二事並集，民不能堪，宜加存養。”上乃敕潭州船庸皆從官給。

（《資治通鑒》卷一九九）

公元650年(永徽元年)

無忌與褚遂良同心輔政，上亦尊禮二人，恭己以聽之，故永徽之政，百姓阜安，有貞觀之遺風。

（《資治通鑒》卷一九九）

【造像記】永徽元年太歲庚戌十二月乙丑朔十八日壬」午成綿始二州巴西魏成梓潼等縣三洞弟子」玄维亢龙伯字法紀乃是巴西縣人也共相攜率道」僧等奉爲大唐△△△皇帝陛下△於此名山」敬造大小石龕二面天尊老君及阿彌陀佛□」一百十八躯靈像蓮池食水池甘泉二□□□」師石□一權大堂及天宫碑一寺並□日□過」去亡靈普同供□□□□像□。

（《綿陽龕窟—四川綿陽古代造像調查研究報告集》）

此龕題記位於綿陽市魏城鎮聖水寺摩崖造像第2龕外龕右壁，包括主尊，龕内共有佛道造像109尊，如果加上相鄰的第3—5龕内每龕3尊造像，一共9尊，總數正是“一百十八躯”。内龕左側龕門外有一則自坐向右書寫的妝修記：“開元十七年太歲己巳六月八日綿」州魏縣洞玄弟子楊文德□□」此右龕莊色二敬佛道百十」八身成就供養”。據該調查研究報告中指出，造像内容應爲天尊老君和五十二真人，並及阿彌陀佛和五十二菩薩，此種造像題材爲我國國内孤例。

十二月，庚午，梓州都督謝萬歲、兖州都督謝法興與黔州都督李孟嘗討琰州叛獠；萬歲、法興入洞招慰，爲獠所殺。

（《資治通鑒》卷一九九）

琰州大致在今貴州遵義附近地區。

公元 651 年(永徽二年)

九月癸巳，改九成宫爲萬年宫，廢玉華宫以爲佛寺。

(《舊唐書》卷四《高宗本紀上》)

公元 653 年(永徽四年)

戊子，廢恪母弟蜀王愔爲庶人，置巴州。

(《資治通鑒》卷一九九)

巴州即今四川省巴中市。

公元 654 年(永徽五年)

夏四月，大食發兵擊波斯，殺波斯王伊嗣侯，伊嗣侯之子卑路斯奔吐火羅。大食兵去，吐火羅發兵立卑路斯爲波斯王而還。

(《資治通鑒》卷一九九)

大食，中國唐、宋時期對阿拉伯人、阿拉伯帝國的專稱和對伊朗語地區穆斯林的泛稱。早自 7 世紀中葉起，唐代文獻已將阿拉伯人稱爲多食、多氏、大寔；10 世紀中葉以後的宋代文獻多作大食。《通鑒》中此月之後爲閏五月，見岑仲勉著《通鑒隋唐紀比事質疑》下“永徽五年閏月書法不合”條。

冬十一月癸酉，築京師羅郭，和雇京兆百姓四萬一千人，板築三十日而罷，九門各施觀。

(《舊唐書》卷四《高宗本紀上》)

公元 655 年(永徽六年)

(正月)甲戌，至自昭陵。於陵側建佛寺。

冬十月己酉，廢皇后王氏爲庶人，立儀武昭氏爲皇后，大赦天下。十一月丁卯朔，臨軒，命司空勣、左僕射志寧冊皇后，文武群官及番夷之長，奉朝皇后于肅義門。十一月己巳，皇后見於廟。

(《舊唐書》卷四《高宗本紀上》)

公元 650—655 年(永徽元年至永徽六年)

大足尖山子石窟 7 號窟鐫記："永徽□年八月十一日。"

(《銘文録》11 頁佚名造第 7 龕彌勒説法圖龕鐫記)

尖山子石刻位於大足縣城以西 24 公里處的寶山鄉建角村西，開鑿於山中部一獨立巨形岩石上，俗稱菩薩岩。造像崖面高 8 米，寬 11.8 米，面東開 9 龕，統編爲 10 號。該鐫記位於第 7 龕彌勒説法圖龕門外左側崖壁中部，摩崖，刻石面高 95 釐米，寬 22 釐米。文因漫漶僅殘存末行九字。此乃大足石刻中見到的最早年號。造像内容爲彌勒佛與二弟子二菩薩二天王，詳見《文物》1994 年第 2 期陳明光、鄧之金《大足尖山子、聖水寺摩崖造像調查簡報》。尖山子造像當爲初唐時代作品，在大足高昇鄉勝光村，有聖水寺摩崖造像，内容爲千手觀音、釋迦佛、三世佛等，當爲中唐時代作品。另，在綿陽市市中區的聖水寺第 6 龕的左邊，一小龕有題記"永徽元年"字様，見《四川文物》1991 年 5 期文齊國《綿陽唐代佛教造像初探》。

公元 658 年(顯慶三年)

中書令李義府有寵於上，諸子孩抱者並列清貴。而義府貪冒無厭，母、妻及諸子、女婿，賣官鬻獄，其門如市，多樹朋黨，傾動朝野。中書令杜正倫每以先進自處，義府恃恩，不爲之下，由是有隙，與義府訟於上前。上以大臣不和兩責之。十一月，乙酉，貶正倫横州刺史，義府普州刺史。正倫尋卒於横州。

（《資治通鑒》卷二〇〇）

《舊唐書》卷八六《李義府傳》中言："義府本無藻鑒才，怙武后之勢，專以賣官爲事。銓序失次，人多怨讟。"《通鑒》卷二〇〇中言："是時義府雖在外，皇后常保護之。"唐時的普州治所即毗鄰大足的今四川省資陽市安岳縣。

公元 662 年（龍朔元年）

六月，乙丑，初令僧、尼、道士、女官致敬父母。

（《資治通鑒》卷二〇〇）

公元 666 年（乾封元年）

丙戌，車駕發泰山；辛卯，至曲阜，贈孔子太師，以少牢致祭。癸未，至亳州，謁老君廟，上尊號曰太上玄元皇帝。

（《資治通鑒》卷二〇一）

【題記】大□」乾封元年八月廿日」等來此遊」。

（《大足尖山子、聖水寺摩崖造像調查簡報》）

此題記位於大足尖山子石窟第 10 龕。"大"字下面爲第 9 龕打破，應爲"唐"字。

公元 674 年（上元元年）

（十一月）壬寅，天后上表，以爲："國家聖緒，出自玄元皇帝，請令王公以下皆習《老子》，每歲明經，准《孝經》《論語》策試。”……及其餘便宜，合十二條。詔書褒美，皆行之。

（《資治通鑒》卷二〇二）

公元 670 年（咸亨元年）

【造像記】咸亨元年十一月廿三日弟子何」□□曾□敬造天尊一龕供養。

（《綿陽龕窟—四川綿陽古代造像調查研究報告集》）

此造像記位於綿陽玉女泉摩崖造像第 16 龕内龕左側龕門外，自坐左向右書寫。造像内容爲一坐像，胸腹部有“U”形衣紋。

公元 677 年（儀鳳二年）

道教著名之碑——《益州至真觀主黎君碑》上石。碑文中有“至真觀者，隋開皇二年所立也。尋屬煬帝驕淫，蜀王奢僭。……觀中先有天尊真人石像大小萬餘軀。年代寖深，儀範凋卻”之句。

（《巴蜀道教碑文集成》第 14 頁《益州至真觀主黎君碑》）

文中“蜀王”指楊秀。

公元 680 年（永隆元年）

先是，劍南募兵於茂州西南築安戎城，以斷吐蕃通蠻之路。吐蕃以生羌爲鄉導，攻陷其城，以兵據之，由是西洱諸蠻皆降於吐蕃。吐蕃盡據羊同、黨項及諸羌之地，東接涼、松、茂、嶲等州；南鄰天竺，西陷龜茲、疏勒等四鎮，北抵突厥，地方萬餘里，諸胡之盛，莫與爲比。

左衛將軍高真行之子政爲太子（李賢）典膳丞，事與賢連，上以付其父，使自訓責。政入門，真行以佩刀刺其喉，真行兄户部侍郎審行又刺其腹，真行兄子璿斷其首，棄之道中。上聞之，不悦，貶真行爲睦州刺史，審行爲渝州刺史。真行，士廉之子也。

左庶子、同中書門下三品張大安坐阿附太子，左遷普州刺史。

（《資治通鑑》卷二〇二）

公元 681 年（開耀元年）

十一月，癸卯，徙故太子賢於巴州。

（《資治通鑑》卷二〇二）

公元 684 年（光宅元年）

（三月），丘神勣至巴州，幽故太子賢於別室，逼令自殺。

（《資治通鑑》卷二〇三）

公元 685 年（垂拱元年）

太后修故白馬寺，以僧懷義爲寺主。懷義，鄠人，本姓馮，名小寶，賣藥洛陽市，因千金公主以進，得幸於太后；太后欲令出入禁中，乃度爲僧，名懷義。

（《資治通鑑》卷二〇三）

公元 689 年（永昌元年）

【造像記】永昌元年五月爲天皇天后敬造」瑞像壹龕王□□闔家大小□通供養。

（《巴中石窟》）

此造像記位於蒲江飛仙閣第60龕龕外左側壁上。據《廣元石窟》書中所言，在廣元和巴中石窟中也有許多唐代的菩提瑞造像。雖然造像記中明確記載爲瑞像(菩提瑞)，但是後人卻已不顧前人所述，恣意解釋，在巴中第103龕内龕右壁下側的裝彩記中，就記有"是毗盧佛也"之句。可與下文"乾符四年"條互見。

公元690年(天授元年)

東魏國寺僧法明等撰《大雲經》四卷，表上之，言太后乃彌勒佛下生，當代唐爲閻浮提主，制頒於天下。

(《資治通鑒》卷二〇四)

公元691年(天授二年)

(四月)癸卯，制以釋教開革命之階，陞於道教之上。

(《資治通鑒》卷二〇四)

公元693年(長壽二年)

(九月)，魏王承嗣等五千人表請加尊號曰金輪聖神皇帝。乙未，太后御衛象神宫，受尊號，赦天下。作金輪等七寶，每朝會，陳之殿庭。

(《資治通鑒》卷二〇五)

公元694年(長壽三年)

五月，魏王承嗣等二萬六千餘人上尊號曰越古金輪聖神皇帝。甲午，御則天門樓受尊號，赦天下，改元(延載)。

(《資治通鑒》卷二〇五)

公元 695 年(天冊萬歲元年)

正月，辛巳朔，太后加號慈氏越古金輪聖神皇帝，赦天下，改元證聖。

乙未，作無遮會於朝堂，鑿地爲坑，深五丈，結彩爲宫殿，佛像皆於坑中引出之，云自地湧出。又殺牛取血，畫大像，首高二百尺，云懷義刺膝血爲之。丙申，張像於天津橋南，設齋。

(二月)甲子，太后去“慈氏越古”之號。

九月甲寅，太后合祭天地於南郊，加號天冊金輪大聖皇帝，赦天下，改元(證聖)。

(《資治通鑒》卷二〇五)

公元 700 年(久視元年)

太后使洪州僧胡超合長生藥，三年而成，所費巨萬。太后服之，疾小瘳。癸丑，赦天下，改元久視；去天冊金輪大聖之號。

(《資治通鑒》卷二〇六)

公元 701 年(大足元年，長安元年)

春，正月，丁丑，以成州言佛跡見，改元大足。

(《資治通鑒》卷二〇七)

成州乃今甘肅省隴南市成縣。境内雞峰山有“隴右小峨嵋”之稱，爲甘、陝、川三省交界處佛教名山。

冬十月，幸京師，大赦天下，改元爲長安。

(《舊唐書》卷六《則天皇后本紀》)

公元704年(長安四年)

太后復税天下僧尼，作大像於白司馬阪，令春官尚書武攸寧檢校，糜費巨億。李嶠上疏，以爲："天下編户，貧弱者衆。造像錢見有一十七萬餘緡，若將散施，人予一千，濟得一十七萬餘户。拯饑寒之弊，省勞役之勤，順諸佛慈悲之心，沾聖君亭育之意，人神胥悦，功德無窮。方作過後因緣，豈如見在果報!"監察御史張廷珪上疏諫曰："臣以時政論之，則宜先邊境，蓄府庫，養人力；以釋教論之，則宜救苦厄，滅諸相，崇無爲。伏願陛下察臣之愚，行佛之意，務以理爲上，不以人廢言。"太后爲之罷役。

(《資治通鑒》卷二〇七)

《冊府元龜》卷三二七《宰輔部·諫諍第三》載："李嶠爲成均祭酒平章事，長安末則天時造大像于白司馬阪，嶠上疏諫之其略曰：'臣以法王慈憫，菩薩扶持，唯擬饒益衆生，非要營修土木。伏聞造像，税非户口，錢出僧尼，不得州縣祇承，必是不能濟辦，終須科索，豈免勞擾天下編户？貧弱者衆，亦有傭力客作，以濟餱糧；亦有賣舍貼田，以供王役。造像錢見有一十七萬餘貫。若將散施，廣濟貧窮，人與一貫，濟得一十七萬餘户。拯饑寒之弊，省勞役之勤，順諸佛慈悲之心，聖君亭毒之意，人神胥悦，功德無窮'。疏奏不納。"《舊唐書》卷九四《李嶠列傳》記載與此相同，惟"貧弱者衆"前有"天下編户"一句。"春官尚書"乃指禮部尚書。

刺史陳靖意以大足川僑户輻湊，置縣取小銅梁山爲名。

(《元和郡縣圖志》卷三三)

此爲大足鄰縣銅梁縣縣名的來歷。

公元705年(神龍元年)

(二月)甲寅，復國號曰唐。郊廟、社稷、陵寢、百官、旗幟、服色、文字皆如永淳以前故事。復以神都爲東都，北都爲並州，老君爲玄元皇帝。

（《資治通鑒》卷二〇八）

公元 706 年（神龍二年）

（二月）丙申，僧慧範等九人並加五品階，賜爵郡、縣公；道士史崇恩等三人加五品階，除國子祭酒，同正；葉静能加金紫光禄大夫。

（《資治通鑒》卷二〇八）

【造像記】神龍二年三月八日〔還〕」□□轉運使敬造供」養」兒田〔周〕敬造」兒田□敬造」兒田〔壽〕敬造。

（《廣元石窟内容總録千佛崖卷》）

此題記位於千佛崖第 493 窟，造像爲一倚坐彌勒。此造像風格及窟頂形制與廣元皇澤寺大佛樓第 28 龕像極爲相似。據《廣元千佛崖石窟調查記》中言，此乃千佛崖唯一有明確紀年的開窟造像記。值得注意的是，這種單一的彌勒造像是最典型的彌勒下生信仰，表明四川地區的彌勒造像已經從隋以前的彌勒上生信仰轉變爲彌勒下生信仰，樂山凌云寺大佛的開鑿也同此，可見本書“貞元十九年”條。此龕造像爲四川地區彌勒信仰轉折的重要證據。

公元 711 年（景雲二年）

（五月）辛酉，更以西城爲金仙公主，隆昌爲玉真公主，各爲之造觀，逼奪民居甚多，用功數百萬。

（《資治通鑒》卷二一〇）

公元714年(開元二年)

中宗以來，貴戚争營佛寺，奏度人爲僧，兼以僞妄；富户强丁多削髮以避徭役，所在充滿。姚崇上言："佛圖澄不能存趙，鳩摩羅什不能存秦，齊襄、梁武，未免禍殃。但使蒼生安樂，即是佛身；何用妄度奸人，使壞正法！"上從之。丙寅，命有司沙汰天下僧尼，以僞妄還俗者萬二千餘人。

(《資治通鑒》卷二一一)

《舊唐書》卷八《玄宗本紀上》記載："丙寅，紫微令姚崇上言請檢責天下僧尼，以僞濫還俗者二萬餘人。"

(二月)丁未，敕："自今所在毋得創建佛寺；舊寺頹壞應葺者，詣有司陳牒檢視，然後聽之。"

(《資治通鑒》卷二一一)

閏月癸亥，令道士、女冠、僧尼致拜父母。

(《舊唐書》卷八《玄宗本紀上》)

(七月)戊申，禁百官家毋得與僧、尼、道士往還。壬子，禁人間鑄佛、寫經。

(《資治通鑒》卷二一一)

公元715年(開元三年)

【造像記】菩薩聖僧金剛等」郭玄亮昆季奉爲亡」考造前件尊容願亡」考乘此微因速登净土彌」勒座前同初會法□」開元三年歲次乙卯四月壬子朔。

(《巴中石窟》)

此造像記位於巴中西龕第10龕外龕左壁，造像爲彌勒像。值得注意的是此龕内容是彌勒净土信仰，非大足及他處所多見的彌陀净土。其内容仍屬于《彌勒上生經》之閫閾。此時四川地區乃至全國多流行《彌勒下生經》(如孟浩然的《臘月八日於剡縣石城寺禮拜》一詩所誦："石壁開金像，香山倚鐵圍。下生彌勒見，回向一心歸。")此造像内容頗爲特别，而且是在上年已經下令"禁人間鑄佛、寫經"之後。

公元716年(開元四年)

善無畏到達長安。

據宋僧贊寧的《宋高僧傳》記載："(善無畏)開元四年丙辰。齎梵夾始居長安。敕於興福寺南院安置。"善無畏是第一個到達中國内地的佛教密宗大師，乃是從天竺(今印度)以陸路到達中國大陸的。他在長安内道場(内道場即皇宫中的道場。公元517年，梁武帝敕沙門慧超爲壽光殿學士，使居於禁中講法，爲内道場之始。隋煬帝將中國所有寺院改稱"道場"，武則天則在長安、洛陽的宫中都修建了寺院，改稱内道場)興福寺、西明寺、菩提寺、洛陽聖善寺、大福先寺、廣化寺均有過傳法遺跡。開元二十三年，善無畏圓寂於洛陽大善寺，開元二十八年葬於廣化寺佛塔，南距龍門石窟500米。在他到達之後的4年，即公元720年，另一位密宗大師金剛智從海路在廣州登陸中國，並到達唐東都洛陽。在長安慈恩寺、薦福寺、資聖寺、洛陽廣福寺、奉先寺先後傳法。其於開元二十九年病逝，謚"灌頂國師"，葬於龍門石窟。另一密教宗師不空，師事金剛智，他不僅於兩京間宣揚密法，而且南至南亞大陸求法，北至武威、太原乃至五臺山地區弘教，其於大曆九年圓寂，追贈"司空大辯正廣智不空三藏"，葬於長安大興善寺。這三位來自天竺的法師，廣弘密教，開創了唐朝密教的鼎盛時代，在中國佛教史上被稱爲"開元三大士"。不過也有看法認爲開元三大士中不空應爲"一行"(一行乃漢人，俗名張遂，魏州昌樂人)，據《舊唐書》卷一九一《方伎傳》載："武三思慕其學行，就請與結交，一行逃匿以避之。

尋出家爲僧，隱於嵩山，師事沙門普寂。……後步往荆州當陽山，依沙門悟真以習梵律。開元五年，玄宗令其族叔禮部郎中洽齎敕書就荆州强起之"，一行到達長安後，同時拜善無畏和金剛智爲師，修行密法，因善無畏持真言密法，金剛智持瑜伽密法，後來一行將此合而爲一，成爲了中國本土化的密宗，比不空偏重於譯經而成就要大，此一説可見吕建福著《密教論考》中摘刊《法音》1989 年第 1 期《關於漢傳密教研究中的幾個問題》一文。

公元 721 年(開元九年)

(九月)丁未，梁文獻公姚崇薨，遺令："佛以清净慈悲爲本，而愚者寫經造像，冀以求福。昔周、齊分據天下，周則毁經像而修甲兵，齊則崇塔廟而馳刑政，一朝合戰，齊滅周興。近者諸武、諸韋，造寺度人，不可勝紀，無救族誅。汝曹勿效兒女子終身不寤，追薦冥福。道士見僧獲利，效其所爲，尤不可延之於家。當永爲後法!"

(《資治通鑒》卷二一二)

公元 722 年(開元十年)

【造像記】開元十年太歲壬戌二月癸酉朔」八日庚辰满弟子彭景宣奉为亡」妣郭氏敬造释迎牟尼佛一龕……。

(《廣元石窟内容總録千佛崖卷》)

此造像記位於廣元千佛崖第 150 龕左壁供養人上方。

【銘文】開元十年六月七日」劍南道按察使銀青光禄大夫行」益州大都督府長史韋抗功德。

(《廣元石窟》)

此銘文位於千佛崖石窟第 513 龕(俗稱"韋抗龕")外龕右側壁上方。韋抗雖在玄宗朝官至刑部尚書，但在《舊唐書》《新唐書》中無傳,《新唐書》卷五《玄宗本紀》中記載有:“(開元八年九月)壬申,契丹寇邊,王晙檢校幽州都督、節度河北諸軍大使,黄門侍郎韋抗爲道朔方行軍大總管,以伐之。”

六月辛丑,上訓注《孝經》,頒於天下。

(《舊唐書》卷八《玄宗本紀上》)

十一月,乙未,初令宰相共食實封三百户。

(《資治通鑒》卷二一二)

【碑文】大唐普州刺史韋忠撰開元十年建。

(《千佛寨摩崖造像》)

據《四川文物》1989年2期唐承義《千佛寨摩崖造像》一文介紹,此碑現位於安岳縣千佛寨石窟。千佛寨,又名棲岩寺、棲霞寺,在城西北五里的大雲山上,乾隆縣志中稱“棲岩寺 唐開元僧元莊建,岩壁石像千餘”。

公元723年(開元十一年)

【造像記】惟開元十一」年歲〔次〕癸亥」今有普州樂」至縣芙蓉鄉」普〔從〕里弟子」楊義爲自身」平安敬造千」佛百身供養。

(《四川安岳臥佛院調查》)

在安岳臥佛院石刻中,最早紀年爲開元十一年,但藏經洞題記稍後,見下文“開元十五年”條。在《安岳臥佛院考古調查與研究》一書中,該題記中記爲“普德里弟子楊善”。

公元727年(開元十五年)

【題記】劍州黄安縣人肯尹緒女□願改嫁義清縣人孫□□」爲妻

去……開元十五年六月……妻……」夫妻平安而於此所……。

（《廣元石窟》）

此銘文位於廣元千佛崖第726窟附9號龕左側。内容爲女子改嫁祈願之詞，堪爲風俗研究之資料。

安岳臥佛院刻經上石。

（《安岳臥佛院考古調查與研究》）

臥佛院位於安岳縣城北25公里處的八廟鄉臥佛溝。其藏經洞有洞窟十餘個，内刻經文及題記約40萬字，藏經洞中最早的紀年乃是開元十五年，因録於此。其對於唐代的書法、經文研究爲不可多得的寶貴資料。另，面對藏經洞的石壁上，鑿有釋迦摩尼左側臥像，長23米，稱爲“臥佛”，以前認爲是涅槃像，現今已清楚是釋迦診病變像。

公元732年（開元二十年）

【造像記】惟大唐開元二十年□□歲次庚辰十二月長樂天尊一龕。

（《蒲江飛仙閣道教摩崖造像》）

該造像題記位於飛仙閣第74龕右側崖壁。

公元736年（開元二十四年）

【題記】大唐開元廿四年歲次丙子〔五〕」月十五日前州倉督安岳縣録」事騎都尉勳官五品黎令賓願」平安敬造天尊像一龕永爲供」養棲巖寺上座釋沙門玄應書。

（《四川安岳縣圓覺洞摩崖石刻造像調查報告》）

該龕造像位於安岳縣圓覺洞南崖第71龕。沙門玄應，在唐代僧人智陞所編《開元釋教録》和宋代僧人贊寧的《續高僧傳》中皆有記載，爲唐貞觀年間譯經之沙門(有説是大慈恩寺，有説是廣福寺，有説是大總持寺的)，活動地點在長安和洛陽一帶。但是爲何開元時(相距貞觀年間已 80 多年)的"普州"爲何會有其行跡，史料和佛書無載。而且，其人既爲沙門，爲何造道教的"天尊像"，也頗可疑，或爲後人僞稱，或爲同名之人。據《文物》1988 年 8 期彭家勝《四川安岳臥佛院調查》和《四川文物》1991 年 3 期傅成金《安岳石刻之玄應考》文中所述，在安岳的千佛崖的第 37、39 龕造像中間有題記云："唐開元廿年歲次……前安岳縣録事、騎都尉、勳官五品黎令賓……造東面三世諸佛一龕……敬造西面救苦觀世音菩薩一龕三身……寺上座玄應書。"另外，在臥佛院所刻石經中也有"沙門玄應"字樣，玄妙觀造像中也有"邑人玄應書"之題記，由此看來，此玄應與貞觀年間譯經之"正字字學"之玄應並非一人。

公元 738 年(開元二十六年)

(正月，)令天下州、縣、里别置學。

(《資治通鑒》卷二一四)

天授元年十月二十九日，兩京及天下諸州，各置大雲寺一所。至開元二十六年六月一日，並改爲開元寺。

(《唐會要》卷四八《議釋教下》)

"開元寺"之名的寺廟現今保存很多，如荆州、泉州、福州、潮州、正定、濟南等地均有開元寺，成爲唐代佛教興盛的見證。

公元 739 年(開元二十七年)

(八月)甲申，追謚孔子爲文宣王。先是，祀先聖先師，周公南向，孔子東向坐。制："自今孔子南向坐，被王者之服，釋奠用宫懸。”追贈弟子皆爲公、侯、伯。

（《資治通鑒》卷二一四）

宫懸，是指懸掛在帝王宫廷四壁的樂器。漢代張衡的《東京賦》中言："春日載陽，合射辟雍。設業射虡，宫懸金鏞"。唐人王維的《奉和聖制重陽節宰臣及群臣上壽應制》有："玉堂開右個，天樂動宫懸。"

【造像記】蓋□王（漶）」菩薩（漶）」（漶）」（漶）校尉□□□（漶）」（漶）上（漶）□都尉」道節□字將□□（漶）」□敬造（漶）法界四眾（漶）」□敬造（漶）□佛□□（漶）」□證菩提（漶）」開元廿七年（漶）寅（漶）」□□戌造。

（《夾江千佛巖——四川夾江千佛巖古代摩崖造像考古調查報告》）

據文物出版社2012年發行的《夾江千佛巖——四川夾江千佛巖古代摩崖造像考古調查報告》一書中所述，該造像記位於夾江千佛巖第152龕外正下方，在龕外右下方還有題記爲"（漶）記在年（漶）」（漶）年三月（漶）」（漶）□（漶）"，在2010年爲日本博士生大島幸代所發現。造像内容龕内正壁中央爲佛立像，左側爲菩薩立像，右側爲比丘立像，右壁中下側還有兩小龕。據四川人民出版社1994年出版的胡文和撰《四川道教佛教石窟藝術》一書中提及，在千佛巖第151和第154龕中也都有"唐開元廿七年題記"，今已不存。

公元740年（開元二十八年）

【造像記】給事郎行化城縣主簿張令該幸以微班來」臻此邑屢逢兇賊得免阽危爰薄昇敬造」釋迦牟尼佛一鋪於巴州西南山美夫郁穹」崇懸石壁雕鐫始就毫相星開裝飾已成金」容月滿當愿見在兄弟合家長幼永無災厄」永保康寧加以法界蒼生共同斯福時開元」廿八年中春之二月也。

（《巴中石窟研究》）

據民族出版社2011年出版的雷玉華著《巴中石窟研究》中言，此造像記位於巴中南龕第71龕與77龕中間，占壁高105釐米，寬44釐米，陰刻。第71龕造像内容爲一坐佛二弟子二菩薩二天王二力士，外龕兩側淺浮雕供養人像七身，右側爲二男子一小孩，左側四身爲婦女像。第77龕造像内容幾乎完全相同，且此兩龕左右有光啟三年(公元887年)、文德元年(公元888年)節度十將李思弘夫妻裝修記。

公元741年(開元二十九年)

五月，命畫玄元真容，分置諸州開元觀。

(《資治通鑒》卷二一四)

《舊唐書》卷九《玄宗本紀下》載："二十九年春正月丁丑，制兩京、諸州各置玄元皇帝廟並崇玄學，置生徒，令習《老子》《莊子》《列子》《文子》，每年准明經例考試。"

公元747年(天寶六年)

【題記】大唐天寶六載六月廿四日造手作故記。

大唐天寶六載八月廿四日造〔手〕〔故〕記□。

(《巴中石窟》)

據巴中市文管所、成都市文物考古研究所《巴中石窟》一書介紹，此兩處題刻位於巴中玉井鄉玉女村玉女寨下何家院子右側山岩上，編爲1~9號，像多被改造過，只有些唐代年號題刻尚存，此二則題刻分别爲3號和7號龕題刻。

公元748年(天寶七年)

安岳縣玄妙觀《啟大唐禦立集聖山玄妙觀勝境碑》上石，碑文中有“安岳郡前調安居縣博士張庭訓字才霜敬述並書 鐫字人李智員……爲慈母古五娘造東西廿軀，小龕卅二龕軀……正所爲尊主了願。識相父子，當緣法師李玄則往來住此營造……維大唐天寶七載丙子八月乙亥朔二月庚子功畢”。

（《巴蜀道教碑文集成》）

該碑位於四川安岳縣黄桷鄉玄妙村集聖山玄妙觀，該觀中有唐代道教及佛教造像千餘尊。關於立碑人張庭訓所述“安岳郡前調安居縣博士”，在唐代《元和郡縣圖志》中，“普州”下有“安岳縣”和“安居縣”條，没有“安岳郡”之説法，宋代所修的《新唐書》中的《地理志》和宋人的《元豐九域志》中倒有這種説法。查《讀史方輿紀要》卷七一《四川方輿紀要敘》“安岳縣”條下有：“天寶初，曰安岳郡。乾元初，復曰普州。宋仍爲普州治，亦曰安岳郡”，與碑文相合。

公元 749 年（天寶八年）

仁壽縣牛角寨造像群中《南竺觀記》上石。碑文中落款“大唐天寶八載太歲己丑四月乙未朔十五日戊申 三洞道士楊行進 三洞女道士楊正實 三洞女道士楊正觀 真□正法觀元守憲進弟彦高等共造三寶像一龕 爲國爲家存亡□□□□供養”。

（《巴蜀道教碑文集成》）

此碑位於四川仁壽縣高家鄉牛角寨造像群之三寶洞内，記載了唐代道教經籍分佈與保存情況，爲研究道教史之重要資料。牛角寨中有佛、道及佛道混合造像約 1500 多尊，多爲中唐時期作品。此處稱“南竺觀”，大足寶頂山有當地人所書“西竺一脈”摩崖刻字，可見本書“咸豐六年”條。

公元 750 年（天寶九年）

太白山人王玄翼上言見玄元皇帝，言寶仙洞有妙寶真符。命刑部尚書張均等往求，得之。時上尊道教，慕長生，故所在争言符瑞，群臣表賀無虚月。李林甫等皆請捨宅爲觀以祝聖壽，上悦。

(《資治通鑒》卷二一六)

丹棱縣龍鵠山道教造像群立《龍鶴山成煉師植松柏碑記》。

(《丹棱縣龍鵠山唐代道教摩崖造像》)

據《四川文物》1990 年 1 期萬玉忠《丹棱縣龍鵠山唐代道教摩崖造像》一文中介紹，丹棱縣唐代道教摩崖造像主要分佈在縣城北 7.5 公里處的龍鵠山山腰上，有造像 57 龕，多爲道教造像。第 24 龕中的《龍鶴山成煉師植松柏碑記》中記載爲“天寶九載歲次庚寅四月十二日建”，其餘部分造像應早於 24 號龕，可能爲開元時開鑿，詳見原文。

【造像記】天尊一鋪」天寶九載」五月」扈靈寂」奉爲臨」邛郡白」鶴觀□」亡□師主」三洞右」道士賈」光宗造。

(《蒲江飛仙閣道教摩崖造像》)

據《四川文物》2003 年 1 期曾德仁等《蒲江飛仙閣道教摩崖造像》一文所記，該銘文位於飛仙閣南段第 44 龕，内容爲十方救苦天尊，龕左右兩側各有一童子像。

公元 751 年(天寶十年)

(十月)，楊國忠使鮮于仲通表請己遥領劍南；十一月，丙午，以國忠領劍南節度使。

(《資治通鑒》卷二一六)

【銘文】大唐天寶十年十月十日(漶)佛頂尊勝陀羅尼。

(《巴中石窟》)

此銘文位於巴中石窟南龕第 89 龕，造像内容爲五層經幢。此銘文位於經幢基座左壁，正面殘存“佛頂尊勝陀羅尼”，餘字漶失。大足北山250—271號龕中多有五代時所造經幢，亦有相似内容。

公元752年(天寶十一年)

【造像記】新授度支山南西院事袁誠」壬辰歲十一月三日赴職發心」造如意輪菩薩壹身今」蒙成就遂記年月。

(《廣元石窟内容總録千佛崖卷》)

此題記位於千佛崖韋抗龕第513-11龕右側。據《文物》1990年6期馬彦、丁明夷所撰《廣元千佛崖石窟調查記》中，認爲此造像應爲天寶年間風格，故以“壬辰歲”定爲天寶十一年。這是筆者所見資料中，四川地區如意輪觀音像造像中題記最早的。大足北山第50龕、第149龕，以及白塔、石門山等多處均有如意輪觀音造像。

公元755年(天寶十四年)

(十月)甲午，頒《御注老子》並《義疏》於天下。

(《舊唐書》卷九《玄宗本紀下》)

十一月，甲子，禄山發所部兵及同羅、奚、契丹、室韋凡十五萬衆，號二十萬，反於范陽。

(《資治通鑒》卷二一七)

《舊唐書》卷二〇〇上《安禄山傳》載：“十一月，反於范陽，矯稱奉恩命以兵討逆賊楊國忠。以諸蕃馬步十五萬，夜半行，平明食，日六十里。以高尚、嚴莊爲謀主，孫孝哲、高邈、何千年爲腹心。天下承平日久，人不知戰，聞其兵起，朝廷震驚。”白居易的《長恨歌》中寫道：“漁陽鼙鼓動地來，驚破霓裳羽衣曲。”

公元754年(天寶十五年)

【造像記】救苦觀世音菩薩一軀地藏菩薩一軀」比丘僧廣修奉爲孝妣敬造前」件功德兩軀早□天□受樂供養」天寶十五載五月十五日。

(《廣元石窟内容總録千佛崖卷》)

此造像記位於千佛崖大雲古洞内第512-35龕左側。在相鄰的第513章抗窟中，第513-8和513-10分别有題記："何晏造」地藏菩」薩一軀」供養"和"何晏并妻造」觀世音菩薩」一身。"年代當相近。

公元756年(至德元年)

自禄山兵起，國忠以身領劍南節制，乃佈置腹心于梁、益間，以圖自全之計。六月九日，潼關不守。十二日凌晨，上率龍武將軍陳玄禮、左相韋見素、京兆尹魏方進，國忠與貴妃及親屬，擁上出延秋門，諸王妃主從之不及。

(《舊唐書》卷一〇六《楊國忠傳》)

(七月)庚辰，上皇至成都，從官及六軍至者千三百人而已。

(《資治通鑒》卷二一八)

【題記】至德元年歲次丙申十一月辛亥朔三日癸□□□□有佩法男弟子陳珍寶母子昆季等願□□□□□靈合□所奉爲□皇帝陛下郡縣文□□□□□□□璽生夭□□□永爲供養。

(《仁壽縣龍橋鄉唐代石窟造像》)

據《四川文物》1994年第1期高俊英、鄒毅所撰《仁壽縣龍橋鄉唐代石窟造像》一文所述，此銘文位於白艮罐石窟2號龕。造像中一佛結跏趺坐，帽頂刻一蟾形物壓頂。仁壽縣龍橋鄉距縣城29

公里，白艮罐位於鄉東面3公里鳳鳴村，有4龕67尊佛、道造像。文中所述："4號龕以一僧一菩薩一天王與二真人一天王對稱，後壁則刻八部眾和一身護法神而不對稱。同一處造像的3號龕，下層刻二弟子(無菩薩)一侍者一天王、力士與二真人，侍者、天王、力士均對稱，中、上層道像15身與天龍八部形成不對稱。"

公元757年(至德二年)

【造像記】□山郡司馬周銑敬造觀音像」至德二載九月四日」。

(《廣元觀音巖石窟調查記》)

據《四川文物》2002年第3期羅宗勇、王劍平、盛濤的《廣元觀音巖石窟調查記》一文中所記，該題記位於廣元城南15公里處的"觀音巖摩崖造像"第6龕外右側。"觀音巖"全崖長約300米，現有龕窟129個，大小造像近380尊，因以單龕觀音造像最多，所以當地百姓俗稱爲"觀音巖"。巖下即古金牛道。

【造像記】釋迦牟尼佛一軀」巴西郡神泉縣李□」〔節〕原平安敬造供養」至德二載九月八日」。

(《廣元觀音巖石窟調查記》)

該題記位於觀音巖第5龕右側。

(十月)丁卯，上入西京。……是日，上皇發蜀郡。

分劍南爲東、西川節度，東川領梓、遂等十二州；又置荆澧節度，領荆、澧等五州；夔峽節度，領夔、峽等五州。

(《資治通鑒》卷二二〇)

改蜀郡爲南京，鳳翔府爲西京，西京改爲中京，蜀郡改爲成都府。

(《舊唐書》卷一〇《肅宗本紀》)

公元742—758年(天寶元年至乾元元年)

【造像記】洋川郡司户｣王迪願平安｣□□敬造供養。

(《廣元觀音巖石窟調查記》)

據《四川文物》2002年3期羅宗勇、王劍平、盛濤的《廣元觀音巖石窟調查記》一文中所記，該造像記位於觀音巖第41龕外龕右壁。該龕造像爲阿彌陀佛、觀音、地藏的組合。據該文引用《舊唐書》卷三九《地理志二》中記載，“洋州，下……武德元年，割梁州三縣置洋州。……天寶元年，改爲洋川郡。乾元元年，復爲洋州”，以此斷該龕造像爲天寶元年至乾元元年間造。

公元758(乾元元年)

左拾遺李鼎祚奏以山川闊遠，請割瀘、普、渝、合、資、榮等六州界置昌州。

(《元和郡縣圖志》卷三三《劍南東道下》)

公元759年(乾元二年)

【造像記】救苦觀世音菩薩像銘｣兹救苦觀世音菩薩像者巴州刺史嚴武奉報｣烈考中書侍郎遠日之所鑿也乾元二年正月｣十三日大理評事兼巴州長史韓濟銘曰｣於鑠使君孝心不忘觀音菩薩靈相克彰｣昊天永永思報無疆南山岩岩庶乎有常。

(《巴中石窟》)

此銘文位於巴中南龕第87龕外左壁，内容爲觀音造像。“烈考”乃指亡父，《舊唐書》卷一一七《嚴武傳》中載：“嚴武，中書侍郎挺之子也。”從文字内容看，此龕造像乃嚴武在乾元二年前爲亡父所造。

昌州，下都督府。乾元二年析資、瀘、普、合四州之地置，治昌元。

（《新唐書》卷四二《地理志六》）

《新唐書》中未記載大足縣成立於哪一年。在《元和郡縣圖志》卷三三《劍南道下》“昌州”條下記載：“大足縣，下。西南至州六十五里。乾元元年與州同置。東臨赤水，西枕棠山。”此中言是乾元元年置州、縣；《太平寰宇記》卷八八《劍南東道七》“昌州”條下也記載“唐乾元元年……置昌州。至二年……爲兵火所廢”，此記載頗不可靠，它書皆言大歷六年州、縣被廢。宋人歐陽忞的《輿地廣記》卷三一《梓州路》的“昌州”條下記載：“乾元二年析置昌州。”《唐會要》卷七一《州縣改置下·劍南道》中載：“昌州。乾元二年五月二十一日，分資、普二州置。”結合各種材料看，應是乾元元年李鼎祚奏置昌州，乾元二年始置昌州，大足等縣與州同置。

公元760年(乾元三年，上元元年)

【碑文】巴州城南二里有古佛龕一所」右山南道度支判官衛尉少卿兼侍御史」内供奉嚴武奏臣頃牧巴州其州南二里有」前件古佛龕一所舊石壁鐫刻五百餘鋪劃」開諸龕化出衆像前佛後佛大身小身琢磨」至塈雕飾甚妙屬歲月綿遠儀形虧缺乃掃」拂苔蘚披除榛蕪仰如來之容爰依鷲嶺祈」聖上之福新作龍宫精思竭誠崇因樹果建」造屋宇三拾餘間並移洪鐘一口莊嚴福地」增益勝緣焚香無時興國風而蕩穢燃燈不」夜助皇明以燭幽曾未經營自然成就臣幸」承恩宥馳赴闕庭辭日奏陳許令置額伏望」特旌裔土俯錫嘉名降以紫泥遠被雲雷之」澤題諸紺宇長懸日月之光兼請度無色役」有道行者添僧永以住持俾持其修習」敕旨其寺以光福爲名餘依」乾元三年四月十三日。

（《巴中石窟》）

此即巴中南龕著名的《嚴武奏表碑》(也稱“嚴武碑”)。嚴武曾在乾元元年(公元758年)被貶作巴州刺史，據此碑中的記載：“舊石壁鐫刻五百餘鋪……前佛後佛大身小身……雕飾甚妙屬歲月綿遠”，説明在乾元年之前此處已有規模不小的佛教造像。

(四月)己卯，赦天下，改元。追謚太公望爲武成王，選歷代名將爲亞聖、十哲。其中祀、下祀並雜祀一切並停。

(《資治通鑒》卷二二一)

這裡須加注意避免混淆的是，此上元年號非高宗李治時期的上元年號。唐朝有兩個上元年號，一個是唐高宗時期，一個是唐肅宗時期。

九月甲午，以荆州爲南都，州曰江陵府，官吏制置同京兆。其蜀郡先爲南京，宜複爲蜀郡。

(《舊唐書》卷一〇《肅宗本紀》)

《資治通鑒》卷二二一載：“九月甲午，置南都於荆州，以荆州爲江陵府，仍置永平軍團練兵三千人，以扼吳、蜀之沖，從節度使吕諲之請也。”《舊唐書》卷一〇《肅宗本紀》中的乾元年間的記載，可以見到諸多荆襄動亂事蹟：“(二年)八月乙亥，襄州偏將康楚元逐刺史王政，據城自守。……九月甲午，襄州賊張嘉延襲破荆州，澧、朗、復、郢、硤、歸等州官吏皆棄城奔竄……(三年三月)戊申，襄州軍亂，殺節度使史翽，部將張維瑾據州叛。……己未，以陝州刺史來瑱爲襄州刺史，充山南東道襄鄧等十州節度、觀察處置等使。……(八月)丁丑，以太子賓客吕諲爲荆州大都督府長史，澧朗硤、忠五州節度觀察處置等使。”置使留兵皆爲保荆襄，荆襄爲川峽地區門户，荆襄不保則劍南不安。

巴中玉井佛爾岩第1龕外有“上元元年”與“永泰元年”題刻。

(《巴中石窟》)

公元761年(上元二年)

(正月,)荆南節度使吕諲奏，請以江南之潭、岳、郴、邵、永、道、連，黔中之涪州，皆隸荆南，從之。

(《資治通鑒》卷二二一)

“潭、岳、郴、邵、永、道、連(州)”，皆今湖南省境地。黔中郡涪州，唐武德元年(公元618年)置。治所在今涪陵縣，唐代時轄境相當今重慶涪陵、南川、長壽、武隆四縣。

九月，甲申，天成地平節。上於三殿置道場，以宫人爲佛菩薩，北門武士爲金剛神王，召大臣膜拜圍繞。

(《資治通鑒》卷二二一)

公元762年(寶應元年)

(六月)壬戌，以兵部侍郎嚴武爲西川節度使。

(《資治通鑒》卷二二二)

現巴中石窟的南龕除有《嚴武奏表碑》，還有其《題巴州光福寺楠木》詩，《蜀中廣記》載其詩曰：“楚江長流對楚寺，楠木幽生赤崖背。臨溪插石蟠老根，苔色青蒼山雨痕。高枝鬧葉鳥不度，半掩白雲朝與暮。香殿蕭條轉密陰，花龕滴瀝垂清露。”

公元764年(廣德二年)

(正月)癸卯，合劍南東、西川爲一道，以黄門侍郎嚴武爲節度使。

(《資治通鑒》卷二二三)

《舊唐書》卷四一《地理志四》所載年代與此稍異："廣德元年，黄門侍郎嚴武爲成都尹，複並東、西川爲一節度。"這應是第二次合併東、西川，因爲《舊唐書》卷一一七《嚴武傳》中載："上皇誥以劍兩川合爲一道，拜武成都尹、兼御史大夫，充劍南節度使；……(武)與宰臣元載深相結托，冀其引在同列。事未行，求爲方面，複拜成都尹，充劍南節度等使。廣德二年，破吐蕃七萬餘衆，拔當狗城。"這可以看出廣德二年前還有一次合併東、西川，嚴武這也是第二次充劍南節度使。

公元765年(永泰元年)

五月，癸丑，以右僕射郭英乂爲劍南節度使。

九月，庚寅朔，置百高座於資聖、西明兩寺，講仁王經，内出經二寶輿，以人爲菩薩、鬼神之狀，導以音樂鹵簿，百官迎於光順門外，從至寺。

(《資治通鑒》卷二二三)

公元766年(大曆元年)

(二月)壬子，以杜鴻漸爲山南西道、劍南東、西川副元帥、劍南西川節度使，以平蜀亂。

(《資治通鑒》卷二二四)

同卷中載此次蜀亂本末："初，劍南節度使嚴武奏將軍崔旰爲利州刺史；時蜀中新亂，山贼塞路，旰討平之。……武以爲漢州刺史，使將兵擊吐蕃於西山，連拔其數城，攘地數百里，武作七寶輿迎旰入成都以寵之。……玄宗之離蜀也，以所居行宫爲道士觀，仍铸金爲真容。(郭)英乂愛其竹樹茂美，奏爲軍營，因徙去真容，自居之。旰宣言英乂反，不然，何以徙真容自居其處！於是帥所部五千餘人襲成都。辛亥，戰於城西，英乂大敗。旰遂入成都，屠英乂家。英乂單騎奔簡州。普州刺史韓澄殺英乂，送首於旰。邛州牙將柏茂琳、泸州牙將楊子琳、劍州牙將李昌夔各舉兵討旰，蜀中大亂。”

癸丑，以山南西道節度使張獻誠兼劍南東川節度使，邛州刺史柏茂琳爲邛南防御使；以崔旰爲茂州刺史，充西山防御使。三月，癸未，獻誠與旰戰於梓州，獻誠軍敗，僅以身免，旌節皆爲旰所奪。

（《資治通鑒》卷二二四）

公元767年（大曆二年）

（正月）壬申，分劍南置東川觀察使，鎮遂州。

（《資治通鑒》卷二二四）

秋，七月，丙寅，以（崔）旰爲西川節度使，杜濟爲東川節度使。

始，上好祠祀，未甚重佛。元載、王縉、杜鴻漸爲相，三人皆好佛；縉尤甚，不食葷血，與鴻漸造寺無窮。……上由是深信之，常於禁中飯僧百餘人；有寇至則令僧講《仁王經》以禳之，寇去則厚加賞賜。胡僧不空，官至卿監，爵爲國公，出入禁闥，勢移權貴，京畿良田美利多歸僧寺。敕天下無得棰曳僧尼。造金閣寺於五臺山，鑄銅塗金爲瓦，所費巨億……由是中外臣民承流相化，皆廢人事而奉佛，政刑日紊矣。

（八月）丁酉，杜鴻漸飯千僧，以使蜀無恙故也。

（《資治通鑒》卷二二四）

公元769年（大曆四年）

蒲江縣光明鄉老君洞摩崖造像有道教老君造像一龕，洞門題記中可辨“大曆四年”四字。

（《蒲江縣長秋山摩崖造像調查》）

見《四川文物》1995年第2期劉新生《蒲江縣長秋山摩崖造像調查》一文。

公元771年(大曆六年)

大曆六年(昌)州、(昌元)縣廢，其地各還故屬，十年復置。

（《新唐書》卷四二《地理志六》）

《太平寰宇記》中云昌州於乾元二年狂賊張朝、楊琳作亂，爲兵火所廢。《輿地廣記》載：“大歷六年州、縣廢。”(另可參見李勇先等校注《輿地廣記》932頁注[六四]，四川大學出版社，2003年8月第1版)《輿地紀勝》作者王象之在卷一六一《潼川府路·昌州》中分析認爲，應是大曆六年所廢。當時的州治在昌元縣，昌元縣大致在今内江、榮昌一帶。《輿地紀勝》中記載：“昌介於資、普、富、義、瀘、合之間，其俗樸厚又多秀民。有夏風，有獠風。……昌居萬山間，地獨宜海棠，邦人以其有香，頗敬重之，號海棠香國。……静南山水奇秀，士大夫避地者多居焉。”

資州《三教道場文》碑上石。碑文載：“資州刺史叱幹公三教道場文 朝請郎行成都府廣都縣丞李去泰述 ……今南方已定，全蜀無虞，戰馬歸山，衆落附款，公之力也。……門師京兆府萬年縣沙門智順 書人樂安郡任惟謙 鐫字人平原郡雍慈順 都料丈六彌勒佛匠雍慈敏 大曆六年歲次辛亥孟夏月十五日記。”

（《巴蜀道教碑文集成》）

據該書記載，此碑文《全唐書》及其他一些金石書作有載，是道、儒、佛三教合一所建道場記載。資州，據《辭海·歷史地理分冊》所述，北周時治今資陽縣(1993年該縣撤銷，設資陽市，故治在今資陽市雁江區)，唐時轄境大概在今四川資陽市以南，内江市以北的沱江流域。值得一提的是，碑文中所述多人無一人是四川(當時的"劍南道")本地人(僅就署有籍貫的人而言)，此與上條注釋中《輿地紀勝》記載互有玩味。另，文中所述"都料匠"，乃是唐代以前就有對於工匠總頭的稱呼，在《全唐文》卷五〇二的《梓人傳》中有："梓人，蓋古之審曲面勢者，今謂之都料匠云"，宋人歐陽修的《歸田録》卷一中也有載："開寶寺塔在京師諸塔中最高，而制度勘精，都料匠預浩所造也。"本人在考察安岳縣庵堂寺石窟造像中也發現第10龕造像中有"簡州鐫功德都料前守軍士鉀衙匀從本趙水反"之句，可參見後文"天復七年"條。

公元776年(大歷十一年)

【造像記】(漶)□年月□□右弟子張廣□在大歷四年四月由□遭官横非不苦屈唯有天□知心("知心"二字近似一"恕"字)芝其時發愿造像一尊永爲供養大歷十一年太歲丙辰十月二十日表慶。

(《仁壽縣龍橋鄉唐代石窟造像》)

此造像記位於仁壽縣龍橋鄉東3.5公里的鳳鳴村渣口巖造像第11龕，造像内容分三部分，上部爲一佛像，結跏趺坐帷幔覆蓮臺，中部爲從左至右豎刻的此題記，下部爲一半圓雕供養人像。此造像記表明了供養人似有冤屈，爲稀見材料。在該石窟群中的第8號佛、道合龕中，有"□石院寺尼女針供養"的題記，也是少見的涉及民生的資料。

公元790年(貞元六年)

春，詔出岐山無憂王寺佛指骨迎置禁中，又送諸寺以示眾，傾都瞻禮，施財巨萬；二月，乙亥，遣中使復葬故處。

(《資治通鑒》卷二三三)

公元 796 年(貞元十二年)

(四月)庚辰，上生日，故事，命沙門、道士講論於麟德殿，至是，始命以儒士參之。

(《資治通鑒》卷二三五)

公元 803 年(貞元十九年)

嘉州凌雲寺大佛造像完成。《嘉州凌雲寺大佛像記》碑文載："……垂其像，濟天下之險，嘉州凌雲寺大佛石像，可以觀其旨也。……開元初，有沙門海通者……以此山淙流激湍，峭壁萬仞，謂石可改而下，江可積而平……有是崇未來因，作古佛像……于是規廣長，圖堅久。頂圍百尺，目廣二丈，其餘相好，一以稱之。……貞元十九年十一月五日，劍南西川節度觀察、處置統押境界諸蠻及西山八國南安巡撫等使、光禄大夫檢校司徒兼中書令、成都尹、上柱國、南康郡王韋皋。"

(《四川歷代碑刻》)

嘉州凌雲寺大佛像，即俗稱樂山大佛，位於今樂山市南岷江東岸凌雲路凌雲寺側，大渡河、青衣江和岷江三江交匯處，爲一彌勒倚坐像。開鑿於開元初年間，至貞元十九年才完成，前後耗時 90 餘年。據碑文看，其成像之初因，一是積石沉江以平湍流，二是"崇未來因"，信仰彌勒。此單一彌勒造像，當爲彌勒下生信仰。

公元 805 年(永貞元年)

(八月)癸丑，西川節度使南康忠武王韋皋薨。皋在蜀二十一年，重加賦斂，豐貢獻以結主恩，厚給賜以撫士卒。士卒婚嫁死喪，皆供其資費，以是得久安其位而士卒樂爲之用，服南詔，摧吐蕃。幕僚歲久官崇者則爲刺史，已復還幕府，終不使還朝，恐泄其所爲故也。府庫既實，時寬其民，三年一複租賦，蜀人服其智謀而畏其威，至今畫像以爲土神，家家祀之。支度副使劉辟自爲留後。

（《資治通鑒》卷二三六）

公元806年（元和元年）

（十月），制割資、簡、陵、榮、昌、瀘六州隸東川。丙寅，以高崇文爲西川節度使。戊辰，以嚴礪爲東川節度使。

（《資治通鑒》卷二三七）

公元810年（元和五年）

【碑文】東山大像精舍何居士記

〔知〕□□□□□〔院試大理評事〕□□□□〔閬〕□□□□〔南〕□□□□□□□□□□□□□東山，松壽八十，□不□□□□□□□□孫。妻嚴氏，躬桑以供王稅。自言長在畎畝，儒釋道三教無所知解。曾依止大雲寺高僧德藏，以爲歸善之初。本家在今之所居對江之北岸，南瞰石壁，隱約有如仙狀。遂舍百年之業，手鑿巖巒，建成大佛。至於竹柏森羅，靈草珍樹，聳幹〔梢雲〕，日無〔所〕照。詢於鄰叟，皆曰：'何史不事農耕，手植所致困〔爾〕。'因僅二十餘載，不求聞達於鄉閭，雖業善釋宗，意畢所願而已，亦不因學而知之。然氣和貌古，詞簡理當，又自天授也。觀其處事，有吹萬齊物之見，有生知禮樂之規，能以〔蒙〕韜明，故得逾大公顯明之壽矣。雖州牧邑長□能揚群善者，歷若干歲，終不可得而聞也。余因退□多暇，郡太寧徐公知性好遊覽，謂余曰：'江之陽有精舍，可以永日。'〔遇〕一僧，法號義空，相導窮梵宇之右，歷觀大像，乃睹何居士之高躅。曳杖延客，踞磐石，飲飛泉，禮備意閑，語欲自若。非夫自慚鄙拙，力善專學，亦將罕及矣。其鄉梓，則郡之閬中邑安陽鄉里，祖、父備載版籍，以詞繁，遂略云爾。時元和夏五月二十日書。

（《碑中遺珠——閬中唐〈何居士記〉碑》）

據《中國典籍與文化》1992年3期劉文剛《碑中遺珠——閬中唐〈何居士記〉碑》此文介紹，該碑位於閬中四川省閬中市東南六里的東山山腰，碑文介紹了一位何居士隻身建造石佛之事，但文中未介紹石佛，據胡文和《四川道教佛教石窟藝術》一書中所引《輿地紀勝》卷一五八《利東路・閬中・景物上》中“福昌院”條下所記：“唐僧空政來卓錫，號曰雲庵。後有何叟望崖半有巨佛狀，即其處鑿石爲彌勒大像，傍有小佛六千。”依此看來，當爲彌勒像。從碑文所書年代來看，石佛當鐫造於元和年前，這證明至遲在中晚唐時期，開鑿大佛之風已流傳至嘉陵江流域。

公元811年（元和六年）

【造像記】（漶）右弟子□□元和六年三月（漶）養。

（《仁壽縣龍橋鄉唐代石窟造像》）

此題記位於仁壽縣龍橋鄉東4公里練武村的石佛溝造像2號龕右側壁上，内容爲阿彌陀佛與五十二聞法菩薩。

公元813年（元和八年）

【造像記】敬造四聖龕一所。右弟子李開敬造前件功德。□□妻何氏，男□□□□□元和八年六月十九日。

（《夾江新發現的唐代摩崖造像》）

據《四川文物》1988年2期周傑華《夾江新發現的唐代摩崖造像》一文介紹，此造像記位於新發現的“牛仙寺唐代摩崖造像”219號龕。這處新發現的唐代摩崖造像遺址位於夾江縣城北20公里的牛仙山牛仙寺遺址旁，當地人稱“佛耳岩”，夾江縣文管所將其定名爲“牛仙寺唐代摩崖造像”。由於部分造像在垮塌的岩石上，因此整處造像分爲五個部分，共254龕，造像2760余軀，紀年最早爲貞元三年(787年)，最晚爲咸通十五年(878年)，風格多與夾江千佛崖摩崖造像相近。據該文引《佛學大詞典》介紹，“四聖”乃是指阿彌陀佛、觀世音菩薩、大勢至菩薩、大海眾菩薩，這是較爲少見的組合。

公元818年(元和十三年)

【造像记】敬造卅二化僧伽和尚龕」惟元和十三季(漶)道士」趙紳清(漶)檀越等建造永爲供養(漶)」蘇伯南書平陽郡勾叔鐫(漶)。

(《巴蜀佛教雕刻藝術史》)

據《巴蜀佛教藝術雕刻史》中冊425頁記載，此題記位於安岳西禪寺(90年代龍台鎮絲廠背後約1公里的丘陵頂上)的一雙疊室龕的外龕左壁。龕中有32幅淺浮雕圖，用建築物隔開，每幅圖中有一頭戴披風，身著袈裟的形象，乃爲僧伽和尚，其頭頂上漂浮的祥雲中趺坐一菩薩像，可能表示其爲觀音菩薩化身。在《2009年中國重慶大足石刻國際學術研討會論文集》中收録有梅林、紀曉棠撰《難信“地藏菩薩説”，疑是僧伽變相窟——大足七拱橋第6號窟調查簡記》一文，文中認爲大足的七拱橋第6龕左右壁各18個小方框，共36個小方框，乃是僧伽三十六化，年代爲宋代，比安岳的三十二化雕鑿更晚，内容更豐富。

公元820年(元和十五年)

【造像記】右弟子杜漸及妻何氏造八部一龕功德，永爲供養。

(《夾江新發現的唐代摩崖造像》)

該文中言該龕造於元和十五年，但僅録有此一句銘文，筆者也只原樣録於此。雖然此龕被供養人稱爲“八部龕”，實際上正壁主像仍是一佛二菩薩二弟子，天龍八部排列於主像四周。

【造像記】此山峰千雲端回出塵表青翠松竹嶙峨真珉孝」求勝奇此最絶□命工刊琢成斯像焉可謂寶塔〔間〕」而現金身紅日□而毫相遠超證染浄兹爲本因專」誠者誰即此郡□鶴寺法師刊安並諸大德及士女等」願同契菩提永□道侶各烈其□記千古一祛之功也」……開元寺都維惟那〔聖〕□□羅□刻字/院玄僧少僧義□等□□□□」元和十五年春造兼南路界首像並粧慶畢永爲供養」。

（《邛峽磐陀寺和花置寺摩崖造像調查簡報》）

中間省略號處乃作者省去諸多捐資人姓名，可見原文於《成都考古發現》2003 年盧丁等撰《邛崃磐陀寺和花置寺摩崖造像调查简报》。磐陀寺造像位於西距邛崍约 5 公里的臨邛镇磐陀村花果山东面山坡上，此爲第 1 龕造像題記，主尊爲釋迦摩尼(手部經修補過，原手印已無考)，兩側爲普賢與文殊二菩薩，主尊臺座束腰處刻四壼門，每壼門内有樂伎一。同文中有記載邛崍臨邛鎮西北約 7 公里的花石山石窟造像第 6 龕有銘文：“大唐嘉定州邛縣花置寺新造無量諸佛石龕像記」……大唐貞元十四年歲戊寅朝議即□太子左賢善大夫前殿中禦史從侄馬宇撰高平徐清書」宋元祐丁卯二月八日住持僧(濾)古重刊」。”據筆者對銘文中歷史地理之查證，《新唐書・地理志》和《元和郡縣圖志》及《太平寰宇記》中，均無“嘉定州”及“邛縣”之記載，惟稱“嘉州”與“邛州”，《宋史》卷三七《寧宗本紀一》中記載：“(慶元元年十月)乙丑，陞秀州爲嘉興府，舒州爲安慶府，嘉州爲嘉定府，英州爲英德府”，以此觀之，唐及北宋元祐年間不會有“嘉定”此稱呼，南宋慶元年間嘉州才陞爲嘉定府，亦無“嘉定州”之稱。在《明史》卷四三《地理志四》中有記載：“邛州 元屬嘉定府路。洪武九年四月降爲縣，仍屬嘉定州。成化十九年二月復爲州，直隸布政司。……嘉定州 元嘉定府路。洪武四年爲府。九年四月降爲州，以州治龍遊縣省入，直隸布政司”，可見是在洪武初年至成化年間才有“嘉定州邛縣”之稱謂。而且遍查《舊唐書》《新唐書》及《唐六典》，均無“左賢善大夫”此勛職。筆者推定此碑即系明人假托宋僧之名所僞造。

公元 828 年(大和二年)

【题记】□□□爲□三菩薩」相□何□□□三□□□」□□□恭文□□□□□」□□王□□等三□□□」□感□□□□□□□□」太和二年三月二日表慶」。

(《綿陽龕窟——四川綿陽古代造像調查研究報告集》)

此題記位於綿陽魏城聖水寺第 5 龕下側，第 6 龕右側。兩龕内容均爲一主尊二脅侍。其中第 5 龕主尊左手彎肘上舉，似持有拂塵，右手置膝上，手心置圓形物。“太和”年號在三國至北魏多有此年號，甚至新羅和越南也有。但筆者認爲此乃是唐文宗時期的年號，《舊唐書》和《新唐書》中均書爲“大和”，但是有些石窟題記中寫成“太和”，此即爲一例。

公元 829 年(大和三年)

(十二月)己酉，以東川節度使郭釗爲西川節度使，兼權東川節度事。嵯顛自邛州引兵徑抵成都。庚戌，陷其外郭……南詔寇東川，入梓州西郭。……蠻留成都西郭十日，其始慰撫蜀人，市肆立堵。將行，乃大掠子女、百工數萬人及珍貨而去。蜀人恐懼，往往赴江，流屍塞江而下。嵯顛自爲軍殿，及大度水，嵯顛謂蜀人曰：“此南吾境也，聽汝哭别鄉國。”衆皆慟哭，赴水死者以千計。自是南詔工巧埒於蜀中。

(《資治通鑒》卷二四四)

在雲南省大理白族自治州西北部的劍川縣西南 25 公里處的石寶山上，有中國石窟中緯度最低的劍川石窟造像群。共有造像 17 龕，造像 139 軀，碑碣 5 通，各種題記 44 則，多爲佛教密宗題材及世俗統治者與僧人形象，開鑿時期爲南詔及大理國時期。其中最早紀年爲“天啟十一年七月廿五日”，南詔的“天啟十一年”或爲唐武宗會昌元年(公元841年)，或爲唐宣宗大中四年(公元850年)，正是距大和三年蜀地工匠入蠻之後不久。筆者認爲這或是個不可忽視的劍川石窟產生原因。

公元831年(大和五年)

(五月)丙辰，西川節度使李德裕奏遣使詣南詔索所掠百姓，得四千人而還。

(《資治通鑒》卷二四四)

公元833年(大和七年)

【造像記】利州都虞侯兼押衙楊宣敬造兩龕功德。大和七年四月一日記。

(《廣元觀音巖石窟調查記》)

此題記位於觀音巖43號龕與45號龕的隔梁上，爲兩龕共同的造像記。43號龕内容爲藥師、地藏、觀音，45號龕爲騎獅文殊。

公元845年(會昌五年)

夏四月，敕祠部檢括天下寺及僧尼人數。大凡寺四千六百，蘭若四萬，僧尼二十六萬五百。

(《資治通鑒》卷二四八)

蘭若，即梵語的阿蘭若，原意是“森林”，引申爲“寂静處”“遠離處”，後在漢人指爲寂静處規模較小的修行場所及寺廟。《大日經疏》曰：“阿練若，名爲意樂處，謂空寂行者所樂之處。或獨一無侶，或二三人，於寺外造限量小房。或施主爲造，或但居樹下空地，皆是也。”

（七月）上惡僧尼耗蠹天下，欲去之，道士趙歸真等復勸之。乃先毀山野招提、蘭若，至是，敕上都、東都兩街各留二寺，每寺留僧三十人；天下節度、觀察使治所及同、華、商、汝州各留一寺，分爲三等：上等留僧二十人，中等留十人，下等五人。餘僧及尼並大秦穆護、祆僧皆勒歸俗。寺非應留者，立期令所在毀撤，仍遣禦史分道督之。財貨田産並没官，寺材以葺公廨驛舍，銅像、鐘磬以鑄錢。

（《資治通鑒》卷二四八）

招提，本是梵語中“拓鬥提奢”，省作“拓提”，後誤爲“招提”。其意爲“四方”。四方之僧稱招提僧，四方僧之住處稱爲招提僧坊，後遂爲寺院的别稱。唐人王昌齡的《夜泊廬江聞故人在東林寺以詩寄之》中寫道：“聞君尋寂樂，清夜宿招提。”

（八月）壬午，詔陳釋教之弊，宣告中外。凡天下所毀寺四千六百餘區，歸俗僧尼二十六萬五百人，大秦穆護、祆僧二千餘人，毀招提、蘭若四萬餘區。收良田數千萬頃，奴婢十五萬人。所留僧皆隸主客，不隸祠部。百官奉表稱賀。尋又詔東都止留僧二十人，諸道留二十人者減其半，留十人者減三人，留五人者更不留。

（《資治通鑒》卷二四八）

《舊唐書》卷一八上《武宗本紀》載：“（會昌四年三月）以道士趙歸真爲左右街道門教授先生。時帝志學神仙，師歸真。歸真乘寵，每對，排毀釋氏，言非中國之教，蠹耗生靈，盡宜除去，帝頗信之。”其下文中載：“（五年）八月，制：朕聞三代已前，未嘗言佛，漢魏之後，像教寖興。是由季時，傳此異俗，因緣染習，蔓衍滋多。以至於蠹耗國風，而漸不覺；誘惑人意，而衆益迷。洎于九州山原，兩京城闕，僧徒日廣，佛寺日崇。勞人力於土木之功，奪人利於金寶之飾，遺君親於師資之際，違配偶於戒律之間。壞法害人，無逾此道。且一夫不田，有受其饑者；一婦不蠶，有受其寒者。今天下僧尼，不可勝數，皆待農而食，待蠶而衣。寺宇招提，莫知紀極，皆雲構藻飾，僭擬宫居。晉、宋、齊、梁，物力凋瘵，風俗澆詐，莫不由是而致也。況我高祖、太宗，以武定禍亂，以文理華夏，執此二柄，足以經邦，豈可以區區西方之教，與我抗衡哉！貞觀、開元，亦嘗釐革，刬除不盡，流衍轉滋。朕博覽前言，旁求輿議，弊之可革，斷在不疑。而中外誠臣，協予至意，條疏至當，宜在必行。懲千古之蠹源，成百王之典法，濟人利衆，予何讓焉。其天下所拆寺四千六百餘所，還俗僧尼二十六萬五百人，收充兩税户，拆招提、蘭若四萬餘所，收膏腴上田數千萬頃，收奴婢爲兩税户十五萬人。隸僧尼屬主客，顯明外國之教。勒大秦穆護、祆三千餘人還俗，不雜中華之風。於戲！前古未行，似將有待；及今盡去，豈謂無時。驅遊惰不業之徒，已踰十萬；廢丹雘無用之室，何啻億千。自此清净訓人，慕無爲之理；簡易齊政，成一俗之功。將使六合黔黎，同歸皇化。尚以革弊之始，日用不知，下制明廷，宜體予意。"此即唐武宗滅佛事，也稱"會昌佛難"。

公元 846 年(會昌六年)

初，天下僧、尼、道士、女官，皆隸鴻臚寺，武后延載元年，以僧、尼隸祠部。開元二十四年，道士、女官隸宗正寺，天寶二載，以道士隸司封。貞元四年，崇玄館罷大學士，後複置左右街大功德使、東都功德使、修功德使，總僧、尼之籍及功役。元和二年，以道士、女官隸左右街功德使。會昌二年，以僧、尼隸主客，太清宫置玄元館，亦有學士，至六年廢，而僧、尼復隸兩街功德使。

（《新唐書》卷四八《百官志三》）

【碑記】巴郡太守榮陽鄭公新建」天王記……會昌六年十二月廿二日記。

（《巴中石窟》）

此龕位於巴中南龕93號龕，爲毗沙門天王造像。毗沙門是佛教中守護北方的天王形象，亦稱多聞天王，由於在安西(都護府)、成都兩次現身救護唐軍，被唐人視爲戰神而崇拜。在四川地區石窟中的巴中南龕、夾江千佛崖、資中重龍山、安岳圓覺洞、大足北山、邛崍花置寺、榮縣羅漢洞等各處多有單獨雕刻的毗沙門天王像，有立像有坐像。大足北山佛灣的3號龕和5號龕即爲毗沙門天王造像，其中5號龕造像猶爲雄偉，應與1號龕韋君靖像雕刻於同一時期(晚唐)，因韋君靖建永昌寨聚合軍民，守護一方，《韋君靖碑》中亦載“卜築當鎮西北”，正是毗沙門天王所鎮方向。惜其像未有明確紀年，故附録於此。

其左側觀音像碑記中書“公夫人【彭城】劉氏同公來郡……乃立救苦觀音於毗沙左”。

(《巴中石窟》)

公元847年(大中元年)

閏三月，敕：“會昌季年，並省寺宇。雖云異方之教，無損致理之源。中國之人，久行其道，釐革過當，事體未弘。其靈山勝境、天下州府，應會昌五年四月所廢寺宇，有宿舊名僧，復能修創，一任住持，所司不得禁止。”

(《舊唐書》卷一八下《宣宗本紀》)

《通鑒》卷二四八載：“是時君、相務反會昌之政，故僧、尼之弊皆復其舊。”

公元851年(大中五年)

【造像記】……」……」……彌勒……」……」……平安……」〔唐〕大中五年五月癸酉□日……」〔永〕爲供養□此□□」

(《蒲江縣雞公樹山摩崖石刻造像調查簡報》)

此題記見於《成都考古發現》2004 年夏暉等人所撰《蒲江雞公樹山摩崖石刻造像調查簡報》一文，位於距蒲江縣城東北 16 公里處的長秋鄉雞公樹山摩崖石刻第 15 龕外龕右壁，現存 7 行，漫漶不清。造像内容爲彌勒下生經變。據《四川文物》1993 年 4 期龍騰《蒲江縣長秋鄉雞公樹山隋唐摩崖造像》一文中，將此龕編爲第 17 龕，認爲此龕背障裝飾與大足北山第 12 龕形制相同。

（六月）進士孫樵上言："百姓男耕女織，不自温飽，而群僧安坐華屋，美衣精饌，率以十户不能養一僧。武宗憤其然，發十七萬僧，是天下一百七十萬户始得蘇息也。陛下即位以來，修復廢寺，天下斧斤之聲至今不絶，度僧幾復其舊矣。陛下縱不能如武宗除積弊，奈何興之於已廢乎！日者陛下欲修國東門，諫官上言，遽爲罷役。今所複之寺，豈若東門之急乎？所役之功，豈右東門之勞乎？願早降明詔，僧未復者勿復，寺未修者勿修，庶幾百姓猶得以息肩也。"

秋，七月，中書門下奏："陛下崇奉釋氏，群下莫不奔走，恐財力有所不逮，因之生事擾人，望委所在長吏量加撙節。所度僧亦委選擇有行業者，若容凶粗之人，則更非敬道也。鄉村佛舍，請罷兵日修。"從之。

冬，十月，乙卯，中書門下奏："今邊事已息，而州府諸寺尚未畢功，望且令成之。其大縣遠於州府者，聽置一寺，其鄉村毋得更置佛舍。"從之。

（《資治通鑒》卷二四九）

公元 852 年（大中六年）

九月，獠寇昌、資二州。

（《新唐書》卷八《宣宗本紀》）

十二月，中書門下奏："度僧不精，則戒法墮壞；造寺無節，則損費過多，請自今諸州准元敕許置寺外，有勝地靈跡許修復，繁會之縣許置一院。嚴禁私度僧、尼。若官度僧、尼有闕，則擇人補之，仍申祠部給牒。其欲遠遊尋師者，須有本州公驗”。從之。

(《資治通鑒》卷二四九)

西元 854 年(大中八年)

【造像記】敬造地藏菩薩一身弟子寂方簡□右女弟子王氏女十三娘同發願敬造前佛功德闔家平安大中八年十月二日題。

(《資中重龍山摩崖造像内容總録》)

此造像記位於資中重龍山第 90 龕左壁。資中重龍山位於四川省内江市資中縣城(沱江流域)東北一里的重龍山麓，摩崖造像又稱“北巖”造像，現存造像 1600 餘身，共編號 162 龕。

公元 855 年(大中九年)

【造像記】十二光佛……」……」……」……」……」……」爲亡……造」大中九年十月十日……」

(《蒲江縣雞公樹山摩崖石刻造像調查簡報》)

此題刻見於《蒲江雞公樹山摩崖石刻造像調查簡報》一文，位於長秋鄉雞公樹山摩崖石刻第 9 龕外龕右壁，現存 8 行，漫漶不清。造像内容爲“十二光佛”與“四大天王”，每像側多有題名，但難辨識。據《四川文物》1993 年 4 期龍騰《蒲江縣長秋鄉雞公樹山隋唐摩崖造像》一文中，將此龕編爲第 14 龕，并以第一排(最上)5 尊爲無量光佛、無邊光佛、無礙光佛、無對光佛、焰王光佛，第二排 4 尊爲清净光佛、歡喜光佛、智慧光佛、不斷光佛，第三排(最下)3 尊爲難思光佛、無稱光佛、超日月光佛。大足石刻中也有此類造像，見“永樂元年”條。

公元857年(大中十一年)

【銘文】長生保命天尊象贊並序

前劍州刺史賜紫金魚袋鄭圖□。上玄之道，進退我生。雖厥攸莫，亦厥攸修。修之於何哉？莫□之主也。主之何乎？蓮含華也！斯實端本。怕地起源，訣要克□中達。上過，蘸。則予寶之人，清河崔氏之女也。能堅厥志，思徹□異，明玄以通照希。正月十六日，聖降以錫祈。因夫典是州，暇晨蓮陟，于是岫徊覽其所，乃靈仙之窟宅在焉。前鐫於坻厥眾矣。爰捨華麗之服，以命石工。雕長生保命天尊象一軀，以承我福，以清我躬，遂題贊日：崇厥靈尊，其號保命，綿綿億祀，天齊地慶。求精志卓，我業載定；克彌己心，受祐靡競。

聖唐大中十一年丁丑歲五月功畢。

檢校官、駈使官、□□官□兄隨駈使官閻會書。匠王少從鐫贊文，十日畢。

(《四川劍閣鶴鳴山道教石刻》)

此銘文位於劍閣鶴鳴山道教造像群4號龕外右側石壁上。據毋學勇文章介紹，鶴鳴山位於劍閣城東3里處，現存有道教石窟18龕，全爲唐代造像。值得一提的是，此處還有李商隱撰《劍州重陽亭銘並序》碑，以及宋紹熙年間翻刻顔真卿所書的《大唐中興頌有序》碑，合稱爲“鶴鳴山三絶”。筆者録入此文時，將原文中斷句及個別字有所改動，望原作者見諒，並請讀者自行甄別。文中“正月十六日，聖降以錫祈”之事，或是指《舊唐書》卷一八下《宣宗本紀》中所載之事：“(十一年正月，)先是，車駕將幸華清宫，兩省官進狀論奏，詔曰：‘朕以驪山近宫，真聖廟貌，未嘗修謁，白謂闕然。今屬陽和氣清，中外事簡，聽政之暇，或議一行。蓋崇禮敬之心，非以逸遊爲事。’”

【造像記】大中廿一年六月十三日功畢齋户等造永爲供養。

(《四川夾江千佛巖造像》)

據《文物參考資料》1958年4期曹恒鈞《四川夾江千佛巖造像》一文中所述，該造像題記位於夾江千佛巖第63龕，造像内容内龕爲一佛二菩薩二弟子，外龕有二力士及二臥獅。然“大中”年號只有十三年，何來“廿一年”？疑爲作者錯録或筆誤，筆者認爲“大中十一年”較爲恰當。另，該處第62龕中刻有“大中十三年”，第78號龕中刻有“大曆十一年”字様。據《夾江千佛巖—四川夾江千佛巖古代摩崖造像考古調查報告》一書中記録，此數龕現均殘失。

公元858年(大中十二年)

【造像記】敬造師琉璃光佛一身並藥王藥上一完右弟子羅元靖願惡節患疢除退及家口平安。大中十二年閏二月八日□□過畢弟子供養。

(《資中重龍山摩崖造像内容總録》)

此造像記位於資中重龍山第100龕左壁。

公元859年(咸通元年)

【造像記】□□阿彌陀佛□□□□□□□□造地藏菩薩一身」□爲過往光祖考妣敬造□□□佛一身」彌勒尊佛一身並二菩薩迦葉阿難十方佛□□身」□在太原乃以太和正初留當郡受任縣□(漶)兹邑水陸(漶)藍遭於會昌沙」(漶)咸通歲初方□難草(漶)。

(《巴蜀佛教雕刻藝術史》)

庵堂寺摩崖石刻造像群位於安岳縣城東南38公里的林鳳鎮新壩村二社唐家坡山腰，刻於一突出巨石上。據《巴蜀佛教雕刻藝術史》下冊132頁記載，此造像記位於庵堂寺第7龕，内刻彌勒、釋迦、阿彌陀佛、阿難、迦葉、觀音、大勢至菩薩等。因題記爲“咸通歲初”，本書作者暫將其作爲“咸通元年”。庵堂寺中有多處記有年代之題記，此爲最早。

公元 864 年(咸通五年)

【造像記】閬州司倉參軍蕭遠敬造此(漶)行資州録事參軍李開(漶)咸通五年七月廿三日弟子奉義(漶)。

(《資中重龍山摩崖造像内容總録》)

此造像記位於資中重龍山第 54 龕，造像内容爲一比丘弟子。

【造像記】……之路賴我聖唐御(漶)」於寰中度僧尼而溢於(漶)」縣令趙公爲官司清儉百里」□許奉上心切與佛緣深(漶)」□佛龕一所言千佛(漶)」□既不越成住壞空□之劫也(漶)」□□内已有四佛出(漶)」釋迦文佛也如上四佛(漶)」□九百九十六(漶)」相次出與世也謹案(漶)」留蹤□後成佛名百□□□祭(漶)」千佛聖容雕鐫既就(漶)」從此人人瞻禮福集……咸通五年十月廿六日造」□□施主宣義郎行合州赤水縣趙行□□□」院主禪大德(漶)。

(《重慶龍多山石窟調查簡報》)

據中國古跡遺址保護協會石窟專業委員會、龍門石窟研究院編《石窟寺研究》2014 年第 5 輯中符永利、蔣曉春等撰《重慶龍多山石窟調查簡報》一文中所編號，該題記位於重慶合川區西北約 60 公里的龍鳳鎮龍多山田灣 K-2 號龕主龕下部。該龕爲千佛造像，正壁中間主像爲一較大龕，浮雕在其周圍有横 16 行、縱 66 列的千佛小龕(共計約 1021 個)。該題記現已多不可辨識，此爲 20 世紀 80 年代資料。龍多山位於合川區、潼南縣、武勝縣交界處，爲川中佛教、道教名山，自西晉就有宗教活動，唐宋時期香火鼎盛，至今存有多處遺跡。正德《四川志》卷三三《文詞・重慶府》中録有唐人孫譙的《龍多山賦》，其中有“蘭薄仙臺標異業，石負起屹與山别”之句。

公元 865 年(咸通六年)

【造像記】敬造北方天王一軀弟子當州都虞侯馮元慶願闔家大小平安咸通六年四月十八日(漶)畢。

(《資中重龍山摩崖造像内容總録》)

此造像記位於資中重龍山第 49 龕右側，其旁的第 48 龕與第 50 龕皆爲同樣題材。與大足北山第 3 龕和第 5 龕的毗沙門天王像相同，此龕天王亦是牛角形背光。

【造像記】攝令□赤水縣主簿將仕郎試太常寺奉禮郎薛敬遠咸通五年十月廿六日蒙尚書冉差攝其年十一月十二日到縣發心造此彌勒佛一龕愿□□平安咸通六年四月廿二日畢永爲供養□□□□黨樊氏□□□□□兒。

(《重慶龍多山石窟調查簡報》)

此題記與上則咸通五年之題記位於同龕，存於千佛龕左壁上部，編號 K2-2。結合此兩則題記及 K2-4 之僅存題記文字“阿彌陀佛一龕”來看，千佛龕造像的主尊當爲釋迦牟尼、彌勒佛、阿彌陀佛之組合。

公元 871 年(咸通十二年)

綿陽西山觀孫靈諷造像記上石。造像記位於在四川綿陽玉女泉造像群中的子雲亭下，有碑文如此：“三洞真一道士孫靈諷當州紫□宫梵獻兼神仙雲觀」一壇各願合平安永爲供養」(漶)聲猶如獨□願結一社用答恩〔諸靈泉〕」敬造天尊老君一鋪以咸通拾貳年歲次辛卯三月十一日修黄録齋兩中三夜表慶畢」專主社務兼書人景好古」三洞尊一道士孫靈諷」洞玄道士張(漶)。”

(《巴蜀道教碑文集成》)

據1956年12期《文物參考資料》中曹恒鈞在《四川榮縣與綿陽的石刻造像》一文中所録碑文，與此差異較大，如“諸靈泉”三字在《碑文集成》中所無。筆者未見拓本，姑録於此。

【題記】咸通十二年五月二日(漶)。

(《巴蜀道教佛教石窟藝術》)

此題記位於巴中市巴中區清江鎮水寧村水寧寺造像第9龕左壁，墨書題寫。造像内容爲釋迦、迦葉、阿難、觀音、大勢至菩薩、天龍八部、天王以及力士等，該處造像大多數爲此題材，且全部爲唐代造像，精美絶倫。水寧寺的造像中僅有兩處有紀年，龕上排水溝邊還有一處“至道三年”的題刻殘文。

公元872年(咸通十三年)

以前大理正萬俟鎔爲國子司業，前興元少尹馮彭爲普州刺史，前大理正陽琯爲昌州刺史。

(《舊唐書》卷一九上《懿宗本紀》)

公元873年(咸通十四年)

【造像記】朝議大夫守劍州刺史上柱國賜紫金魚袋李諷|咸通十四年二月十五日挈家赴郡|捨錢五千文修當陽佛一龕|同州參軍珂鄉貢進士瑶鄉貢進士璨從行。

(《廣元石窟》)

此銘文位於廣元千佛崖第512窟(俗稱大雲古洞)附9號龕内側。據《唐會要》卷四八《議釋教下》記載，“天授元年十月二十九日，兩京及天下諸州，各置大雲寺一所”，大雲古洞名稱來歷應與此有關。

【造像記】救苦觀世音菩薩(漶)弟子攝州録事參軍節(漶)去年

三月九日到(漶)匡持眾務自以耿(漶)仰祈陰□下(漶)公及當州使君造二大聖人(漶)至其年十月十七日(漶)咸通十四年歲次癸巳二月八日記。

(《資中重龍山摩崖造像内容總録》)

此造像記位於資中重龍山第43龕。

(三月)庚午，詔兩街僧於鳳翔法門寺迎佛骨，是日天雨黄土遍地。

四月八日，佛骨至京，自開遠門達安福門，彩棚夾道，念佛之音震地。上登安福門迎禮之，迎入内道場三日，出於京城諸寺。士女雲合，威儀盛飾，古無其比。制曰："朕以寡德，纘承鴻業，十有四年。頃屬寇倡狂，王師未息。朕憂勤在位，愛育生靈，遂乃尊崇釋教，至重玄門，迎請真身，爲萬姓祈福。今觀睹之眾，隘塞路歧。載念狴牢，寢興在慮，嗟我黎人，陷於刑辟。況漸當暑毒，系於縲絏，或積幽凝滯，有傷和氣，或關連追擾，有妨農務。京畿及天下州府見禁囚徒，除十惡忤逆、故意殺人、官典犯贓、合造毒藥、放火持仗、開發墳墓外，餘罪輕重節級遞減一等。其京城軍鎮，限兩日内疏理訖聞奏；天下州府，敕到三日内疏理聞奏。"

(《舊唐書》卷一九上《懿宗本紀》)

【造像記】敬造阿弥陀佛一身觀音菩薩一身亡兄敬咸通十四年十月十七日過畢永□供養。

(《資中重龍山摩崖造像内容總録》)

此造像記位於資中重龍山第8龕，阿彌陀佛與觀音組合頗爲獨特。

公元859—873年(咸通元年至十五年)

【題記】裝如意輪□□左右天王……護咸通……

(《巴中石窟》)

此題記位於巴中南龕，編號第16龕外左壁，另，右壁有一行妝彩記："涼商童此年裝彩。"該龕造像内容爲如意輪觀音。據雷玉華在該書中介紹，如意輪觀音像在巴中石窟中僅見此一龕，造像時間應爲八世紀下半葉至九世紀上半葉間。在四川省安岳縣長河源鄉的石螺溝造像群中，也有數龕題記爲"咸通××年"的佛教造像，字跡清晰，保存完好。

演教院碑"在昌州舊基院有斷碑載唐咸通歲縣令唐允中"。

（《輿地紀勝》卷一六一《潼川府路·昌州·大足縣·碑記》）

公元873年(咸通十五年)

【造像記】時以咸通十五年二月十五日切墨(漶)都勾當鐫西方龕頭(漶)右弟子李開奇(漶)時至六月□□功成。

（《夾江新發現的唐代摩崖造像》）

該造像記位於夾江"牛仙寺唐代摩崖造像"220號龕題記上半部，下半部已毁，内容爲西方净土變造像，全龕共鐫造像126尊，樓閣、寶塔等建築8座；同樣的該處摩崖中11號龕也爲内容相同之造像，但規模更大，人物與建筑更多，共刻造像248軀，這兩龕題材與大足北山245號龕的"西方净土變"相類。更值得注意的是，題記中記載了建造過程與時間，對於研究石窟造像的工程過程與成本有較高價值。

公元875年(乾符二年)

【造像記】弟子宣節校尉行東川榮州□□□將趙□願合宅平安造大悲完□□功畢時以乾符二年四月一日設齋慶過了。

（《資中重龍山摩崖造像内容總録》）

此題記位於資中重龍山第40龕。

公元877年(乾符四年)

【造像記】朝散郎守化成縣令趙薦凡爲自身疾苦發願敬鐫北方大聖毗沙門天王一軀今已成就乾符四年四月八日修齋表贊訖永爲供養。

(《巴中石窟》)

該題記位於巴中南龕65號龕毗沙門天王造像龕外右側。

【題記】"乾符四年四月十二日鐫石人趙行同並□飯人辛目記"。

(《巴中石窟》)

該題記位於巴中南龕103號窟左壁，爲菩提瑞造像。在四川地區的石刻中，有多處菩提瑞造像，分佈於蒲江飛仙閣與漏米石、廣元千佛崖、巴中西龕與南龕、邛崍石荀山等處，具體可見雷玉華、王劍平發表於《四川文物》2004年1期的《試論四川的"菩提瑞像"》一文。大足北山佛灣的12號窟也爲菩提瑞造像，以北山石刻開鑿年代估測，此題刻時間最與大足北山相接近。

【造像記】敬造彌勒大像一〔軀〕

竊聞大像出現與日月之同明生□……太乾符四年十月二日造佛舍俗□……

(《綿陽龕窟——四川綿陽古代造像調查研究報告集》)

綿陽市距魏城鎮2公里的北山山頂北山院，因院内山崖上刻有彌勒大佛一身，故又稱"大佛寺"。此題記位於北山院第Ⅰ區2號龕右側，3號龕左側，題記之下部巖石已斷裂，字不可識。從銘文中"造彌勒大像一〔驅〕"，明顯是彌勒下生信仰。

公元880年(廣明元年)

三月，庚午，以左金吾大將軍陳敬瑄爲西川節度使。敬瑄，許州人，田令孜之兄也。初，崔安潛鎮許昌，令孜爲敬瑄求兵馬使，安潛不許。敬瑄因令孜得録左神策軍，數歲，累遷至大將軍。令孜見關東群盜日熾，陰爲幸蜀之計，奏以敬瑄及其腹心左神策大將軍楊師立、牛勖、羅元杲鎮三川，上令四人擊球賭三川，敬瑄得第一籌，即以爲西川節度使，代安潛。

（《資治通鑑》卷二五三）

【造像記】□□□廣明元年十月十五日袁□□」□□□翰願合家平安」敬造救苦觀世音菩薩一身。

【造像記】敬造觀世音菩薩□□」右弟子王法慶爲見存□」春廣明元年十一月十五日袁□□。

（《綿陽龕窟——四川綿陽古代造像調查研究報告集》）

此題記位於綿陽市青義鎮的千佛崖（1990年因計劃修建的綿江公路將橫穿造像所在山體，乃將造像所在崖面整體切割，搬遷至綿陽碧水寺内的山崖上）16號龕龕楣右側，上一條題記乃是位於13號龕的龕楣右側。

（十一月）丙子，（黄巢軍）攻潼關，守關諸將望風自潰。十二月庚辰朔。辛巳，賊據潼關。時左軍中尉田令孜專政，宰相盧攜曲事之，相與誤謀，以至傾敗。……是日（甲申），上與諸王、妃、後數百騎，自子城由含光殿金光門出幸山南，文武百官僚不之知，並無從行者，京城晏然。是日晡晚，賊入京城，時右驍衛大將張直方率武官十余迎黄巢於坡頭。

（《舊唐書》卷一九下《僖宗本紀》）

陳敬瑄聞車駕出幸，遣步騎三千奉迎，表請幸成都。時從兵浸多，興元儲偫不豐，田令孜亦勸上。上從之。

（《資治通鑑》卷二五四）

【造像記】於□□□建置北山院（漶）」報□□□古趙託於何道（漶）」阿彌□經雋鑿一石龕（漶）」心同□□十念往生僧（漶）」成就

□有布施文齋至鑿(漶)」乾符七年十二月十四日(漶)。

(《綿陽龕窟——四川綿陽古代造像調查研究報告集》)

此造像記位於綿陽北山院第5龕右側，題記下方石壁殘失。造像内容被改動和重鑿過，主尊僅存三華蓋。此題記應是記載北山院修建的歷程，紀年爲“乾符七年”，實際上，乾符只有六年，《新唐書》卷九《僖宗本紀》中載：“廣明元年(即“乾符七年”，筆者注)正月乙卯，改元。”因此，從正統觀念上來講，是不會有“乾符七年十二月”之類記事的，但是此類記載也并非少見，《隋唐五代墓志匯編》北京卷第二冊中《茹府君墓志銘》中有：“以乾符七年歲在庚子正月乙卯朔七日辛酉奉遷府君於幽都縣劉□□，禮也。”《全唐文》卷八二九林嵩作《周朴诗集序》中言：“乾符七年，閩城殞賊。”以上下文歷史事件看來，黄巢入長安，導致了中原王朝與各地信息交通的斷絶，遠離關中的地區所以有此誤。但是僖宗入蜀，蜀地當不致有此誤，況且同年的兩條綿陽地區青義鎮千佛崖的題記中正確記作“廣明元年”，筆者也未思得緣故。

公元881年(廣明二年，中和元年)

春，正月，(僖宗)車駕發興元。……敬瑄迎謁于鹿頭關。辛未，上至綿州，東川節度使楊師立謁見。……丁丑，車駕至成都，館於府舍。

(《資治通鑒》卷二五四)

《舊唐書》卷一九下《僖宗本紀》中載爲：“中和元年春正月庚戌朔，車駕在興元。……七月丁未朔。乙卯，車駕至西蜀。丁巳，御成都府廨”。《新唐書》卷九《僖宗本紀》載：“(正月)丁丑，次成都。二月己卯，赦劍南三川。”《新唐書》與《通鑒》皆言正月車駕抵成都，唯《舊唐書》言七月抵成都，以道路里程和情勢危急來看，不可能呆在路途六個月之久。

（三月）甲子，（劉）畋傳檄天下藩鎮，合兵討賊。時天子在蜀，詔令不通，天下謂朝廷不能復振，及得畋檄，争發兵應之。

（《資治通鑒》卷二五四）

據龍顯昭主編的《巴蜀佛教碑文集成》中收録的《壁州新建山寺記》中載："帝念陽首舉義旅，檄天下誅拉巢賊，勤王之眾雲集京師，惟畋有功……"映證了此段史實。另，巴中南龕《唐張禕南龕題名記》中書："聖上西巡之辰，余自金門飛騎追扈大駕，中途隔，煙塵遁跡。及中秋，方達行在。"其稱蜀道已經梗阻。然《通鑒》中載自三月後，"群臣追從車駕者稍稍集成都，南北司朝者近二百人。諸道及四夷貢獻不絶，蜀中府庫充實，與京師無異。賞賜不乏，士卒欣悦"。張禕之説似與《通鑒》相忤。

七月丁巳，大赦，改元。庚申，翰林學士承旨、兵部侍郎韋昭度同中書門下平章事。

（《新唐書》卷九《僖宗本紀》）

【造像記】（漶）遇賊（漶）」氏（漶）平造（漶）」此（漶）鉅設齋表慶佛中和元年十月（漶）」□將（漶）將領（漶）」量（漶）佛（漶）。

（《綿陽龕窟—四川綿陽古代造像調查研究報告集》）

此題記位於綿陽北山院造像第Ⅱ區13號龕龕門左側。題記中有"佛"字，造像爲一高髮髻菩薩坐像，雙手於胸前托覆一圓形物，左手在下，右手在上，手心相對。

公元882年（中和二年）

賊帥韓秀昇、屈行從起兵，斷峽江路。癸丑，陳敬瑄遣押牙莊夢蝶將二千人討之，又遣押牙胡弘略將千人繼之。

（二月）峽路招討指揮使莊夢蝶爲韓秀昇、屈行從所敗，退保忠州，應援使胡弘略戰亦不利。江、淮貢賦皆爲賊所阻，百官無倖。雲安、淯井路不通，民間乏鹽。陳敬瑄奏以眉州防御使高仁厚爲西川行軍司馬，將三千兵討之。

(三月)莊夢蝶與韓秀昇、屈行從戰，又敗。其敗兵紛紜還走，所在慰諭，不可遏。遇高仁厚於路，叱之，即止。仁厚斬都虞候一人，更令修娖部伍。乃召耆老，詢以山川蹊徑及賊寨所據，喜曰："賊精兵盡在舟中，使老弱守寨，資糧皆在寨中，此所謂重戰輕防，其敗必矣!"乃揚兵江上，爲欲涉之狀。賊晝夜御備，遣兵挑戰，仁厚不與交兵，潛發勇士千人執兵負鎬，夜，由間道攻其寨，且焚之。賊望見，分兵往救之不及，資糧蕩盡，眾心已摇。仁厚復募善游者鑿其舟底，相繼皆沉，賊往來惶惑，不能相救，仁厚遣兵於要路邀擊，且招之，賊眾皆降。秀陞、行從見眾潰，揮劍亂斫，欲止之，眾愈怒，共執二人詣仁厚。……夏，四月，庚子，獻於行在，斬之。

(《資治通鑒》卷二五五)

大足北山2號龕的"韋君靖碑"，叙述韋君靖自乾符年間至乾寧二年在西川和東川的事蹟。碑文中記："韓秀昇悖亂黔峽，侵軼巴渝，公乃統率義軍，討除逆黨。值秀陞盡拋舟楫，圍逼郡城，公乃詳度機宜，上下攔截，依山排陣，背水布兵，兩面夾攻，齊心剪撲，賊勢力大敗，我武益揚。"此碑中所述與《通鑒》及正史中頗有不同。結合碑中前文記叙"公睹茲遐僻，人不聊生，遂合集義軍，招安户口，抑强撫弱，務織勸農，足食足兵，以煞去煞"。以及碑中後文所敘"渝牧田公備録奏聞，乃進忠節檢校御史大夫，除拜普州刺史"，以此觀之，韋君靖以前應只是地方領袖，並未除官，在剿滅韓秀昇的戰鬥中，因爲率義兵相助官軍，才得以授官而步入仕途。加以活動時間比較短暫，所以正史中無載。

【題記】新授朝散大夫巴州化城令」王何廣明二年十月左藏簿」知鴻臚主簿除奉國令」罹亂前七日挈家出京到」官五月遭替中和二年三月赴行在蒙」聖帝鑒屈除官賜章綬」五月赴使參謝經此院」獲骨肉平善相隨重建」此功德時中和二年五月吉」日題記。

(《廣元石窟内容總録千佛崖卷》)

此題記位於廣元千佛崖251-1號小龕，敘述了黄巢之亂唐朝廷入蜀之事。造像内容爲一觀音像，挽扇形髮髻，髮辮批肩，頸上有三道肉線紋，無瓔珞，鼓腹扭腰，露腹部肌肉。似男非女。在《廣元千佛崖石窟調查記》一文中，言此銘文是“大雲洞路北龕群上方一龕，外方内圓，後部窄壇上鑿一鋪三立佛二弟子二菩薩七尊像”的龕下方題記，似誤。

公元883年(中和三年)

三月丁卯朔。壬申，沙陀軍與賊將趙章、尚讓戰於成店，賊軍大敗，追奔至良天坡，横屍三十里；王重榮築屍爲京觀。四月丁酉朔。庚子，沙陀、忠武、義成、義武等軍趨長安，賊悉眾拒之於渭橋，大敗而還；李克用乘勝追之。己卯，黄巢收其殘眾，由藍田關而遁。庚辰，收復京城。

(《舊唐書》卷一九下《僖宗本紀》)

(六月)加東川節度使楊師立同平章事。

(《資治通鑒》卷二五五)

公元884年(中和四年)

三月甲子，劍南東川節度副大使楊師立反，西川節度使陳敬瑄爲西川、東川、山南西道都指揮招討使。

(《新唐書》卷九《僖宗本紀》)

《資治通鑒》卷二五五載：“東川節度使楊師立以陳敬瑄兄弟權寵之盛，心不能平。敬瑄之遣高仁厚討韓秀昇也，語之曰：‘成功而還，當奏天子，以東川相賞。’師立聞之，怒曰：‘彼此列籓，而遽以我疆土許人，是無天地也！’田令孜恐其爲亂，因其不發兵遏，徵師立爲右僕射。……楊師立得詔書，怒，不受代，殺官告使及監軍使，舉兵，以討陳敬瑄爲名，大將有諫者輒殺之，進屯涪城，遣其將郝蠲襲綿州，不克。丙午，以陳敬瑄爲西川、東川、山南西道都指揮、招討、安撫、處置等使。三月，甲子，楊師立移檄行在百官及諸道將吏士庶，數陳敬瑄十罪，自言集本道將士、八州壇丁共十五萬人，長驅問罪。詔削師立官爵，以眉州防御使高仁厚爲東川留後，將兵五千討之，以西川押牙楊茂言爲行軍副使。"《巴蜀佛教碑文集成》中載巴中南龕中和四年《唐張禕南龕題名記》中書"行次亦遇軍變，乃間道俟通於兹郡□"，認爲張禕即是爲唐僖宗回鑾而先行查探，中途遇楊師立兵變而改道至巴州(今巴中)。

(五月)癸酉，高仁厚爲劍南東川節度使以討楊師立。

七月辛酉，楊師立伏誅。壬午，黄巢伏誅。

(《新唐書》卷九《僖宗本紀》)

九月，山南西道節度使鹿晏弘爲禁軍所討，棄城擁衆東出襄、鄧，大掠許州。晏弘大將王建、韓建、張造、晉暉、李師泰各率本軍歸朝，田令孜以建等楊複光故將，薄之，皆授諸衛將軍，惟以王建爲壁州刺史。

十二月丁亥朔，大明宫留守、權知京兆尹、御史大夫、京畿制置等使王徽與留司百官上表，請車駕還宫。詔以來年正月還京。

(《舊唐書》卷一九下《僖宗本紀》)

公元885年(中和五年，光啟元年)

(正月)己卯，車駕發成都，陳敬瑄送至漢州而還。

(《資治通鑒》卷二五六)

【造像記】"敬造水月觀音菩薩一身」並及須菩提弟子王宗建」敬造中和五年二月廿三日」設齋表慶了"。

(《綿陽龕窟—四川綿陽古代造像調查研究報告集》)

此造像記位於綿陽魏城聖水寺7號龕右側龕壁(上有淺浮雕一小龕，編號7-1)。據《舊唐書》卷一九下《僖宗本紀》載："三月丙辰朔。丁卯，車駕至京師。己巳，御宣政殿，大赦，改元光啟"，此題記中記爲"中和五年二月"，此時還未改元。在此題記左側，還有一則題記："右女弟子王五娘之父再在此|功德廣政三年三月廿七日表|讚記。"似是妝修記。據該調查研究報告指出，此水月觀音造像乃是目前發現四川地區最早的有明確唐代紀年的水月觀音像，與長安地區中晚唐時期流行的樣式極爲相似，爲研究晚唐時期四川地區此類題材造像的重要資料。

(十一月)乙亥，沙陀逼京师，田令孜奉僖宗出幸凤翔。

(《舊唐書》卷一九下《僖宗本紀》)

光啟元年(昌州)徙治大足。

(《新唐書》卷四二《地理志六》)

公元886年(光啟二年)

陳敬瑄疑東川節度使高仁厚，欲去之。遂州刺史鄭君立起兵攻陷漢州，進向成都。敬瑄遣其將李順之逆戰，君立敗死。敬瑄又發維、茂羌軍擊仁厚，殺之。

(《資治通鑒》卷二五六)

公元887年(光啟三年)

(二月，王建)召募溪洞酋豪，有眾八千，沿嘉陵江而下，襲閬州，逐其刺史楊茂實而據之，自稱防御使，招納亡命，軍勢益盛，守亮不能制。……建既據閬州，彥朗畏其侵暴，數遣使問遺，饋以軍食，建由是不犯東川。

(《資治通鑒》卷二五六)

公元888年(文德元年)

(三月)，王建攻彭州，陳敬瑄救之，乃去。建大掠西川，十二州皆被其患。

(《資治通鑒》卷二五七)

相對於西川，東川地區當時還未受害過大，《舊五代史》卷一三六《僭僞列傳三》中載："東川節度使顧彦朗，初于關輔破賊時與建(王)相聞，每使人勞問，分貨幣軍食以給之，故建不侵梓、遂。"

大足"韋君靖碑"敘載："公睹以江濤未息，雲陣猶横，常厚脅驅，左綿戴實，奔沖遂府。使牒呼逼，邊檄征行。然則士馬雖精，其如城栅未固。"所述雖有托詞，但當時環境狀況也大致如此，兩川動擾，西川殘破，韋君靖所以辭官，概是欲得一方之土，以爲資實。所以在大足城外龍崗山建永昌寨，招募軍民，以保守一方。初，王建應田令孜之召詣梓州見顧彦郎，曰："因見陳太師，求一大州，若得之，私願足矣!"應是當時割據軍閥心態的真實反映。

公元889年(龍紀元年)

(正月)戊申，王建大破山行章於新繁，殺獲近萬人，行章僅以身免。楊晟懼，徙屯三交，行章屯濛陽，與建相持。

(十二月)壬申，行章請降於建。

(《資治通鑒》卷二五八)

公元891年(大順二年)

【造像記】敬镌造释迦牟尼□□完壹所右弟子张景嶙□□□前件功德□表庆□□□大顺二年四月。

(《資中重龍山摩崖造像内容總録》)

此龕造像位於資中重龍山 19 號龕。釋迦牟尼像上部刻天宫樓閣，下刻平臺、勾欄、踏步，兩側十諸天、六天將、二力士、二菩薩，供養人像凡 16 身。

韋昭度將諸道兵十餘萬討陳敬瑄，三年不能克，饋運不繼，朝議欲息兵。三月，乙亥，制復敬瑄官爵，令顧彦朗、王建各帥衆歸鎮。

(八月，辛丑)是夕，令孜自攜西川印節詣(王)建營授之，將士皆呼萬歲。建泣謝，請複爲父子如初。……壬寅，敬瑄開城迎建。……癸卯，建入城，自稱西川留後。

(十月)癸未，以永平節度使王建爲西川節度使；甲申，廢永平軍。建既得西川，留心政事，容納直言，好施樂士，用人各盡其才，謙恭儉素；然多忌好殺，諸將有功名者，多因事誅之。

(《資治通鑒》卷二五九)

公元 892 年(景福元年)

【題記】石匠張文進石匠趙敬簡景福元年。

(《四川五代石刻考察記》)

據 1994 年巴蜀書社出版、成都王建墓博物館所編《前後蜀的歷史與文化——前後蜀歷史與文化學術討論會論文集》中尹建華、曾如實所撰《四川五代石刻考察記》一文介紹，此題記位於通江縣趙巧崖 1 號龕内左壁。造像内容爲毗沙門天王，像高 4.7 米(頭殘)，其尺寸爲晚唐時期四川地區同類題材中所少見。而且，鐫記中只有工匠而無功德主姓名，筆者疑爲當地官方所造。

公元 895 年(乾寧二年)

【鐫記】敬造救苦觀音菩薩一身」右弟子何君友敬爲亡男□□造上件」[功]德□□□以乾[寧]二年二月十三日贊訖。

(《銘文録》11 頁何君友造第 26 號觀音龕鐫記)

此龕位於大足北山佛灣第26龕。依《銘文録》中所載，第三行中“乾”字後脱落一字，由於此碑爲唐刻，因此判定脱落爲“寧”字。

大足北山2號窟“韋君靖碑”上石，録文如下：

(上節碑文)“金紫光禄大夫、檢校司空、使持節都督昌州諸軍事、守昌州刺史、充昌普渝合四州都指揮、静南軍使、兼御史大夫、上柱國、扶風縣開國男、食邑三百户韋君靖建」

軍事判官將仕郎前守静南縣令胡密撰

□□【象】緯降靈，河嶽孕粹，必能挺生人傑，卓立功名，爲當世之元勳，作□□【之】巨屏。苟非鑒識洞達，機變玄微，孰能創制奇功，抑揚大節？不有紀述□□□來。我太守司空京兆公陶唐氏之遠裔，漢丞相之後昆，簪祖相【繼】，□□□别，國史詳備，家譜具存，布在簡書，略不覼縷。公少蘊大志，長負□□□【刻】鶴之工微，恥雕蟲之伎薄。相時而動，臨事不疑。懷【貫日之】精誠，蔚凌雲之氣宇。語仁智，即樗裹罷説；較威猛，則烏獲休扛；轡□□【心】若子牟之戀主。從軍立績，同馬援之征蠻，減灶得孫臏之謀，投筯秘□【留侯之】策。揮劍即蛟螭潛伏，彎弓而猿狖啼號。加以月角沖衡，犀文貫頂，視質氣，堂堂罕疋；睹神彩，赳赳無雙，實命世之宏材，爲一時之英俊者也！

【頃以乾】符之際，天下騷然，蝗旱相仍，兵戈四起。公睹茲遐僻，人不聊生，遂合【集義軍，招】安户口。抑强撫弱，務織勸農，足食足兵，以煞去煞。洎黄巢侵陷京闕，【鑾駕出幸成都，四海波】騰，三川鼎沸。韓秀昇悖亂黔峽，侵軼巴渝。公乃統【率義軍】，討除逆【黨。值秀】昇盡抛舟楫，圍逼郡城，公乃詳度機宜，上下攔截，依【山排陣】，背水布兵。兩面夾攻，齊心剪撲，賊勢大敗，我武益揚。渝牧田公備録奏【聞，乃進】忠節檢校御史大夫，除拜普州刺史。適值川帥效逆，將臣專征，【公乃收復】合州，絶其枝蔓。恩旨加右散騎常侍除拜合州刺史。洎鄭君【雄僕射】失律廣漢，山行章尚書攻圍當州，故府主太尉丞相顧公累降命【旨，頻招】起應。公統領精鋭二萬餘人，虔告耆龜，申令士卒並破二十七寨，殺戮五萬餘人，大振威聲。上聞【特授檢】校工部尚書，拜當州刺史，充昌、普、渝、合四州都指揮、静南軍使、累加刑【部尚書左】僕射。公以臨郡歲久，乃思退居。上表陳情，【宸衷未允】，詔旨褒獎，特許量留，加金紫光禄大夫、檢校左僕射、扶風縣開國【男，食邑三】百【户】。公累銜【鳳詔，哀剖】魚符，政茂潁川，化光河内。邑有倉箱之詠，俗多儒袴之謡。求瘼之【念彌堅，除】害之心尤切。其于駕馭英傑，取捨權豪，重仁義如丘山，輕金帛如泥【沙，憐孤恤】老，濟弱扶危。逆旅如歸，遠湊鄭莊之驛；遊人若市，悉登漢相之門，其【拯綏四方】，乃如此也。每遇良辰美景，月夕花朝，張弦管以追歡，啟盤筵而招侶，【周旋有禮】，揖讓無嘩，樽酒不空，座客常滿。王衍之冰壺轉瑩，嵇康之玉岫寧頹，【其禮讓謙】恭又如此也。至若立功立事，爲國爲家，或坐運玄符，或親提黑槊，【身先士卒，首】掃凶徒，謀必十全，舉無遺策，其剛毅果敢又如此也。當其賞功罰【過，激濁揚清】，甄獎公勤，黜棄私黨，三軍感德，萬眾歸心，其恩威刑賞又如【此也。公睹】以海濤未息，雲陣猶横，常厚驅脅，左綿戴實，奔沖遂府，使牒呼【逼，邊檄征行】。然則士馬雖精，其如城柵未固，思大易習坎之義，征王公設險之【文，乃於景福元】年壬子歲春正月，卜築當鎮西北，維龍崗山建永昌寨。兹山也，【上掩霄靄，下抗】郊源，矗似長雲，崒如斷岸。崖巇重疊，蹬道崎嶇，一夫荷【戈，萬人莫上。由是】芟薙草木，相度地形，人力子來，畚鍤雲至。連甍比屋，萬【户千門，高亢浚流，深□】溝洫。煙籠粉堞，霞捧珠樓，龍吟笳角之聲，雷動鼓鼙之【響。而又良工削墨，心匠】設規，築城牆二千餘間，建敵樓一百餘所。遐瞻天際，【豈龜形之可倫；高倚雲間，豈蜃樓之】能擬。其上即飛泉並出，緑沼滂流，崢嶸【一十二峰，周圍二十八里，蓋造化之凝結，】豈金湯之比倫！況乎糧貯十年，兵屯數【萬，遐邇臻修，軍民胥慶，耕織無妨，徭役】不闕，可謂一勞永逸，有備無虞！公又於【寨内西】□□□□□□□□□【翠壁鑿】出金仙，現千手眼之威神，具八十種之【相好，施】□□□□□【舍】回禄俸以建浮圖。聆鐘磬於朝昏，喧贊唄於遠近。所謂【歸依妙門求覺道者】焉。其軍中節級將校等，深達機略，博識古今，皆是公【同志弟兄，異姓骨肉，一】心報國，戮力從軍，咸奉渥恩，皆【沾】爵賞。或官【崇題劍，或位列專域，或】榮授金貂，或職兼霜憲，雅符際會，允屬【休】明。請列署【名銜庶，不墜勳業。密】叨依門館，累戴恩光，學淺文荒，【紀□□其未盡】，神愚智拙，録美事而猶疏。輒將鄙俚之【辭聊述，□□之績將欲】焕乎不朽，傳之無窮。遂藏斯文乃鐫貞【石。大唐】乾寧二【年歲次乙卯十二月癸未朔】十九日辛丑記。

(下節碑文)因均爲職官與人名，略。

(《銘文録》37~43頁胡密撰韋君靖碑)

此碑位於北山佛灣南段之首，統編爲第2號。摩崖陰刻，高2.6米，寬3.1米，計53行，今經校補後得1406字；下部將校署名，經校補後共得2766字。對於該碑最早的記載見於南宋王象之的《輿地紀勝》中，但未録其文；明人曹學佺的《蜀中名勝記》中始録其文，但僅有碑上14~44行，且脱訛較多；後嘉慶二十四年大足縣知縣張澎遊覽北山時，始重新發現此碑。此碑對於晚唐史中巴蜀地區記載的缺漏具有較高補充價值，但是其中也多諛文及回避手法，頗可質疑，若得新證，當爲史學繼續研究。在旁邊的1號龕立有韋君靖像，高2.16米，肩寬0.77米，戴軟腳襆頭，著朝服，腰系印綬及紫金魚袋，雙手捧笏拱於胸前。全像上半部殘損較重。在同地的第18龕右沿上部豎刻有楷體字3行，前2行皆漶，第3行刻“(漶)静南軍(漶)」”，應也是同一時期與此有關作品。2001年，又發現在佛灣南端9號窟口左下側，殘存一方題記，録文如下：“(殘)□□□□□〔寨面西〕」□□(殘)□校司空〔使持節都督〕」(殘)□□□□□□□□□□」(殘)□〔靖〕泰□縣安□□〔世〕」(殘)□宿世殃□〔唯〕愿□□」(殘)不自天□□□從地踴」(殘)□□□□大悲〔心〕招募良工鐫」大悲觀世音菩薩〔天龍〕□部眾一龕」。”詳見《四川文物》2007年3期陳明光《北山佛灣發現開創者韋君靖鐫記》一文。從殘文中“寨”“校司空”“使持節都督”來看，也當與韋君靖有關。

(十二月)王建奏：“東川節度使顧彦暉不發兵赴難，而掠奪輜重，遣瀘州刺史馬敬儒斷峽路，請興兵討之。”戊子，華洪大破東川兵于楸林，俘斬數萬，拔楸林寨。

（《資治通鑒》卷二六〇）

韋君靖此後再未見任何記載，極有可能死於此楸林之役(或失蹤)。因爲楸林之役與韋君靖碑所立年月均爲同年十二月，筆者認爲應是韋君靖戰亡後未尋得遺體，韋碑乃以前同袍爲其所立之紀念碑文，類似衣冠冢。可參見後文“乾寧四年”條下注文。

公元 896 年(乾寧三年)

(顧)彦暉已得節，辭疾不出犒軍。乾寧二年，建遣王宗滌攻之。十二月，宗滌敗彦暉于楸林，斬其將羅璋，遂圍梓州。三年五月，昭宗遣宦者袁易簡詔建罷兵，建收兵還成都。

（《新五代史》卷六三《前蜀世家第三》）

【鐫記】敬造歡喜王菩薩一身」比丘尼惠志造奉報十方施主乾寧三年五」月十六日設齋表慶訖永爲供養」小師敬修△小師法進。

（《銘文録》12 頁惠志造第 240 號觀音龕鐫記）

【鐫記】敬造救苦觀世音菩薩地藏菩薩一龕」右爲故何七娘鐫造當願承此功德早生」西方受諸快樂乾寧三年九月廿三日設〔齋〕」表贊畢檢校司空守昌州刺史王宗靖造。

【鐫記】乾寧三年九月廿三日節度左押衙檢校左散騎常侍兼」御史大夫上柱國趙師恪奉爲故外姑何氏妝飾。

（《銘文録》12 頁王宗靖等鐫妝第 58 號觀音地藏龕鐫記兩件）

此兩處題刻位於北山佛灣南段第 58 龕左右壁的外側門柱上。

十二月，東川兵焚掠漢、眉、資、簡之境。

（《資治通鑒》卷二六〇）

公元 897 年(乾寧四年)

【鐫記】地藏菩薩一身敬造阿彌陀佛救苦觀世音菩薩一身」女弟子黎氏奉爲亡夫劉□設□〔奠〕敬造時以〔乾〕寧四年正月廿三日設〔齋表〕」〔贊〕訖」亡夫□□昌□將□□〔禦〕史大夫劉□□供養。

(《銘文録》14 頁黎氏造第 52 號阿彌陀佛龕鐫記)

(二月)庚申，王建以決雲都知兵馬使王宗侃爲應援開峽都指揮使，將兵八千趨渝州；決勝都知兵馬使王宗阮爲開江防送進奉使，將兵七千趨瀘州。辛未，宗侃取渝州，降刺史牟崇厚；癸酉，宗阮拔瀘州，斬刺史馬敬儒，峽路始通。

(《資治通鑒》卷二六一)

【題刻】敬造如意輪菩薩一龕」□都典座僧明悟奉爲十」〔方〕施主鐫造乾寧四年三月」□日設齋表贊訖」□□主僧道廣△△△小僧道添。

(《銘文録》頁 12 僧明悟造第 50 號如意輪菩薩龕鐫記)

“都典座”乃職事僧名，負責寺院内人員安排及對外接待。此銘文中有“都典座”一名，説明當時的北山建有寺院。

(四月)以右諫議大夫李洵爲兩川宣諭使，和解王建及顧彦暉。

(五月)丙戌，王建以節度副使張琳守成都，自將兵五萬攻東川。更華洪姓名曰王宗滌。

(六月)李茂貞表：“王建攻東川，連兵累歲，不聽詔命。”……癸亥，王建克梓州南寨，執其將李繼寧。丙寅，宣諭使李洵至梓州，己巳，見建於張杷砦，建指執旗者曰：“戰士之情，不可奪也。”

王建與顧彦暉五十餘戰，九月，癸酉朔，圍梓州。蜀州刺史周德權言於建曰：“公與彦暉争東川三年，士卒疲於矢石，百姓困於輸輓。東川群盜多據州縣，彦暉懦而無謀，欲爲偷安之計，皆啗以厚利，恃其救援，故堅守不下。今若遣人諭賊帥以禍福，來者賞之以官，不服者威之以兵，則彼之所恃，反爲我用矣。”建從之，彦暉勢益孤。

（《資治通鑒》卷二六一）

《新五代史》卷六三《前蜀世家》載：“四年，宗滌復攻東川，别遣王宗侃、宗阮等出峽，取渝、瀘州。五月，建自將攻東川，昭宗遣諫議大夫李洵、判官韋莊宣諭兩川，詔建罷兵。建不奉詔，乃責授建南州刺史，以郯王爲鳳翔節度使，李茂貞代建爲西川節度使。茂貞拒命，乃復建官爵。冬十月，建攻破梓州，彦暉自殺。彦暉將顧彦瑶顧城已危，謂諸將吏曰：‘事公當生死以之！’指其所佩賓鐵劍曰：‘事急而有叛者，當齒此劍！’及城將破，彦瑶與彦暉召集將吏飲酒，遂與之俱死。建以王宗滌爲東川留後，唐即以宗滌爲節度使，于是並有兩川之地”。與《通鑒》記載略有不同。但是渝、普、昌州在是年爲王建所得當無異説。“韋君靖碑”立於乾寧二年，自此後，史書和文物上再無任何有關韋君靖記載。本書編者認爲韋君靖要麽乾寧二年末戰死於楸林之役，要麽與顧彦暉同殉没於此梓州之役，而王建乘此役後將其兵民解散，永昌寨全寨一空。前者的可能性更大，因“韋君靖碑”立於乾寧二年，韋君靖似已不在世間。

（十月）壬子，知遂州侯紹帥衆二萬，乙卯，知合州王仁威帥衆千人，戊午，鳳翔將李繼溥以援兵二千，皆降於王建。建攻梓州益急。庚申，顧彦暉聚其宗族及假子共飲，遣王宗弼自歸於建。酒酣，命其假子瑶殺己及同飲者，然後自殺。建入梓州，城中兵尚七萬人，建命王宗綰分兵徇昌、普等州，以王宗滌爲東川留後。

（《資治通鑒》卷二六一）

公元 898 年（乾寧五年，光化元年）

【題刻】□□造此」□會妝□」捨此一部」乾寧□年」□月造□」□何氏女」娘女大滿」次孫男□」□元正記。

（《銘文録》16 頁何氏造圓雕石刻像鐫記）

此圓雕殘像1990年出土於大足北山營盤坡，現藏北山庫房内。因“乾寧”年號後字已漫漶，就以下限乾寧年號最後一年爲准。

(九月)己丑，東川留後王宗滌言於王建，以東川封疆五千里，文移往還，動逾數月，請分遂、合、瀘、渝、昌五州别爲一鎮，建表言之。

(十月)丁巳，以東川留後王宗滌爲節度使。

(《資治通鑒》卷二六一)

西元899年(光化二年)

五月，甲午，置武信軍於遂州，以遂、合等五州隸之。

(《資治通鑒》卷二六一)

既然以遂、合、瀘、渝、昌五州置“武信軍”，而“韋君靖碑”中的記載爲：“充、昌、普、渝、合四州都指揮、静南軍使。”顯然在此時已過時，韋君靖勢力已被消滅或打散。

(六月)以西川大將王宗佶爲武信節度使。宗佶，本姓甘，洪州人也。

(《資治通鑒》卷二六一)

【鎸記】〔三世佛〕並部衆」□〔節〕度左押衙」充四州都指」〔揮〕□□□□□昌州軍事銀青」□□□□□上柱」國王宗□」□□□□爲女□□」□□十二娘□□」□□贊畢(右)

□□□□」□資財增益」□昌盛光化二年七月廿六」□〔慶贊〕畢(左)。

(《銘文録》14頁王宗靖造第51號三世佛龕鎸記)

【造像記】光化二年十月及□庄老君并(漶)身何道(漶)。

(《四川五代石刻考察記》)

此造像記位於遂寧市市中區龍居寺造像2號龕左側壁上。造像内容爲老莊與老君的合刻，分上下兩層，上層爲老君像，下層爲老莊像，另有各種人物十馀尊。這種造像組合亦極爲少見。

【造像記】維光化二年歲次己未□□州光道里龍居院(漶)敬造地藏王菩薩一身度南達供養。

(《四川五代石刻考察記》)

此題記與上則同樣位於龍居寺，第6龕龕壁。值得注意的是，在龍居院的一共10龕造像中，有道教龕、地藏龕、大日如來龕、孔雀明王龕、密宗“六字真言”龕、西方净土龕，這樣的組合很容易聯想到大足寶頂山造像群。而且，遂寧和大足一樣，正處在川西與川東的交通要道上，且在當時皆隸武信軍節度。

公元900年(光化三年)

六月，癸亥，加東川節度使王宗滌同平章事。

(七月)甲寅，以西川節度使王建兼東川、武信軍兩道都指揮制置等使。

(《資治通鑒》卷二六二)

公元901年(天復元年)

(四月)東川節度使王宗滌以疾求代，王建表馬步使王宗裕爲留後。

(閏月)道士杜從法以妖妄妄誘昌、普、合三州民作亂，王建遣行營兵馬使王宗黯將兵三萬會東川、武信兵討之。宗黯，即吉諫也。

(七月)西川龍臺鎮使王宗侃等討杜從法，平之。

(《資治通鑒》卷二六二)

【造像記】敬造大悲菩薩一龕，來爲供養。□□在持僧總(漶)

院主文義之女，弟子趙氏男所立。貴禮玄(漶)楊氏(漶)周造施主正……(以下爲人名功德，未録)。大蜀天復元年丁卯歲九月七日造訖。蘭州鐫功德都樹奠(漶)。

【造像記】敬鐫造西方阿彌陀佛一龕宅請泰鐫上件功德時天復元年十二月(漶)。

(《四川五代石刻考察記》)

上則題記爲安岳縣庵堂寺石窟中第6號千手觀音龕内容，此則題記爲資中北巖第85龕中内容。

公元902年(天復二年)

【造像記】敬造(漶)龕一所時天復二年十一月一日設齋表(漶)(左壁)。救苦觀音并地藏菩薩一龕(右壁)。

(《四川五代石刻考察記》)

此則題記爲資中北巖第83龕中内容。

公元903年(天復三年)

(八月)庚辰，加西川節度使西平王王建守司徒，進爵蜀王。

前渝州刺史王宗本言於王建，請出兵取荆南。建從之，以宗本爲開道都指揮使，將兵下峽。

(《資治通鑒》卷二六四)

公元904年(天復四年，天祐元年)

【題記】楊一山……王保晦□宋□官楊彦六天復四年三月七日。

(《巴中石窟》)

該題記位於巴中南龕 62 號窟外側右壁。造像内容爲阿彌陀佛西方净土變造像。據陳清香在《東方宗教研究》第 2 期《西方净土變相的源流及發展》一文中介紹，西方净土信仰初創於東晉在廬山建精舍開净土宗的慧遠，甘肅天水麥積山第 127 窟爲中國現存最早的一幅净土變像壁畫，爲北魏時期作品，敦煌莫高窟的隋唐壁畫中，已大量出現了各種净土變。净土變中有阿彌陀佛、藥師佛、彌勒佛等各種形式。觀經變源自南朝宋元嘉元年所譯之《觀無量壽佛經》，在大足北山佛灣中第 245 龕亦爲西方净土觀經變，龕高 4.70 米，寬 2.58 米，深 1.18 米。據其旁第 240 龕中的“乾寧三年”題記，開鑿時間當爲同期。可見上文中“乾寧三年”條。另，大足寶頂山大佛灣第 18 龕也爲觀經變内容，但開鑿時期已爲南宋。據《四川文物》1992 年 3 期龍騰《蒲江鬬子門發現的唐代觀經變》一文中所述，在四川地區的丹棱、蒲江、夾江、滎縣、資中、安岳、大足都有發現觀經變造像，川北的廣元卻没有發現，而山西雲岡和河南龍門石窟更無此類造像，因此認爲觀經變此類佛教内容並非從川北地區傳入，有可能自敦煌經青海，過阿壩、碉門、雅州，傳入川西，再逐步東漸傳至川中和川東。但這也未能解釋爲何無人走川北路線進行傳播。限於本書體裁，不多討論。

夏，四月，辛巳，朱全忠奏洛陽宫室已成，請車駕早發，表章相繼。……甲辰，車駕發谷水，入宫，御正殿，受朝賀。

(《資治通鑒》卷二六四)

忠義節度使趙匡凝遣水軍上峽攻王建夔州，知渝州王宗阮等擊敗之。

(《資治通鑒》卷二六五)

五代十國卷

公元907年(唐天祐四年，後梁開平元年，前蜀天復七年)

(三月)乙酉，乃以中書侍郎、平章事張文蔚充册使，禮部尚書蘇循爲副。……甲午，文蔚押文武百僚赴大梁。甲子，(朱温)行事。……全忠建國，奉帝爲濟陰王，遷於曹州，處前刺史氏叔琮之第。時太原、幽州、鳳翔、西川猶稱天祐正朔。天祐五年二月二十一日，帝爲全忠所害，時年十七，仍謚曰哀皇帝，以王禮葬於濟陰縣之定陶鄉。

(《舊唐書》卷二〇下《哀帝本紀》)

(九月)己亥，(蜀王)即皇帝位，國號大蜀。辛丑，以前東川節度使兼侍中王宗佶爲中書令，韋莊爲左散騎常侍、判中書門下事，閬州防御使唐道襲爲内樞密使。……蜀主雖目不知書，好與書生談論，粗曉其理。是時唐衣冠之族多避亂在蜀，蜀主禮而用之，使修舉故事，故其典章文物有唐之遺風。

(《資治通鑒》卷二六六)

《新五代史》卷六三《前蜀世家第三》載："(天復)四年，唐遷都洛陽，改元天祐，建與唐隔絶而不知，故仍稱天復"，所以唐只有天復四年，而前蜀有天復七年。《舊五代史》卷一三六《僭僞列傳三・王建傳》中載："及梁祖開國，蜀人請建行劉備故事。建自帝於成都，改元永平。"此即蜀地前蜀王氏政權。

【造像記】敬造大悲菩薩壹龕永爲供養住持僧惠□小師張□□夏……沙門□」院主文義之女弟子趙氏男師立貴禮女七娘新婦楊氏侄師……」同造施主王居禮任師環□□□趙師全任師宜文道貞白守貞下〔才〕良趙法宏羅衛焦氏黄氏」楊法賞□國勝何道立鄧行枚趙中懷何江滿朱瀚匀文立何公勇黄太趙虔□□□唐惠李中信王公才何才年梁士□□□」馬志滿何公意口口李輔文選王師乾蒲公立宋亮楊順許春王義成郭文匯楊志才趙氏何順張行口趙南伏潘□□□□」天復七年丁卯歲九月七日造訖簡州鐫功德都料前守軍士押衙匀從本趙水反□□雅衙彦何儒何才□□□趙□□。

(《四川安岳縣庵堂寺摩崖造像調查簡報》)

此造像記位於安岳庵堂寺第10龕左下側。關於落款中的"都料"之身份，應是整個工程中計工計料並作監督之人，在大足石刻舒成岩2號龕的題記中就有"都作伏元俊伏元信小作吳宗明鐫龕"之文。在宋人耐得翁(姓趙，餘不可考)所著《都城紀勝·諸行》中有記載："其他工伎之人，或名爲作，如篦刃作、腰帶作、金銀鍍作、鈒作是也。"安岳的工匠來自簡陽，大足的部分工匠來自安岳，這幾處地方都是位於成渝交通路線的中路上，頗可思考。

公元908年(後梁開平二年，前蜀武成元年)

春，正月，癸酉朔，蜀主登興義樓。有僧抉一目以獻，蜀主命飯僧萬人以報之。翰林學士張格曰："小人無故自殘，赦其罪已幸矣，不宜復崇獎以敗風俗。"蜀主乃止。

(《資治通鑒》卷二六八)

晚唐時期活動於四川地區的川密柳本尊，在安岳、大足地區石刻的"十煉圖"中多有身體殘毀行爲，有人將此段文字斷章取義爲蜀主(王建)贊同此舉，但是全文之意乃在於"蜀主乃止"，不可不察。

武成元年正月，祀天南郊，大赦，改元。

（《新五代史》卷六三《前蜀世家第三》）

公元909年(後梁開平三年，前蜀武成二年)

【造像記】女三娘子供養……」女弟子冯氏供養……供養」門師法住供養靈居山新鐫一佛二菩薩十六羅漢龕記」前攝普慈縣令將仕郎前弘文館校書郎張彥昭撰」真空之性静如澄潭其静也則萬影俱在」其〔中〕也則遥〔天〕莫睹維無生滅是了其源由大成□」五行運氣未曉空義尚染塵〔籠〕愛缘與風火同」生俗因被魔云常繞清懇告△佛必有消除」當州靈居山巖嶺崢横〔蓊〕〔聳〕住世眾願在家」居都勾中丞以室家遭和忽起至願鐫〔貞〕〔泯〕□」成像矗聖眾以開儀宛如香醉山中果在雙林」樹下既上願疾恙潛此所謂人弘善願云」必從之況慧心依佛不報以福佑則何彰於聖」〔旨〕矣理既□然事亦可驗且一佛化世菩薩贊」功十六大阿羅漢住世行缘誘眾入道我中丞」大捨資□揀擇清財鑿至堅以成龕〔奠〕萬古而」……子孫受菩提之上果先靈生净土之域中」之眾生我□你□之□各尽承□□」〔聖〕〔因〕因俾中丞之壽永春松中丞之」闔宅長幼災難消除一境生〔靈〕〔同〕〔沾〕」……告畢彩繪〔終〕〔是〕是銘〔龕〕旁□□□□」……〔武〕成二年歲次己巳三月中旬□□□□」……〔成〕三年三月八日之齋……」門師體儒供養」尚節度衙前虞侯充都□……」典衙前□官」□□□□。

（《四川安岳县圆觉洞摩崖石刻造像调查报告》）

此龕在此調查報告中編號爲69號。主像爲一佛二菩薩，兩側分兩層刻有十六羅漢。在该石窟點中，還有第33、39、40、63、69等五龕均爲十六羅漢題材，第39龕中還有一則宋人粧修記：“女弟子宇文小二」娘庚申七月生人」爲久患眼目發心」粧畫此功德一龕」祈乞所患早遂痊」除紹聖四年八月二」十七日戊申慶讚」”。大足北山佛灣第36龕也爲五代時期所造十六羅漢像。

【造像記】今有普州安岳縣静邑里弟子響應□揆想像」傾勤心願

鐫□願於□□……捨緡帛以近」鐫妝已□」□武成二年□明旬四月廿八日之初」全表贊畢之」。

（《巴蜀佛教雕刻藝術史》）

此造像記位於安岳縣庵堂寺造像中15號龕右壁。

公元913年（後梁乾化三年，前蜀永平三年）

（六月）丙子，蜀主以道士杜光庭爲金紫光禄大夫、左諫議大夫，封蔡國公，進號廣成先生。光庭博學善屬文，蜀主重之，頗與議政事。

（《資治通鑒》卷二六八）

【造像記】□□□爲亡妣造」永平三年九月十四日追齋贊訖」周氏奉爲亡妣造。

（《銘文録》17頁周氏造第32號日月光菩薩龕鐫記）

（十月）甲午，（蜀王）立宗衍爲太子。

（《資治通鑒》卷二六八）

公元915年（後梁貞明元年，前蜀永平五年）

【造像記】敬造地藏菩薩一身」右衙第三軍散副將種審能爲亡」男希言被賊傷煞造上件功德化」生西方見佛聞法以永平五年四月」四日因〔終〕七齋表贊訖永爲供養（左壁）」敬造觀音菩薩 鄢鹽永安無災〔禍〕」又爲男師乞醜胡」泰造」敬造阿彌陀佛上下四月内常俊榮」弟子種審能願奉佑」永平五年七月六日設齋贊訖。

（《銘文録》17頁種審能造第53號阿彌陀佛龕鐫記）

此鐫記《金石苑》中有載，有不少錯漏。《銘文録》作了補録修訂。

公元916年(後梁貞明二年，前蜀通正元年)

十二月，戊申，蜀大赦，改明年元曰天漢，國號大漢。

(《資治通鑒》卷二六九)

貞明元年十一月壬戌、十二月丁未，蜀大赦；本年十月丁亥，蜀亦大赦。此乃一年左右時間前蜀政權第四次大赦。

公元917年(後梁貞明三年，前蜀天漢元年)

【造像記】敬造觀世音菩薩大勢至菩薩并佳□□□方佛一部，功德主女弟子黃氏……今獲成畢。大蜀天漢元年□□□□造訖。

(《四川五代石刻考察記》)

【粧修記】敬鐫粧三世……遂率此化眾友就茲山院鐫粧前□□」□本是三尊眾願修粧不改三聖丹彩晃耀粉繪輝華舊龕主功德重新修復……增益商徒貯販添粟千箱興易經謀收金萬兩……此善無涯刻石紀之□彰不朽時大蜀天漢元年太歲丁丑九月十八日齋贊畢……院主僧體儒鐫造△都料勾從本社户節度左廂先鋒兵馬使州軍事……

(《四川安岳縣圓覺洞摩崖石刻造像調查報告》)

該三世佛造像位於安岳圓覺洞南崖22號龕。此乃天漢元年重新粧修記，造像必當是天漢之前所鑿。碑文中有“添粟千箱，收金萬兩”之句，可以窺見時人供養佛像之功利心態。

(十一月)癸丑，蜀大赦，改明年元曰光天。

(《資治通鑒》卷二七〇)

【造像記】……彌陀佛觀世音菩薩大勢至菩薩並侍」……身兼十方佛一部功德主女弟子黃氏十娘……」像者願夫主尚書禄壽光永次

願自」……眾幻同保歡泰今獲成畢蜀天漢」……十二月十八日記」……馬使檢校工部尚書御史大夫上柱國王敬文」……八娘黄氏十娘男□思裕□父院□自盈黄十二娘男思晉」……八娘十娘十二娘出事三娘□程希之男定保」……忠慶忠才忠信」……菩薩花聚菩薩思裕奉爲……願得離苦。

（《四川安岳縣庵堂寺摩崖造像調查簡報》）

此造像爲庵堂寺 15 號龕。内容爲一佛二弟子四菩薩（觀音、大勢至、地藏、花聚）像，另左右壁上雕有十方佛像，地藏下側有道明和尚像。有的調查簡報中將此龕年代寫成“天漢九年”，天漢年號實際只有一年時間。

公元 918 年（後梁貞明四年，前蜀光天元年）

春，正月，乙亥朔，蜀大赦，復國號曰蜀。

（《資治通鑒》卷二七〇）

光天元年六月，建卒，年七十二。……太子立，去“宗”名衍。

（《新五代史》卷六三《前蜀世家第三》）

公元 922 年（後梁龍德二年，前蜀乾德四年）

【造像記】敬□發心鐫造〔大威〕德熾盛光佛並九曜共一龕右弟子□□□」與□□□兄弟等□造上件功德並已成〔就意〕者□□□□同」范□□陳雷□陪□法百年相守次乞家〔人〕□□□」偶隨永無障堤時〔以乾〕德四年十二月十六日修齋表慶訖□」〔敬〕弟子温孟達蹇忠〔進〕于彦章梁陳季□鄧〔知進〕」□□□楊宗厚蹇□芝程彦暉王〔孟言〕王〔德〕全陳□〔敬造〕」。

（《銘文録》19 頁温孟達造第 39 號大威德熾盛光佛龕鐫記）

公元924年(後唐同光二年，前蜀乾德六年)

【妝修記】女弟子越國夫人路氏幸因巡禮柏堂切睹此」彌勒尊佛並諸菩薩悉皆彩色暗昧遂乃發心」重具裝嚴已蒙成就神變無窮威光自在奉爲亡」過先靈父母一切眷屬承此」功德見」佛聞法離苦下脱然後愿」國界安寧法輪常轉無諸災障行住吉祥門宅」清泰並已(漶)同(漶)。

【妝修記】府主相公宅越國夫人四十二娘奉爲」大王國夫人重修裝毗盧」遮那佛壹龕並諸菩薩及部從」音樂等全並已裝嚴成就伏願行住吉祥諸佛衛護設齋表贊」訖永爲供養」乾德六年十月十五日白。

(《廣元石窟内容總録千佛崖卷》)

此兩則妝修題記位於千佛崖第365和366龕。

(十二月)辛卯，蜀主改明年元曰咸康。

(《資治通鑒》卷二七三)

公元925年(後唐同光三年，前蜀咸康元年)

【造像記】敬造白衣觀音菩薩一身□□□菩薩一身，〔漶〕咸康元年蜀豐日鐫造訖。

(《四川五代石刻考察記》)

此爲安岳庵堂寺9號龕題記。此時猶用前蜀“咸康”年號。

秋九月，(王)衍奉其母、徐妃同遊於青城山，駐於上清宫。時宫人皆衣道服，頂金蓮花冠，衣畫雲霞，望之若神仙，及侍宴，酒酣，皆免冠而退，則其髻髽然。

(《舊五代史》卷一三六《僭僞列傳三》)

《新五代史》卷六三《前蜀世家第三・王衍傳》中載：“蜀人富而喜遨……而(衍)後宫皆戴金蓮花冠，衣道士服，酒酣免冠，其髻髽然，更施硃粉，號‘醉妝’，國中之人皆效之。嘗與太后、太妃遊青城山，宫人衣服，皆畫雲霞，飄然望之若仙。衍自作《甘州曲》，述其仙狀，上下山谷，衍常自歌，而使宫人皆和之。”

(十月)己丑，魏王繼岌至興州，光葆以梓、綿、劍、龍、普五州，武定節度使王承肇以洋、蓬、壁三州，山南節度使兼侍中王宗威以梁、開、通、渠、麟五州，階州刺史王承岳以階州，皆降。……自餘城鎮皆望風款附。

(《資治通鑒》卷二七三)

(十一月)甲辰，魏王繼岌至劍州，蜀武信節度使兼中書令王宗壽以遂、合、渝、瀘、昌五州降。

丁巳，(後唐)大軍入成都。崇韜禁軍士侵掠，市不改肆。自出師至克蜀，凡七十日。得節度十，州六十四，縣二百四十九，兵三萬，鎧仗、錢糧、金銀、繒錦共以千萬計。

(十二月)丙子，以知北都留守事孟知祥爲西川節度使、同平章事，促召赴洛陽。

(《資治通鑒》卷二七四)

初，魏王繼岌、郭崇韜率蜀中富民輸犒賞錢五百萬緡，聽以金銀繒帛充，晝夜督責，有自殺者。給軍之餘，猶二百萬緡。

(《資治通鑒》卷二七五)

《新五代史》卷二四《唐臣傳・郭崇韜傳》中載：“莊宗聞破蜀，遣宦官向延嗣勞軍……延嗣還，上蜀簿，得兵三十萬，馬九千五百匹，兵器七百萬，糧二百五十三萬石，錢一百九十二萬緡，金銀二十二萬兩，珠玉犀象二萬，文錦綾羅五十萬匹。莊宗曰：‘人言蜀天下之富國也，所得止於此邪?’延嗣因言蜀之寶貨皆入崇韜，且誣其有異志，將危魏王。”又見本書下條天成元年事，可知蜀地財富多被掠於外矣。

公元926年(後唐天成元年，前蜀咸康二年)

趙季良等運蜀金帛十億至洛陽，時朝運方匱乏，賴此以濟。

魏王繼岌遣押衙韓珙等部送蜀珍貨金帛四十萬，浮江而下，季興殺珙等於峽口，盡掠取之。朝廷詰之，對曰："珙等舟行下峽，涉數千里，欲知覆溺之故，自宜按問水神。"帝怒，壬寅，制削奪季興官爵，以山南東道節度使劉訓爲南面招討使、知荆南行府事，忠武節度使夏魯奇爲副招討使，將步騎四萬討之。東川節度使董璋充東南面招討使，新夔州刺史西方鄴副之，將蜀兵下峽，仍會湖南軍三面進攻。

(《資治通鑒》卷二七五)

公元927年(後唐天成二年，前蜀咸康三年)

【妝修記】檢校金紫光禄大夫檢校尚書右僕射左衛將軍」禦史大夫李仁矩奉宣持」敕書手詔驟馬徑入西蜀爲煞卻都督後慰喻」上於迴經過聖地睹此真儀遂意重施裝飾三聖」堂一龕伏愿」聖躬萬福一文耳人安存歿眷屬受」時天成二年三月十一日記。

(《廣元石窟内容總録千佛崖》)

此題記位於千佛崖第226窟后壁(原石窟開鑿於北朝時期，俗稱"三聖堂")。李仁矩曾在天成二年和四年两次入蜀，天成二年此次入蜀，《通鑒》卷二七六中載："帝遣客省使李仁矩如西川，传诏安谕孟知祥及吏民。甲戌，至成都"，事由李嚴爲西川都監，以制約孟知祥，後爲知祥所殺，川中震動，唐莊宗遣李仁矩慰喻，以免事激生變。《新五代史》卷二六《唐臣列傳·李仁矩傳》載其生平："……明宗祀天南郊，東、西川當進助禮錢，使仁矩趣之。仁矩恃恩驕恣，見籓臣不以禮。東川節度使董璋置酒召仁矩，仁矩辭醉不往，於傳舍與倡妓飲。璋怒，率衙兵露刃之傳舍，仁矩惶恐，不襪而靴走庭中，璋責之曰：'爾以西川能斬李嚴，謂我獨不能斬爾邪!’顧左右牽出斬之。仁矩涕泣拜伏謝罪，乃止……仁矩還，言璋必反。仁矩素爲安重誨所親信，自璋有異志，重誨思有以制之，乃分東川之閬州爲保寧軍，以仁矩爲節度使，遣姚洪將兵戍之。……仁矩至鎮，伺璋動静必以聞，璋益疑懼，遂決反。重誨又遣荀咸乂將兵益戍閬州，光業亟言以爲不可，重誨不聽。咸乂未至，璋已反，攻閬州，仁矩召將校問策，皆曰：‘璋有二心久矣，常以利啖吾兵。兵未可用，而賊鋒方鋭，宜堅壁以挫之。守旬日，大軍必至，賊當自退’。仁矩曰：‘蜀懦，安能當我精鋭之師!’即驅之出戰，兵未交而潰，仁矩被擒，並其家屬皆見殺。”

孟知祥屢與董璋争鹽利，璋誘商旅販東川鹽入西川，知祥患之，乃於漢州置三場重征之，歲得錢七萬緡，商旅不復之東川。

（《資治通鑑》卷二七六）

【妝修記】東川官吉使客行副使、金紫光禄大夫、檢校尚書僕射、守左巳將」軍、典御史大夫、上柱國劉讓，大唐天成二年十二月一日，自東川加平章事巴州，經玆寺，睹古龕靈跡，藤駁苔封。遂捨俸金裝」此功德一龕。伏願慈悲，永臻福祐。

（《廣元千佛崖石窟調查記》）

此題記見於《廣元千佛崖石窟調查記》一文，但未説明編號爲何龕，只言：“藏佛洞上方一圓拱龕，中雕一佛二弟子二菩薩二弟子二力士二天王二供養像，共 13 尊，龕外南壁力士上方有一則題記”。筆者查閲“千佛崖主要代表龕窟新舊編號對照表”，未看到“藏佛洞”，也未查到此處題記是何龕。

公元 928 年（後唐天成三年，前蜀咸康四年）

【造像記】咸康四年歲次癸未合水柵崇散鄉象化里□□□李貴功德藏於此幕仙石□□□□□□□□雙造釋迦牟尼佛一身。

（《四川五代石刻考察記》）

此爲蒲江飛仙閣第34龕題記。記爲“釋迦牟尼佛一身”，造像内容爲二佛并坐，另有二弟子立於側。

公元929年(後唐天成四年)

【造像記】維大唐天成四年大歲□十月乙亥歲廿七日龍□廣弟子高山長妻(漶)鐫造阿彌陀佛并七佛、救苦觀音地藏菩薩一龕……永爲供養。

(《四川五代石刻考察記》)

此題記位於安岳庵堂寺第12龕。需注意此時蜀地已不使用前蜀政權年號，而是後唐“天成”年號，或許蜀地已取消年號，稱臣後唐。《舊五代史》卷一三六《僭僞列傳三・孟知祥傳》中載：“長興元年冬，唐軍伐蜀，至劍門。二年，以遂、閬既陷，又糧運不接，乃班師。”時間記載或有誤，以此條題記并結合下一年“長興元年”初的題記來看，長興元年冬之前，唐軍已攻破劍門而入蜀地。

公元930年(後唐天成五年，長興元年)

【造像記】敬造阿彌陀佛一身弟子鄧幸牧爲罪亂之時愿闔家大小」平安團聚得冤家支離發心敬造敬造(原文如此，筆者注)釋迦牟尼佛一身」弟子鄧幸牧愿夫婦享泰子孫成行大小無虞常歡膝下」發心敬造敬鐫造寶勝佛一身意者爲使命性來祭祀鬼神」人客上下宰煞物命愿冤家能散債主生天發」心敬造」右弟子左備邊第四都廂虞侯鄧幸枚夫婦發心就堂内鐫造三世佛/並十方佛二菩薩阿難迦葉部眾一龕右件功德今者鐫粧普〔同倫〕」伏乞賢聖鑒知維大唐天成五年歲次庚寅二月乙未朔□新婦□氏趙氏出事女二娘四娘」孫女□子女哥孫子勝璋馬屎馬緩野九尊德等永爲供養」鐫字匠全弘彦」。

【造像記】敬鐫造曜像白衣觀音菩薩」一身右比丘懷真所造前件

功德」意者爲往年自身忽染天行」時疾歸在俗家將現並染俗」家大小永安遂乃發心願造」果蒙勝力加備得獲平善不」負先心鐫粧周備伏光聖慈」照知時以天成五年庚寅歲二月廿」五日比丘懷真題記永爲供養。

(《四川安岳縣庵堂寺摩崖造像調查簡報》)

上則兩龕題記位於安岳庵堂寺石窟19號龕和13號龕。皆是使用後唐莊宗的年號。特别其中第一則，從功德主身份來看，似是有殺人冤孽，或許與唐軍攻入蜀地有關。

是歲九月，董璋先反，攻破閬州，擒李仁矩殺之。是月應聖節，知祥開宴，東北望再拜，俯伏嗚咽，泣下沾襟，士卒皆爲之歔欷，明日遂舉兵反。

(《新五代史》卷六四《后蜀世家第四·孟知祥傳》)

【銘文】時以長興元年歲次庚寅十月辛卯五日鐫記耳」匠人趙萬。

(《巴蜀佛教雕刻藝術史》)

據《巴蜀佛教藝術雕刻史下冊》133頁中記，此銘文收於安岳庵堂寺第15龕銘文中，但寫有“接4號龕下面”，4號龕乃是武成二年(909年)所造(見本書“武成二年”條)，匠師當不會隔21年後再刻名。筆者考察時未見過此銘文，也不解何意，録於此。另，該書中言此題記乃晚唐五代時期安岳惟一留下匠人名字的題刻，恐有商榷之處。

孟知祥以故蜀鎮江節度使張武爲峽路行營招收討伐使，將水軍趣夔州，以左飛棹指揮使袁彦超副之。(十月)癸丑，東川兵陷徵、合、巴、蓬、果五州。

十一月，戊辰，張武至渝州，刺史張環降之，遂取瀘州，遣先鋒將朱偓分兵趣黔、涪。

(《資治通鑑》卷二七七)

中華書局1956年出版的《資治通鑑》中此處寫爲“徵”，但是遍查史書與地理志，均無“徵州”，或爲“征州”，這將是兩個意義完全不一樣的州名，但是也無任何記載。據同文書局《康熙字典》第370~371頁，與“徵”字相似的“徵”，讀音與“梓”相近，疑爲“梓州”誤書爲“徵州”，後人又誤爲“徵”。

公元932年(後唐長興三年)

(五月)癸未，知祥留趙季良、高敬柔守成都，自將兵八千趣漢州，至彌牟鎮，趙廷隱陳於鎮北。

(《資治通鑒》卷二七七)

大足寶頂山石窟的建造者趙智鳳，青年時曾往彌牟(鎮)雲游，師承密宗柳本尊派，見本書“洪熙元年”條下《重修寶頂山聖壽院記》。彌牟鎮，建於后唐時期，在今成都市青白江區，距成都市23公里，老川陝公路、寶成鐵路及成綿高速等均通過此地，爲成都之北大門交通中心。宋代诗人陆游有《弥牟镇驿舍小酌》和《游弥牟菩提院庭下有凌霄藤附古楠其高数丈花已零落满地》等作，后者更暗示出此地佛教流傳的久遠；由於诸葛亮之“旱八陣圖”在此，紹興年間四川知置使王剛中過此也有《弥牟镇孔明八阵图》之詩。“彌牟”，在漢語中可爲人姓名或字，如《禮記·檀弓上第三》中：“司寇惠子之喪，子游爲之麻衰牡麻絰，文子辭曰：‘子辱與彌牟之弟游，又辱爲之服，敢辭。’子遊曰：‘禮也’。”也可爲一種細布的名稱，如《新唐書》卷四二《地理志六》中：“漢州德陽郡，上。垂拱二年析益州置。土貢：交梭、雙紃、彌牟、紵布、衫段、綾、紅藍、蜀馬。”由此來看，“彌牟”鎮名之來歷應是取自此土産的名字。

公元933年(後唐長興四年)

(二月)癸亥，以孟知祥爲東西川節度使、蜀王。

(《資治通鑒》卷二七八)

公元934年(後唐清泰元年，後蜀應順元年，明德元年)

(閏正月)蜀將吏勸蜀王知祥稱帝。己巳，知祥即皇帝位於成都。

(《資治通鑒》卷二七八)

此即區别於前蜀王氏政權之後蜀孟氏政權。

公元935年(後唐清泰元年，後蜀明德二年)

【造像記】仁惠里清信弟子向昕爲舍家大小平安造釋迦牟尼佛一龕永爲供養明德二年二月十五日造。

(《四川五代石刻考察記》)

此爲蒲江飛仙閣第33龕造像題記。除主像釋迦牟尼外，兩側立有二弟子二天王。

公元937年(後晉天福二年，後蜀明德四年)

契丹當莊宗、明宗時攻陷營、平二州，及已立晉，又得雁門以北幽州節度管内，合一十六州。乃以幽州爲燕京，改天顯十一年爲會同元年，更其國號大遼，置百官，皆依中國，參用中國之人。晉高祖每遣使聘問，奉表稱臣，歲輸絹三十萬匹，其餘寶玉珍異，下至中國飲食諸物，使者相屬於道，無虚日。德光約高祖不稱臣，更表爲書，稱“兒皇帝”，如家人禮。

(《新五代史》卷七二《四夷附録第一》)

這就是中國歷史上著名的幽雲十六州，據《遼史》卷四《太宗下》中載：“晉復遣趙瑩奉表來賀，以幽、薊、瀛、莫、涿、檀、順、媯、儒、新、武、雲、應、朔、寰、蔚十六州並圖籍來獻”。

失去了十六州的形勝，中原民族就失去了長城的掩護，北方戎馬可長驅直入，在《續通鑒》卷二一中載咸平三年錢若水向宋真宗上疏，其中言："自晉祖割地之後，朝廷自定州西山東至滄海，千里之地，皆須應敵，是以設三關，分重兵以鎮之。少失堤防，則戎人内侵，晉末直渡長河，漢初屢侵邊徼，周祖在位，複擾中山，世宗臨朝，來寇上黨，此皆見於史氏，陛下之所明知也。臣愚以爲不得幽州城，敵不可滅。"整個北宋時期中原政權一直反復争奪這些地區也未能成功，直接導致最後南宋時期退保陝、蜀、江南地區，以江淮設防，大批軍政人員入川，對巴蜀地區的石刻成因有著重要的影響。

【經幢文】石弟子王重敘奉爲皇帝〔庶〕主、朝野重臣、過世□□□□」六□，建立此幢，永爲瞻敬。以明德四年歲次丙申九月中旬□□」表慶訖。

（《廣元千佛崖石窟調查記》）

在此文中，銘文位於千佛崖第30龕東側南壁的陀羅尼經幢上。此乃八十、九十年代廣元文管所的編號，在2000年考古調查時又重新進行了編號，今編號爲365-1號龕，可見巴蜀書社2014年所出版的《廣元石窟内容總録千佛崖卷》。

公元940年(後晉天福五年，後蜀廣政三年)

秋，七月，閩主曦城福州西郭以備建人。又度民爲僧，民避重賦多爲僧，凡度萬一千人。

（《資治通鑒》卷二八二）

【造像記】敬〔鐫造〕地藏菩薩一龕」右弟〔子〕于彦章鄧知進並奉爲」外〔學任〕師禮發心造上件功德以希」眷屬〔寧〕泰□□〔增〕榮以廣政三年」〔二月四日〕修齋表慶訖永爲〔瞻〕敬」。

（《銘文録》19頁于彦章等造第37號地藏菩薩龕鐫記）

公元 941 年(後蜀廣政四年)

【題記】□□□□第二指揮使金紫光禄大夫檢校司徒使持節普州諸軍事守刺史河東縣開國男食邑三百户聶。

(《四川五代石刻考察記》)

《四川五代石刻考察記》一文中，將安岳圓覺洞石窟造像中南坡此龕造像編爲第 82 號，并云在《輿地紀勝》卷一五八載有："聶公真龕記 在靈居山，軍事判官何光遠撰。廣政四年建。"但在《南方民族考古》2013 年雷玉華等人撰寫的《四川安岳縣圓覺洞摩崖石刻造像調查報告》一文中，該像被編爲第 58 號，并記録有該像龕左側壁前的題刻八行："……間□皇之潤聲摇天地爰自出身鬼 菀立事龜城而值……」……義□侯□能□大……」……思三度□虎符……暮梁□而咸有志思公此政以才及臨人遷因□」……不聞三馬□□□積萬家之□軍州官吏等希延異政列狀聞……」……之間慮有□□□命請留真彩以慰人情公嚮此靈山成爲勝地選□峰於西陲鑿……」……濬□□回分野□□洞府於岩扃透出煙光寫儀形於天半亭亭異相完若净□濬濬……於……」□正月初四年歲次辛丑三月二十七丁亥畢工壯麗伽藍永立至堅之……纂□張……」……消……靈□□庶……絶……耽華遠敬兵傷……""指揮使"乃唐代武官職稱，在《新唐書》卷五〇《兵志》中載："及僖宗幸蜀，田令孜募神策新軍爲五十四都，離爲十軍，令孜自爲左右神策十軍兼十二衛觀軍容使，以左右神策大將軍爲左右神策諸都指揮使，諸都又領以都將，亦曰'都頭'。"大足韋君靖碑中其身份也有"充昌普渝合四州都指揮、静南軍使"之職務，但是否朝廷加封，無考。

公元 945 年(後蜀廣政八年)

【粧修記】昭武軍節度使利□元中使銀青光禄大夫」檢校工部尚書兼御史大夫孫竇因游古寺得禮」聖容遂爲女弟子劉氏同粧修釋迦

靈佛一」龕大小壹拾壹身設齋慶訖永爲供養」廣政八年乙巳歲二月廿五日□□題記。

（《廣元石窟》）

該題記位於廣元千佛崖187號龕外龕南部中壁。

公元952年（後蜀廣政十五年）

【造像記】敬□造師佛一完右弟子思順思謙等爲亡〔婆〕陳氏因於設除服齋時以廣政十五年壬子五月二十八日慶贊訖亡公前忠州司馬吳□亡父衙前教練夥兼□都□鎮吳承□。

（《資中重龍山摩崖造像内容總録》）

此龕造像記位於資中重龍山28號龕右壁，左壁還題有"亡婆穎川郡陳氏"。

公元953年（後周廣順三年，後蜀廣政十六年）

自唐末以來，所在學校廢絶，蜀毋昭裔出私財百萬營學館，且請刻板印《九經》。蜀主從之。由是蜀中文學復盛。

（《通鑒》卷二九一）

按《舊五代史》卷四三《唐明宗本紀九》記載，"（二月）辛未，中書奏：'請依石經文字刻《九經》印板'。從之。"當時是後唐長興三年（公元932年），可能只是開始雕版，而並未刊行開來。中華書局在《舊五代史》的點校中也引《愛日齋叢鈔》所載："唐明宗之世，宰相馮道、李愚請令判國子監田敏校定《九經》，刻板印賣，從之。後周廣順三年六月丁巳，板成，獻之。由是雖亂世，《九經》傳佈甚廣。"此次在蜀刻印成功的乃是繼唐代《開成石經》後頗爲有名的《孟蜀石經》，可惜今已在世所存無幾。明楊慎的《全蜀藝文志》卷三六載吕陶《經史閣記》言："蜀學之盛冠天下而垂無窮者，其具有三：一曰文翁之石室，二曰高公之禮殿，三曰石壁之《九經》。”另可參見本書“淳化元年”條。

公元954年(後周顯德元年，後蜀廣政十七年)

【造像記】敬鐫造藥師琉璃光佛八菩薩十二神王一部衆並七佛三世佛阿彌陀佛尊勝幢壹所兼地藏菩薩三身都共壹龕」右弟子右廂都押衙知衙務劉恭姨母任氏男女大娘子二娘子男〔仁壽〕仁福仁禄等發心鐫造前件功德今並周圓伏願身田清〔爽〕」壽算遐昌眷〔屬〕康安高封禄位先靈祖遠同沾殊善以廣政十七年太歲甲寅二月丙午朔十一日丙辰設齋表贊訖永爲瞻敬」。

又【銘文】(漶)」(漶)」(漶)」娑□□□□□□□訶□□娑秫地」弟子右廂□□衙知衙務劉恭造」阿(漶)」秫地阿鼻〔誅〕□□□□多伐折」那阿嚧嘌多毗□阿訶羅阿」羅阿瑜□陀」(漶)」(漶)」(漶)」。

(《銘文録》20頁劉恭造281號藥師佛龕鐫記及刻經兩件)

該龕位於大足北山佛灣第281龕，爲雙層龕，龕内造像分兩部，主鑿藥師琉璃净土變。左鑿一經幢，其上刻經。另，北山佛灣中第255、256、271龕亦爲藥師净土變造像，可見下文“廣政十八年”條。

公元955年(後周顯德二年，後蜀廣政十八年)

【造像記】弟子通引官行首王承秀室家女弟子張救脱部衆並十方佛阿彌陀佛尊勝幢地藏菩薩四身共一龕佛保|氏發心誦念藥師經一卷並舍錢妝此龕劭氏同發心造上件□□今已成就伏冀福壽長遠災障不侵〔眷屬〕□□公私清吉以廣政十八年二月廿四日修齋表」德意希保家門之昌盛保夫婦以康和男福□□□□婦□□子李氏△周氏△女二娘子△四娘子□□□□娘子女婿于承江△子五香二香三香」女肖休災殃不染以咸平四年四月十八日修掛幡齋表白記」△△△△通

引行首王承〔秀〕」。

（《銘文録》21頁王承秀造藥師變鐫記）

此文中提到北宋咸平四年，即公元1001年，時隔16年後重新修掛齋表。後文不再提及。

（五月）甲戌，（周世宗）詔曰：

釋氏貞宗，聖人妙道，助世勸善，其利甚優。前代以來，累有條貫，近年已降，頗紊規繩。近覽諸州奏聞，繼有緇徒犯法，蓋無科禁，遂至尤違，私度僧尼，日增猥雜，創修寺院，漸至繁多，鄉村之中其弊轉甚。漏網背軍之輩，苟剃削以逃刑；行姦爲盜之徒，托住持而隱惡。將隆教法，須辨否臧，宜舉舊章，用革前弊。

諸道府州縣鎮村坊，應有敕額寺院，一切仍舊，其無敕額者，並仰停廢，所有功德佛像及僧尼，並騰併於合留寺院内安置。天下諸縣城郭内，若無敕額寺院，只於合停廢寺院内，選功德屋宇最多者，或寺院僧尼各留一所，若無尼住，只留僧寺院一所。諸軍鎮坊郭及二百户已上者，亦依諸縣例指揮。如邊遠州郡無敕額寺院處，於停廢寺院内僧尼各留兩所。今後並不得創造寺院蘭若。王公戚里諸道節刺已下，今後不得奏請創造寺院及請開置戒壇。男子女子如有志願出家者，並取父母、祖父母處分，已孤者取同居伯叔兄處分，候聽許方得出家。男年十五已上，念得經文一百紙，或讀得經文五百紙，女年十三已上，念得經文七十紙，或讀得經文三百紙者，經本府陳狀乞剃頭，委録事參軍本判官試驗經文。其未剃頭間，須留髮髻，如有私剃頭者，卻勒還俗，其本師主決重杖勒還俗，仍配役三年。兩京、大名府、京兆府、青州各處置戒壇，候受戒時，兩京委祠部差官引試，其大名府等三處，只委本判官録事參軍引試。如有私受戒者，其本人、師主、臨壇三綱、知事僧尼，並同私剃頭例科罪。應合剃頭受戒人等，逐處聞奏，候敕下，委祠部給付憑由，方得剃頭受戒。應男女有父母、祖父母在，别無兒息侍養，不聽出家。曾有罪犯，遭官司刑責之人，及棄背父母、逃亡奴婢、姦人細作、惡逆徒党、山林亡命、未獲賊徒、負罪潛竄人等，並不得出家剃頭。如有寺院輒容受者，其本人及師主、三綱、知事僧尼、鄰房同住僧，並仰收捉禁勘，申奏取裁。

僧尼俗士，自前多有捨身、燒臂、煉指、釘截手足、帶鈴掛燈、諸般毁壞身體、戲弄道具、符禁左道、妄稱變現還魂坐化、聖水聖燈妖幻之類，皆是聚衆眩惑流俗，今後一切止絶。如有此色人，仰所在嚴斷，遞配邊遠，仍勒歸俗，其所犯罪重者，准格律處分。每年造僧帳兩本，其一本奏聞，一本申祠部，逐年四月十五日後，勒諸縣取索管界寺院僧尼數目申州，州司攢帳，至五月終已前文帳到京，僧尼籍帳内無名者，並勒還俗。其巡禮行腳，出入往來，一切取便。

是歲，諸道供到帳籍，所存寺院凡二千六百九十四所，廢寺院凡三萬三百三十六，僧尼系籍者六萬一千二百人。

（《舊五代史》卷一一五《周世宗本紀二》）

《新五代史》卷一二《周本紀第十二》載："（周世宗）即位之明年，廢天下佛寺三千三百三十六。是時中國乏錢，乃詔悉毁天下銅佛像以鑄錢，嘗曰：'吾聞佛説以身世爲妄，而以利人爲急，使其真身尚在，苟利於世，猶欲割截，況此銅像，豈其所惜哉？'"顯德乃是五代時期最後一個年號，這期間的宗教政策也爲宋初多所吸收，如乾德六年"限度僧法，諸州僧帳及百人，歲許度一人"。這篇詔書中，記載有不少的當時中原地區佛教現實狀況，如燒臂、煉指等殘毁身體的行爲，在後來大足及周邊地區的石刻中有所對應。亦可爲四川地區的密教自中原傳播而來備一佐證。

公元959年（後蜀廣政二十二年）

【造像記】敬□修粧三身佛并經龕同一座。右配法弟子王彦昭，先發愿修粧上件功德，并已同俗意。希自身清吉，眷屬圓圓。時廣政二十二年歲次己未十月癸酉朔二十日，前攝龍州軍事兼普州軍事衙推五音地理王彦昭供養。

（《四川五代石刻考察記》）

此題記與本書下條廣政二十四年題記分别位於安岳卧佛院 52 號龕經幢與 53、54 號龕。

【妝修記】敬冉修妝釋迦牟尼佛并」阿難加葉與部衆共一龕」右弟子張志緼先發心愿爲」堂上慈母合家眷屬修妝此」功德并以周圓意希夫婦〔保〕壽長少清吉以廣政〔二〕」〔十〕二年歲次己未十月□〔酉〕」〔朔〕卅日修妝□畢」。

(《安岳卧佛院考古調查與研究》)

此題記位於卧佛院第 68 龕外龕左壁，與上條造像記同時。此數條題記皆自左向右書寫，字跡庸俗不堪。

公元 961 年(後蜀廣政二十四年)

【經幢文】敬造尊勝幢壹座。右佩法弟子王彦昭，先發願爲上祖先靈，所生父母，亡過眷屬等，就此壁隱，鐫上件幢。伏願承此功德，超陞净邦。生前債主冤家，冥途願無讎餘。覬闔家長幼，咸乞康寧。此世不值，冕嫌來生，願同佛會。時廣政二十四年歲次辛丑八月壬辰朔十五日丙午鐫畢。前攝龍州兼普州軍事衙推五音地理王彦昭。

(《四川五代石刻考察記》)

此時已爲宋建隆二年。但是乾德二年(公元 964 年)王全斌才入蜀，此時蜀地仍爲孟昶治境，因此此龕還是歸爲五代卷内容。下則材料取舍同此意。

西元 963 年(後蜀廣政二十六年)

【碑記】報國院西方大悲龕記

夫慈心廣大，弘愿殊常門。勞煩性之門，啟解菩薩提之□□□□□□□四生(漶)果斯時無量壽尊也。因地之時，於世間自在王佛所發四十八愿，情(漶)佛果尊。屈將士利濟，捨靈無數，聲聞皆來聽法。百億菩薩咸愿傳經，寶鐘擊而聲貫□□□□響而弘。捨仙(漶)簡州清化軍。鐫字衙推楊郎男，前崇龕場鎖將曾候。大蜀廣政二十六年歲次癸亥五月十五日丙寅題記。永爲曠敬。

(《四川五代石刻考察記》)

此碑位於樂至縣距縣城20公里處的報國寺千佛崖1號龕。造像内容爲西方净土變。依碑文内容推測，似是爲戰亡之將士超度功德。

宋 代 卷

公元 960 年(建隆元年)

春正月乙巳，大赦，改元，定有天下之號曰宋。

(《宋史》卷一《太祖本紀一》)

公元 964 年(乾德二年)

十一月甲戌，命忠武軍節度使王全斌爲西川行營前軍兵馬都部署，武信軍節度崔彦進副之，將步騎三萬出鳳州道；江寧軍節度使劉光義爲西川行營前軍兵馬副都部署，樞密承旨曹彬副之，將步騎二萬出歸州道以伐蜀。乙亥，宴西川行營將校於崇德殿，示川峽地圖，授攻取方略，賜金玉帶、衣物各有差。

(《宋史》卷一《太祖本紀一》)

公元 965 年(乾德三年)

(正月)乙酉，蜀主孟昶降。得州四十五，縣一百九十八，户五十三萬四千三十有九。

(《宋史》卷二《太祖本紀二》)

《續通鑒》卷四載："自全斌等發京師至昶降，才六十六日，凡得州四十六，縣二百四十，户五十三萬四千二十九。”所得州與縣數與《宋史》記載有差。

(正月)又命樞密直學士馮瓚知梓州，賜衣一襲，金束帶一，絹百匹。

(《宋會要輯稿·禮六二》)

(三月)時蜀既降，王全斌等在蜀晝夜宴飲，不恤軍務，縱掠子女，劫奪財物，蜀人苦之。于是渝、涪、資、昌、等十六州皆起兵應文州刺史左師雄，(高)彦暉戰死。

(《稀見重慶地方文獻匯點》中萬曆《重慶府志》(殘卷)卷五七)

八月，己酉，詔以西川兵馬都監康延澤爲普州刺史。

(《續通鑒》卷四)

(九月)壬申，詔蜀諸郡各置克寧軍五百人。

(《宋史》卷二《太祖本紀二》)

大足北山第137龕中有“克寧十將”之銘文，表明昌州有克寧軍(廂軍)，史物互證。

十一月，丁卯朔，康延澤入普州。先是州城悉被焚蕩，乃依山設柵，且行且戰，取糧於遂州，復城普州。既而劉澤領衆來降，詔以延澤兼東川七州招安巡檢使。

(《續通鑒》卷四)

公元966年(乾德四年)

初，帝遣右拾遺孫逢吉至成都收蜀圖書、法物。五月，乙亥，逢吉還，所上法物皆不中度，悉命焚毁；圖書付史館。

(《續通鑒》卷四)

公元 968 年(開寶元年)

九月二十七日詔成都府造金銀字佛經各一藏。勑兵部侍郎劉熙古監視。

(《釋氏稽古略》卷四)

《釋氏稽古略》爲元代烏程僧人覺岸(字寶洲)所撰,爲編年體佛教史,也録有部分世俗内容。《四庫全書》中列於《佛祖通載》之前,因記載内容只到南宋爲止。但所記内容未爲深考,粗率草野,多爲僧人粗通世史而用。因正史中都未有記載宋太祖印佛經事,只能聊勝於無,以爲補充資料。查《宋史》卷二六三《劉熙古傳》,中有記載:"(乾德年間)轉兵部侍郎,徙知成都府。"《稽古略》中所載此事的人物時間地點倒是與史載大致相符。

公元 971 年(開寶四年)

六月十一日勅成都再造金字佛經一藏。

(《釋氏稽古略》卷四)

公元 972 年(開寶五年)

帝自用兵平列國,前後凡造金銀字佛經數藏。今年勅雕佛經印一藏。計一十三萬版。

(《釋氏稽古略》卷四)

此即《大藏經》各版本中最著名的《開寶藏》,一般認爲始於開寶四年,雕版完成於太平興國八年(公元 983 年)。後將雕版送汴京保存,靖康之難中爲金人掠去。今所存世印品極少。

（九月）禁西川民斂錢結社及競渡。

（《續資治通鑒長編》卷一三）

公元 974 年（開寶七年）

知鄜州王龜從表上中天竺摩伽陀國僧法天、河中府梵學僧法進所譯《聖無量壽》《尊勝》二經、《七佛贊》，詔法天等赴闕，召見慰勞，賜紫衣。法天姓刹地利，通三藏，與其兄達理摩犖義多、西印度僧尼囉、南印度僧尼没馱計哩帝等四人同造中國，惟法天與其兄得達，余皆没於路。法天攜梵經至鄜州，偶河中梵學僧法進其詳經義，始出。已上經，法進執筆回綴，龜從潤色之。法天求詣五台，禮文殊，遂游江、浙、嶺表、巴蜀，許之。

（《宋會要輯稿・道釋二》）

【妝修記】修妝釋迦牟佛部眾一龕」修造遮佛龕廈舍一面」弟子馮崇夫婦同發心爲女弟子」劉氏小女石求獲平善希獲平」善開寶七年十一月八日設齋表」慶了」永章福祚」。

（《安岳臥佛院考古調查與研究》）

該妝修記位於臥佛院第 70 龕左壁。此則材料中可看出，宋初時人已修建“遮佛龕廈舍”，可作爲一則文物保護的材料使用。

公元 977 年（太平興國二年）

（二月）丙午，始分西川爲東、西兩路，各置轉運使、副使。

（《續通鑒》卷九）

公元 978 年（太平興國三年）

建隆初，三館所藏書僅一萬二千餘卷，及平諸國，盡收其圖籍，惟蜀、江南爲多，凡得蜀書一萬三千卷，江南書二萬餘卷，又下詔開獻書之路，于是三館篇帙大備。帝臨幸三館，惡其湫隘，顧左右曰："此豈可蓄天下圖籍，延四方賢俊邪！"即詔有司度左陞龍門東北，別建三館，其制皆親所規畫，輪奐壯麗，甲於内庭。二月，丙辰朔，賜名崇文院，盡遷舊館書以實之，正副本凡八萬卷。

（《續通鑒》卷九）

蜀地因爲未受唐末藩鎮割據戰爭的太大影響，較爲安定，所蜀地的文化保存也較完整。宋代的印書中乃以蜀本爲質量最高，楊慎在《丹鉛續録》卷六中有"宋世書傳，蜀本最善"之言。肇自"三蘇"的"蜀學"也成爲宋代文化中舉足輕重的學術流派，與程顥和程頤的"洛學"、王安石的"新學"構成全國主流文化的鼎足之勢。"三蘇"作爲蜀人在唐宋八大家中而佔其三。據李有明主編《四川古代名人·蜀人歷任宰相、宰輔簡表》一書中統計，宋代的蜀人歷任宰相、宰輔者達27人之多。

右拾遺郭泌上言："劍南諸州官糶鹽，斤爲錢七十。鹽井浚深，鬻鹽極苦，樵薪益貴，輦之甚艱，加之風水之虞，或至漂喪；豪民黠吏，相與爲姦，賤市於官，貴糶於民，至有斤獲錢數百，官虧歲額，民食貴鹽。望稍增舊價爲百五十文，則豪猾無以規利，民有以給食。"從之。有司言："昌州歲收虚額鹽萬八千五百餘斤，乃開寶中知州李佩掊斂以希課最，廢諸井薪錢，歲額外課部民鬻鹽，民不習其事，甚以爲苦，至破産不能償其數，多流入他部，而積年之征不可免。"詔悉除之，其舊額二萬七千六十斤如故。"

（《宋史》卷一八三《食貨志下五》）

即此，以昌州年收鹽27060斤計算，每斤價150文，每年收錢4059000文，《續通鑒》卷八中載在興國二年，"丁酉，詔所在悉以七十七錢爲百，每千錢必及四斤半以上"。千錢爲一貫，實則770文爲一貫，該州每年産鹽收入爲5271貫。《宋會要輯稿·食貨一六·商税二》中載："昌州系舊在城及大足、昌元、永州（永州：疑當作"永川"）、龍水、陔山、米糧、李店、龍安、劉安（龍安：原書天頭注云:"安一作仁")、安仁、静南、河樓、永康、一驅(一驅:原書天頭注云:"'一'一作'二'"。按《元豐九域志》卷七,疑當作"三驅")、僚母、頗川(頗川:據《元豐九域志》卷七,疑當作"賴川")、寶蓋、龍會、永安、趙市、龍門、清灘、豐安、歸仁、磑子、小井、灘子、舊州、永昌、鐵山、龍歸、未蘇、候溪、永祥、牛尾、永興、權樂、成昌三十八務,歲五萬一千五十七貫。熙寧十年,在城:一萬一千四百五十六貫二百八十五文;昌元縣:一百三十四貫四百文;永川縣:一百五十四貫八百三十四文"。則昌州之鹽課約佔商税之一半。

夏,四月,乙卯朔,召華山道士真源丁少微至闕。少微善服氣,年百餘歲,隱居華潼谷中,與同縣陳摶齊名。然少微專奉科儀,摶嗜酒放曠,雖居室密邇,未嘗往來。少微以金丹、巨勝、南芝、元芝等獻,帝留數月,遣還。

(《續通鑒》卷九)

陳摶,五代至宋初的著名道士,對宋代的理學産生了重要影響。清初黄宗炎的《憂患學易》一書,考證出《太極圖》即是出自於他;另著有《易龍圖序》《高抬貴手》等,《全宋文》中有收入其作品。其宣導静臥養生,至今有"陳摶高臥"之成語傳世。一生行蹤飄忽,衆説紛紜,特别是關於原籍之説。《宋史》卷四五七《陳摶傳》中記陳摶爲亳州真源人(今河南省周口市鹿邑縣東),而《祥符州縣圖經》中的《普州圖經》、南宋王象之的《輿地紀勝》等,均説爲普州崇龕人(即今四川省資中市安岳縣崇龕鎮),當地至今還有陳摶壩、陳摶墓等遺跡(另有一説,1993年所修的《潼南縣志》中説是潼南縣崇龕鎮人)。而在《宋文鑒》中收録的《易龍圖序》中,其署名亦爲"西蜀崇龕陳摶序"。但《續通鑒》此記載中有丁少微"與同縣陳摶齊名"之句,考《宋史》卷四六一《丁少微傳》中載:"丁少微,亳州真源人。"證明陳摶確與丁少微爲同鄉,更爲真源説力證。大足寶頂山大佛灣中第22龕下的左右兩壁刻有從安岳陳摶墓後拓來的"福""壽"二字,落款爲"陳希夷書"("希夷先生"是宋太宗對他的賜號),傳爲陳摶生前手書,爲清代翻刻,此二字在全國各地景區如華山、峨嵋山、蓬萊等多處都可見。

公元 982 年(太平興國七年)

丙子，置譯經院。

(《宋史》卷四《太宗本紀一》)

《宋會要輯稿·道釋二》載："太宗崇尚釋教，又以梵僧曉二方言，遂有意於翻譯焉。是年(五年)，詔中使鄭守鈞就太平興國寺大殿西度地作譯經院。中設譯經堂，其東序爲潤文堂，西序爲正義堂，譯經僧以次分設堂室。至七年六月院成，召天息災等三人入院。"

公元 983 年(太平興國八年)

帝謂宰相曰："比聞有僧道還俗應舉者，場屋混淆。進士須通經義，遵周、孔之教；或止習浮淺文章，殊非務本之道。"(十二月)甲辰，令諸州禁還俗僧道赴舉。

是歲，賜譯經院額曰傳法；令兩街選童子五十人，就院習梵學、梵字。

(《續通鑒》卷一二)

公元 984 年(太平興國九年，雍熙元年)

帝之即位也，召華山隱士陳摶入見。冬，十月，復詣闕，帝益加禮重，謂宋琪等曰："摶獨善其身，不干勢利，所謂方外之士也。在華山已四十餘年，度其年當百歲，自言經五代亂離，幸天下承平，故來朝覲。與之語，甚可聽。"……甲申，賜摶號希夷先生，令有司增葺所止台觀。帝屢與屬和詩什，數月，遣還。

(《續通鑒》卷一二)

公元985年(雍熙二年)

(二月),禁增置寺觀。

(《續通鑒》卷一二)

(十月)丙午,以天竺僧天息災、施護、法天並爲朝請大夫、試鴻臚少卿。

(《宋史》卷五《太宗本紀二》)

公元990年(淳化元年)

(二月),賜諸路印本《九經》,令長吏與衆官共閱之。

(《宋史》卷四《太宗本紀一》)

此"九經",乃是宋代所最終確定的經本,指《詩經》《尚書》《周易》《周禮》《禮記》《儀禮》《春秋左傳》《春秋公羊傳》《春秋穀梁傳》。加上《論語》《爾雅》《孟子》《孝經》即爲十三經。

公元994年(淳化五年)

李順入據成都,僭號大蜀王,改元曰應運,遣兵四出侵掠,北抵劍關,南距巫峽,郡邑皆被其害。

(《續通鑒》卷一七)

五月丁巳,西川行營破賊十萬衆,斬首三萬級,復成都,獲賊李順。其党黨張余複攻陷嘉、戎、瀘、渝、涪、忠、萬、開八州。……己巳,以知梓州張雍、都巡檢使盧斌嘗堅守卻賊,斌進擊解閬州圍,遂平蓬州,雍加給事中,斌領成州刺史。

……辛未,降成都府爲益州。

（六月）戊戌，峽路行營破賊于廣安軍，又破賊張罕二萬衆於嘉陵江口，又破於合州西方溪，俘斬甚衆。

（九月）丁丑，以蜀部漸平，下詔罪己。

（《宋史》卷五《太宗本紀二》）

公元995—997年（至道元年至至道三年）

【妝修記】女弟子李氏九娘子奉爲亡夫王廷」略三周年妝此△地藏觀音二尊用」伸追廣生界至道□年四月二十一日齋供表贊訖」。

（《銘文録》72頁李氏九娘子妝絢第249號觀音地藏龕鐫記）

公元999年（咸平二年）

【妝修記】女解氏」妝鑾尊勝幢」一所」右女弟子董氏爲」女解氏造以咸平」二年三月三十日修」齋表贊訖」□□□維日。

（《銘文録》72頁解氏妝鑾第279號尊勝幢鐫記）

公元1000年（咸平三年）

【妝修記】弟子李承謙先」發心造上件功德」意乞夫婦保家」闔宅安寧今」鑾妝周備以」咸平三年十一月」三日設齋表贊」。

（《銘文録》469頁李承謙造聖僧像鐫記）

該銘文及石雕出土於縣城東30公里處萬古鎮的大鐘寺遺址，位於淮遠河長生橋南的小山麓，東北面河。1986年當地農民修挖屋基時，出土佛教圓雕殘像、殘片、殘經幢近百件，有咸平、皇祐、嘉祐、治平等北宋紀年的23件，還有安岳鐫作世家文惟簡的題名，今被收藏於館內庫房中。關於更多大鐘寺出土文物情況，可參閱《四川文物》1989年第5期鄧之金《大足縣大鐘寺宋代圓雕石刻遺址調查》一文。

公元 1001 年(咸平四年)

【鐫記】□□弟子都知兵馬使前知昌」元永川大足縣事陳紹珣與室家黄」氏爲淳化五年草亂之時願獲眷」尚平善常值△聖明妝繪此龕功」德云咸平四年二月八日修水陸齋表」慶謹記」

(《銘文録》72~73 頁解陳紹珣妝繪第 253 號觀音地藏龕鐫記)

(三月)辛巳，分川峽轉運使爲益、利、梓、夔四路。

(《宋史》卷六《真宗本紀一》)

這就是時人所稱的"川峽四路"，"四川"一詞的來歷即源於此。據《宋會要輯稿·方域七》載："真宗咸平四年三月十日，詔分川峽爲四路……峽路轉運副使、秘書丞李昉爲梓州路轉運使，總梓、遂、果、資、榮、昌、普、渠、合、戎、瀘、懷安、廣安、富順凡十四州軍監，以知梓州王渭提轄兵馬捉賊事。"

(六月)丁卯，詔州縣學校及聚徒講誦之所，並賜《九經》。

(《宋史》卷六《真宗本紀一》)

公元 1006 年(景德三年)

(四月)壬辰，命使六人巡撫益、利、梓、夔、福建等路，犒設將吏，存問父老，疏決繫囚，仍案察官吏能否、民間利害以聞。

(《續通鑒》卷二六)

公元 1008 年(大中祥符元年)

聖壽寺在縣西南，漢建，在唐爲空慧寺，後改龍淵。孟蜀時宰相王處回舍宅以廣其基。至宋大中祥符間移聖壽寺額於此中。有秦太守所鑿石犀，今在殿前，俗呼爲石牛寺。殿中有井，相傳與海通，所謂龍淵也。

（嘉慶《四川通志》卷三七《輿地志·寺觀一·成都府》）

此乃成都“聖壽寺”之歷史由來。大足寶頂山聖壽寺之來歷當與此不無淵源。附録宋人吳師孟《大中祥符禪院記》如下：“一真無相，窮理則非空，萬法爲要，終則不實。然而證於無者，孰能離相？資於有者，安得不爲？諸器世間，一切法爾。敕賜大中祥符禪院者，唐元和聖壽寺三十寺之一也，然自係敕額，不隸於寺焉。孟昶爲蜀，檀越主樞密使王處回（字亞賢）之所建也。僞廣政九年丙午歲，實晉少帝開運三年也，亞賢捨私帑，買毗盧、百合、法寶、羅漢齊、俱眠等五院，合而爲一，其年七月二十四日僝工。締構之初，鼎新大壯，一椽一甓，皆不即舊。至十三年庚戌歲二月迄成，土木之盛，冠諸羅摩，號曰崇真禪院。佛殿、法堂、僧堂、客館、齋廳、浄厨乃至波演那舍應用什物及諸犍衣惟罔不備具。自開運以來名畫事相，徧滿其間，輪奐瀟灑，實大殊勝，無慮四百楹有畸。僧堂南北構二堂二龕，蓄秘典兩藏。時有一老人自來應募，頗矜其能，伐石爲龍，盤繞龕下，活狀蜿蜒，巧制精絶。夜輒光怪，觀者駭異。而老人不取傭值，唯日食需魚及水中之物。功既畢，而不知所詣。人皆以爲龍所化，現自鐫其像云。僧童之儔七十。成都縣文學鄉負郭水田七頃，華陽縣金城坊賃院一所皆充常住。歲入租斛，月斂僦緡，以備蒲尼繕葺之費。始，亞賢之子曰秘書少監德琦建白知府侍郎吕公余慶，請靈龕山唸啞禪師住持。啞傳小師懿爽，爽傳德嚴，爲都監寺。至道乙未，順賊既殲，德嚴詣闕陛見之日，太宗喜獎，面賜紫衣，號圓明大師，仍許復歸住持本院。祥符元年歲次戊申，轉運使、刑部員外郎施公護奏賜今額。嚴既圓寂，院付小師仁璲。以管内都僧正王之。璲傳崇教，教傳守則，則傳守謙，則、謙皆八十餘歲矣。知府龍圖劉公庠以合都表自賜紫，惟古浄行純裕，緇白信向，特給符牒，俾之住持。先是，崇教舊已礱石，欲俾師孟紀敘建院賜額之因，久而未克，今茲贊師又能追繼祖師之志，復以識文及書乃見屬。師孟自念昔者先大父與圓明有方外之契，嘗爲親題院額，於今手澤存焉。重媿二師之勤，其敢以淺陋爲解。熙寧十九年記。”

公元 1009 年(大中祥符二年)

五月，乙卯朔，詔追封孔子弟子兗公顔回爲國公，費侯閔損等九人爲郡公，成伯曾參等六十二人爲列侯，冥相群官分撰贊。

是秋，京西、河東、陜西、江淮、荆湖路，鎮、定、益、梓、邛、密等州言豐稔，京師粟斗錢三十。

甲午，詔天下並建天慶觀。時罕習道教，惟江西、劍南人素崇重，及是天下始遍有道像矣。

(《續通鑒》卷二八)

【妝修記】大中祥符二年(漶)十户共捐。

(《資中重龍山摩崖造像内容總録》)

此妝修記位於資中重龍山 55 號龕，造像内容爲西方净土變，爲晚唐時期。阿彌陀佛旁左觀音，右大勢至，身旁各一七級塔，塔邊刻“未生怨”，龕内遍佈天宫樓閣、飛天伎樂及菩薩、諸天。龕楣刻坐佛一排，而沿刻“十六觀”，右壁外鐫供養人 8 身。頗類大足北山晚唐時期的作品——245 號龕。

公元 1010 年(大中祥符三年)

二月，昌州廨廳柱芝生四本。

(《宋史》卷六三《五行志二上》)

公元 1011 年(大中祥符四年)

(正月)丁酉,(真宗)奉天書發京師。

(二月)辛酉,祀后土地祇。是夜,月重輪,還奉祇宫,紫氣四塞。幸開元寺,作大寧宫。

(《宋史》卷六四《五行志二下》)

(五月)乙未,加上五嶽帝號,作《奉神述》。

(《宋史》卷八《真宗本紀三》)

《宋史》卷一〇二《禮志五》中記載:"五月乙未,加上東嶽曰天齊仁聖帝,南嶽曰司天昭聖帝,西嶽曰金天順聖帝,北嶽曰安天元聖帝,中嶽曰中天崇聖帝。……又加上五嶽帝后號:東曰淑明,南曰景明,西曰肅明,北曰靖明,中曰正明。遣官祭告。……帝自製五嶽醮告文,遣使醮告。即建壇之地構亭立石柱,刻文其上。"大足縣城西北 10 公里的舒成岩之造像群全部爲道教造像,其中紹興年間的 1 號龕和 2 號龕即爲淑明皇后和東嶽帝造像,顯示了當時的東嶽信仰。

(七月)壬午,鎮、眉、昌等州地震。

(《宋史》卷八《真宗本紀三》)

昌元縣民舒元晃田禾一莖九穗,知州柴德方以聞。

(《宋史》卷六四《五行志二下》)

知州柴德方,乃是昌州知州。這是筆者在梳爬史料時看到的以前從未有人發現過的史料。

公元 1012 年(大中祥符五年)

(閏月)癸酉,詔:"天下州、府、軍、監,天慶觀並增置聖祖殿。”

(閏月)丁丑……詔於龍圖閣取太平興國中舒州所獲誌公石以示輔臣，加謚誌公曰真覺，遣知制誥陳堯咨詣蔣山致祭；後又加謚曰道林真覺，令公私無得斥誌公名。

有司請改玄武、玄冥、玄弋、玄枵並爲”真”字，詔可。

(十二月)壬申，改謚玄聖文宣王爲至聖文宣王。

(《續通鑒》卷三〇)

舒國公惟忠，德昭子，初名文起。太平興國八年十月，賜今名，授左千牛衛將軍。四遷右龍武軍。真宗即位，改右千牛衛大將軍。大中祥符二年正月，進敘州刺史。五年十二月，進昌州團練使。八年閏六月卒，贈鄂州觀察使、江夏侯。明道二年九月，贈彰化軍節度使，追封國公。

(《宋會要輯稿·帝系三》)

《宋會要輯稿·禮四一》中有：“(八年)六月二十七日，幸昌州團練使惟忠院臨奠。”

公元1013年(大中祥符六年)

(三月)己卯，建安軍鑄玉皇、聖祖、太祖、太宗尊像成……(五月)甲辰，聖像至……乙巳，帝衮冕朝拜，群臣朝服，陳玉幣、冊文酌獻，具大駕鹵簿，迎至玉清昭應宫，擇日各陞本殿。丙午，群臣稱賀。

(八月)庚午，詔加上真元皇帝號曰太上老君混元上德皇帝。

(《續通鑒》卷三〇)

【銘文】弟子資□勝發心□□毗」沙門天王身以大」大中祥符六年修」齋表慶。

(《銘文録》315頁資□勝造毗沙門天王像鐫記)

公元 1014 年(大中祥符七年)

(正月)壬寅，車駕奉天書發京師。丙午，次奉元宮。……戊申，王旦上混元上德皇帝冊寶。己酉，朝謁太清宮。天書升輅，雨雪倏霽……是夜，月重輪，幸先天觀、廣靈洞霄宮。

(二月)乙亥，益州鑄大鐵錢。

(《宋史》卷八《真宗本紀三》)

(九月)辛卯，尊上玉皇大帝聖號曰太上開天執符御曆含真體道玉皇大天帝，以來年正月一日躬申薦告。

(《續通鑒》卷三一)

公元 1015 年(大中祥符八年)

春，正月，壬午朔，詣玉清昭應宮太初殿，奉表上玉皇大天帝聖號；遂奉安刻玉天書於寶符閣，塑御像冠服立侍。帝陞閣，備登歌，酌獻；還，御崇德殿受賀，大赦天下。

(《續通鑒》卷三二)

四月，昌州有芝生石上，一本四莖，其色黃白。

(《宋史》卷六三《五行志二上》)

公元 1016 年(大中祥符九年)

九年三月二十二日，置梓州至綿州遞鋪。先是命民丁傳送，今革之也。

(《宋會要輯稿·方域十》)

所謂“遞鋪”，乃是用人力奔走傳遞資訊的郵傳機構(宋代也有少量“馬遞鋪”，非一概而論)，相對於用馬力馳奔傳遞資訊和人員的驛站，速度要慢一些，而且設立站程里數要短，但由於省去馬匹，也無奢華建築，費用較低廉。在宋代以前就有類似機構，但非官方正式，《宋會要輯稿》同卷中記載："太祖建隆二年五月十七日，詔諸道州府以軍卒代百姓爲遞夫。先是，天下郵傳率役平民。至是，帝知其弊，始盡易之。"至元代以後，稱"急遞鋪"，成爲正式官方審定的機構，《元史》卷一〇一《兵志四》中："元制，設急遞鋪，以達四方文書之往來，其所系至重。"明制，急遞鋪的設立與人員都要官方核定，正式載上史書與方志，《明史》卷七七《食貨志一》載："凡户三等：曰民，曰軍，曰匠。……軍有校尉，有力士，弓、鋪兵。"清代相仍，至宣統二年爲現代郵局所替代，正式退出歷史舞臺。《乾隆大足縣志》中記載大足縣有底塘鋪、水車鋪、龍水鋪、雙路鋪、郵亭鋪（實際遠遠不止這些，光緒縣志的《地輿圖》中就標出了20個鋪的名字），連接起來看，此路線正是大足到成渝南大路的要道。

公元1019年（天禧三年）

（八月）辛丑，太白晝見。大會釋、道於天安殿，建道場，凡萬三千餘人。己亥，帝臨視，以藥銀鑄大錢，面賜之。

（《續通鑒》卷三三）

公元1020年（天禧四年）

（三月）乙亥，以益、梓州路物價翔踴，命知制誥吕夷簡、引進副使曹儀乘傳賑恤之。

（《續通鑒》卷三四）

（十二月）丁亥，遼禁僧然（燃）身煉指。

（《續通鑒》卷三五）

公元 1021 年(天禧五年)

(六月)己未，國子監請以御制《至聖文宣王贊》及近臣所撰《十哲七十二賢贊》鏤版，詔可。

(《續通鑒》卷三五)

公元 1024 年(天聖二年)

初，禁寺觀毋得市田。及真宗崩，内遣中使賜荊門軍玉泉山景德院白銀三千兩，令市田，言爲先帝植福，後仍不得爲例。由是寺觀稍益市田矣。

(《續通鑒》卷三五)

玉泉寺位於今湖北當陽市西南 12 公里的玉泉山。東漢建安年間就有僧人在此結茅爲庵。隋開皇年間，天台宗創始人智顗創立玉泉寺，成爲天台宗開宗之地。於唐代，禪宗北宗的神秀也在此傳揚禪法，成爲全國四大禪林之一。宋代，真宗賜額爲"景德禪寺"，天禧年間，玉泉寺僧人道原於此編撰完成我國禪宗史上重要佛教文獻——《景德傳燈録》。明萬曆年間，神宗敕賜"荊楚第一叢林"匾額。世傳蜀漢大將關羽死後魂歸於此，此處也是關公信仰的發源地。就此，筆者想發一議，並非每個寺廟就一定一直代表某個宗派。如同巴蜀地區中晚唐存在的"柳(本尊)密"，到南宋趙智鳳所開鑿的大足寶頂山石窟中，雖然有些内容牽扯，並非是一定遵循其教派，一定要將寶頂山石刻歸於密宗甚至於道場，未免有刻舟求劍之意。

公元 1025 年(天聖三年)

(十月)庚午，以宰臣王欽若爲譯經使。唐譯經使以宰相明釋學者兼領之；宋初翻譯經論，令朝官潤文，及丁謂相，始置使；而欽若乃因譯經僧法護等請爲使，議者非之。

（《續通鑒》卷三六）

公元 1026 年（天聖四年）

（二月）庚戌，玉清昭應宫使王曾請下三館校《道藏》，從之。帝因曰："道書多言飛煉金石，豈若老氏五千言之約哉！"

（《續通鑒》卷三六）

公元 1028 年（天聖六年）

六年春正月己酉，罷兩川乾元節歲貢織佛。

（《宋史》卷九《仁宗本紀一》）

宜賓大佛沱崖壁上刻三龕造像，均爲天聖六年造，題記表明，一爲"泗州大聖"，一爲"萬通大聖"，一爲"志公大聖"。

（《宜賓市唐代大佛沱摩崖造像》）

見《四川文物》1996 年第 4 期丁文錫所撰《宜賓市唐代大佛沱摩崖造像》一文。在大足北山第 177 龕及白塔外造像，均有被認爲是泗州、寶志（就是志公）及萬回的合龕之造像，可見本書"靖康元年"條。但是"萬通"爲何人，查《高僧傳》《續高僧傳》乃至《宋高僧傳》均無記載，或許乃是"萬迴"被誤讀爲"萬通"之誤。本書作者未到過實地勘察，不敢武斷，姑存一説。

公元 1029 年（天聖七年）

集賢校理華陽彭乘懇求便親，詔乘知普州。蜀人得鄉郡自乘始。普人鮮知學者，乘爲興學，召其子弟爲生員，教育之，俗遂以變。

（《續通鑒》卷三八）

公元1033年(明道二年)

甲辰，詔以兩川歲貢綾錦羅綺紗，以三之二易爲紬絹，供軍須。

（《宋史》卷十《仁宗本紀二》）

《宋會要輯稿·食貨四二·宋漕運二》載："(天聖七年六月)二十五日，三司言：'臣僚起請兩川四路物帛綾羅、錦綺、絹布、紬綿，每日綱運甚多，遞鋪常有積壓，其餘藥物更有水路綱運不可勝紀。且兩川之富，出産雖多，計其地利，亦有窮竭。科率之時，不無擾人，般運不絶，物價何由賤平？伏望兩川所發綱運以一年計其數目，於内詳酌不急之物，量與減放三二分……'"四川供貨、漕運之苦，可見一斑。

公元1039年(寶元二年)

西川自夏至秋不雨，民大饑。(八月)庚辰，命韓琦爲益、利路體量安撫使，西染院副使王從益副之；蔣堂爲梓、夔路體量安撫使，左藏庫副使夏元正副之。

（《續通鑒》卷四一）

(九月)乙卯，出内庫銀四萬兩，易粟賑益、梓、利、夔路饑民。

時陝西用兵，調費日蹙，天章閣待制、同判禮院宋祁上疏論三冗三費："有定官，無限員，一冗也；廂軍不任戰而耗衣食，二冗也；僧道日益多而不定數，三冗也。道場齋醮，無日不有，皆以祝帝壽、祈民福爲名；宜取其一二不可罷者，使略依本教以奉薰修，則一費節矣。京師寺觀或多設徒卒，或增置官司，衣糧所給，三倍它處，帳幄謂之供養，田産謂之常住，不徭不役，生蠹齊民；請一切罷之，則二費節矣……”

（《續通鑒》卷四二）

公元 1040 年（康定元年）

八月戊戌，禁以金箔飾佛像。

（《宋史》卷一〇《仁宗本紀二》）

公元 1044 年（慶曆四年）

（五月）壬申，幸國子監，謁至聖文宣王。有司言舊儀止肅揖，帝特再拜。

（《宋史》卷一一《仁宗本紀三》）

公元 1045 年（慶曆五年）

六月丁卯，減益、梓州上供絹歲三之一，紅錦、鹿胎半之。

（《宋史》卷一一《仁宗本紀三》）

《宋史》卷六五《五行志三》中載：“（紹興）二十三年，士庶家競以胎鹿皮制婦人冠，山民採捕胎鹿無遺。”

公元 1046 年（慶曆六年）

（正月）戊子，王堯臣罷三司使。……益、梓、夔三路轉運使皆乞增鹽井課，歲可得錢十餘萬，堯臣固不從。帝問其説，對曰：“庸蜀僻遠，恩澤鮮及，而貢入常倍，民力由此困。朝廷既未有以恤之，而又牟利焉，是重困也，雖有小益，將必大損矣。”帝善其對。

（《續通鑒》卷四八）

【粧修記】本路轉運使崔峄與」知軍州事郭諮同粧佛一龕慶曆丙戌上」元後一日題」。

大宋慶曆六年丙戌歲孟春」月奉命重妝此佛一龕」工筆謹記小筆任閬山人柳中舒」王官□白僧令初」勾當監作知客佃衙金志文。

（《巴蜀佛教雕刻藝術史》）

據《巴蜀佛教藝術雕刻史》中冊175頁記載，此兩則裝修記位於廣元皇澤寺45號中心柱窟。在13號龕的唐碑左側，還有“轉運使崔……戌上元後□□□□此轉運判官……”之題記。這是一例明確寫有“奉命重妝”的兩則材料，雖未明言是否官方出資，但意味極濃。大足石刻中北山的176、177號龕，舒成岩2號龕皆有類似記録，見本書“靖康元年”條和“紹興二十二年”條。

公元1050年(皇祐二年)

【妝修記】清信女弟子趙氏」舍此妝此一□□」保自身男女安□□」以皇祐二年十二月同」□□□□慶訖」。

（《銘文録》469~470頁趙氏造聖僧像鐫記）

公元1054年(至和元年)

（十二月）丁未，殿中丞、直秘閣司馬光上《古文孝經》，詔送秘閣。

（《續通鑒》卷五五）

公元 1056 年(至和二年)

(三月)丙子，封孔子後爲衍聖公。

(《宋史》卷一二《仁宗本紀四》)

據仁宗朝進士、後累封爲“蜀郡公”的范鎮所撰的《東齋紀事》卷一記載：“仁宗至和二年，封孔子四十七代孫孔宗愿爲文宣公，尋改封孔宗愿爲衍聖公。”大足石篆山元祐年間所造孔子像皆稱“文宣王”。可見下文“元祐三年”和“元祐五年”條。

公元 1057 年(嘉祐二年)

成都府嘉祐禪院，古名毗盧。本僞蜀近密王處回所捨宅也，兵火之餘，有敝屋十數楹，在頹墉荒榛間。……嘉祐二年，端明殿學士宋公守成都，始命長老齊海開堂演法十方住持。乃建寶殿以嚴尊像，購經典以備誦持，辟三門以示趣向，立丈室以延叩請，有太廟齋郎游之才爲起藏殿以秘教乘。

(《全蜀藝文志》卷三八馮京作《嘉祐禪院記》)

後蜀滅亡後，北宋初期，四川地區特别是成都周邊地區(華陽、新津等地)的佛教恢復極快，概因爲前後蜀期間佞佛之風未熄，蜀地又未經大的兵燹，基礎猶存。這篇《嘉祐禪院記》中所記内容與大足寶頂山小佛灣佈局相似，又似有淵源(小佛灣也稱毗盧庵)。

公元 1059 年(嘉祐四年)

初，王禹偁奏：“天下僧尼，日增月益，不可卒去，宜詔天下州軍，凡僧百人得歲度弟子一人，久而自消之勢也。”詔從之。……至是有中旨，復令五十僧度一弟子，及京師僧寺弟子不復更取保任，僧徒大喜，争爲道場以答上恩。

（《續通鑒》卷五五）

【經幢記】佛頂尊勝陀羅尼△僧令儒書時以己亥歲嘉祐四年十一月二十二日表慶」

……（經文略）

以皇祐四年十一月十日」豎立王氏男羅亨新婦王氏趙氏孫女大娘三娘孫男八君十君□君鐫作文昌男惟簡惟一」。

（《銘文録》471 頁僧令儒書《佛頂尊勝陀羅尼》及王氏造佛頂尊勝幢記）

該經幢位於大鐘寺，統編爲 36 號，經文與鐫記共計 679 字。其中出現的"鐫作文昌"，乃大足地區文氏工匠家族中出現最早的名字，但是其並未如其後輩工匠一般署名"東普攻鐫"或"普州攻鐫"。

西元 1060 年（嘉祐五年）

五年二月七日，禮部貢院言："准祫饗赦書，增諸路州軍進士解額絶少處。今請蘇、明、常、衢、睦州共十一人，歙、饒州共四人，洪州、建昌軍共八人，福、建、泉、南劍、漳、汀州、邵武、興化軍共四十五人，廣、韶、新、端、康州共八人，桂、賓州共八人，益、眉、陵、綿、漢、嘉、邛州、永康軍共三十二人，遂、資、果、普、合、昌州、廣安軍共二十人，渝州、雲安軍共三人。"從之。

（《宋會要輯稿·選舉·一十五》）

據《中國歷史地理論叢》1993 年第 3 期肖華忠在《宋代人才的分佈及其地理規律》一文中統計，宋代四川和江南地區的進士人數已經佔了全國的 80%左右。這是北方地區戰亂導致經濟和文化中心南移的後果。據繆進鴻《長江三角洲與其它地區人才比較研究》一文中的統計，北宋時四川進士數居全國第8位，南宋時更躍居第4位。宋代乃古代史上四川地區文化最輝煌的時期。

【墓誌】宋故太廟齋郎解君墓誌(額)

宋故太廟齋郎解君忠叔墓誌銘」

△△△△△△△△△△△△△△△△普州鄉貢進士汝△孝恭△撰」

太廟齋郎解君字忠叔姓系原本爛然史牒此不復具九世祖琬魏」州人也仕則天朝有御戎安邊之效官至右〔開衛〕大將軍子孫蕃息遂家」長安高祖達隨僖宗幸蜀因家於昌曾祖昌遠志度恢廓智思深遠占田」萬頃優爲素封之業家富執足目指氣使有餘輒散義身洽聞」至宋定蜀△△藝祖召署昌遠楚州馬步軍副都虞侯固辭不就非其好也」祖廷翰隱居不仕父靖多學術工筆紮家資萬億豪冠兩蜀剛毅寡合施」與不妄志意相得百金不吝趣尚乖忤一毫半菽弗與也有古遊俠尚氣」之風焉忠叔即靖之第三子也生而秀異長而俊敏開帙暫閱永能記誦」下筆立就郁有文采治生計有機數注錯規畫出於眾意之外斷棋完鞠」動皆有法竹頭木屑舉無棄物性複愷悌篤於孝愛父嘗爲鄉豪構陷謫」居白帝忠叔時年尚未冠泣血奔走△△△京輦號訴於有力者大棄財」賂以雪其冤卒得父令終於牖下忠叔之力也應進士不舉遂偕計乃入」資求仕授太廟齋郎方圖效官奮跡以希卜式黃霸之用不幸天奪其壽」卒以遘疾以嘉祐四年十二月二十三日卒於家享年上市有七忠叔娶」普州馮氏生一女曰佛娘鍾愛尤篤疾亟會親屬議立猶子爲嗣曰三師」伯俊族人謂忠叔真能以義割愛也忠叔没後複生一子曰五師議者謂」天不絶忠叔之嗣以其篤於承嗣之計也天從人欲豈誣也哉以嘉祐庚」子歲十二月二十八日葬於大足縣順化里△△銘曰」△△學而進榮名不振△貲而官降年弗延才耶命耶莫叩其端」△鬱鬱佳城蕭蕭古源△歸全於考妣流慶於子孫」。

(《銘文録》477~478頁北宋解瑜墓誌銘)

《宋史》卷一七九《食貨志・下一》中載尚書左丞宇文粹中言："近歲南伐蠻獠，北贍幽燕，關陜、綿、茂邊事日起，山東、河北寇盜竊發。賦斂歲入有限，支梧繁夥，一切取足於民。……河東富人多棄産而入川蜀。"解姓入川定居昌州正是其中寫照之一。與上則註釋中中國經濟和文化中心的南移正相對應。

公元1062年(嘉祐七年)

【造像記】住持淳樸發心」鐫造」弟子鄭少年□」錢妝鑾乞夫」婦安泰男女」康和以嘉祐」七年二月五日」修齋表慶。

(《銘文録》473頁僧淳樸、鄭少年鐫妝聖像記)

此銘文及造像位於大鐘寺。從内容來看，當年的住持叫淳樸。大鐘寺出土造像中另有幾處銘文有他名字出現，附録兩則於下："雙臘鄉弟子陳炳」進士陳珙陳漳陳」俞遂啟意各捨錢鐫作第」羅漢六尊乞保堂上父安樂□」長小□□以嘉祐八年十一月□」日同修水陸齋」表慶僧淳樸化」。""弟子許漢瓊與」一家眷屬等□」心造中元地□」□一身祈一家安」泰□□□」同少陸□□□」住持院主淳樸。"中國民間有"上元節"(正月十五)、"中元節"(七月十五)、"下元節"(十月十五)，分别對應天官、地官、人官(水官)的生日。地官乃是赦罪之官，道教的《三官經》中言："道君曰：'即有天官賜福，地官赦罪，水官解厄'。……於是地官至七月十五日，即予獄囚地獄受苦眾生，除罪簿，滅惡根，削死名，上生籍，已去提，未去提，已提至，未提至，已結證，未結證，已發覺，未發覺，咸赦除之。"上列許漢瓊一家的造像銘文中"中元地□"應是指"中元地官"，爲道教造像。

公元1069年(熙寧二年)

【墓誌】(㴱)己酉歲劍南道梓州」路昌州大足縣綏安里居住女弟子」王氏造壘壽堂一所居止南山下」□年二月二十八日切畢富貴吉□」。

(《銘文録》479頁北宋王氏墓志銘)

"梓州路"陞爲"潼川府路"是在重和元年(1118年)，在此之前的宋代“己酉歲”只有真宗大中祥符二年(1009年)和神宗熙寧二年(1069年)，僅以靠後的年代爲斷。

公元1070年(熙寧三年)

朝廷命諸道議更役法。梓州路轉運使汲人韓璹，首建並綱減役之制，綱以數計者百二十有八，衙前以人計者二百八十有三，于是省役人五百。又請裁定諸州衙簿。

……乃下詔褒璹，入爲鹽鐵副使。

(《續通鑒》卷六八)

公元1078年(元豐元年)

十月十八日，詔左藏庫使、昌州刺史曹志提點萬壽觀，其先差提點萬壽觀、皇城使、嘉州團練使劉永壽提點醴泉觀。以志太皇太后之侄故也。

(《宋會要輯稿·職官五四》)

公元1081年(元豐四年)

王夫人任氏弟，皇城使、昌州刺史澤遷嘉州刺史。

(《宋會要輯稿·帝系二》)

公元1083年(元豐六年)

【題記】昌州〔鐫〕□□□」□□年歲次癸亥閏六月二十日記」。

(《銘文録》316頁佚名鐫太上老君龕像題名、鐫記)

此龕位於石篆山，統編爲第8號，爲道教造像，是石篆山水陸道場内容之一。龕正中爲太上老君坐像，左右各有7立像，左邊七像從内至外鐫名字辨識爲：①玄中大法師，②太極真人，③□□真人，④□光真人，⑤普德真人，⑥、⑦字迹漶滅不可辨；右邊七像從内至外鐫名字辨識爲：①三天大法師，②太乙真人，③定法真人，④□□□□，⑤像、字漶滅，⑥正一真人，⑦字迹漶滅不可辨。鐫記中的"癸亥"紀年，據石篆山佛惠寺《嚴遜記》碑所記載内容，斷爲元豐六年。此造像可參見本書之前"天寶九年"條下"蒲江飛仙閣造十方救苦天尊像"爲對比。

【銘文】梁武帝問志公和尚曰世間有」不失人身藥方否公曰有方」〔使〕不負心二具□□三兩慈」悲三寸忍辱〔根〕□□□〔善方〕」〔便〕五兩□知□六分□煩惱」七□右作藥七味並□平等」就上將智惠力□□入三昧」火燉〔世尊〕□中〔金剛杵得〕□」煉六波羅密爲丸如〔菩薩〕□」子大早朝以八功德水下七」丸忌三〔惡不嗔癡〕」。(間距2行字後下刻)

麻作襖裘草作鞋摇頭不」肯下山〔寨〕□□□〔鹿〕□〔花〕」過笑得□□□□□」岳陽文惟簡鐫乙丑歲記」。

(《銘文録》316頁文惟簡鐫志公和尚龕像題刻、鐫記)

爲保持石篆山水陸道場所鐫各像年代的連貫性，特將此道場中的各像年代集中編録，讀者請注意。此像爲元豐八年(1085年)造，在石篆山統編爲2號龕，自清人以來，多識爲"魯班龕"，但自1985年發現此鐫記後，更據石篆山佛惠寺《嚴遜記》碑所記内容，爲志公和尚無疑，爲嚴遜在石篆山所修水陸道場内容之一。志公和尚乃南朝齊、梁時高僧寶志禪師。據《廣元觀音巖石窟調查記》所述，在廣元的觀音巖第105窟，"龕内鑿一僧人和一觀音像，僧人直立無座，頭戴風帽，著交領袈裟，錫杖斜倚右肩，杖端掛剪刀、直尺及袋狀物，此造像應爲志公和尚。時代約在天寶末年，是現知最早的一例志公像"。

【鐫記】元祐〔戊辰歲孟〕冬七日設水陸會慶贊訖」發心鐫造供養

弟子嚴遜願」世世生生聰明多智」岳陽處士文惟簡」。

(《銘文録》317 頁嚴遜造文宣王龕題記及匠師文惟簡鐫名)

此龕乃元祐三年(1088 年)造，位於石篆山第 6 號，爲中國少見的儒家石刻造像，也是水陸道場内容之一。龕正中爲孔子坐像，頭左旁豎鐫"至聖文宣王」孔子(漶)」"等字。其左右至側壁各立弟子像五尊，頂均鐫名，字雖漶甚，尚可辨識。左邊五像從内至外鐫名爲：①顔回，②閔損，③冉有，④端木，⑤言偃；右邊五像從内至外鐫名爲：①仲由，②冉耕，③宰我，④冉求，⑤卜商。鐫記位於龕左門柱，上下各 1 行，中間 2 行。

據陳明光《大足石刻檔案(資料)》書中介紹，2003 年 3 月 6 日，在石篆山與榮昌交界處的邊界—河包場(鎮)八社羅漢灣崖地出土原石篆山石刻中的熾盛光佛龕、山王龕、觀音龕殘件，其中熾盛光佛龕有造像記"鐫作□士文惟□"字，此三龕與《嚴遜記》碑中所敘相符，屬於石篆山水陸道場中的石刻。但由於距 1 號龕"九子母龕"較遠，剛好被劃入榮昌縣地，後垮塌後被掩埋，至彼時被耕地農民發現。

【鐫記】戊辰年十月七日修水陸齋慶贊訖(左)。

岳陽文惟簡鐫男文〔居政〕居用居禮」歲次壬戌八月三日記」。

(《銘文録》317~318 頁文惟簡鐫三身佛龕像題名、鐫記)

此龕乃元豐五年(1082 年)造，位於石篆山第 7 號，爲佛教造像，是水陸道場内容之一。龕正中刻三身佛全跏坐像，左右有供養人及菩薩像，兩旁有十弟子像，頭旁均鐫名，多漶滅，依稀可辨識龕左壁三比丘像從内至外爲：①(漶)律尊者，②優波離尊者，③(漶)；右壁三比丘像從内至外爲：①(漶)，②舍利弗尊者，③(漶)。

【鐫記】岳陽鐫作文惟簡男居安居禮」庚午中秋記」。

(《銘文録》318 頁文惟簡鐫文殊、普賢龕像鐫名)

此龕乃元祐五年(1090 年)造，爲文殊、普賢菩薩像，統編爲石篆山第 5 號，是水陸道場内容之一。龕左壁立一童子，上題刻有

“世尊前東海阿難”；右壁立一童女，上題刻有“世尊前香花童女”。

【題記】紹聖三年丙子歲岳陽文惟簡鐫男居安居禮記」。

（《銘文録》318頁文惟簡鐫地藏與十王龕像鐫名）

此龕爲紹聖三年(1096年)造，爲地藏與十王像，統編爲石篆山第9號，亦是水陸道場内容之一。大足寶頂山第20龕分爲上、下兩部，上部刻地藏與十王像，下部刻十八層地獄及祖師説法像，爲現知規模最大之地獄變相造像龕。據張總在《2005年重慶大足石刻國際學術研討會論文集》中《大足石刻地獄——輪回圖像叢考》一文中介紹，大足北山205號龕、210號龕、253號龕亦爲此等内容，在安岳圓覺洞、資中重龍山、綿陽北山院均有此等内容造像，筆者與同事2015年在安岳縣考察石刻時，於人和鄉雲峰寺廟後的殘石中也發現一龕造像爲此内容，當也是宋刻作品。據《樂山師范學院學報》2014年第3期周俊麒的《四川乐山夹江县金像寺石刻艺术初探》一文中，提到夾江縣千佛崖尾部，經過東風堰(古稱龍頭堰)的深山中有一金像寺，寺内有地藏王造像龕，主像爲圓雕的光頭和尚形象的地藏，左右兩壁各有站立的五尊戴冠人形像，筆者未到過實地勘察，姑附録於此，以志參研。

公元1086年(元祐元年)

八月，詔太僕少卿高遵惠，會工部及軍器監内外作坊及諸州都作院工器之數，以要切軍器立爲歲課，務得中道，他非要切，並權住勿造。于是數年之間，督責少弛。

（《宋史》卷一九七《兵志十一》）

公元1090(元祐五年)

【碑文】警人損動諸尊像及折伐龕塔前後松柏栽培記」

釋迦如來滅度於今二千三十九年其教流於中國幾千年矣中間爲建後立宗多古複引所斥似是而非因以」廢興而終不至於泯滅者其數能使人愚者避惡趨善息貪能使人賢者悟性達理不昧因果是於先王致治之」禮法蓋有所補而不可一日亡也予讀佛書年體修行持齋有日矣生佛末法不親佛會不與勸請去佛時遠思」作佛事而莫之能也于是稱力複斯以錢五十萬購所居之鄉勝地曰長壽王龕曰文殊普賢菩薩龕曰地藏王菩薩龕曰太上老」君龕曰文宣王龕曰志公和尚龕曰藥王孫真人龕曰聖母龕曰土地神龕曰山王常住佛會塔記龕堂塔前後」左右並植松柏及花果雜木等元祐五年諸像既就所植亦皆長茂春時節日往往爲鄉人瞻禮遊從之所予漸」老不及見予身之後子孫智否有能成予之智而常護念者因書予志以告於人一者凡龕堂塔像所作示以」財貨爲吝精擇奇工不計時日及金彩妝繪每親拂拭人或不思妄加毀破及癡小嬉戲不爲告諭二者龕堂」塔前後各十丈地不架屋宇而專植松柏及花果者蓋以謂屋宇之庇經久不葺則頹弊而松柏之茂愈久而陰」覆愈密人或不思妄加折伐三者遊禮之人皆善知識其有不善之人肆很恃强侵侮凌辱或酗酒博塞以致争競」如是三者實非予所造像之志苟不知所戒則恐種福之地亦長禍根且地獄天堂不過一念之間而報應分明」猶形影聲響人所宜覺知者也若今所造龕堂塔像同爲愛護龕堂塔之前後左右各十丈地松柏喬木得無折伐」遊禮之人各生歡喜心共起慈悲行共成佛事以畢予志乃幸予本遂州潤國人父應役小溪因舍縣之北隅」天聖中予九歲父以避役居昌元今賴川宅且病是時小溪方買旁居人宅以廣公宇既賣宅又聞父病尋來寓居」於此因置古村銅鼓石篆莊各種松柏數十萬余辛酉年輒以三處莊均付三子且歲貯二千斛以充齋粥湯藥」之具凡造像所廢皆其餘也子孫勿以所付田疇園林爲不均與今龕堂塔前後左右十丈地内松柏蒼木爲未」分而折伐之以自取禍近歲鎮州得古鐵塔其間造塔人名姓皆今時人又今知靈泉縣傅奉議者於長松山」訟夢尋佛像削土石上得唐大歷年造佛像碑記亦官姓名因略記本末安知百千年後不睹於此」

元祐庚午歲二月十五日嚴遜記△男駕△于程△驥刻石」甥遂州

表白僧希晝書」。

(《銘文録》326~327 頁僧希晝書《嚴遜記》碑)

此碑位於石篆山佛惠寺。碑陰刻僧慈渤書《述思古跡記》碑，乃明人追思嚴遜與希晝開山建寺之文，見後文"嘉靖三十六年"條。

公元 1091 年(元祐六年)

(十月)庚午，朝獻景靈宫，還，幸國子監，詣至聖文宣王殿行釋奠禮，一獻再拜。太學國子祭酒豐稷講《尚書・無逸》終篇。遂幸昭烈武成王廟，肅揖，禮畢，還内。先是范百禄轉對，請視學，故有是舉。

(《續通鑒》卷八二)

公元 1093 年(元祐九年)

江津石佛寺摩崖造像第 2 龕"九龍浴太子"龕下有"元祐年……"字樣。

(《江津縣志》)

四川科學技術出版社 1995 年版，江津地方志編輯委員會編著的《江津縣志》第五章《地方志・文物名勝志》中記載，石佛寺摩崖造像位於縣城(現爲江津區)北岸聖泉鄉高坪村。其 1 號龕爲觀音造像，龕内飛天爲唐代風格，龕内題刻有"天禧五年修此佛足……"字樣；2 號龕即爲九龍浴太子造像，太子神態安詳，九龍均爲鏤空，形象生動，大足寶頂山 12 號龕内容與此基本相同，或有淵源；4 號龕爲地藏王像，有兩侍者，龕外門楣上題刻有"紹興壬申夏……"字樣。另有龍登山摩崖造像，其有題記"熙寧五年"(公元 1072 年)字樣。

公元 1094 年(紹聖元年)

(五月)甲辰，罷進士習試詩賦，專治二經。

(《續通鑒》卷八三)

【造像記】弟子楊才友一家等以二月」十五日本命之晨命僧修」齋慶贊山王土地祈乞一」家安樂大小康安凡在公」私萬諧吉慶鬼神退散」紹聖元年甲戌歲五月五日記」岳陽文惟一施手鐫」。

(《銘文録》350 頁楊才友造山王龕鐫記及匠師鐫名)

此則題記與下則及"紹聖二年""紹聖三年"題記均位於石門山，可見匠人均是文氏家族。

【造像記】□□□施僧法順」□□□〔德〕發心爲」□□□物鐫造此」□□□□一龕伏冀」□□□人□千秋」□□□□法輪常轉」□施主咸願安寧」師□存□□□□」道一切有情同出苦」□見性成佛紹〔聖元年〕甲戌」□月□日造」同物供須何承貴□楊□□吉慶」□□□文居道」。

(《銘文録》350~351 頁僧法順造水月觀音龕鐫記及匠師鐫名)

【造像記】弟子楊才友一家等以二月」十五日本命之晨命僧修」齋慶贊山王土地祈乞一」家安樂大小康安凡在公」私萬諧吉慶鬼神退散」紹聖元年甲戌歲五月五日記」岳陽文惟一施手鐫」。

(《銘文録》350 頁楊才友造山王龕鐫記及匠師鐫名)

公元 1095 年(紹聖二年)

【造像記】仰啟△聖衆咸具遍知道眼他心甫鑿洞」鑒今有昌州大足縣長溪里居住弟子楊」才友同壽女弟子馮氏與男女等啟心」鐫造

△山王一龕用據前晾後誓諸雜」邪魔各去他邦莫爲仇執去離門庭願」先亡離苦債主生天見在子孫皆蒙吉」慶伏冀△彌勒龍花親蒙受記以乙亥」歲紹聖二年二月二十四日清明節造」弟子楊才友女弟子馮氏長男楊文忻小」男楊文秀△鐫作匠人文居道」。

（《銘文録》350頁楊才友造山王龕鐫記及匠師鐫名）

公元1096年（紹聖三年）

（三月）戊戌，劍南東川地震。

（《續通鑒》卷八四）

【銘文】昌州大足縣長溪里本」旁所居奉佛女弟子趙氏」一娘子與男女等發心鐫造」釋迦佛香花菩薩阿難迦」葉一龕永爲萬世之瞻仰祈」保一家之安寧增壽算以遐」長保子孫而吉慶先亡□□」沾此德乃生天后誓前□□」祈恩而解脱又願亡夫□」早生人世别得超陞更□」□延禄衮别益災星退舍」福曜進宫十二時中」諸佛加備伏乞」三寶證知謹記」以紹聖三年丙子四月十四日」奉佛女弟子趙氏一娘子與」男吴逢吴信之吴舜之吴」節之」鐫作文惟一男居道刻」。

（《銘文録》351頁趙氏一娘子造釋迦佛龕鐫記及匠師鐫名）

公元1098年（元符元年）

閏九月二日，奉議郎、知昌州文輅，奉議郎、通判泗州沈銜，宣德郎持服人王高，淮南節度推官、知達州新寧縣張湜，各特沖替；奉議郎楊阜依沖替人例。以訴理所言輅等進狀語涉譏訕故也。

（《宋會要輯稿·職官六七》）

（九月）己亥，籍元祐及元符末宰相文彦博等、侍從蘇軾等、余官秦觀等、内臣張士良等、武臣王獻可等凡百有二十人，御書刻石端禮門。

（《宋史》卷一九《徽宗本紀一》）

公元 1102 年(崇寧元年)

(六月)壬子，改渝州爲恭州。

(《宋史》卷一九《徽宗本紀一》)

内侍郝隨，諷蔡京再廢孟后。會昌州判官馮澥，上書言複后爲非，于是御史中丞錢遹、殿中侍御史石豫、左膚連章論“韓忠彦等乘一布衣誑言，復瑶華之廢后，掠流俗之虚美。當時物議固已洶洶，乃至疏逖小臣詣闕上書，忠義激切，則天下公議從可知矣。望詢考大臣，斷以大義，無牽於流俗非正之論，以累聖朝。”

丁酉，治臣僚議複元祐皇后及謀廢元符皇后者罪……擢馮澥鴻臚寺主簿。

(《續通鑒》卷八八)

公元 1103 年(崇寧二年)

(九月)令天下監司長吏廳各立《元祐奸黨碑》。

(《宋史》卷一九《徽宗本紀一》)

宋神宗時，由於實行王安石新法，朝廷内分爲保守派和變法派。司馬光、歐陽修、韓琦、富弼、文彦博、蘇軾等朝臣因反對變法而成爲事實上的保守聯盟(後被稱爲“元祐黨人”)。哲宗即位後，司馬光實行“元祐更化”，廢除神宗時王安石新法。司馬光死後，反對新法的聯盟因爲政見而分裂。司馬光、劉摯、王岩叟、劉安世等被稱爲“朔黨”，程顥、程頤、朱光庭等被稱爲“洛黨”，蘇軾、蘇轍、吕陶、上官均等被指爲“蜀黨”，此即“洛蜀黨議”(也稱“朔洛蜀黨争”)。後徽宗即位，爲平息黨争，當政的蔡京與童貫等相勾連，將司馬光等人全部打入“元祐奸黨”，並立“元祐奸黨碑”(也稱“元祐黨人碑”或“元祐黨籍碑”)。次年(崇寧三年)六月，擴大“黨人碑”範圍，“戊午，詔重定元祐、元符黨人及上書邪等者合爲一籍，通三百九人，刻石朝堂，餘並出籍，自今毋得複彈奏”。後於崇寧五年正月，又盡毁“黨人碑”，“乙巳，以星變，避殿損膳，詔求直言闕失。毁《元祐黨人碑》。複謫者仕籍，自今言者勿復彈糾。丁未，太白晝見，赦天下，除黨人一切之禁”。今中國境内僅存兩通“元祐黨籍碑”，一位於廣西桂林市東七星山下的龍隱岩，另一位於廣西融水苗族自治縣真仙岩，均爲南宋復刻。大足雖未發現有“元祐奸黨碑”，但北山104號窟爲《趙懿簡公神道碑》，正是元祐年間所書，由“黨人”范祖禹撰寫。

【碑文】支那境大宋國劍南道梓州」路普州安岳縣廣德鄉光通里龔端旁臥佛院主僧法宗……□□癸未崇寧二年九月十四日院主僧法宗小師慈海仝建立。

（《安岳臥佛院考古調查與研究》）

據科學出版社2014年版的《安岳臥佛院考古調查與研究》一書中所述，該碑文位於安岳臥佛院81號窟。該書中又記，在51號龕内有農田内挖出背屏圓雕像，身光背部磨平後刻造像題記，從右至左：“僧慈海寫記」（濾）男□善友父子施手」（濾）士楊德和德舜德皓鐫匠」□譚彦宗夫婦等仝鐫造」（濾）〔和〕四年七月二十七日」（濾）六畜孳滲公私道德泰」（濾）〔壽〕禄〔舉〕家長命各保」（濾）延長此世來生常同」（濾）永爲供養。”

公元1104年（崇寧三年）

（六月）戊午，詔重定元祐、元符黨人及上書邪等者合爲一籍，通三百九人，刻石朝堂，餘並出籍，自今毋得復彈奏。

（《宋史》卷一九《徽宗本紀一》）

公元1107年（大觀元年）

二月，己未，詔令道士序位在僧上，女冠在尼上。

（《續通鑒》卷九〇）

【造像記】鐫造各保壽年永□□報彌〔陀〕□□馬道者〔書〕□□」初九日表慶功德奉〔善〕弟子□□□□□□□□□□」□有隨喜見聞同□勝□□大觀元年丁〔亥〕□十一〔月〕」〔大〕香啟願邇大聖之威風〔實紙〕□□□□□□□□□」〔母〕親相生惡〔開古〕發願□三業〔以〕□□川□□□□」一〔生〕變大化□宜金回款妄〔念〕□長河〔爲〕□□□□」〔願豈〕智道〔於〕州果□〔因〕示□州千手千眼□□」□□□□知見於回流□永□〔就〕院〔存〕六〔道〕□」□□□炭思菩□般□□□□□□□□□□」招□之密□利□□□□□□□□□□□□□□神無□□□□□□□□□□之〔神〕□」□□□□□□□□□□□□此人□」(滤)之□」(滤)求□□□□□□」各□□□□求□□□□□□□」心□□貴無□□□□□□□□」□□□心□□□□□□□六〔道〕」□□□□□自□□□一□」□□□□□□□□□□暦頂」□□□□□□□□□不□□□□利□□□□□□□□□」相□□□□□□□□□□」。

(《銘文録》24 頁馬道者造第 288 號千手觀音龕鐫記)

此龕是宋大觀年間鑿刻的千手觀音像，後在明嘉靖三年被重慶府同知范府打破此龕，鐫造了刑部尚書林俊的像，龕外右壁崖面還刻有林俊手書詩文。因爲林俊在正德年間入川平息民變而吸收范府爲幕僚，因此龕楣上横刻有“大明蜀總制林公之像”。

公元 1108 年(大觀二年)

【碑文】普州真相寺石觀音記

……本州信善楊正卿，以厥祖舊願，造觀音石像一尊，□擇真」相崖龕，鳩工集事，合家隨善，共建良緣。元符已卯創初，大觀丁亥告畢，設水陸」齋會，開四部大經，飯合廓僧道，崇贊佛乘，遠酬祖意。……

(《四川安岳縣圓覺洞摩崖石刻造像調查報告》)

此碑原位於四川安岳縣圓覺洞東北崖造像群第14觀音造像右側，現收入安岳縣文物局庫房。該龕高7.1米，寬4米，龕深3.5米，觀音手執蓮花。觀音像乃丁亥年即大觀元年完工。

三月，庚申，班《金籙靈寶道場儀範》於天下。

（《續通鑒》卷九〇）

公元1109年（大觀三年）

【造像記】□□□□□□」爲□月□□□」□官之年□□」〔病〕疾□〔時〕□□」遂發心就此□」□〔鐫〕造觀音□」龕以大觀三〔年〕」正月彩繪畢□」齋〔修〕慶讚訖□」月十八日」。

（《銘文録》24頁佚名造第286號觀音龕鐫記）

（三月）辛酉，詔："四川郡守，並選内地人任之。"

（《宋史》卷二〇《徽宗本紀二》）

公元1110年（大觀四年）

（正月）辛酉，詔："士庶拜僧者，論以大不恭。"

二月庚午朔，禁燃頂、煉臂、刺血、斷指。

五月壬寅，停僧牒三年。

（《宋史》卷二〇《徽宗本紀二》）

公元1112年（政和二年）

（正月）癸未，詔："釋教修設水陸及祈禳道場，輒將道教神位相參者，僧尼以違制論；主者知而不舉，與同罪。著爲令。"

（《續通鑒》卷九一）

公元 1115 年(政和五年)

(正月)丙戌，瀘南晏州夷卜漏等反，攻梅嶺堡，陷之。……時蜀久安，人巽懦不習兵，所至闕戰守備，遠近聞警騷動。梓州轉運使趙遹，適案部次昌州，即馳至瀘，而提點刑獄賈若水亦至。遹恐賊逾瀘水益難御，乃急督宗諒率兵進屯江安縣，據水當賊沖，且以近邊諸壘轉餉給軍，儲備無乏。……賊屢勝，愈猖獗，出没無虛日，蜀土大震。

(十二月)庚申，以平晏夷，曲赦四川。癸亥，置瀘南沿邊安撫司，以孫羲叟爲集賢殿修撰、知瀘州，充安撫使。

(《續通鑒》卷九二)

公元 1116 年(政和六年)

二月，壬申，令道教改隸秘書省。

(《續通鑒》卷九二)

今中都仙釋之教盛行。或列肆通衢爲箕筆之妖，或毁體四支爲詭異之狀，浩穰彈壓，漫不問焉，曰此法令所及也。珂按《國朝會要》，政和六年五月二十三日詔："近來京師奸猾狂妄之輩，輒以箕筆聚衆，立堂號曰天尊、大仙之名，書字無取，語言不經。竊慮浸成邪慝。可令八廂使臣逐地分告，示毁撤焚棄。立賞錢三千貫，收捉犯人，斷，徒兩年，刺配千里，官員勒停，千里編管。……一京師内外，準此。"政和五年十一月四日臣僚言，諸色人等燃頂、煉臂、刺血、斷指，已降指揮並行禁止，日來未見止絶，乞行立法。詔："毁傷支體，有害風教。況西域異法，内地豈可效之？累降處分，終未能革。可徧行下，違者以大不恭論。添賞錢三千貫文，監司守臣知而不舉同罪，京師委開封府尹嚴行禁止"。前詔則是年閏正月二十七日又嘗徧告諸道，後詔則大觀四年二月一日已有之矣，兹特申之也。祖宗立法嚴正詳備，一至於此，其所不及者，彌縫參酌，蓋以時而闕之。今世或未之議，何也?!

（《愧郯録》）

中華書局2016年版岳珂著《愧郯録》卷六《仙釋異教之禁》中記載。南宋人岳珂是岳飛之孫，《愧郯録》專記宋代典章制度及其源流。此段文中提到的"大觀四年詔"，可見本書"大觀四年"條。此段文字可側面證明，以燃頂、煉臂等爲特徵的柳氏教派爲何自五代後在蜀地不傳，乃是由於北宋政府明文嚴禁此類邪行，而南宋渡江後，無暇顧此，柳氏教派才重新在川中的安岳、大足等地興起，寶頂山造像得以興建。

九月，辛卯朔，帝奉玉冊玉寶詣玉清和陽宫，上尊號曰太上開天執符御曆含真體道昊天玉皇上帝。

（《續通鑒》卷九二）

【造像記】縣門前仕人弟鄧惟明」造畫普見一身供養乞」願一家安樂政和六年」□壹月内弟子鄧惟明」。

（《銘文録》25頁鄧惟明造像鐫記）

公元1117年(政和七年)

(五月)己丑，詣玉清和陽宫，上地祇徽號。詔曰："王者父天母地，乃者祇率萬邦黎庶，强爲之名，以玉冊玉寶昭告上帝，而地祇未有稱謂，謹上徽號曰承天效法厚德光大后土皇地祇，詣宫上寶冊，儀禮一如上帝。"

秋，七月，丁亥朔，令："僧徒如有歸心道門，願改作披戴爲道士者，許赴輔正亭陳訴，立賜度牒、紫衣。"

（《續通鑒》卷九二）

七年八月三十日，尚書祠部員外郎李楊言："每歲天寧節，内外臣僚各有祝聖壽道場，多(誼)[詣]僧寺開建，禮非所宜。欲望聖慈許詣神霄玉清萬壽宫道觀開建。"詔除宰臣、樞密已下依例大相國寺外，餘並詣道觀，違者以違御筆論。

（《宋會要輯稿·禮五七·天寧節》）

公元 1118 年（重和元年）

（九月）丁酉，用蔡京言，集古今道教事爲紀志，賜名《道史》。

（十一月）己巳，陞梓州爲潼川府。

（十二月，）江、淮、荆、浙、梓州水。

（《宋史》卷二一《徽宗本紀三》）

《宋會要輯稿·方輿七》載："重和元年十一月二十一日，劍南東川奏：'據奉議郎王維等狀，契勘本州南控瀘、敘，西扼綿、茂，江山形勢據西川之勝，水陸之沖，爲劍外一都會。見管九邑四十鎮兵甲，巡檢賊盜，提舉五州軍，爲東路十八州軍監之冠，與成都相對。昔元豐中，蒙神宗皇帝正劍南東川之名，人神改觀，原隰生光，千里父老欣戴歌詠，至今不已。即目監司移文，尚以梓州爲稱，竊恐名實未稱，不足以鎮壓委切之地。欲望睿斷，依劍南西川例，賜一府號，上以副神考正名之實，下以慰遠方士民之望。'詔梓州賜名潼川府。"

公元 1119 年（宣和元年）

（正月）乙卯，詔："佛改號大覺金仙，餘爲仙人、大士之號。僧爲德士，易服飾，稱姓氏。寺爲宮，院爲觀，即住持之人爲知宮觀事。所有僧録司可改作德士司，左右街道録院可改作道德院。德士司隸屬道德院，蔡攸通行提舉。天下州府僧正司可並爲德士司。"尋又改女冠爲女道，尼爲女德。時林靈素欲廢釋氏以逞前憾，請悉更其號，故有是命。

（《續通鑒》卷九三）

(五月)丁未，詔德士並許入道學，依道士法。

(《宋史》卷二二《徽宗本紀四》)

公元1120年(宣和二年)

(正月)甲子，罷道學，以儒道合而爲一，不必别置道學也。

(《續通鑒》卷九三)

(五月)丁亥，復寺院額。

(六月)乙巳，復德士爲僧。

(《宋史》卷二二《徽宗本紀四》)

方臘者，睦州青溪人也。世居縣堨村，托左道以惑衆。……宣和二年十月，起爲亂，自號聖公，建元永樂，置官吏將帥，以巾飾爲别，自紅巾而上凡六等。無弓矢、介冑，唯以鬼神詭秘事相扇訹，焚室廬，掠金帛子女，誘脅良民爲兵。人安於太平，不識兵革，聞金鼓聲即斂手聽命，不旬日聚衆至數萬，破殺將官蔡遵於息坑。十一月陷青溪，十二月陷睦、歙二州。南陷衢，殺郡守彭汝方；北掠新城、桐廬、富陽諸縣，進逼杭州。……警奏至京師，王黼匿不以聞，于是兇焰日熾。蘭溪靈山賊朱言吴邦、剡縣仇道人、仙居吕師囊、方岩山陳十四、蘇州石生、歸安陸行兒皆合党應之，東南大震。

(《宋史》卷四六八《方臘列傳》)

據《容齋逸史》評《青溪寇軌》云，方臘所托"左道"爲摩尼教，該教起於公元3世紀波斯的明教，於初唐年間傳入中國，後被禁，但在東南民間一直有秘密組織修練，並不斷本土化。宋史中未明載其爲何教，宋人對於佛、道之外教常指斥爲"吃菜事魔"教，方臘是不是明教徒，學術上一直争議不清，但是從方臘農民軍分支的複雜成分來看，内部極可能有明教徒及組織。

公元1121年(宣和三年)

【造像記】昌州在城」□□□居」住奉善」弟子李」世〔明〕夫婦」意爲〔滕〕」下女三二」娘子□」造羅漢」五身乞」闔家安」寧〔壽命〕」延長宣」和三年七」月初五」日題□」。

(《銘文録》26頁李世明造羅漢五身鐫記)

三年九月二十四日，手詔："常平之法，所以惠天下、垂後世，其澤甚厚。自熙、豐迄今五十餘年，財用之在有司者，詔令具存。比年官失其守，侵耗殆盡，時有水旱，民或流亡。則截上供發内帑，常平所積殆闕如也甚，非熙、豐之旨。如潼川路昌州，失陷常平錢一十三萬。儻諸州類此，則所失豈可勝計？除已行根治外，仰諸路常平提舉官，考究見在實數。或官司移用，開析聞奏。"其後，四年十二月十一日，提舉潼州府路常平鄭庭芬等具常平見在錢物等四十六狀並五冊聞奏。詔曰："前違法侵支、移兑、拖欠、失陷等，並他司借出錢物，並限一月改正，追理撥還，内轉運司限一季。未得歸著數日，令常平司疾速根究見緣違法等取勘去處，疾速取勘，依條施行。其不可存留之物，變轉出賣抵當。下諸勅度牒，立限收贖，不管占壓本錢。民間見欠錢物，依條催理。如常平官奉行違戾，當依重行黜責。

(《宋會要輯稿·食貨·五十三》)

【碑文】聖宋龍飛，天下復並爲一，迄今百餘年，其間州縣廢復不常。……今當以《九域志》爲定，謹按志云：凡一州之内，首敘州封，次及旁郡，彼此互舉，弗相混淆。總二十五路，京府四，次府十，州二百四十二，軍三十七，監四，縣一千一百二十五。……宣和三年歲次辛丑，十月壬戌朔八日乙巳，朝請大夫、知榮州軍州、管勾神霄玉清萬壽宫、兼管内勸農事、賜紫金魚袋右宋昌宗重立石。

(《四川歷代碑刻》)

此“九域守令圖碑”，原在四川榮縣蓮宇山麓學宫，現藏於四川省博物館。圖碑按《元豐九域志》之記載，將北宋行政地理全圖精確到縣，刻碑上石，比例尺約爲1：1900000。據介紹，爲我國最早的，以縣爲基層單位刻畫的石質地圖。

公元1122年(宣和四年)

(正月)癸酉，金人破遼中京，遼主北走。

(十一月)辛卯，金人入燕，蕭氏出奔。

(《宋史》卷二二《徽宗本紀四》)

【妝修記】當州在城〔奉佛弟子〕」等□爲同(漶)」發心就畫(漶)」菩薩一尊(漶)」表慶〔訖宣和四年〕。

(《銘文録》25頁佚名造像鐫記)

【造像記】大宋昌」州大足」縣袁□」鄉東郊」住何儀」興男覺」發女大」娘子二」娘三娘」四娘子闔」家等並」發心鐫」造妝鑾」中尊羅」漢共一」十九位」以宣和」四年六」月□十」八□□」次男□」上□□」□□□」□□□」慶□□」供養記」。

(《銘文録》26頁何儀興鐫妝羅漢十九身鐫記)

【妝修記】□□存日發心妝此五色雲下相對羅漢共拾陸身以宣和四年中□」。

(《銘文録》73頁佚名畫妝第168號窟羅漢十六身鐫記)

公元1123年(宣和五年)

【碑記】殘碑碑文

第一行：“扈從降蜀者猶得圖公像於通都屋崖間。”

第二行：“彼□之諫去官者不以聲稱□以繪像爲。”

第三行：“至侵染成俗則予知韋公之風采棱棱猶生之年無愧云爾。”

款署：“宣和五年癸卯春二月昌州刺史王冀大足縣令勾龍誠上石。”

（《大足石刻研究》之《大足石刻志略校注》216 頁）

《大足石刻銘文録》中未記載此段碑文，據《大足石刻研究》中記載，該碑出土於民國廿一年，在北山佛灣 1 號龕韋君靖像左側，斷爲兩截，大段文字已不可識，未編號，而名之爲“勾龍誠碑”。陳習刪先生認爲此碑雖存寥寥數字，但可謂韋君靖未降前蜀之明證。予見甚同，見本書“乾寧四年”下注解。

夏四月癸巳，金人遣楊璞以誓書及燕京、涿、易、檀、順、景、薊州來歸。庚子，童貫、蔡攸入燕，時燕之職官、富民、金帛、子女先爲金人盡掠而去。

（《宋史》卷二二《徽宗本紀四》）

公元 1124 年（宣和六年）

尚書左丞宇文粹中言：“近歲南伐蠻獠，北贍幽燕，關、陝、綿、茂邊事日起，山東、河北寇盜竊發。賦斂歲入有限，支梧繁夥，一切取足於民。陝西上户多棄産而居京師，河東富人多棄産而入川蜀……”

（《宋史》卷一七九《食貨志下一·會計》）

公元 1125 年（宣和七年）

（十一月）庚申，（徽宗）詔内禪，皇太子即皇帝位。尊帝爲教主道君太上皇帝，居於龍德宫。

（《宋史》卷二二《徽宗本紀四》）

公元1119—1125年(宣和年間)

【造像記】□□□□」宣和□□」七月七日」題記」□城□」外居住」奉善□」〔弟子苗〕」〔以〕夫婦」一家等」□□□」願羅漢」□建造」□像五」〔身〕祈乞」弟子〔無〕」□今者」□□□ □同孫」女□絆」之日命」僧看經」表慶」小八□題」。

(《銘文録》26頁伏小八造羅漢五身題記)

公元1126年(靖康元年)

【造像記】丙午年伏元俊男世能鐫此一身。

(《銘文録》26頁伏元俊鐫第155號孔雀明王窟題名)

【造像記】本州匠人伏元俊男世能鐫彌」勒泗州大聖時丙午歲題」。

(《銘文録》26頁伏元俊鐫第176號彌勒下生經變相龕題名)

"泗州大聖",即僧伽,《宋高僧傳》卷一八有傳。由於僧伽在唐代於泗州(今江蘇盱眙、泗洪、泗陽、漣水、宿遷及安徽泗縣等地)建立普光王寺(原名爲普照王寺,後爲避武則天諱而改),而僧伽本人又於景龍二年(公元708年)被唐中宗迎請入宫,尊爲國師,且坐化後安葬於此寺,因此泗州在當時的交通要塞之外,成爲江淮地區佛教重鎮。泗州大聖作爲泗州的代表性的宗教人物,逐漸被視爲當地的保護神。在于君方所著的《觀音—菩薩中國化的演變》中這樣描述僧伽的演變過程——"到了宋代初期,僧伽顯然已從高僧轉化爲神僧,他不僅被視爲十一面觀音的化身,而且是泗州當地的守護神",其後又敘"此外,僧伽信仰擴及中國各地,不僅泗州。他不但是淮河之神,航行於中國沿海及境内其他河川的人也對他奉若神明”。在《宋高僧傳》中也叙述爲“天下凡造精廬必立伽真相。膀曰大聖僧伽和尚。有所乞願，多遂人心”。這樣看來，至少在宋代初期，僧伽的形象已經深入人心，成了風靡天下的宗教膜拜對像，甚至轉化爲了觀音。因此在大足北山的176、177號窟出現泗州大聖造像，而臨近的180號窟出現十三觀音造像，皆應是此種信仰的反應。據陳明光《大足石刻檔案(資料)》中的《多寶塔(資料)》記叙，大足北山多寶塔外第125龕也爲泗州大聖像，另外129、131號龕被認爲是萬回、寶志像，因四川夾江千佛崖第91龕被認爲乃泗州、萬回、寶志同龕像(見《文物》1998年6期羅世平《四川石窟現存的兩尊萬回像》)，馬世長在《2005年重慶大足石刻國際學術研討會論文集》中《大足北山176與177號窟——一個奇特題材組合的案例》一文中引暨遠志資料提到，在四川綿陽市魏城鎮北山院第11龕爲唐中和元年所開鑿的三圣龕也爲此三人合龕像。唯127號龕僧人像未確定，疑爲泗州弟子像。但筆者注意到《宋高僧傳》中記載：“中宗别敕度(慧)儼並慧岸、木叉三人。各别賜衣鉢焉”，備一資料。另，從泗州大聖和彌勒雕刻在一起的這種奇特組合來看，彌勒信仰已顯然脱離了經軌，這既不是彌勒上生信仰(見本書“南齊永明元年”條)，也不是彌勒下生信仰(如四川地區廣元千佛崖第493龕“神龍窟”和樂山凌云寺大佛，見本書“神龍二年”條和“貞元十九年”條)，彌勒只是成爲一尊重要的神祇(馬世長先生的文中先是認爲176號龕是彌勒下生經變無疑，除有些圖像情節符合典籍外，更在龕内門柱上部，刻有一則妝修記：“在城左廂□正街居住清信何□」與同政趙氏洎膝下男女等……妝鑾彌勒下」生〔經一〕睹並仙樂頂蓋……”，其中有“彌勒下生”字樣，但在文中也承認難以確指所據經典。實際上，《佛説彌勒下生成佛經》以及《佛説彌勒下生經》，都是隋以前所譯出，而僧伽和尚是唐高宗顯慶年間才入唐地的，彌勒經典中絶不可能有僧伽。從工匠留下的題名來看，明顯176號龕和177號龕是聯繫在一起的。筆者認爲，要説此龕中有彌勒下生經變内容，那是無疑，但是不能以俗人的題字就認定爲彌勒下生經變。馬世長先生的文中最後終於點明，僧伽與彌勒在一起的共同下世的經文，見於《僧伽和尚欲入涅槃説六度經》，實際上，這是中國僧人自己編造的僞經無疑。筆者也不認同該造像内容就一定來自此僞經，只不過我們現今只檢閲到此僞經而已，不然萬回等像又作何解釋(胡文和、胡文成所著的《巴蜀佛教雕刻藝術史》中將萬回像認作在九華山修行的地藏化身之一的金和尚，這也許更解釋得通。依筆者之見，把民俗的雜亂無章强扯到經文上，會出現許多晦澀難解的問題，在四川地區的造像中尤其如此)，以致在淳熙年間合川的淶灘石刻中出現了達摩、須菩提及彌勒的更奇特的組合(見本書“淳熙七年”條)，已成爲民間完全自由的創造。彌勒信仰從隋以前的彌勒上生信仰轉變爲唐以後的彌勒下生信仰，至南宋年間已完全世俗化了，以致後來被民間秘密結社組織——白蓮教所吸收，成爲了元末群雄起事的重要號召力量。

【造像記】“丙午伏元俊鐫記」丙午年〔記〕」。”

(《銘文録》26頁鐫第177號泗洲大聖龕題名)

至靖康間，諸作院多物料不備，匠人移占他役，諸州、軍遇有調發，軍器皆從京支降，乃令提刑司專一管幹，有作院州、軍招集匠人，轉運司別應副材料。

(《淳熙三山志》卷一八)

(閏月丙辰)京城陷。衛士入都亭驛，執劉晏，殺之。

(《宋史》卷二三《欽宗本紀》)

公元1127年(靖康二年，建炎元年)

(三月)丁酉，金人立張邦昌爲楚帝。

夏四月庚申朔，大風吹石折木。金人以帝及皇后、皇太子北歸。凡法駕、鹵簿，皇后以下車輅、鹵簿，冠服、禮器、法物，大樂、教坊樂器，祭器、八寶、九鼎、圭璧，渾天儀、銅人、刻漏，古器、景靈宫供器，太清樓秘閣三館書、天下州府圖及官吏、内人、内侍、技藝、工匠、娼優，府庫畜積，爲之一空。

五月庚寅朔，康王即位於南京，遥上尊號曰孝慈淵聖皇帝。

（《宋史》卷二三《欽宗本紀》）

（五月）罷天下神霄宫。

（六月）丁卯，以祠部員外郎喻汝礪爲四川撫諭，督漕計羨緡及常平錢物。

辛未，以子旉生，大赦。籍天下神霄宫錢谷充經費。

（十月）庚午，次泗州，幸普照寺。

（《宋史》卷二四《高宗本紀一》）

公元 1128 年（建炎二年）

己酉，禁諸將引潰兵入蜀，置大散關使以審驗之。

（《宋史》卷二五《高宗本紀二》）

【造像記】奉直大夫知軍州事任宗易同恭人」杜氏發心鐫造妝鑾」如意輪聖觀自在菩薩一龕永爲一」方瞻仰祈乞」□□□□干戈永息建炎二年四月」□□□□」。

【題記】還齋任〔宗易自贊〕」□□〔圓〕成包含六合」此〔豪〕□□□□□□」爲蛇畫足造此石房」宰官現身〔雪〕□〔如霜〕」。

【題記】霧中杜慧修自贊」女身垢穢不是法器」皈依菩薩作清浄地」願我多生愛根脱離」〔識〕來面悟西來意」。

【題記】白塔供奉諸佛面（左）紅塵不染聖人心（右）楚人崔叮子書。

（《銘文録》27～30 頁任宗易等造第 149 號如意輪觀音龕鐫記及題刻四件）

公元 1129 年（建炎三年）

二月庚戌朔，始聽士民從便避兵。命劉正彦部兵衛皇子、六宫如杭州。……王淵請幸杭州。……壬戌，駐蹕杭州。

(七月)辛卯，陞杭州爲臨安府。

(《宋史》卷二五《高宗本紀二》)

公元 1130 年(建炎四年，金天會八年)

【妝修記】昌州克」寧榮□」揮十將」文志夫」婦一家」等先發」心認妝」羅漢計」五位乞」祈安樂」保佑自」身生日」命僧慶」題建炎」四年二」月二十」二日記」。

(《銘文録》74 頁文志認妝第 168 號窟羅漢五位鐫記)

《銘文録》中將此鐫記當作建炎二年所題，誤。

【造像記】昌州大足縣〔石壁〕鄉本□□(漶)」任氏等發心造此佛龕乞願壽□(漶)」庚戌建炎四年五月初八日己酉□。

(《銘文録》356 頁任氏造觀音龕鐫記)

此觀音造像位於老君廟，乃送子觀音像，左侍者坐抱小孩，右侍者立抱小孩。

(七月)丁卯，金人立劉豫爲帝，國號齊。

(九月)癸亥，張浚遣都統制劉錫統五路兵及金將婁宿戰於富平縣，浚駐邠州督戰，官軍敗績。

是歲，宣撫處置司始令四川民歲輸激賞絹三十三萬匹有奇。

(《宋史》卷二六《高宗本紀三》)

此“富平之戰”，對宋金歷史影響甚巨。富平位於耀州(今陝西耀縣)，金人時因攻淮長期不下，遂改變策略，打算集中兵力攻陝，再並力下四川，自四川順流而下滅南宋。宋朝廷不知敵方策略，知樞密院事兼川陝宣撫處置使張浚仍力主保荆襄與淮河防線，而以西北勁兵牽制金人陝川前線，遂爆發富平之戰。雙方均集結十萬以上人馬會戰，宋軍臨戰輕敵，大潰而歸。金人更以兵馬逼向四川。

公元1131年(紹興元年)

(五月)金人犯和尚原，吳玠擊敗之。

(《宋史》卷二六《高宗本紀三》)

和尚原位於鳳翔府(今寶雞市)西南，與大散關東西兩面扼制陝川要道。

七月，四川霖雨，至於明年正月。

(《宋史》卷六五《五行志三》)

(十月)癸酉，兀術攻和尚原，吳玠及弟璘力戰，大敗之，兀術僅以身免。

(《宋史》卷二六《高宗本紀三》)

公元1133年(紹興三年)

(二月辛卯)吳玠遇金人於饒風關，王彥自西鄉來會，金人分兵攻關，統制郭仲敗走。丁酉，饒風關破，玠趣西縣，彥奔達州，四川大震。……吳玠退屯仙人關。

(《宋史》卷二七《高宗本紀四》)

夏，潼川路饑，米斗二千，人食糟糠。

(《宋史》卷六七《五行志五》)

七月，四川霖雨，至於越歲正月(上謂張浚久屯繁調所致，戒以撫民)。

(《文獻通考》卷三〇三《物異考九》)

公元 1134 年(紹興四年)

(正月)癸酉，輔臣進呈張浚奏："四川自七月以來，霖雨、地震，蓋名山大川久闕降香，乞制祝文付下。"帝曰："霖雨、地震之災，豈非重兵久在蜀，調發供饋，椎膚剥體，民怨所致？當修德撫民以應之，又何禱乎！"。

(《宋史》卷一〇二《禮志五》)

《宋史》卷一七五《食貨志上三·布帛合糴漕运》記載："紹興四年，川、陝宣撫吳玠調兩川夫運米一十五萬斛至利州，率四十餘千致一斛，饑病相仍，道死者衆，蜀人病之。漕臣趙開聽民以粟輸内郡，募舟挽之，人以爲便"。蜀民病兵久矣，吳玠以降香祈禱爲自己開脱，自身生活比較奢華，《宋史》卷三六六《吳玠傳》上就載："晚節頗多嗜欲"，《岳飛傳》中也載有："吳玠素服飛，願與交歡，飾名姝遺之"。

三月辛亥朔，吳玠率楊政、吳璘、田晟、王喜諸將與兀術戰於仙人關，大敗之。兀術遁去。

(《宋史》卷二七《高宗本紀四》)

仙人關在今甘肅徽縣東南。此仙人關之戰，與紹興元年中兩場和尚原之戰，《宋史·吳玠傳》中有詳細記載。富平之戰、和尚原之戰、仙人關之戰連續三場戰役後，"(金人)本謂蜀可圖，既不得逞，度玠終不可犯，則還據鳳翔，授甲士田，爲久留計，自是不妄動"。從此奠定了南宋早期四川地區穩定繁榮的基礎。大足石刻造像中紹興年號特别密集，可爲一表現。

【造像記】潼川馮政鐫□山」□男士□士章孫□伏睹」太原大郎命重修」臥像并□□巖」□宋甲寅紹興」初夏望後一日」輒記」。

(《安岳臥佛院考古調查與研究》)

此鐫記位於安岳臥佛院北巖 17 號龕，自左向右書。

【碑文】當州克寧十將文志於」初摹日同施大錢三貫」圖福利堅久斯碑不墜」紹興甲寅重九日謹銘」母親薛氏家室任氏男謙」。

（《銘文録》30頁文志等摹刻第137號維摩圖鐫記三件）

北山137號龕爲陰刻線畫，内容爲文殊詣維摩問病圖。此銘文位於圖左上方，自左向右書寫。筆者本人曾攀爬岩壁上去仔細觀察，雖然漶失嚴重，前四個字應爲“昌州克寧”或“當州克寧”，因爲宋代四川廂軍統稱爲“克寧軍”，没有“充寧”一説。詳見《石窟寺研究》第3期中的方珂《大足石刻舒成巖釋疑兩則》。另可見建炎四年文志夫婦鐫記。維摩詰經變像在四川地區的石刻造像中有多處，據胡文和《四川摩崖造像中的“維摩”變》和丁祖春、王熙祥的《邛崍石筍山摩崖造像》所述，在仁壽縣牛角寨造像群中2號龕、邛崍的石筍山20號龕、資中北崖的23號龕、夾江千佛崖2號龕，也爲此類經變内容（據曹恒鈞《四川夾江千佛岩造像》一文中説還有樂山龍弘寺，筆者未見資料），均爲唐代作品。惟大足此内容爲宋代線刻畫，據南宋王象之《輿地紀勝》卷一六一《昌州・碑記・畫維摩石碑》條下記載：“紹興間北山刻。云郡之惠因寺藏殿壁陰，有水墨畫文殊詣維摩問疾一堵，意全相妙，合經所説。恐浸漫滅，故石刻於此”。明曹學佺《蜀中廣記》卷一〇六《畫苑記第二》中也載：“昌州惠因院藏經殿后壁，有石恪作水墨文殊偕維摩問疾一堵，出雜記”。則此137號龕線畫出自昌州惠因寺。下一條鐫記似也與此有關，當爲同年所記。

【鐫記】李大郎重摹」羅復明另刻」住巖僧志誠。

【題記】東平【十清河八成】」紀三【太原三遍觀】」此院【壁畫維摩居】」士最【佳佗皆不適主】」僧宜【護之丁卯仲秋】」月十【四日題】」。

（《銘文録》30頁文志等摹刻第137號維摩圖鐫記三件）

據《銘文録》載，漶滅字乃據張澍《書文殊問維摩詰病圖碑後》補。另，維摩圖頂外中部，還刻有“樊寶」馬才」趙□」趙□」

□□」”5行10字。紹興年間的丁卯年已乃紹興十七年(1147年),爲便參照,同録於此,讀者慎察。

公元1135年(紹興五年)

(二月閏)己巳,參知政事孟庾言:“准敕差提領措置財用,今乞以總制司爲名,專察内外官司隱漏違欠,行移如三省體式。應本司措置事件,依例進呈。”……其後東南諸路,歲收總製錢七百八十餘萬緡,而四川不預焉。大凡東南諸路經、總二司錢,歲收一千四百四十餘萬緡,四川歲收五百四十餘萬緡。

(《續通鑒》卷一一五)

《宋史》卷一七九《食貨志下一·會計》中載:“所謂經總製錢者,宣和末,陳亨伯以發運兼經制使,因以爲名。……紹興五年,參政孟庾提領措置財用,請以總制司爲名,又因經制之額增析而爲總製錢,而總製錢自此始矣”。上文資料中可以算出東南諸路每年經製錢爲660餘萬緡,而四川不繳納總製錢,但所收經製錢爲540餘萬緡,相當於東南諸路所繳經製錢的81.8%。

秋,四川郡國旱甚。

(《宋史》卷六六《五行志四》)

(十一月)癸亥,禁川陝州縣官悉用川陝人。

(《宋史》卷二八《高宗本紀五》)

公元1136年(紹興六年)

六年,夔、潼、成都郡縣及湖南衡州皆旱。

(《宋史》卷六六《五行志四》)

【造像記】□□□□我□同政□弟」□□□□爲膝下男□等」

□□□□龍祈乞闔家安樂」□□□□與同政黄氏夫婦」□□□□造聖母祈乞闔家」□□丙辰紹興六年八月十」□□攻鐫處士文玠記。

(《銘文録》356頁黄氏造聖母龕及文玠匠師鐫名)

此石刻造像位於大足中敖鎮峰山寺，統編爲第7龕。鐫文刻於龕内右壁，從左至右，今多殘漶。主像爲一女像，蹺脚坐於座上，脚下似踏一龍，龍身上站立一童子殘像。鑒於鐫記中也有"龍"字，與上文聯繫，或與祈雨内容有關。在大足南山，第4龕造像也爲"聖母像"，中間主尊頭戴鳳冠，雙手拱於胸前捧物(已殘)，頭部上方八角形寶蓋正中有一匾，刻有"注生后土聖母"數字，主像兩側也各有一貴婦打扮婦人，且皆側立有女侍；龕左壁下内側立有一神像，上書"九天監生大神"，右壁下側立有一女像，上書"九天送生夫人"；左側壁下刻有兩男供養人像，右像鄉紳打扮，上刻"父何正言"，左像身著官服，上刻"男鄉貢進士何浩"。在北山白塔内第二級的8號龕銘文中有"佛子何正言」同室楊氏戊」辰紹興十八」"字樣(見本書"紹興十八年"條)，因此認定南山第4龕造像爲南宋造像。

是歲，潼川守臣景興宗、廣安軍守臣李瞻、果州守臣王鷺、漢州守臣王梅活饑民甚衆，前吏部郎中馮檝亦出米以助振給，興宗陞一職，瞻、鷺、梅、檝各轉一官。

(《宋史》卷一七八《食貨志上六・役法下》)

馮檝，即大足北山北(白)塔造像記中所稱的"馮大學士"，四川遂寧人，《宋史》中無傳，僅在《建炎以來系年要録》和《三朝北盟彙編》中有零星記載。其在四川爲官歲久，先後於富順、巴州、劍州、邛州、瀘州爲官，據《建炎以來系年要録》載："御史中丞常同再論檝，以爲四川自靖康以來七年上供，皆爲軍興，諸處截用。檝獻策張浚，再行科歛，會朝廷訪聞，降旨而罷。蜀人恨之切骨，故黜之"；其在朝中亦爲官數四，從"匿廬山佛舍……貽書(劉)光世勸以出兵掩敵"至後來主張大變，"以傅會和議，故爲秦檜所厚。帥本路者凡八年"。《三朝北盟彙編》中對其尤爲直斥："使妄言無行之徒如馮檝、陳公輔輩稱頌功德，奔走揄揚，以竊流俗之譽"。

後官至“敷文閣直學士、潼川府路兵馬都鈐轄、瀘南沿邊安撫使、瀘州知州提舉學事兼勸農使”(見本書“紹興二十二年”條)，紹興二十二年(1152 年)卒，傳葬於大足妙高山，妙高山原有洪武四年(1371 年)重鐫《宋馮檝宰相墓碑記》，嘉慶《大足縣志》中有載，但筆者認爲所言荒蕪，未録於此書。《建炎以來系年要録》中言：“檝素佞佛，晚歲尤甚”。除在大足北(白)塔所造佛像外，他還出俸資妝金潼南大佛，在瀘州修建報恩塔(今瀘州市江陽區報恩塔廣場白塔)，刻印佛經《大藏》《小藏》刊行(刊印佛經事據張樹楝、龐多益、鄭如斯等著《中國印刷通史·附録一·大事年表》，但該年表中將馮檝刊印佛經的時間寫作紹興二十三年，未知何故)。

【造像記】大宋紹興六年太歲」丁未十月十五日吉旦」鐫造聖像祈佑□□□」。

(《銘文録》374 頁佚名造西方三聖龕鐫記)

此造像位於興隆庵，編爲第 8 龕，内容爲西方三聖。左脅侍爲僧人，右脅侍爲武士。但紹興六年太歲紀年並不爲“丁未”，而是“丙辰”，未知何故錯寫。

公元 1137 年(紹興七年)

(正月癸亥朔)置御前軍器局于建康府，歲造裝甲五千，矢百萬，以中侍大夫、岷州觀察使、行營中護軍忠勇軍統制楊忠閔充提點，仍隸樞密院及工部。

(《續通鑒》卷一一八)

宋代各州製作軍器的“都作院”即隸屬軍器局。大足的石刻工匠中有隸屬都作院的“都作”，見本書“紹興二十二年”條下銘文中“都作伏元俊伏元信”。

(五月)己丑，禁四川增印錢引。

(《宋史》卷二八《高宗本紀五》)

【造像記】奉佛〔弟子〕(淲)同就□祈乞□」〔一〕家安樂萬事遂心」〔紹興七〕年十二月七日工畢」。

(《銘文録》375 頁佚名造地藏龕鐫記)

此地藏造像位於玉灘，統編爲第 1 號。其左右鑿六臂觀音、如意輪觀音等像。

公元 1139 年(紹興九年)

【造像記】弟子斯遠同政古氏七四娘及男」大全大鄉等發心同願造此」元始天尊祈保闔家安樂男」女安貞壽年永固同」弟子斯敏造此太上」老君一位願亡過妻古氏三」九娘早生天界男女□昌」時己未紹興九年八月十八△記。

(《銘文録》319 頁斯遠斯敏造“三教”像龕鐫記)

公元 1140 年(紹興十年)

(六月)壬子，兀術及宋叛將孔彦舟、酈瓊、趙榮等帥衆十余萬攻順昌府，劉錡率將士殊死戰，大敗之。初，秦檜奏命錡擇利班師，錡不奉詔，戰益力，遂能以寡勝衆。乙卯，順昌圍解，兀術還。

(《宋史》卷二九《高宗本紀六》)

《宋史》卷三六六《劉琦傳》中載：“(金人)棄屍斃馬，血肉枕藉，車旗器甲，積如山阜。……是役也，錡兵不盈二萬，出戰僅五千人。金兵數十萬營西北，亙十五里……時洪皓在燕密奏：‘順昌之捷，金人震恐喪魄，燕之重寶珍器，悉徙而北，意欲捐燕以南棄之。’故議者謂是時諸將協心，分路追討，則兀術可擒，汴京可複；而王師亟還，自失機會，良可惜也。”

公元 1136—1141 年(紹興六年至紹興十一年)

【造像記】誘化修造十聖觀音洞岑忠用意者如念生居浮世幸處人倫」叨天地之恩親日月之德立身處世多有妖訛不作善因虚過」光景忠用自甲寅歲已來見天忽亢旱雨不應時民食不足」于是遂興丹懇大建良因集遠近信心就此石門山上建觀音」大洞一所無量壽佛並十聖菩薩」祈風雨順時五穀豐盛始」自丙辰興工至庚申殘臘了畢上願皇圖永固佛日增輝」舍財信士所作契心三會龍華皆得受記山神土地靈作匠」人天受遮但忠用雖三代貧苦實無一貫之本□□□□」□□□□□□兒孫之冤與衆作仇恨他年限滿墮落陰司」日受萬死一身常言兒孫自有兒孫計莫爲兒孫作馬」牛時庚申十二月△日化首岑忠用與裴氏夫婦共鐫建」。

【造像記】昌州大足縣陔山鄉奉佛」□□□發心就洞鐫此」正法明王觀音一尊只乞今」(㶁)安」辛酉紹興十一年上元日題」。

【造像記】蘇嚴鎮在郭居住奉善」佛弟子岑忠志同政薛氏洎長男文貴新」陳氏和男文賢楊氏文勝文後文盡一宅等伏睹」石門山捨財造」寶蘭手觀音一尊祈乞一家安泰四序康」寧二六時中諸」聖加備」時以辛酉歲上春休日慶記」。

【造像記】奉佛修龕化主岑忠用闔家等發」心鐫此觀音菩薩一尊並妝金祈乞」舉家安樂動用得道夫婦齊眉」膝下康泰上祝△國泰民安風調」雨順大勸善緣□□一□」觀善化衆十觀音□□□磨好黄金」惟有陰功年年□不見取金舊主人」戊午季夏興工至庚申年季冬工畢」。

【造像記】奉善弟子岑忠信夫婦一家等」發心造」觀音菩薩一尊祈乞一宅安泰四」貴康和十二時中保安清暢時以」辛酉年正春末日慶訖」。

【造像記】奉佛弟子龐休一宅等造甘」露玉」觀音一位祈乞尊少安泰四序」康寧永世今生常逢」佛會」時以辛酉歲上春休日慶訖」。

【造像記】奉佛道弟子侯惟正崖」氏夫婦念心認造此」功德一位祈乞惟正夫婦一」家眷屬壽算延長公私清」泰先祖口東誓咸乞赦除

債主」冤家並資和釋辛酉載慶」。

【造像記】奉善弟子楊作安□氏夫婦長男」楊謙新婦梁氏次男楊詔楊」女□□娘□一娘一宅等發心鐫此□」聖盒□□□勢至菩薩一位願此」(其間三行字漶)」辛酉年二月八日丁□慶訖」。

【造像記】奉善弟子甄典□與夫婦」長女大金娘小金娘一宅等」□□□妣崔氏二娘捨山□特」□造聖容祈乞先□樂果□」(漶)」辛酉歲□月□日□□題」。

【造像記】昌州在城左廂界居住奉」佛男弟子趙勤典男趙覺趙恭」合宅捨財造上件」寶鏡觀音一位乞保一家安泰四季」康和今世來生常爲」佛之弟子次乞冤家解釋債主」生天時以辛酉歲正月望日慶」。

【造像記】昌州大足縣陔山鄉奉佛承信郎」陳充一宅長少等於紹興十年」内命工就此洞鐫造蓮花手」觀音一尊乞自身」禄位高崇合宅壽年永遠」億向公私吉無不利辛酉上元日題」。

【造像記】奉佛龐師上父子造此」如意輪觀音一位冀永」世康寧四時吉慶時」以辛酉上春休日慶訖」。

【造像記】奉佛弟子侯良夫婦與子孫」發心造此數珠手觀音一尊」意祈△國泰民安風調雨順」辛酉紹興十一年三月初十日」侯良嚴氏男惟芝惟顯惟霖」惟海各夫婦以己酉本命日慶」。

【造像記】奉善弟子謝繼隆何氏夫」婦一家等爲女茶娘發心造」獻珠龍女一身祈乞一宅安」泰常逢□□」〔太歲〕辛酉正月□□慶記」。

(《銘文録》352~355 頁岑忠用等造十聖觀音洞鐫記十四件)

十聖觀音洞位於石門山 6 號窟。平頂，高 3.02 米，寬 3.5 米，深 6.1 米。正壁鑿阿彌陀佛、觀音及大勢至菩薩，左右角立男女供養人像，洞口左右立善財、龍女像，洞左右壁各鑿 5 尊立觀音像，左壁從内至外依次爲净瓶手、寶籃手、寶經手、寶扇手、甘露手觀音，右壁從内至外爲寶珠手、寶鏡手、蓮花手、如意輪、數珠手觀音。洞壁造像鐫記共 16 件，現存 14 件，計 1043 字，除岑忠用一件外，均刻於下置蓮座、上覆荷葉寶蓋的牌位中。汴意到以上題記中有兩則均題於“上元日”，《全蜀藝文志》卷一七中有彭永作《元宵》一詩“巴人最重上元时，老稚相携看题诗。行乐归来天向晚，道傍闻得唤蚕丝”，可見蜀人的風俗。

公元 1141 年(紹興十一年)

(四月)壬辰，以世忠、俊並爲樞密使，飛樞密副使，命三省、樞密院官複分班奏事。

(《宋史》卷二九《高宗本紀六》)

自此，宋高宗解除了韓世忠、張俊、岳飛的兵權，在金人渝盟而南宋軍隊反擊有利的情況下(見紹興十年的順昌之戰)，高宗再次趨向議和，南宋朝廷之後再無意以戰略收復淮河以北境土。

(九月)，吳璘及金人戰於剡家灣，大敗之，遂圍臘家城。癸亥，璘自臘家城受詔班師，楊政、郭浩皆引軍還。

(《宋史》卷二九《高宗本紀六》)

《續通鑒》卷一二四載：“即日，(胡)世將以金人之俘三千人獻於行在，命利州路轉運判官郭游卿，就俘獲中以聲音容貌驗得女真四百五十人，同日斬於嘉陵江上，斂其屍以爲京觀；餘皆涅其面，於界上放還。敵氣大沮。”吳璘指揮的的臘家城之戰與其兄吳玠之前指揮的和尚原一戰，皆將金人阻隔於川陝防線，爲蜀中地區的相對安定奠定了重要基礎。

是月(十一月)，與金國和議成，立盟書，約以淮水中流畫疆，割唐、鄧二州界之，歲奉銀二十五萬兩、絹二十五萬匹，休兵息民，各守境土。詔川、陝宣撫司毋出兵生事，招納叛亡。

(十二月)癸巳，賜岳飛死於大理寺，斬其子雲及張憲於市，家屬徙廣南，官屬于鵬等論罪有差。

(《宋史》卷二九《高宗本紀六》)

公元1142年（紹興十二年）

【造像記】左朝散大夫權發遣昌州軍州事」張莘民謹發誠心就院鐫造」觀音菩薩一尊永爲瞻奉」今者彩刻同就修設」圓通妙齋施獻壽幡以伸慶」贊祈乞」國祚興隆闔門清吉」壬戌紹興十二年仲冬二十九日題」。

（《銘文録》31頁136號轉輪經藏窟張莘民造觀音像記）

（五月）停給度僧牒。

（《宋史》卷三〇《高宗本紀七》）

公元1143年（紹興十三年）

【造像記】□□□□郭外居住奉善□□□」□□□□郭氏孫男陳文明□□□」□□□□鐫刻妝彩」大勢至菩薩迦葉阿難〔共三尊〕□□」經藏洞永爲歷世」瞻仰祈保壽年遐遠福壽□昌」續裔□□轉增榮貴願」法輪常轉祈」舜日惟明今者鐫妝工畢時以癸亥」紹興十三年正月二十五日伏僧慶」贊謹題△賴川鐫匠胥安□□」。

（《銘文録》31、32頁136號轉輪經藏窟陳文明造大勢至菩薩等像鐫記及匠師題名）

《銘文録》中將此銘文匠師題名記爲"潁川胥安"，後經筆者同事趙凌飛提醒，在石篆山《嚴遜記》碑中有"父以避役，居昌元今賴川宅且病"之句，乃查詢《元豐九域志》卷七《梓州路》下有"上 昌元……賴川等一十四鎮"，再辨認拓片，確認此地名爲"賴川"。在《元豐九域志》中四川地區多見"賴"字爲首的鎮的記載，如"飛烏 賴王鎮""磐石 賴胥、賴磐鎮""資陽 賴博、賴琬鎮"，惟一貫穿流經大足縣境的河流古稱"瀨婆溪"，現稱"瀨溪河"。《宋會要輯稿》中也有將"賴川"誤寫爲"頗川"的，見本書"太平興國三年"條下注。

【造像記】弟子趙彭年同壽楊氏」發至誠心敬鐫造」文殊師利菩薩普賢王」菩薩二龕上祝」今上皇帝聖壽無疆皇」封永固夷夏乂安人民快」樂次乞母親康寧眷屬」吉慶普願法界有情同」沾利益紹興十三年歲」在癸亥六月丙戌朔十六」日辛丑齋僧慶贊左從」事郎昌州録事參軍」兼司户司法趙彭年謹題」。

（《銘文録》32 頁 136 號轉輪經藏窟趙彭年造文殊普賢像鐫記）

公元 1144 年（紹興十四年）

【造像記】玉皇興崇大帝將以祈恩祈福」保壽齡年族聚榮昌早勝善果今已」周備龕洞儼然刻石銘碑以貽後世」云耳時以海元癸亥紹興十三年五」月初二日具工至二十六日了畢次」以天元啓運初春上元正值王諒丁」卯本命之日就龕修醮表慶」王舉修撰朱業奉命書伏忠靖鐫龕」。

（《銘文録》290 頁王諒造玉皇龕及石刻匠師鐫記）

【造像記】東普攻鐫文仲璋侄文珆文珠」天元甲子記」。

（《銘文録》324 頁文仲璋鐫“三教窟”像鐫名）

此龕造像位於妙高山，編爲第 2 號，鑿釋迦、老君、孔子於一龕之中，在石刻造像中頗爲罕見。在大足石篆山中還有將佛、道、儒造像鑿於同一水陸道場中的作品，見本書“元祐三年”條。對三教混一的造像評述，另見本書“正統三年”條。“天元甲子”紀年，在大足佛安橋的第 2 龕無量壽佛洞、第 8 龕的引路王菩薩鐫記中均有此紀年，據《四川文物》1987 年第 3 期陳明光《大足石刻“天元甲子”紀年考析》一文，認爲乃紹興十四年。但該文認爲“天元”稱號乃爲“高宗中興”諛詞，似不爲當。在北宋人方勺所編《泊宅編》卷五中載有：“道士王裕，福唐人，術數頗工，常云：‘天運四百二十年一周，而七甲子備，謂天、地、人、江、河、海、鬼凡七。今正行鬼元，後十八年複行天元，當有太平之應。’又云：‘唐明皇時，正行天元故也。’（乙巳年説）”，乙巳年當爲其在方勺在世時的

1125年，“後18年復行天元”正是1144年。此爲“七元甲子”紀年法，並非諛詞，同年的上則鐫記中有“天元啟運”也正是此意。但前一年稱爲“海元癸亥”，而後一年乃稱“天元”而非“鬼元”，筆者也不解。“或爲四川地區曆法不盡與中原及江南地區相同之故。”

【造像記】奉善弟子古貫之夫婦發」心造△無量壽佛祈乞亡」過母親任氏早獲□□□」存二親悉皆安樂大宋天」元甲子中元日設齋題壁」。

（《銘文録》320頁古貫之等人造無量壽佛洞像鐫記九件）

此鐫記位於大足佛安橋的第2龕無量壽佛洞正壁佛頂上方，旁立的文殊、普賢及左右壁立十觀音像頂壁上，均豎刻造像人名，現存8件，如下：“古文士發心鐫造（正壁文殊）；古及之爲母親造（正壁普賢）；楊劭發心鐫造（左壁從外至内第一像）；古平之爲二親發心造（左壁第四像）；古國士發心鐫造（左壁第五像）；古及之發心鐫造（左壁從外至内第一像）；周安仁發心鐫造（右壁第二像）；王邦杰發心鐫造（右壁第五像）。”

【造像記】奉善弟子□□□□□□□□」念一娘子發心鐫造□□□□」引路王菩薩〔祈乞〕見存安樂過」去生天大〔宋〕□□〔天元〕甲子十」月二十有〔九〕□□□□□□記」。

（《銘文録》321頁念一娘子造引路王菩薩龕鐫記）

此龕位於佛安橋第8龕。

公元1145年（紹興十五年）

辛未，初命諸路僧、道士納免丁錢。時言者論今官尹皆納役錢，而僧、道坐享安閒，顯爲僥倖，乃詔：“律僧歲輸五千，禪僧、道士，各二千，其住持、長老、法師、紫衣、知事皆遞增之，至十五千，凡九等。”

（《續通鑒》卷一二七）

【造像記】子□□□□□□」男張□□張□□念發」□觀音一龕□乞合家」□□慶□□□」乙丑紹興十五年作」鐫作處士東普文玠記」。

（第三次全國文物普查資料）

2009年12月，大足縣的“三普”工作人員在文物普查過程中，於龍崗街道辦事處明星村發現一龕觀音造像，上有此題記。這是現今大足所存銘文中最早出現“東普”字樣的題記。

公元1146年（紹興十六年）

【造像記】在城奉佛弟子王升同政」何氏伏爲在堂父王山母親」周氏謹舍浄財鐫妝」大聖數珠手觀音菩薩一尊」永爲瞻仰伏願二親壽算增」延合屬百順來宜五福咸備」二六時中公私清吉以丙寅紹」興十六年季冬十二日表慶訖」。

（《銘文録》33頁136號轉輪經藏窟王陞造數珠手觀音像鐫記）

是歲，西夏尊孔子爲文宣帝。

（《續通鑒》卷一二七）

公元1147年（紹興十七年）

【造像記】視跡女身」守姓堅真」八風不動」刳斷丙丁」弟王慈濟讚」姐大一娘平生在家□」姓長齋看教常行」美善捨錢於塔下鐫」造釋迦一尊永爲」天瞻仰」時丁卯歲題」（左）

我非父親」亦非母義」恩酬罔極」心空及弟」建塔專庫慈濟」自讚□」丁卯歲題」（右）。（白）

（《銘文録》443頁王慈濟造釋迦佛龕及捐資建塔題贊）

此銘文位於北塔外。北塔也稱白塔和多寶塔，位於距縣城3里的北山上，與北山石窟相對，爲八角形密簷樓閣式磚塔。塔内外除佛和菩薩造像外，主要内容爲善財童子五十三參故事。依據塔内的紀年題記，應是建於南宋紹興十七年至二十五年(公元1147—1155年)。爲便於鑒讀，北塔内容後加以“(白)”標識。另，在北塔下南向約20米處，有雙佛像，龕高10米，寬12.75米，爲多寶佛與釋迦並坐像。筆者同事米德昉認爲，此龕造像是與多寶塔同時所建，爲佛經中所提内容。查《正法華經》卷六中言：“東方去此不可計會諸佛世界，有佛號名多寶如來，國曰寶净……于時其佛臨欲滅度，普告諸天世間人民及諸比丘：‘吾滅度後，奉如來身全取其體，一等完具興大塔寺。若見塔者悉得其所，功德難限。’于時其佛，建立如是無極聖化：‘十方世界其有講説此《法華經》，吾七寶塔，踴現諸佛所説經處，其舍利身在七寶塔，贊言善哉！”《宋高僧傳》卷二七《唐蘇州支硎山道遵傳》中記：“(道遵)欲廣寫《法華經》，置道場辟經院……常持此經以報主恩。鑄盧舍那及毗盧遮那像及多寶塔。”此與經義稍有差别(也可能是《宋高僧傳》訛誤)，但是可見二佛像(多寶或盧舍那、釋迦)與多(七)寶塔是常爲一體的。廣元千佛崖的第806窟俗稱多寶窟，爲釋迦與多寶並坐像，建於唐代，但與大足北山造像不同的是，該二佛是結跏趺坐於方形座上，而大足的二佛是倚坐，而且第806窟中無多寶塔出現。在1995年出土於成都西安路的南朝石刻造像中，編號爲第H1：5造像石所刻内容亦爲多寶與釋迦並坐像，在二佛舉身光外側的尖桃狀聯珠紋正中處，正是一寶塔，符合經義，該造像石爲大同十一年(公元545年，南朝梁)所刻，具體可見成都市文物考古工作隊，成都市文物考古研究所《成都市西安南路南朝石刻造像清理簡報》，《文物》1998年第11期。

【銘文】趙瓦造△△大宋丁卯。(白)

(《銘文録》443頁趙瓦題刻)

【造像記】男楊伯高伏爲□□□故先考楊文忻鐫造真」容一身供養其故父享」年八十歲於丙寅紹興」十六年十月二十六日辭世」丁卯

二月十日記」。

弟子楊伯高爲故父」楊文忻存日造此二」大將□向正界至丁」卯十月二十六日慶」。

（《銘文録》355頁楊伯高造玉皇龕記）

此龕位於石門山，編爲2號龕。主像爲玉皇，旁有兩侍者，龕外下部兩側各立一像，左爲千里眼，右爲順風耳，千里眼之左下側立一男供養人像，面老有須，戴頭巾，著長衫，供養人右上方即有此數則造像記。千里眼與順風耳的造像應是印度佛教“禪”里的“天眼通”與“天耳通”，印度禪中講的“四禪”“四念”，爲的是獲得“五神通”——“天耳通”“天眼通”“如意通”“他心通”“宿命通”，這五通是凡人可以修煉到的，再加上只有聖者可以修煉的“漏盡通”，便是“六通”。南朝宋人劉義慶所著的《世説新語》中便有“汰法師云：‘六通、三明同歸，正異名耳’”之記載。

公元1148年(紹興十八年)

【造像記】大北街居住」佛子何正言」同室楊氏戊」辰紹興十八」四月初八」。(白)

（《銘文録》444頁何正言鐫造觀音龕題記）

【造像記】普州攻鐫文仲璋男文琇」侄男文愷等造此數洞」功德紹興十八年孟冬記」。

（《銘文録》375頁文仲璋鐫刻千佛洞像鐫名）

此千佛洞位於玉灘，統編爲11號龕，正中鑿毗盧佛坐像，後壁及左右壁各鑿小佛像560餘身。另5號龕還有其子文琇於1157年紹興二十七年所鑿觀音像。

【造像記】砌塔道人邢信道爲母親王氏」二娘自備錢募工鐫五十三位」善知識願母生於佛地」。(左)

海□國海雲比丘住□□□」得普眼法門」。(右)(白)

(《銘文録》450 頁邢信道鐫造善財參禮海雲比丘龕題記)

此銘文位於北塔内第 2 級，無年代記載，據塔内第 2 級有紹興十八年和紹興二十年的他人所刻鐫記，而第 3 級内已有紹興二十一年的銘文，因此將此銘文斷爲紹興二十年。邢信道在塔内的第 2—6 級還鐫有參禮彌勒菩薩龕、參禮德雲比丘龕、參禮再會文殊龕、參禮海幢比丘龕、參禮解脱長者龕、參禮彌伽長者龕、參禮文殊龕、參禮善住比丘龕、參禮無厭足王龕、參禮寶髻長者龕、參禮婆須密女龕、參禮不動優婆姨龕、參禮頻唷比丘龕、參禮大光王龕、參禮婆珊婆演底夜神龕、參禮普德净光夜神龕、參禮精進力夜神龕、參禮樹花夜神龕、參禮□花夜神龕、參禮賢聖優婆夷龕、參禮最寂静婆羅門龕、參禮遍友童子師龕共 23 龕，皆爲善財童子五十三參内容，另在第 2 級中鐫有一“佛”字，上有鐫記“砌塔邢先生小師周童鐫造記”；第 6 級鐫兩龕釋迦佛，也有鐫記，其中一像壁上有“輪車道人周圓暉造」”銘文；在塔外底層北面有題記“本州西方院砌塔邢先生小師周童造休家」”。關於北塔五十三參的内容介紹，可參看《敦煌研究》1996 年 3 期黎方銀《大足北山多寶塔内善財童子五十三參石刻圖像》一文。另，在寶頂山大佛灣 29 號龕圓覺洞中兩側上壁、陳家巖 1 號龕，安岳華嚴洞 1 號龕、臥佛院、以及武勝縣石佛寺 1 號龕等多處都有五十三參造像内容。

公元 1150 年(紹興二十年)

【造像記】本州在郭右廂界正北街居住」奉佛進士劉陞同室袁氏萬一娘」弟進士劉陟弟婦于氏慶二娘暨」在堂母親王氏念九娘子膝下」長男松年女二桂娘三桂娘合宅」人眷等先於戊辰載爲故父」攝本州助教劉揆存日發心」鐫造此」如意輪菩薩一龕自後未能」粧飾但陞今日則命匠綵鑾上」件聖容祈冀過往生天見存」獲福時以紹興二十年△月」△△△日命僧看經慶讃謹記」。(白)

(《銘文録》445 頁劉升等鐫造如意輪像龕題記)

【墓誌】大宋故右朝議大夫直秘閣提舉台州」崇道觀賜紫金魚袋適福州人驚移」入川寓居普州有女一人十一娘適右從政」郎前懷安軍録參向洋開封府隨其」夫十七年享年三十三歲生兒女數人」皆幼不育於紹興十八年閏八月十七日」壽終今紹興二十年八月十七日歸葬昌」州延恩寺側並女一人向四十娘同之一」穴紹興二十年八月十七日夫向詳謹記」。

（《銘文録》479頁南宋林十一娘墓誌銘）

公元1151年（紹興二十一年）

【造像記】攻鐫文仲璋男文琇□□□功德 紹興辛未仲春記。

（《巴蜀佛教雕刻藝術史》）

此鐫記位於安岳縣净慧巖造像第15龕。造像内容爲一站姿的數珠手觀音，其右手拈佛珠，左手把住右手腕，幾與大足北山第125龕的"數珠手觀音"造型一致。文氏家族作爲雕刻世家一直活躍在安岳和大足周邊地區，該地區有不少作品出自其族人之手。《宋白麟石像銘》中記："净慧岩者，唐乾元中僧舍也。歲月深遠，莫知其詳。迄今僅四百年，舍宇既頹……處士趙慶昇，飄然有山林之志，乃於紹興辛未創室岩畔，與木石居，既又鑿山谷，刬苔蘚，再修石像，飾以丹青，石室帡幪，可庇風雨……"則15號龕當是趙慶昇請文仲璋等人所鑿刻。

【造像記】奉佛信士□於濵舍財建造祈」乞□□安樂時辛未年正月初十立」。（白）

（《銘文録》445頁□於濵鐫造西方三聖龕題記）

【造像記】（漶）」（漶）」自〔賢〕（漶）」妝此（漶）」藥師佛一龕祈乞見存安樂」往生天世〔世世生生福報無盡〕」歲辛未紹興〔十一月二十七日記〕」鐫匠蹇忠進刻」住持文道盛書」。

（《銘文録》356頁佚名造藥師佛龕鐫記及匠師鐫名）

潼南大佛雕鑿完成，次年馮檝舍資裝金。

(《潼南縣志》)

據四川省潼南縣志編纂委員會1993年出版的《潼南縣志》中《附録六·藝文》載録的馮檝的《南禪寺記》云："邑出郭二里有南山，山有院，舊號'南禪'。本朝治平年中，賜額'定明院'。有巖面江，古來有石鐫大像，自頂至鼻，不知何代開鑿，俗呼爲"大佛"。又有池，靖康丙午，池内忽生瑞蓮。是歲有道者王了知，自潼川中江來化邑人，命工展開，像身與頂相稱，身高八丈，耳、目、鼻、口、手、足、花坐悉皆稱。……主僧德修於紹興壬申仲春遠來瀘南，告余佛已就，惟缺嚴飾，化余裝鑾，余遂捨俸以金彩裝飾。成佛如金山，據琉璃閣，金碧争光，晃耀天際，遐邇俱瞻，咸嘆希有，復求記其始末。"此佛像位於距今潼南縣城西1.5公里處的南山(也稱定明山)北麓，像高13.43米，頭長4.3米，胸寬8.35米，爲一彌勒倚坐像，頭部爲唐代開鑿，頭以下爲文中所記宋代開鑿。據縣志介紹，在南山西麓，還有俗稱的"千佛巖"，有許多唐元和至大中年間造像，以及宋代的"西方三聖"造像；在縣城西部的崇龕鎮，有千佛寺摩崖造像；在距縣城27公里的龍多山景區，也有隋代及唐代咸通年間的造像。

公元1152年(紹興二十二年)

【碑文】敷文閣直學士左中奉大夫潼川府」路兵馬都鈐轄瀘南沿邊安撫使知」瀘州軍州提舉學事兼管内勸農使」文安縣開國伯食邑九伯户賜紫金」魚袋馮檝今於昌州多寶塔内施錢」肆百貫文足造第陸層塔壹級全用」銀合内盛華嚴感應舍利壹百貳拾」粒安於其中祈乞禄壽綿遠進道無」魔眷屬康安子孫蕃衍盡此報身同」生極樂紹興壬申歲仲春旦日」建塔化首任亮刊石立」(左)

敷文閣直學士左中奉大夫潼川府路」兵馬都鈐轄瀘南沿邊安撫使知瀘州」軍州提舉學事兼管内勸農使」文安縣開國伯食邑九百户賜紫金」魚袋馮大學年七十八歲男右承奉郎瀘南安撫使司主管機宜

文字馮覺年三十二歲男右迪功郎前成都府路提刑司幹辦公事馮覺年三十二歲新婦機宜孺人徐氏年三十四歲提幹孺人鄧氏年二十六歲孫男登仕郎洞祖年九歲登仕郎繼祖年六歲楊僧年三歲佛保年三歲佛兒年二歲孫女閏師年七歲女童妙明年一十五歲妙悟年二十五歲黃法智年十歲法慧年十四歲嬭子等任氏二娘年二十五歲達禰吳氏年二十歲虎禰□氏年三十六歲佛保嬭王氏年二十八歲楊僧嬭文氏年二十六歲閏師嬭王氏年三十歲佛兒嬭鄧氏年二十八歲達奴唐氏年二十七歲奇奴姚氏年二十七歲慧奴丁氏年二十六歲秋喜趙氏年三十三歲紹興壬申歲仲春旦日建塔化首任亮刊石立。(右)(白)

(《銘文録》445~446頁任亮刊刻馮大學施錢造塔記)

據《銘文録》附注，右壁刻記民國時已漶失難識，此是民國縣志轉録自道光縣志。

六月，己卯，潼川大水，涪江漲。……九月，甲午，帝謂大臣曰："聞潼川路水災，可令轉運、常平司將被災州縣檢放賑濟。"

(《續通鑒卷》一三〇)

【銘文】蓋聞鑄金造像利益最」多剖石鐫嵓福德尤盛」竺蘭陀經云積善福生」積惡禍至道經云人身」難得中土難生非有無」因而妄招果故偈曰」舒成嵓洞建春臺貴使」邦人仰上臺小善莫輕」無福故因緣會遇應還」來但舉善思念之幸叨」覆載之恩無毫髮之奉」欲報劬勞之力虧寸尺」之功内令五常粗存三」畏每懃門眷侍家嚴」。(左)

金闕之容已興慮勝緣之未」具△△△東嶽之像復著庶」卑願之周諧使代瞻仰之」無涯後世皈依之有託偈曰」積善之家慶有餘更符陰騭」暗相於行看驅馬鐘苗裔烜」煜於門信不虛是龕也上期」皇祚齊南山久固之年下冀」慈親等北海之壽舉黍一界」士輒三教書愧無華彩之文」章直假烏絲之翰墨庶幾好」士者知我志耳壬申紹興二」十二年九月二十二日前本」縣押録王諒記」都作伏元俊伏元信小作吳宗明鐫龕」紫微殿使日直元君同判□□院事王舉撰」無極上相判豐都使掌嵓道士王用之開洞」。(右)

(《銘文録》290~291頁王諒造東嶽大帝龕及石刻匠師鐫記)

【鐫記】敷文閣直學士左中奉大夫潼川〔府〕路兵馬都〔鈐轄瀘南沿邊〕」安撫使知瀘州軍州提舉學事兼管内勸農使文安縣開」。(左)

國伯食邑九百户賜紫金魚袋馮檝」〔謹施第〕陸層〔寶塔〕兼〔造像全堂〕□□□□□」。(右)(白)

(《銘文録》457 頁馮大學造第六層寶塔及造像全堂題記)

此銘文位於塔内第4級50號龕，本無紀年，但據《馮大學施錢造塔記》内容來看，應是同年鐫造。此外，在塔内第4級第39、第41、第45龕中，皆有"瀘南安撫馮大學"題名，第47龕中鐫有"瀘南安撫都鈐馮大學(左)〔造第〕六層寶塔一級全(右)"文字，但是第6級塔内倒未見到有此人題名的鐫記或銘文，全在第4級。

公元1153年(紹興二十三年)

【造像記】淑明皇」后一位(龕額)

大宋昌州大足縣若子鄉瓊林里故城垣」本莊居住奉」道弟子宋美意爲年前妻室羅氏七六娘」或患氣疾眼目不安遂發誠心就雲從崮鐫造」淑明皇后求爲供養自啟願後果蒙」聖像加倫羅氏氣疾退散今者不忘前願命」請處士就龕鐫造△聖容已是圓滿□□」鐫造向去壽年長遠福禄增添□□□□□」利常願安樂時以癸酉紹興二十三年三月十三日」工畢」掌崮道士王用之建洞」。

(《銘文録》293 頁宋美意造淑明皇后龕鐫記)

【銘文】昌州在城圜通善友王堂」化衆捨錢引三百道安砌」第八級共諧勝□□□□」縣施主錢引二百二十二」道堂捨施七十八道都共」三百道送入塔庫滿酬志願」右伏冀迪誠願海　悉」成衆力善心人具足仰惟」三寶咸願印知普接群生」俱成正覺癸酉仲冬立石」羅先古貫之斯迪男大成」昌元縣馮拯安王氏施錢引二道」第八級寶塔上捨錢施主芳銜如後」昌元縣王景恩馮忠信各捨施大錢引壹拾道」張伯宣黄介楊高馮繪各施大錢引五道」杜宗旦王伯通鄭嗣宗黄輅王澤

胡考寧」王思志王旦各施三道張汝霖弟汝明各施二道」永川縣斯完與男奉先彥先幾先共施一十五道」杜詳李明道梁嗣宗王信言羅覺各施五道」斯逸與男大明大受趙忠直男運各施十道」解陳男三捷李京浦明張元隆與男逸」王詔苟元友李元愛龐廣愛弟順宗王才志弟才勝」李承法兄弟各施五道杜世高施兩道翟光遠一道」李咸兄弟施桐油五十斤各願世世生生共同佛會」。(白)

(《銘文録》447 頁王堂化衆舍錢建塔第八級鐫記)

此銘文位於北塔第二級第 7 龕下部，在左右壁上還各有一則題記，分别是"何通進王安邦各施二道」斯逢男大年大言崔雅」圜通善友王堂永遠供養」"和"大足縣王伯寧高祖賢」夏仲寧王伯周各施錢引十道」王褒任泰斯大猷」康普苟宇各施五道」"。在明洪武二十四年頒布的《申明佛教榜冊》中載有："及民有傚瑜珈教称为善友，假张真人名私造符籙者，皆治以重罪。"北塔銘文中有數則銘文稱"善友"，疑是瑜伽教。

【造像記】奉佛文陟妻毛氏□□爲」母唐氏耳目不安佈施鈴」鐸一級爰爲陟嗣息女□」(左)

契造無量壽佛一尊祈乞」早應凡心子孫蕃衍富」貴榮華福壽延遠時癸酉」。(右)(白)

(《銘文録》447 頁文陟造無量壽佛龕鐫記)

【造像記】昌州大足縣〔玉〕」溪井住鐵〔匠〕劉」傑妻楊氏發心」自初建塔施工」修葺動用鐵作」□□外施鐵索」一條重三十斤□」龍樹菩薩一龕」並化〔雲〕水〔鎮〕□」作户鐵索三條」伏〔願〕四生□□」超昇見存〔爲母〕」眼目光明福壽」雙慶時癸酉歲」。(白)

(《銘文録》448 頁劉傑等造龍樹菩薩看並爲建塔施鐵索鐫記)

公元 1154 年(紹興二十四年)

【造像記】皇宋紹興二十四年」地藏王菩薩」引路王菩薩」五月十

六日伏小六鐫」。

（《銘文録》35 頁伏小六鐫第 1 號地藏、引路王菩薩龕鐫記）

此銘文位於大足北山觀音坡第 1 龕左壁上部。左壁侍立有供養人四身，頂上均有供養人姓名，從内至外，第一像頂上刻“亡□□□何正言”，第二像頂上刻“同政楊氏”，第三像頂上刻“男鄉貢進士何浩”，第四像上刻“新婦解氏”。在南山第 4 龕和白塔第 8 龕均有“何正言”等人之名，其家居城廂大北街，以此銘文看，在紹興二十四年何正言已過世。

公元 1155 年（紹興二十五年）

【銘文】大宋昌州永川縣使漢卿本師龐上明與祖母胡氏三娘爲永世□發心認砌第十一級全本意父世□啓願後儀遐年大明田□人□願在遂佈施大錢五百貫文爲了前願□異先亡祖□各乞生天見在支羅成永歲乙亥紹興廿五年六月吉日立石故曾祖忠義曾祖婆仲氏故祖父士文在堂母楊氏三娘新婦劉氏五娘男國光弟大方新婦楊氏十二娘侄梳保弟大年□□□娘七三娘七四娘執日首□□□昌。（白）

（《銘文録》447 頁漢卿等認砌第十一級寶塔鐫記）

【造像記】昌州石膏灘奉佛〔弟〕」子李小大同政何氏小三娘」男成三自戊辰年施錢引」〔二〕道兼穀至了及鐫此」觀自在菩薩一尊永」爲瞻奉祈保雙壽齊」□子孫榮貴」時以乙亥二十五年五」月廿一日刊石」建塔街坊志廣書」。（白）

（《銘文録》449 頁李小大鐫造觀音龕題記）

“石膏灘”此地名未見它處記載，以其“街坊志廣書”來看，當爲一鎮，不爲鄉里。在《太平寰宇記》卷八八《劍南东道七》載：“大足縣，旧三鄉，今一鄉。……今理在河樓湍，东临赤水。”《元豐九域志》卷七《梓州路》載：“上，大足，五鄉。大足、龍水、陔山、安仁、永康、河樓滩、劉安、三驅磨、獠母城、静南、李店、龍安、米糧一十三鎮。”這些記載中地名看似與“石膏灘”最相近的乃是“河樓灘(湍)”，也是爲鎮。

潼川府天寧則禪師。蚤業儒。詞章婉縟。既從釋。得法於儼首座。而爲黄檗勝之孫。有牧牛詞，寄以滿庭芳調曰：咄！這牛兒身强力健，幾人能解牽騎？爲貪原上緑草嫩離離，只管尋芳逐翠奔馳，後不顧傾危。争知道山遥水遠，回首到家遲。牧童今有智，長繩牢把。短杖高提。入泥入水，終是不生疲。直待心調步穩，青松下孤笛横吹當歸去。人牛不見，正是月明時。世以禪語爲詞，意句圓美，無出此右。或譏其徒以不正之聲混傷宗教。然有樂於謳吟，則因而見道。亦不失爲善巧方便。隨機設化之一端耳。

（《羅湖野録》卷上）

《羅湖野録》乃江西沙門曉瑩於紹興乙亥年作，爲見聞録式筆記小説體。其書纂述尚稱可靠，頗爲南宋以來修僧史者之重要史料。乙亥年乃是紹興二十五年，因宋代的大足縣屬潼川府，且本條涉談到牧牛詞，故本書作者將大足寶頂山第30龕依據楊次公之“牧牛圖”所作“牧牛頌”附録於後。

朝奉郎知潤州賜紫金魚袋楊次公證道牧牛頌

第一圖頌詞：突出欄中不奈何，若無繩綣總由他。力争牽尚不回首，只麽因循放者多。

第二圖頌詞：頭角往□□□□，□時□□□□□，□□□□□□□，□□□□□□□。

第三圖頌詞：芳草綿綿信自由，不牽總是不回頭，雖然暫似知人意，放去依前不易收。

第四圖頌詞：牽回只是不同群，放去尤疑性未止。取放未能忘鼻索，□放□□放者空。

第五圖頌詞：放去收來只自由，鼻頭繩芯亦當□。雖然立意□□□，步步由自不放伊。

第六圖頌詞：放來霞似會人言，□□□侵更可憐。坐看□緑全不顧，由有繩綣慮狂顛。

第七圖頌詞：牛鼻牽空鼻無繩，水草由來性自任。澗下岩前無定止，朝昏不免要人尋。

第八圖頌詞：萬象忘機無所得，牛身全白尾由黑。比霞千頌故其中，□坐孤岩誰取則。

第九圖頌詞：全身不觀鼻嘹天，放者無拘坐石巔。任是雪山香細草，由疑不食向人前。

第十圖頌詞：高臥煙霞繩放收，牧童閑坐況無憂。欲尋古尊□蹤□，去住人間得自由。

（《銘文録》163～168頁牧牛圖題刻、偈頌）

公元1156年（紹興二十六年）

帝嘗製宣聖及七十子像贊，親書之。是月，始命刻石。

（《續通鑑》卷一三一）

公元1157年（紹興二十七年）

【碑文】紹興聖德頌並序　宇文仕

紹興二十六禩皇帝總攬權綱，大明黜陟，注意德臣，使宅百揆，聖賢相逢，道同志合，或因或革，而庶績咸熙，一都一俞而罔不被澤。越明年，廟堂胥議遠曁川蜀，謂桃林放牛之後，罷褒斜流馬之役，民力未紓，其弊安在？降自外司搜剔軍實，推其有羡。除對斛之米數，削縑直之倍估，使田夫桑婦穀其腹而絲其身。乃下詔曰："朕念四川邈在一隅，德意志慮懼弗克究，晝夜以思安得一時承流宣化觀風察俗之吏，與朕同心，使遐方絶徼皆如畿内轂下，不亦善乎？"又曰："朕休兵息民之意，爾等固知之矣。惠在生而不傷，厚而不困。詎容煩役久爲民患，於戲！"德意甚大，詔旨甚切。舉全蜀五十餘郡，越小大邦，罔不精白，以承休德。凡遠近谿谷山澤之岷，井飲田食，咸知帝力之所加。邈爾邊邑，卉服椎髻，詔下之日，悉來竦聽，尚恐未喻。微臣稽首南望，播告之，曰："德莫大于生成，恩莫重於養育。方今廓天地之德，施父母之恩，卻乃全其生而遂其養。有君如此，何以報之?”相視歎籲，鼓舞而退。是歲之彝倫攸敘，百穀用成，民有餘力，頌聲四起。采于擊壤，帥民鳩匠，磨崖大書，上以述聖朝納民仁壽之域，下以紀齊民歸美報上之心，豈不爲萬世之休哉！謹按漢王褒作《聖主得賢臣頌》，徒出私意而不出民謡；唐元結作《中興頌》，功雖可紀而德無可録。曷若方今弭兵之後，下輕傜薄賦之令，歌詠聖德皆含哺鼓腹之民，自當過漢軼唐，增大雅之什矣！臣昧死再拜，潤色其詞曰：

“天作炎圖，舄奕千載。累洽重熙，盛德光大。寶運中興，上下交泰。皇澤汪洋，罔不霑溉。僻陬奧壤，尤托王靈。中原俶擾，獨此彌寧。天雖設險，眾心成城。抵兵捍關，下瞰三秦。靈旗或指，何征不克?皇帝神武，棄功就德。一視同仁，罔間南北。斷自淵衷，休師兩國。氊裘竦息，齊楚未盟。弢弓束矢，不假用兵。井絡編列，迄於昇平。初幼終老，獲全此生。向者雲屯，開口仰哺。流馬褒斜，暴跡於路。外府不給，犒軍加賦。雖率爾力，保爾所聚。今之講好，廼爲息民。外司過計，覆護其嬴。冕旒燭遠，亟下絲綸。削繰罷糴，戒諭丁寧。惟皇建極，斂時五福。代天理物，升之當軸。都俞之間，澤被遐荒。林林總總，既生且育。仰帝之德，大矣乾坤。懷帝之賜，父母深恩。萬口附和，載之和聲。此山不朽，刻之以文。”

左奉議郎知雅州蘆山縣事主學事勸農公事兼兵馬司監臣宇文仕撰並書

是碑在縣城東一里佛子崖之左右壁之上，縱横各一丈有奇，字畫徑四寸許。年久埋於土，其暴露於外者僅數十字而已。一日庠生陳昂駱琰以是告予，予往觀之，惜其防積之厚，未易快睹。翌日拉縣簿李公彪，暨僧會圓傑、監生駱興、李憲、胥賢、張輔、羽士駱文品等，督命周井編氓具畚鍤掘之，迄三日有成，始得全文於黄壤中。粤自紹興至今三百七十有餘載矣，而是碑幸復得見天日，豈非好古者之難遇也?居是鄉者，尚加愛護，勿爲牧童敲火，牛礪角可也！時弘治己未仲冬哉生明忠南李一本識。

（《全蜀藝文志》卷四五《紹興聖德頌並序》）

此宇文仕所作《紹興聖德頌》，乃宋代繼石介的《慶曆聖德頌》後又一讚美趙宋皇室的詩詞作品，後還有乾道年間所刻趙不息的《皇宋中興聖德頌》(爲趙公碩所書，上石於夔門長江南岸的“粉壁崖”，2002年整體切割搬遷至重慶三峽博物館)。《紹興聖德頌》中的内容反映了宋皇室南渡後對於巴蜀地區政治、經濟的重視，以及人民渴望休養民生，安居厭戰的事實。巴蜀地區在南宋初期安定而富庶，造成了遺留至今的衆多宋代石刻，而大足石刻中紹興年間作品衆多，寶頂山石窟的開創者趙智鳳也正是出生在紹興年間。

公元1159年(紹興二十九年)

【造像記】東普攻鐫處士文玠男孟周己卯紹興二十九年孟冬月」記」。

(《銘文録》357頁文玠鐫刻老君龕像題名)

此造像位於石佛寺3號龕，正壁刻老君像，雙手捧寶塔，左壁像殘，右壁刻靈寶天尊坐像，龕口立一童子，龕頂殘存一飛天。

【造像記】□□化佛弟子(漶)」□□上元甲子丙(漶)」□□壬日月菩(漶)」□□□□己卯年(漶)」□□佛世尊(漶)」(漶)」東普攻鐫(漶)」處士(漶)」。

(《銘文録》373頁佚名造第5號龕像記及匠師鐫名)

此龕造像位於大足寶興鎮三教寺，統編爲第5號。《銘文録》中據“己卯”認爲乃是元符二年(1099年)，但筆者考察，宋代爲“己卯”年的，乃太平興國四年(979年)、寶元二年(1039年)、元符二年(1099年)、紹興二十九年(1159年)、嘉定十二年(1219年)和祥興二年(1279年)，注意工匠署名中“東普”的字樣，考察大足石刻有明確紀年的銘文題記中，最早出現“東普”字樣的乃是“乙丑紹興十五年作」鐫作處士東普文玠記」”的題記，最晚出現的乃是乾道三年(1167年)“丁亥歲乾道□□」東普攻鐫〔作〕□士」文玠男文孟周□□□文孟通記」”的題記。以此署名“文氏”的帶有“東普”字樣的工匠活動期間(1145—1167年)來看，紀年爲“己卯”年的只有紹興二十九年在其範圍内，其餘年代基本可以排除。而且其既有“己卯年”又有“東普攻鐫”字樣，與石佛寺3號龕題記格式幾乎相同，應爲紹興二十九年。此題記其中有“上元甲子”紀年，以紹興二十九年來推斷，“上元甲子”或爲紹興十四年。何爲“上元甲子”？古人曆法家往往取某年冬至節(朔日)的夜半，以此爲起點向上推算“五星聯珠”〔即金、木、水、火、土五顆行星聚集於同一經緯度(指地球經緯度而言)方位〕的時間，將推算出的“理想時刻”作爲“上元”之始，此乃“上元元年”之説。而出現乾支紀年法後，“甲子”乃乾支紀年的第一個年份，因此將“上元元年”稱爲“上元甲子”。而“上元甲子”“中元甲子”“下元甲子”合稱爲“三元紀年”法，一個甲子乃60年，三元下來是180年，即“上元甲子”180年一輪回。但古人受觀測手段和計算方法的限制，所推算的結果多有誤差，不同的曆法推算出的結果相差較大，所以曆法一直在修訂和變化中，幾乎歷朝歷代都有。不同曆法推算出的“上元甲子”年是不一樣的，《宋史》卷六八《律曆志一》中就指出：“是以審律造曆，更易不常，卒無一定之説。”所以推算上元甲子年，必須根據其相近的年代資料推斷，不可輕易定論。後因爲三元紀年法太繁瑣且誤差較大，在元人郭守敬的《授時曆》中被廢除。

公元1160年(紹興三十年)

大足寶頂山石窟開鑿者趙智鳳誕生於昌州大足縣米糧里沙溪。

此據大足寶頂山小佛灣中2號龕七佛壁中第4個大圓龕下所殘存銘文中所記“趙本尊，名智鳳，紹興庚辰年生於米糧之沙溪”，原文已湮没，據乾隆《大足縣志》卷九《隱逸・仙釋》中所補，可見本書“嘉熙年間”條。記載寶頂石窟開鑿者趙智鳳生平事跡的原始資料，今僅見南宋嘉熙年間《席存著趙智鳳事實碑》和明洪熙年間劉畋人《重開寶頂石碑記》及弘治年間曹瓊《恩榮聖壽寺記碑》，洪熙碑所述趙智鳳誕生於“紹興二十九年”，與宋碑記載相差一年，鑒於明碑年代較遠，所記更多傳説色彩，當以南宋人記載爲是。

公元1161年(紹興三十一年)

(二月)乙丑，復鬻僧道度牒。

(十月,)金主亮以大軍至廬州城北之五里，築土城以居。戚方遣將張寶複蔣州。乙卯，以金人渝盟告於天地、宗廟、社稷。命州縣諭富民捐貲助國。

是日(十二月乙未)，金人弒其主亮於揚州龜山寺。戊戌，金都督府遣人持檄詣鎮江軍中議和。

(《宋史》卷三二《高宗本紀九》)

公元1162年(紹興三十二年)

(五月)甲子，詔立建王瑋爲皇太子，更名昚。

(六月)丙子，詔皇太子即皇帝位。帝稱太上皇帝，退處德壽宫，皇后稱太上皇后。孝宗即位，累上尊號曰光堯壽聖憲天體道性仁誠德經武緯文紹業興統明謨盛烈太上皇帝。

(《宋史》卷三二《高宗本紀九》)

(七月)癸亥，增將士戰傷死者推恩格。詔蠲四川積年逋負。

(《宋史》卷三三《孝宗本紀一》)

父母恩重經變龕經偈頌文

投佛祈求嗣息頌詞：

投佛祈求嗣息(額)

賜紫慈覺大師□宗賾頌曰：古佛未生前，疑然一相圓。釋迦猶□會，迦葉豈能傳。父母同香火，求生孝順兒。提防年老日，起坐要扶持。父母皆成佛，綿綿法界如。爾時心願足，方乃證無餘。有得非爲得，無功始是功。一輪千聖外，元是舊家風。

該龕下刻有“知恩者少，負恩者多”偈語。

父母恩重頌詞：

第一，懷胎守護恩。禪師頌曰：慈母懷胎日，令身重若□。母黄如有病，動轉身也難。

第二，臨産受苦恩。慈覺頌曰：□□慈親苦，□人眼淚□。□知恩力重，能取出胎時。慈父聞將産，空惶不自持。□生都未報，頭耳皺雙眉。

第三，生子忘憂恩。慈覺頌曰：初見嬰兒面，雙親笑點頭。從前憂苦事，到此一時休。

第四，咽苦吐甘恩，慈覺頌曰：□□兒子吃，□□自家餐。不□知恩少，他時報德難。

第五，推乾就濕恩。慈覺頌曰：乾處讓兒臥，兒身熟□睡。仰推慈母爲，諸佛亦何偏。

第六，乳哺養育恩。慈覺禪師宗賾頌曰：乳哺無時節，懷中豈暫立。不愁脂肉盡，惟恐小兒饑。

第七，洗濯不净恩。慈覺大師頌曰：小兒□□□，繈褓□時乾。懷子無□孩，慈心不□□。兒身多穢汙，洗潔□□□。父母年需日，誰供一勺湯。

第八，爲造惡業恩。養兒方長大，婚嫁時尋常。筵會多殺害，罪業使誰當。

第九，遠行憶念恩。慈覺頌曰：乳下爲兒時，三年豈離位。如何千里外，□家不回□。□□□□□，出必□□□。恐依門廬望，歸來莫太遲。

第十，究竟憐憫恩。△頌曰：百歲△惟憂八十兒，不捨△作鬼也憂之。觀喜怒常不煩慈顔，非容易從來謂色難。

（《銘文録》98~100頁父母恩重經變龕經偈頌文）

此爲寶頂山大佛灣15號龕銘文。在“父母恩重經變龕”下層還有數塊石碑，上有“佛説報父母恩德經”“佛説爲于父母供養三寶經”“佛説爲于父母△悔罪德經”“佛説不孝罪爲先經”“刑法”“佛説不孝之人墮阿毗獄經”，可參見《銘文録》，不贅録。本段附於紹興年號最後一年中，因爲書中前文將同時代的《牧牛頌》編入紹興二十五年，故將此段也定爲紹興年，下段《三聖御製佛牙贊》亦同此理。

此龕造像與銘文以世俗場景表現了父母育兒女之辛苦，教導子女應盡孝親之道。寶頂山第17龕爲大方便佛報恩經變龕，亦是以佛家故事傳揚“孝”道。寶頂山石窟孝道的内容應是佛教接受了中國儒家思想的結果。北山第104龕爲古文孝經碑，所强調的乃是“忠孝”之孝，與此内容相契合，應正是此處的思想來源。

三聖御製佛牙贊(額)

惟有吾師金骨在，曾經百煉色長新(楹聯)

太宗至仁應道神功聖德文武睿烈大明廣孝皇帝頌：功成積劫印文端，△不是南山得恐難。眼睹數重金色潤，△手擎一片玉光寒。煉時百火精神透，△藏處千年瑩彩完。定果熏修真秘密，△正心莫作等閒看。

真宗膺符稽古成功讓德文明武定章聖元孝皇帝偈：西方有聖號迦文，△接物垂慈世所尊。常願進修增妙果，△庶期饒益在黎元。

仁宗體天法道極功全德神文聖武睿哲明孝皇帝贊：三皇掩質皆歸土，△五帝潛行已化塵。夫子域中誇是聖，△老君世上亦言真。埋軀只見空遺塚，△何處將身示後人。惟有吾師金骨在，△曾經百煉色常新。

三聖御製佛牙頌贊舊刻在廬山西林乾明寺。

(《銘文録》113—114頁三聖御制佛牙贊)

據《宋史》卷一〇八《禮志十一》記載：“神宗元豐六年五月，改加上尊謚作奉上徽號。十一月二日，奉上仁宗徽號曰體天法道極功全德神文聖武睿哲明孝皇帝”，此碑上的宋仁宗徽號與此相符，那麽此碑必定立於元豐六年之後。由於此碑原存於廬山乾明寺，復刻於大足，其來歷經過可參考《長江文明》2010年1期陳明光《重慶大足石刻〈三聖御制佛牙贊〉碑溯源》一文。其碑文既然記載：“舊刻在廬山西林乾明寺”，乾明寺即西林寺，乃晉僧慧永所建，後在太平興國年間爲宋太宗賜額“太平興國乾明寺”。乾明寺爲何流派，以往大足石刻研究者少有注意。據民國吳宗慈編《廬山志》卷二《山川勝跡·西林寺》中引《陸游遊記》記載：“(西林寺)紹興間方爲禪居，正殿釋迦像著寶冠，他處未見，僧云唐塑也。”大足寶頂山當是建於紹興年後的，既然復刻西林禪寺的碑文，多數學者以前稱趙氏所依爲密宗實在太過牽强。況且陸游遊記中言“(西林寺)釋迦像著寶冠”，與大足地區石刻中的諸多戴寶冠的佛像吻合，説明這種形象並非密宗獨有。另，此碑位於寶頂山第17龕“大方便佛報恩經變龕”中，本書僅録碑文，其餘經文不再贅録，可詳參《銘文録》。

公元1163年(隆興元年)

隆興元年春正月壬辰朔，群臣朝於文德殿。帝朝德壽宫。立武臣薦舉格。甲午，四川宣撫司奉詔班師。

(二月)庚寅，逐秦檜黨人，仍禁輒至行在。

五月壬辰，申嚴鋪翠銷金及神祠僭擬之禁。……是月，成都地震三。

(《宋史》卷三三《孝宗本紀一》)

隆興元年，紹興府大饑，四川尤甚。

(《宋史》卷六七《五行志五》)

公元1164年(隆興二年)

(十月)辛巳，金人分道渡淮，劉寶棄楚州遁。

十一月乙酉，知楚州魏勝與金人戰，死之，州遂陷，濠州亦陷。王彦棄昭關遁，滁州又陷，丙戌，詔諭沿邊將士。

(《宋史》卷三三《孝宗本紀一》)

公元 1165 年(乾道元年)

(正月)己未，通向使魏杞等齎國書至金，書式爲“侄宋皇帝沖，謹再拜致書於叔大金聖明仁孝皇帝闕下”，歲幣二十萬。金人複書“叔大金皇帝”，不名，不書“謹再拜”，但曰“致書於侄宋皇帝”，不用尊號，不稱“闕下”，自是爲定式。

(《續通鑒》卷一三九)

(五月)丁卯，詔吴璘措置馬綱、水路。壬申，蠲四川州縣虚額錢。吴璘改判興元府。

(《宋史》卷三三《孝宗本紀一》)

公元 1166 年(宋乾道二年，金大定六年)

(五月)，金主如華嚴寺觀故遼主諸銅像，詔主僧謹視之。

《續通鑒》卷一三九)

公元 1167 年(宋乾道三年，金大定七年)

(二月)乙亥。罷成都、潼川路轉運司輪年銓試，以其事付制置司。

(五月)甲寅，吴璘薨。

(八月)四川旱，賜制置司度牒四百，備賑濟。

(《宋史》卷三三《孝宗本紀一》)

《續通鑒》卷一四〇中載陳良翰言："昨立住賣度牒，二十餘年，人民生聚，不爲無益。辛巳春，邊事既作，作度浸廣，乃始放行。令下之初，往往争買。其價則五百千，其限則三個月，其數不過萬道，未足以病民。今則減價作三百千，展限已二十餘次，總數計十萬三千餘道，民甚病之。且唐人有言，十户不能養一僧，今放行者與舊所度者無慮三四十萬，是三四百萬户不得休息也。不知國之所利者能幾何，而令三四百萬户不得息肩？且又暗損户口，侵擾齊民，奚止千萬，此其爲害豈淺哉！"

王重陽在山東佈道，創立全真教。

（《中國道教史》）

王重陽，祖籍陝西咸陽，業儒不成，遇異人而得度，潛心修煉道教。在南北朝寇謙之、陸修静改革整頓道教後，至北宋末年道教已漸趨衰落，流弊不少。王重陽乃創立全真道，其主張儒、釋、道三教平等，三教合一，提出"三教從來一祖風"的觀點，强調《孝經》與《道德經》爲修身之本。又收弟子馬鈺、孫不二、譚處端、劉處玄、丘處機、郝大通、王處一等人，稱爲"全真七子"。在金、元統治者崇尚佛教的背景下，全真教在北方地區卻獲得了極大的發展，後來傳道規模超過了道教的正統——正一教，元以後成爲中國最大的道教教派。另可見本書"嘉定十二年"條。

【造像記】丁亥歲乾道□□」東普攻鐫〔作〕□士」文玠男文孟周□□□文孟通記」。

（《銘文録》294頁文玠鐫刻天尊龕像鐫名）

此龕爲郵亭鎮的佛兒（耳）巖1號龕，題記應爲大足石刻中出現"東普攻鐫"字樣年代最末的一龕。

公元1168年（乾道四年）

五月癸亥，出度牒千道，續减四川科調。

（六月）癸卯，詔四川宣撫司增印錢引一百萬，對償民間預借錢。

八月乙未，班祈雨雪之法於諸路。

（《宋史》卷三四《孝宗本紀二》）

公元 1169 年（乾道五年）

【題記】乾道己丑冬至日知昌州陳伯彊饗先考朝議先妣恭人開」封錢於南山以亡弟二修職伯通三迪功伯庠亡婦宜人普」慈趙亡弟婦長安種果山蒲眉山唐配子何侃儻伷姪僘與獻」。

（《銘文録》296 頁陳伯疆冬至日饗先考題記）

《銘文録》中將"陳伯彊"誤識爲"陳伯疆"，筆者據拓片而改正。此銘文乃是豎行由左向右書寫。

公元 1170 年（乾道六年）

升瀘南爲潼川府路安撫使。

（《宋史》卷六三《五行志二上》）

公元 1171 年（乾道七年）

（二月）甲子，詔寺觀毋免税役。

（《宋史》卷三四《孝宗本紀二》）

【題記】懿恪公裔王季立觀」吕元錫兄題字乾道辛卯」。

（《銘文録》62 頁王季立觀吕元錫字題記）

公元 1165—1171 年（乾道元年至乾道七年）

【題記】吕元錫范米美圖同來婿李〔孫孝〕男祖□」□□祖吉侍行乾道□□□□□□」。

（《銘文録》62 頁吕元錫等遊北山題記）

公元 1172 年(乾道八年)

八年四月，四川陰雨七十餘日。

(《宋史》卷六五《五行志三》)

公元 1173 年(淳熙元年)

(二月)癸酉，四川宣撫使、雍國公虞允文薨。……尋贈太傅，謚忠肅。

(《續通鑒》卷一四四)

《宋史》卷三八三《虞允文傳》中載其生平："虞允文，字彬甫，隆州仁壽(今四川仁壽縣，編者按)人。……秦檜當國，蜀士多屏棄。檜死，高宗欲收用之，中書舍人趙逵首薦允文，召對……且極論四川財賦科納之弊。上嘉納之。……十一月壬申，金主率大軍臨采石，而別以兵爭瓜洲……丙子，允文至采石，權已去，顯忠未來，敵騎充斥……允文謂坐待顯忠則誤國事，遂立招諸將，勉以忠義，曰：'金帛、誥命皆在此，待有功。'衆曰：'今既有主，請死戰。'……大敗之，僵屍凡四千餘，殺萬户二人，俘千户五人及生女真五百餘人。……(乾道三年)即拜資政殿大學士、四川宣撫使，尋詔依舊知樞密院事。歸蜀一月，召至闕，不數月複使蜀。……(乾道)八年二月，授允文特進、左丞相兼樞密使，梁克家爲右丞相。……(九月)，授少保、武安軍節度使、四川宣撫使，進封雍國公。……淳熙元年薨。……早以文學致身台閣，晚際時艱，出入將相垂二十年，孜孜忠勤無二焉。嘗注《唐書》《五代史》，藏於家。有詩文十卷，《經筵春秋講義》三卷，《奏議》二十二卷，《内外志》十五卷，行於世。"

公元 1176 年(淳熙三年)

【造像記】衣缽鐫造此大師□弗□道悟絶□二□六祖大師謹以上報四思下姿三有普及法界詳生咸證菩提妙果」皇宋淳熙丙午春記。

(《合川縣文化藝術志》)

該題記位於合川淶灘鎮鷲峰山二佛寺摩崖造像西巖 165—171 號龕内左側，造像内容爲釋迦與禪宗六祖造像。淶灘摩崖石刻以禪宗造像爲主，除此釋迦與禪宗六祖像外，還有彌勒狀的釋迦牟尼像，有與大足北山佛灣第 36 龕相似的十六羅漢像，有八臂準提觀音像，有目連與十六尊者像，有達摩、須菩提、彌勒大士組合像，創意多變。“二佛寺”之興廢可見本書“正德十三年”條下碑文。

六月，乙酉，四川制置使范成大奏：“四川酒課，折沽虛額錢四十七萬餘緡，請自淳熙三年爲始減放。”詔以湖廣總領所上供錢内撥還。

(《續通鑒》卷一四五)

公元 1177 年(淳熙四年)

(二月)己丑，知臨安府趙潘老進兩學修造圖，於西北隅建閣安頓太上御書《石經》。帝曰：“碑石可置之閣下，其上奉安墨本，以‘光堯御書石經之閣’爲名。朕當親寫 。”龔茂良等曰：“自古帝王，未有親書諸經及傳至數千萬言者。不惟宸章奎畫照耀萬世，其所以崇儒重道，可謂至矣。”

四川總領所乞降度牒措置備邊，龔茂良言：“四川降牒，自乾道四年至淳熙元年，降過萬餘，不惟失丁口，爲異時患；官賣不行，必至押配與折估之害。名異實同，請不須更降。”

(《續通鑒》卷一四五)

【題記】吕元錫同弟元牧數來此避暑煮餅瀹茶」弈棋賦詩□爲終日留淳熙丁酉夏」。

（《銘文録》65頁吕元錫等避暑北山題記）

公元1178年（淳熙五年）

（淳熙）四年七月戊辰，明年夏，詔四川度牒每道估川錢引八百千。

（《建炎以來朝野雜記·甲集》卷一五《財賦二·祠部度牒》）

同條下後文記有"自淳熙後，四川總領所歲得度牒六百六十一道，以補還酒課蠲減之數。……然僧道士有金錢而度牒不可得，故蜀中度牒，官直千引，而民間至千六百引。云今總所對減酒課，度牒僧徒已輸錢至嘉泰十五年"。在同書的上一卷《財賦一·四川酒課》中載："……四路行其法，于是歲課遞增至六百九十餘萬緡。（紹興）二十六年二月，知榮州安仁費廷直夫入對，爲上言之，上謂輔臣曰：'此張浚、趙開以軍興財匱，濟一時之急耳。今休兵既久，内外無事，自當更也。'……今四川酒課累減之餘猶爲緡錢四百一十餘萬。"此爲四川地區遇戰激之時提升酒課與賣度牒之資料，蜀地度牒被高價出賣。

【題記】虢略楊彦翔申國吕元丙自德藏來追涼於此淳熙戊戌六月十六日」。

（《銘文録》65頁楊彦翔等追涼北山題記）

【題記】申國吕元錫挈家尋仙追涼」於此淳熙戊戌六月十三日」。

（《銘文録》296頁吕元錫挈家尋仙追涼題記）

【題記】宋吕元錫游南山詩並跋」龍穴潛幽通海潮璿宫突兀插雲」霄三千世界諸天近百二山河故國」遥寥落偏城連谷口荒涼古寺」倚山腰溪南可款門修竹何況」丁寧已見招」右淳熙五年六月十二日挈家登南山回少憩南禪有」書示小子祖吉晚赴真符」孫丞之約申國

吕元錫」。

（《銘文録》296—297 頁吕元錫游南山詩並跋）

此題記位於三清古洞左外岩壁，旁邊另有佚名和吕元錫詩："詞源浩渺浙江潮倒瀉銀河」落九霄貝闕琳宫春不老」蓬來瀛海路非遥多」君訪古曾攜手愧我勞生」漫折腰擬欲誅茅成小」隱山雲不薄幸相招」别來吕公朝議以台（下泐滅）。"年代當相差不遠。

【銘文】聖府洞

戊戌淳熙五年中元從事皇佛監判官宋以道書」石門山主道士文道盛造修於」乾隆乙卯年七月廿一崩頹是年復修」。（其右方從上至下，從右至左豎刻）

賀維典」張國龍」胡思知」王文林」黄文暢」每名下各出二分」鄭之林」賀國祺」住持僧宏明宏位」匠師朱時禎」賀聖朝敬書」。

（《銘文録》361 頁宋以道書聖府洞）

因參照了原文拓片，本録文與《銘文録》有所不同。

公元 1179 年（淳熙六年）

（五月）庚午，蠲四川鹽課十萬緡。

（《宋史》卷三五《孝宗本紀三》）

是月（六月），求四川遺書，以其不經兵火，所藏官書最多也。

（《續通鑒》卷一四七）

（十月）庚子，四川行「當三」大錢。再蠲四川鹽課十七萬餘緡。

（《宋史》卷三五《孝宗本紀三》）

西元 1180 年（淳熙七年）

【造像記】皇宋庚子六月六日跤云：冀過德生天見存臻慶者

□□法寶後兮三部聖款以伸表□□□之期月冬水□信雲堂清泉□節彌勒大士聖容母親張□小祥當寺僧□□心□□。

（《合川淶灘摩崖石刻造像》）

此造像記爲淶灘摩崖石刻第 13 號像彌勒大士造像記，造像組合爲達摩、須菩提與彌勒，極爲奇特。據《四川文物》1989 年 3 期黄理等人撰《合川淶灘摩崖石刻造像》一文中所述，此彌勒形象，左肩扛沉重的大布袋，左手捏袋口叉於腰間，右手伸二指指腹示意，似有怨怒的神態。達摩的造像記中有“□□□達摩□□”字樣，須菩提造像記中有“皇宋淳熙丁酉十二月十一日造”字樣。此造像表明彌勒信仰在民間已完全脱離經軌，只是作爲一尊重要的神祇而可自由組合，與大足北山 176 號龕泗州大聖與彌勒的組合創意相類。

公元 1181 年（淳熙八年）

大足寶頂山石刻或開始建造。

大足寶頂山石刻建造於何時，因未有任何建造當時的文字記録，至今也未有定論。有明代碑文敘説乃是“始於唐宣宗大中九年”（即公元 855 年，見本書“隆慶五年”條下《臨濟正宗記》碑記），這是柳本尊的生年，碑文作者明顯認錯了事況；明人曹學佺的《蜀中廣記》中云：“寶頂寺者，唐柳本尊仿吳道子筆意，環岩數里，鑿浮屠像”，此附會之説説明在明代的時候，時人已經不清楚寶頂山造像的建造來歷了，清代大足縣令張澍也引用仿吳道子筆意之説，已不足爲信。1940 年，梁思成一行在川中考察古建築與雕塑，來到大足，認爲寶頂山石刻多爲明刻，僅有少數宋刻，此説在今日之考古學看來未能成立。現今所存、可靠性略高的記載資料乃是“嘉熙年間承直郎昌州軍事判官席存著”的《席存著銘趙智鳳事實》（見本書“嘉熙年間”條）及明洪熙元年劉畋人所撰的《重開寶頂石碑記》（見本書“洪熙元年”條），前者所載“趙本尊，名智鳳，紹興庚辰年生於米糧之沙溪。五歲入山，持念經咒，十有六年，西往彌牟，復回山修建本尊殿，傳授柳本尊法旨，遂名其山曰寶鼎"，未提到有開鑿佛像之事；後者所載："紹興二十九年七月十有四日，有曰趙智鳳者，始生於米糧里沙溪。年甫五歲，靡尚華飾，以所居近舊有古佛岩，遂落發剪爪，入其中爲僧。年十六，西往彌牟，雲遊三畫。既還，命工首建聖壽本尊殿，因名其山曰寶頂，發弘誓願，普施法水，御災捍患，德洽遠近，莫不皈依。凡山之前岩後洞，琢諸佛像，建無量功德。"結合兩種記載來看，以趙智鳳生於紹興庚辰年(1160年，此生平記載從宋人之説)來算，五歲入佛門，學經十六年後，雲遊彌牟，回至家鄉是二十一歲，乃是淳熙八年(1181年)，大足寶頂山的大規模開鑿當不早於此(此從明人"琢諸佛像"之説)。但實際可能更晚，以《2005年重慶大足石刻國際學術研討會論文集》中陳灼《大足石刻辯疑六題》中所論述到寶頂山小佛灣的《恒沙佛説大藏灌頂法輪經》中有文"我等自八歲……辦此……十七年無人信用，可謂苦哉"，若確爲趙智鳳所書，那寶頂山造像乃是1168年始鑿(趙智鳳五歲就爲僧，"辦此"不太可能指建寺院，大規模開鑿是他在25歲以後，即1185年之事了)。自50年代陳習刪先生專文討論寶頂山建造年代，本地的研究者和外地專家在80、90年代都探討過寶頂山的建造年代和時間的上下限問題，今大足石刻研究者多以佛教考古判定大足石刻始建於淳熙六年至淳祐九年間(即1179—1249年間，温玉成認爲是建於1190—1223年間)。此一鑿像工程進行了數十年，以延續時間看，在四川地區或僅次於樂山大佛。

七月，不雨，至於十一月，臨安、鎮江、建康、江陵、德安府，越、婺、衢、嚴、湖、常、饒、信、徽、楚、鄂。復昌州、江陰、南康、廣德、興國、漢陽、信陽、荆門、長寧軍及京西、淮郡皆旱。

(《宋史》卷六六《五行志四》)

(十一月)丁未，禁諸州營造。……辛亥，蠲諸路旱傷州軍明年身丁錢物。

(《宋史》卷三五《孝宗本紀三》)

詔："久任四川監司、郡守之人，令更迭與東南差遣。其在任未久者，既有任滿前來奏事指揮，候到闕始得別爲除授。"從臣僚之請也。

（《續通鑒》卷一四八）

是歲，江浙、兩淮、京西、湖北、潼川、夔州等路水旱相繼，發廩蠲租，遣使按視，民有流入江北者，命所在振業之。

（《宋史》卷三五《孝宗本紀三》）

公元1182年(淳熙九年)

(正月)二十五日，朝奉郎、知昌州黃圖南，朝請郎、知合州何正仲並放罷。坐不恤旱傷，爲漕臣按劾。

（《宋會要輯稿·職官七二》）

三月辛未朔，幸佑聖觀。詔振濟忠、萬、恭、涪四州。

（《宋史》卷三五《孝宗本紀三》）

九年夏五月，不雨，至於秋七月，江陵、德安、襄陽府，潤、婺、温、處、洪、吉、撫、筠、袁、潭、鄂、復、恭、合、昌、普、資、渠、利、閬、忠、涪、萬州，臨江、建昌、漢陽、荆門、信陽、南平、廣安、梁山軍、江山、定海、象山、上虞、嵊縣皆旱。

（《宋史》卷六六《五行志四》）

【銘文】石門洞」

(首行)壬寅之春二月既望余被台檄檢視流」殍由米糧趨石門洞皆賑濟所也石門」居眾山最高處盤數大石鑿爲洞府因」石高下周以屋室蓋黃冠棲息之所像」無定刻或仙或釋或諸鬼神千百變見」混爲一區有二道士儀狀甚野怪而詰」之噤不能答亦無爲發明者晉王氏設」聖教老莊異同之問於阮瞻瞻對以將」無同三語向之刻者抑將有取於此哉」賦詩三十韻紀行並寄此意於其末」行役正春仲駕車出城

東簡書良可畏」此檄能愈風誰無天下思每歎吾道窮」遂令活國人憂端齊華嵩一飽猶已出」百吏犇走中我來睎疲瘵王事起匪躬」造物非不仁共感枯槁容匍匐孩提童」傴僂百歲翁饑婦更啾唧黧面頭蓬蓬」悲啼雨垂淚枵腹雷轉空朝謀不及夕」戢戢魚喁口捡敢受豐拾橡苦倖免易子凶」此極誰使也肉食歎無庸要憑稽古力」與物同所蒙偉哉便宜節太倉發陳紅」一寒或呻吟藥付醫術工一死即封樹」蟻散烏聲慵及茲麥青青餅餌香已濃」天人因庇處此念誠可通農夫相告言」生意回春蕙扶攜歸逕險影滅山疊重」我等鹿鹿餘赤寸初何功徒能撫磐石」獨笑摩霜松凌虛揖蒼翠致爽吞洪濛」遲遲竟何如倚策看飛鴻向令心事在」儻可詩情鐘裴徊陰壑下雲谷無木弓木留蹤」但□黃冠術仙釋紛一宫鬼穆眩奇怪」金□□□□茲理或暗合聖教將無同」□□【淳熙】九年昌南郡從事酆樫作」。

(《銘文録》359~360頁酆樫紀行詩碑)

(九月)以旱減恭、合、渠、昌州今年酒課。

(《宋史》卷三五《孝宗本紀三》)

公元1183年(淳熙十年)

(三月)辛巳，免四川和糴三年。癸未，幸玉津園。戊子，詔四川類試自今十六人取一人。

(《宋史》卷三五《孝宗本紀三》)

十年，合、昌州薦饑，民就振相蹂死者三千餘人。

(《宋史》卷六七《五行志五》)

【墓誌】(殘)□氏開封人考諱乘朝奉郎前」(殘)州母李氏封安人大宋崇寧〔三〕」(殘)初八日酉時生適簡州通判□」(殘)熙九年四月初二日終明年〔十〕」三日葬子男四人士恭士寬〔士〕」(殘)孫男公茂公花公邁公蓀」。

(《銘文録》480頁南宋李氏安人墓誌銘)

據《銘文録》所述，此墓碑出土已殘，疑碑首每行缺3字。因墓中出土有祥符、崇寧、紹興銅錢，查南宋後年號末字爲“熙”，且超過九年的，只有淳熙年號，因此定爲淳熙十年葬。

（六月）己酉，太府寺丞勾昌泰言：“蜀中制置使，關六十州之安危，或有疾病遷動，自朝廷除授，動經年方到。請於從臣中嘗儲一二人於蜀中，令作安撫使，一旦有制置使闕，便可就除。其於思患預圖，最系國家大事。”帝諭宰執曰：“此正在卿等留意，今後欲除蜀帥，須是選擇可備制置使之任者，庶臨時不致缺事。”

（《續通鑒》卷一四八）

公元1184年（淳熙十一年）

（九月）甲寅，再減四川酒課六十八萬餘緡。

（《宋史》卷三五《孝宗本紀三》）

（九月）十三日，知廣安軍尹商參、知昌州楊已千並放罷。皆以根究公事不當，爲本路漕臣按奏故也。

（《宋會要輯稿·職官七二》）

公元1186年（淳熙十三年）

（夏四月）戊辰，再蠲四川和糴軍糧三年。

（《宋史》卷三五《孝宗本紀三》）

【題記】資中劉子發廣安姚舜卿眉山史岩叟隆山陳德用較試南昌畢事之三〔日〕（滮）」守相眉山家宜父河南吕伯虎拉游北山徜徉竟日淳熙丙午四月辛酉」。

（《銘文録》65頁劉子發等較試南昌畢事拉游北山題記）

公元 1187 年(淳熙十四年)

【題記】普慈趙宋瑞孫伯清〔清〕川黃平叔資中王子儀郡人王延禧」高智夫何志〔升〕楊起之何長文淳熙丁未季春十有三日遊」。

(《銘文録》65 頁趙宋瑞等遊北山題名)

(夏四月)戊子，賜禮部進士王容以下四百三十五人及第、出身。

六月戊寅，以久旱，班畫龍祈雨法。

(《宋史》卷三五《孝宗本紀三》)

大足南山有一"龍洞"，雕刻一石龍，昂首作欲飛騰狀。從前後史料看來，當時昌州地區久旱連年，刻此石龍或作祈雨之用。

淳熙十四年十月乙亥，(太上皇)崩于德壽殿，年八十一。謚曰聖神武文憲孝皇帝，廟號高宗。

(《宋史》卷三二《高宗本紀九》)

按《宋史》中的評論，少康、周宣王、漢光武、晉元帝、唐肅宗、宋高宗皆被稱爲中興之主，可惜宋高宗聽信奸佞，偏安一隅，逐斥忠臣，使岳飛等具有收復中原之志的將相功敗垂成，難免後人之誚。但是偏安倒也造成了南方地區維持了百多年的文化與經濟的繼續繁榮。

公元 1189 年(淳熙十六年)

(夏四月)丁卯，四川應起經、總製錢存留三年，代輸鹽酒重額。

八月甲午，陞恭州爲重慶府。

(《宋史》卷三六《光宗本紀》)

公元1174—1189年(淳熙元年至淳熙十六年)

安丙，字子文，廣安人。淳熙間進士，調大足縣主簿。

(《宋史》卷四〇二《安丙列傳》)

《民國重修大足縣志·職官表一》中將安丙列爲縣丞，誤。正德《四川志》卷三二《重慶府·名宦》中也記載爲“大足主簿”。《宋史》卷一六七《職官志七》中記載：“縣丞 初不置，天聖中因蘇耆請，開封兩縣始各置丞一員，在簿、尉之上……嘉定後，小邑不置丞，以簿兼”，同卷後文載：“主簿 開寶三年，詔諸縣千户以上置令、簿、尉……咸平四年，王欽若言：‘川峽縣五千户以上請並置簿，自餘仍以尉兼。’從之。自後川蜀及江南諸縣，各增置主簿。中興後，置簿掌出納官物、銷注簿書。凡縣不置丞，則簿兼丞之事。”以此看來，“丞”與“簿”並非同一職務，只是小邑中主簿可兼爲縣丞。“川蜀及江南諸縣，各增置主簿”，説明是四川各縣是置有“縣丞”的，不應與“主簿”混淆。

公元1191年(紹熙二年)

(五月)己巳，潼川、崇慶二府、大安、石泉、淮安三軍、興、利、果、合、綿、漢六州大水。

(十月)庚子，下詔撫諭四川被水州軍。

(《宋史》卷三六《光宗本紀》)

公元1192年(紹熙三年)

(正月)庚戌，蠲四川鹽酒重額九十萬緡。

閏月丙午，禁郡縣新作寺觀。

紹熙三年春，潼川路久旱，日、月、星皆有赤氣。

(《宋史》卷六四《五行志二下》)

(八月)戊午，總領四川財賦楊輔奏：已蠲東、西兩川畸零絹錢四十七萬緡、激賞絹六萬六千匹。詔獎之。自是歲以爲例。

(《宋史》卷三六《光宗本紀》)

公元 1194 年(紹熙五年)

五年六月戊戌，孝宗崩，光宗以疾不能出。壬寅，宰臣請太皇太后垂簾聽政，不許；請代行祭奠之禮，從之。丁未，宰臣奏云：“皇子嘉王，仁孝夙成。宜正儲位，以安人心。”……翌日禫祭，汝愚率百官詣大行柩前，太皇太后垂簾，汝愚率同列再拜，奏：“皇帝疾，不能執喪，臣等乞立皇子嘉王爲太子，以安人心。”乃奉御批八字以奏。太皇太后曰：“既有御筆，卿當奉行。”汝愚曰：“内禪事重，須議一指揮。”太皇太后允諾。汝愚袖出所擬以進，云：“皇帝以疾，未能執喪，曾有御筆，欲自退閑，皇子嘉王擴可即皇帝位。尊皇帝爲太上皇，皇后爲太上皇后。”太皇太后覽畢，曰：“甚善。”汝愚出，以旨諭帝，帝固辭曰：“恐負不孝名。”汝愚曰：“天子當以安社稷、定國家爲孝，今中外憂亂，萬一變生，置太上皇何地！”衆扶入素幄，披黄袍，方卻立未坐，汝愚率同列再拜。帝詣幾筵殿。哭盡哀。須臾立仗訖，催百官班，帝衮服出，就重華殿東廡素幄立，内侍扶掖，乃坐。

(《宋史》卷三七《寧宗本紀一》)

《宋史》中此處有隱晦。據《續通鑒》載，宋光宗並非有疾在身而不能臨喪，乃是晚年與其父宋孝宗關係不睦，父子長期不晤面。是以孝宗崩，光宗不出，喪禮不成，嘉王趙擴被趙汝愚等人稟告太皇太后，强行推上帝位。據筆者依《宋史》卷三六《光宗本紀》中的記載初步推算，自紹熙三年(公元 1192 年)起至紹熙五年(公元 1194 年)，光宗至少有二十五次違背群臣與天下人之意，不朝重華宫面見孝宗。大足北山的《孝經碑》，或爲暗諷光宗之意所立。

金主問輔臣曰：“孔子廟諸處何如?”完顔守貞曰：“諸縣見議建立。”金主因曰：“僧徒修飾宇像甚嚴，道流次之，惟儒者修孔子廟，最爲滅裂。”守貞曰：“儒者不能長居學校，非若僧道久處寺觀。”金主曰：“僧道以佛、老營利，故務在莊嚴閎侈，起人敬奉佈施，非所以爲觀美也。”

（《續通鑒》卷一五三）

公元 1163—1194 年（隆興元年至紹熙五年）

北山佛灣 104 號窟《趙懿簡公神道碑》上石，内容如下：

□□大夫□□□□□□□□□□□□□〔開國〕侯、食邑一千二百户、食實封三百户、贈右銀青光禄大夫、謚懿簡趙公神道碑銘並序

△△△左朝散郎、試尚書禮部侍郎兼侍講范祖禹撰

△△△左朝散郎、龍圖閣待△制、知永興軍府事蔡京書並篆額

□□□年□□□□輔臣□□□□□□□郎趙公爲樞密直學士，簽書樞密院事。明年六月，拜中大夫，同知院事。五年三月丙寅，薨於位，年七十有二。訃聞，△△△皇帝△△△太皇太后震悼，趣駕臨奠。（漶）□□□加□□□□青光禄□□□□□□□歸蓋厓，△△詔遣使護之。其年九月壬午，葬孟兆社先塋。中書侍郎傅堯俞誄公行而銘諸墓，其孤又以狀請于太史氏，將刻之碑。祖禹竊惟元佑之初，△（漶）□□□格□□眷求□成，經緯□□□□建置，必視△△△祖宗之舊，與吾民之所欲。是以海内歡欣震動，頌詠聖德如△△△祖宗時，豈有他哉？由□得其人也！當是時，公召自滄州，不三歲登右府。（漶）□□□聞□□所言於△△△□□□□□□，得而悉知。其所可見者，寬厚清静，息兵省刑，民無勞役，四方安枕。公既殁，而人皆歎恨，以爲未盡其用也。然則宜以是銘於碑。公諱瞻，字大觀，其先亳州永（漶）□□□曾□□昌國夫人

□□□□□□□贈司徒，諱彬，祖妣歧國夫人李氏。考太子賓客贈太尉諱剛，妣慶國夫人張氏。自太尉始徙鳳翔，今爲盩厔人。公少力學，以行義高鄉里，登慶曆六年進士。(漶)□□□河□□□□□令□□□□□□□□之士裹糧而至。改秘書省，著作佐郎。知陝州夏縣，作八監堂，書古賢令長治跡，以自爲監。不煩刑罰而獄訟理，父老至今稱頌之。以秘書丞知彭州(漶)□□□民□□□□□太〔常〕博士，知威□□□威茂雜夷獠，險甚而難守，不若合之而建郡於汶川，因條著其詳爲《西山别録》。及熙寧中△△朝廷經略西南，就公取其書考焉，遷尚書屯田員外郎。(漶)□□□員□□除侍御史，上疏請"攬威□、□賞罰、□聰明、更積弊"，△△△帝嘉納，對垂拱殿，稱善久之。△△詔遣内侍王昭明等□人使陝西，招撫蕃部。公言："唐用宦者爲觀軍容宣慰等使，後世以(漶)□□□。"章□□□□切。會文彦博、孫沔經略西鄙，又遣馮京安撫諸路，公請罷京使，專委宿將。夏人入寇，王官慶帥孫長卿不能御，會長卿加集賢院學士，公言長卿當黜，賞罰倒置。京東盜賊數起，(漶)□□□未□□□□□言乞追還〔昭明〕□不則受顯逐，△△△帝爲改容納之。二年秋，△△京師大水，△△詔百官言事多留中，公請悉出章疏，付兩省官詳擇以聞，△△△帝從之。先是六月△△(漶)□□□上□□□□□□□□□□□□□□辨，以定邪正，章七上，又與吕誨等合十餘疏。既而△△△皇太后手書尊濮王爲皇，三□□並爲后，公杜門請罪。翌日△△詔令速赴台公懷侍御史敕(漶)□□□詔□□敕□□□□□□□□□□□議臣□中人□構惑△△△母后降手書，反欲歸過△△△至尊，自揜其惡。其十月，假□□少卿，接契丹賀正使，入對延和殿。△△△帝問濮園議公(漶)□□□而□□稱□□□□□□□典禮△△△□□□□見朕言欲皇考濮□□，公曰："此乃大□之議，△△△陛下未嘗自言也。"□□□□曰："此中書過議。朕自數歲，△△△先帝養以爲子，豈(漶)□□□中□□"詔□□□□□□□是時□□□□△△△□□□色示公□□□□□□□□□□尊濮王□□□□□□□□□□□□□□△△△陛下祗畏天□，不以私妨公，甚盛德！非臣愚(漶)□□□直□□□□□□□□□□□言□△△△□□□

□□□□並立□□□□□□□□□□□□□□□□□□□□□□□□□□△△△□□□□□□□□比干諫（滤）□□□逮□□□□□□□□□何敢擬倫前（滤）□□□□□□□□□□□□□□□事△△△帝問曰："卿爲監□久，□知青苗□□也?"公（滤）□□□其□□□□□□□□□□□□□□公不□□是不□留△△京師（滤）□□□州□□□□□□□□□□□□□□□權之，命公制置。公以謂："交子恃本錢，法乃可行。如多出空券，是罔民也。"轉□□□□□□□□□□□上△△□□□□□□□□□移公京（滤）□□□□□□□□□里，除提舉鳳翔□□□□。丁太尉憂，服除，易朝請大夫，知滄州。△△△今天子嗣位，轉朝議大夫，召爲太□□□□□□部侍郎。元祐三年，請老，△△優詔不允。其四月（滤）□□□□□□□□□□□□□□□□□□□□□路安撫轉運使，舉使臣，科别其才第爲三等，籍之以備選任。自元豐中，河決小□□□□河，東入於海。△△△先帝詔曰："東流故道淤高，理不（滤）□□□是□□□□□□□□□□□□□□□□河役夫三十萬，用梢木二千萬。自河決已八年，未有定論，而遽興此大役，臣竊□□□△△朝廷方遣使相視，果以東流未便，宜亟從之；若以爲（滤）□□□□□□□□□□□□□□□□□□□□□之役，非河□□則虜寇不止。"公曰："王者恃德不恃險，昔堯舜都蒲冀周，漢都□□□□年數百，不聞以河障戎狄。澶淵之役，蓋△△△廟社之（滤）□□□虜□□□□□□□□□□□□□□□□□□□□□□□□□流。"公固争□卒△△詔罷夫□□公所議。洮河諸戎，〔以青唐〕首領寖弱可制，欲倚中國兵威以廢之，邊臣亟請用師。公曰："（滤）□□□□□□□□□□□□□□□□□□□□之罪□□而伐之，若其不克，則兵端自此複起矣，"乃□。又乞廢渠陽軍，紓荆湖之力。△△詔諭西夏，使歸永樂遺民，夏人聽命。公□屬疾，猶以邊防（滤）□□□□□□□□□□□□也。□寬仁愛人，□恐傷之，色温而氣和，人望之知其長者也。其在△△朝廷，義所當爲，勇若賁育；守□不變，事△△△君與人，一以至誠，表裹洞澈，□見肺腑。故面引廷（滤）□□□□□□□□友莫之，或□其□□□□□□人也。娶劉氏，尚書駕部郎中晃之女，賢淑孝敬，配德君子，治家有法度。

先公十六□□，追贈益昌郡夫人。子四人，孝諶知瀛州録事參軍，嘗舉賢良(漶)□□□□□□□康□□□□□□□□□□□行是似是□□□六人基郊□□郎□假承務郎、暨右承務郎。壁幼、率□堅未□□□□□長適渭州華亭縣尉司馬桂，次適潞州司理參軍穆京(漶)□□□□禮□□□□□□□□□□□□□□□□□□□□□十卷□□□□□□□□□□□□□□□奏議十卷□□□□□□□□□録一卷。惟公在△△△仁宗之□□循吏，事(漶)□□可紀，今掇其大者，揭之神□□□於無窮(漶)□□□簡于△英□△△正色匪躬。(漶)□□□□□□□□□□□□□爰□□□□□□□□□□□□□□言有違□，△△△□□□□□△△△□□□□□△△△□□□□□△△△□□□□□△△△翊我樞鈞。△△△元祐之政，(漶)□□□□□□□□□□□□□□惟民是□。△△△□在廟堂，△△△四鄙戢兵。△△△靡有□外，△△△皆吾孩嬰。△△△□□□□□△△△錫公壽□△△△□終相之△△△不□一老(漶)□□□□□□□□□□□□□□。過□必式，△△△忠厚之碑。

元祐七年五月癸未朔二十五日丁未建。

(《銘文録》43～45頁范祖禹撰趙懿簡公神道碑)

此碑現有多字已漶失不清，碑文標點系編者參考陳習刪《大足石刻志略校注》中《趙懿簡公神道碑》標點文加以編改。趙懿簡公，即趙瞻，《宋史》卷三四一有傳，所載與此碑文大抵相同。該神道碑原碑在陝西周至趙瞻墓前，此碑應爲後人在大足複刻之物。由於由蔡京書丹，因此也被稱爲“蔡京碑”。蔡京書法獨步一時，但其人名聲惡陋，其後的“黨争”中作品基本被毁，因此作爲宋代四大書法家“蘇黄米蔡”之一的蔡京書法傳世作品甚少，“蘇黄米蔡”中的“蔡”後指蔡襄。

公元 1197 年(慶元三年)

三年，潼、利、夔路十五郡旱，自四月至於九月。

(《宋史》卷六六《五行志四》)

九月壬寅，以四川旱，詔蠲民賦。

(《宋史》卷三七《寧宗本紀一》)

公元 1198 年(慶元四年)

安岳圓覺洞造像群 9 號龕圓覺洞開鑿，有“真相寺新建圓覺洞記”。

(《安岳圓覺洞窟群調查記》)

安岳圓覺洞造像群位於安岳縣城東南 2 公里的雲居山，有唐開元年間至宋紹興年間造像 72 窟約 1933 尊。其 9 號窟爲十二圓覺菩薩像，窟右壁中央刻“圓覺洞”三字，窟門左壁刻有摩崖題記一則，即“真相寺新建圓覺洞記”，末題“慶曆四年中秋日，元士馮倓記，景一之書”，此處不贅録全文，可見《四川文物》1991 年 6 期傅成金《再識安岳圓覺洞摩崖造像》一文。但是《2005 年重慶大足石刻國際學術研討會論文集》中李崇峰《安岳圓覺洞窟群調查記》一文中指出，“慶曆四年”四字原碑中已無，録自縣志，實乃是“慶元四年”之誤，因爲碑文中提到的“僧了月”，在雲居山後山的“吠雲碑”中仍有出現，時間爲慶元五年，若是“慶曆四年”修建圓覺洞，則已相隔 155 年，不合情理。雷玉華《四川安岳縣圓覺洞摩崖石刻造像調查報告》一文中認爲，此圓覺洞的開鑿時間正是大足寶頂山大佛灣工程進行之時。大足石刻中的寶頂山大佛灣第 29 龕也爲圓覺洞造像，惜無紀年。洞門左壁上方刻有“報恩圓覺道場”六字，落款爲“朝散大夫知昌州軍州事借紫覃懷孝書”，右下方刻“寶頂山”三字，落款爲“臨邛魏了翁書”。魏了翁在嘉定四年(1211年)擢爲潼川路提點刑獄，又於紹定六年(1233年)起爲知瀘州、潼川安撫使，後被召入朝，則寶頂山圓覺洞開鑿時間至遲不過端平年間。可見下文“嘉定十六年”與“端平元年”條。

公元1199年(慶元五年)

(正月)辛酉，命：“漕臣無出身者，勿差官考試。”先是果州學官王莘，被檄考試昌州，發策以王鳳、牛仙客爲問。禮部摘其語以告韓侂胄，謂其譏刺；侂胄怒，遂罷莘官。議者謂漕臣汪德輔以祖任入官，故擇考官不善，張岩請自今漕臣不由科第進，更委它監司一員選官校試，從之。

(《續通鑒》卷一五五)

在北宋元豐至大觀年間也有一位官員叫王莘，曾任江州知州、兵部員外郎，其孫王明清的《揮塵後録》有載，並非此昌州考官。依此條與淳熙十三年“劉子發等較試南昌畢事拉遊北山題記”，昌州當時似是川峽四路類省試場所(因路途遥遠，宋代四川的貢士不到京城參加真正的“省試”，所以也稱“類省試”)。

(三月)戊戌，賜禮部進士曾從龍以下四百十有一人及第、出身。

(《宋史》卷三七《寧宗本紀一》)

在上文“慶元四年”條注中提到的在大足寶頂山題字的魏了翁，正是此榜進士，见下條資料。清代的大足縣令張澍在《後遊寶頂山記》中記載也同樣在寶頂山有題字的杜孝嚴也是出自此榜進士，但未知考證出自何處。

慶元五年，登進士第。時方諱言道學，了翁策及之。

(《宋史》卷四三七《魏了翁傳》)

魏了翁，字華父，號鶴山，邛州蒲江人，著有《鶴山集》《九經要義》等。由傳中看出，魏了翁其人還通道學，但是時風卻"諱言道學"，頗值得注意。肇自於北宋"三蘇"的"蜀學"，到了南宋时期，魏了翁成爲其"鶴山學派"的代表人物(筆者提醒注意的是，"蜀學"與"蜀黨"不是一回事，前者是文化流派，後者是政治集團，而且"蜀黨"僅限於北宋)。上文"慶元四年"條注中有其爲大足寶頂山題字記録，大足石刻中多處有三教合一(起碼在思想上如此)的造像，不能説與援道、釋入儒的"蜀學"毫無淵源。筆者識淺，尚未能述，望今後有幸洗耳聽諸賢論之。

公元 1163—1200 年(隆興元年至慶元六年)

北山佛灣 103 號龕范祖禹書《古文孝經》碑上石。内容如下：

(第一面)□文孝經○仲尼〔閑〕□□〔子〕侍□子曰參先王有至德要道以順天□□用和睦上下無怨□□□〔乎〕曽□避席曰參不敏何足以知之子曰□□□之本教之所由□□□〔吾〕語女身體髮膚受之父母不敢毁傷孝之□□立身行道揚名〔於〕□□以顯父母孝之終也夫孝始於事親中於事□□于立身大雅云〔無〕□□祖聿修厥德○子曰愛親者不敢惡於人敬□者不敢慢於人愛□□□事親而德教加於百姓刑於四海蓋天子之□甫刑云一人有慶□□□之○子曰在上不驕高而不危制節謹度〔滿〕□不溢高而不危所□□□貴滿而不溢所以長守富富貴不離其身〔然〕□□保其社稷而和□□□□諸侯之孝詩云戰戰兢兢如臨深淵如履薄□○子曰非先王□□□□□□服非先王之法言不敢道非先王之德行□〔敢〕行是故非法□□〔非道〕□□口無擇言身無擇行言滿天下無〔口〕□

(第二面)行滿天下□怨惡三者備矣然後能守其宗廟蓋卿大夫之孝□□□夙夜匪懈以事一人○子曰資於事父以事母而愛同資於事父□□□而敬同故母取其愛而君取其敬兼之者父也故以孝事君則忠以敬事長則順忠順不失以事其上然後能保其禄位而守其祭祀蓋士之孝也詩云夙〔興〕夜寐母忝爾所生○子曰因天之道因地之利謹身節

用以養父母此庶人之孝也故自天子已下至於庶人孝無終始而患不及者未之有也曾子曰甚哉孝之大也○子曰夫孝天之經地之義民之行天地之經而民是則之則天之明因地之義以順天下是以其教不肅而成其政不嚴而治○子曰先王見教之可以化民也是故先之以博愛而民莫遺其親陳之以德義而民興行先之以敬△而民不争導之以禮樂而民□睦示之以好惡而民知禁詩云赫赫師尹民具爾瞻○子曰昔者明□之以孝治天下也不敢遺小國之臣而況于公侯伯子男乎故得萬國之□心以事其先□治國者不敢侮於鰥寡而況於士民乎故得百姓之□□

（第三面）以事其先君□□者不敢失於臣妾而況于妻子乎故得人之歡心以事其親夫然故□〔則〕親□□□則鬼享之是以□□和平災害不生禍亂不作故明王之□〔孝〕□〔天下〕如此詩云有覺德□□國順之○曾子曰敢問聖人之德其無以加□□□〔子〕曰〔天〕地之性□□貴人之行莫大於孝孝莫大於嚴父〔嚴〕父〔莫〕□□□□□〔周〕公其天□□者周公郊祀後稷以〔配〕天宗祀文王□明□□□□□是以四海之□□〔以〕其職來□□□□□之德又何以〔加〕於□□□□□□□□□□□□□日嚴聖人因嚴以教□因親以教愛〔聖〕□□□不肅而成其政不嚴而治其所因者本也○子〔曰〕父子之道天□君臣之義父母生之續莫大焉君親臨之厚莫重焉○子

（第四面）曰不愛其親而愛他人者謂之悖德不敬其親而敬他人者謂之□禮以順則逆民無則焉不在於善皆在於凶德雖得□君□□不□君子則不然言斯可道行〔斯〕可樂德義可遵作事可法〔容〕止〔可觀〕進退可□〔以〕□其民是以其民畏而愛之則而象之故能成其德教而行政令詩云〔淑〕人君子其儀不忒○子曰孝子之事親居則致其〔敬〕養則致其樂病則〔致〕其□□則致其哀祭則致其嚴五者備矣然後〔能〕□親事親者居上不□□□不亂在醜不争居上而驕則〔亡〕爲下而亂則□□醜□□□□□□□□□除雖日用三牲之□猶爲□〔孝〕也○子曰□□□〔屬三〕千而罪莫□於不孝要君者無上非聖人者無法非孝者無親此大亂之道也○子曰教民

（第五面）親愛莫善於孝教民禮順莫善於弟移風易俗莫善於樂安上治〔民〕莫善於禮禮者敬而已矣故敬其父則子悦敬其兄則弟悦敬其君則臣悦敬一人而千萬人悦□□者寡而悦者衆此之謂要道○子

曰君□□教以孝也非〔家至而〕日見之也教以孝所以敬天下之爲人父者教□□□以敬天下〔之〕爲人兄者教以臣所以敬天下之爲人君者詩云豈□君子民之父母非至德其〔孰〕能順民如此其大者乎○子曰昔者明王□父〔教〕故事天明事母〔孝〕故事地察長幼順故上下治天地明察神明彰矣故雖天子必有□也言有父也必有先也言有兄也宗廟致敬不忘親也修□△行恐辱先也宗廟致敬鬼神著矣孝悌之至通於神明光於四海無□不通詩云自西自東自南自北無思不服○子曰君子之事親孝故□□移於君事兄悌故順可移於長居家理故治可移於官是故行成於内□名立於後矣○子曰閨門之内具禮矣乎嚴父嚴兄妻子臣妾猶百姓□役也○曾子曰若夫慈愛恭敬安親揚名參聞命矣敢問從父之令可〔謂〕孝

（第六面）乎子曰是何言□是何言與昔者天子有争臣七人雖無道不失其〔天〕□諸侯有争臣五□雖無道不失其國大夫有争臣三人雖無道不〔失〕□□士有争友則身不離於令名父有争子則身不陷於不義故當不□□□不可以弗争於父臣不可以弗争於君故當不義則争之從父□□□得爲孝乎○子曰君子事上進思盡忠退思補過將順其美△救□□□上下能相親詩云心乎愛矣遐不謂矣中心藏之何日忘之○子□□□之一親哭不偯禮無容言不文服美不安聞樂不樂食旨不甘此□□□情三日而食教民無以死傷生毁不滅性此聖人之政△不過三□□□〔有〕終爲之棺槨衣衾而舉之陳其簠簋而哀戚之擗踴哭泣哀〔以〕□□□□宅兆而安厝之爲之宗□□鬼享之春秋祭祀以時思之生事□□□□哀戚生民之本盡矣死生□義備矣孝子之事親終矣△范祖禹敬△書。

（《銘文録》45~51頁范祖禹書古文孝經碑）

古文經，乃是相對於漢代流行的今文經而言，傳爲漢武帝時期魯恭王劉余壞孔子舊宅所得古書，其真僞性受到儒家的長期懷疑。據《續資治通鑒》記載，至和元年由司馬光上呈宋仁宗《古文孝經》，藏于秘閣，爲後世范祖禹極爲推崇，元祐二年十月，“丁未，范祖禹乞於邇英閣複張掛仁宗時王洙、蔡襄所書《無逸》《孝經圖》，從之”。清初姚際恒的《古今僞書考》中，將《孝經》列爲全僞之書，梁啟超在《中國近三百年學術史》的第十四篇《清代學者整理舊學之總成績(二)》中，也將《孝經》定爲僞書乙類——全部僞大略决定者，理由是“春秋時無‘經’之名，大約爲漢人所撰，托諸孔子、曾子”。既然《孝經》即是僞書，更毋庸説《古文孝經》爲真了。據《大足石刻志略校注》考證，嘉慶二十四年張澍所著的《古文孝經考》中明言此碑未知何人所書，而74年後，即光緒二十八年，“范祖禹敬書”的款署爲霍勤煒稱所見，更有當地人聲稱其親眼見到此款署爲販賣碑帖的商人所僞造，此碑來歷頗可探討。因此碑漶文較多，且未有《古文孝經》的出世文本，本書編者未加標點，姑留有志學人加以探索，可參閲《民國重修大足縣志》卷首《大足石刻圖徵初編》中所載馬衡《大足石刻古文孝經校釋》和卷一中的《清知縣張澍〈古文孝經碑考〉》。

馬衡在《宋范祖禹書〈古文孝經〉石刻校釋》中考證此碑爲南宋孝宗年間立。筆者認爲，碑文中有對孝宗諱(“慎”字)，又有“死”而避“喪”字，當爲孝宗或孝宗年後所立。或爲張揚孝宗對高宗之“孝”，或爲寧宗諷光宗之“不孝”(孝宗薨而光宗不爲主持喪事，見本書“紹熙五年”條下注)。況且此碑文位於104號龕《趙懿簡公神道碑》之外壁，必定晚於該碑，年代應爲稍後。

公元1201年(嘉泰元年)

【銘文】左朝清大夫知劍州軍州事張宗彦題」

圓壇高峙對蒼穹四望群山萬萬峯東直洞天閫」嘯虎下窺雲霧隱神龍縈紆石蹬蹄涔在幽邃巖」扃蘚溜封夙駕二休猶喘息高軒千騎更從容雨」暘豐歲嚴祈禱香火人家罄踊恭夾路修篁君子」竹凝煙蒼乾大夫松樓臺遠近聞羌笛井邑參差」競晚春極目稻塍平浩渺一川麥隴翠蒙茸驟來」眼界迷天闊望久嵐光逼座濃仙馭幾時飛漢舄」桃源何處問郎蹤譙門三弄傳清角田徑諸兒餉」老農野馬日中何勃勃塞鴻雲外過邕邕狂飆掣」電多興夏暖景晴暉好在冬阮氏登山誇蠟屐謝」公

攜妓奏金鐘天工爲我除氛祲詩客邀人淬筆」鋒吏部遊衡神鬼動非干造物貸龍鐘」。

(《銘文録》297 頁張宗彦題七言詩)

【銘文】左朝請大夫知昌州軍州事何格非和」三級荒壇接昊穹岌然高峙壓諸峯祈年設醮延」真馭旱歲飛符起蟄龍崎側斷崖人跡絶縈紆危」磴古苔封渺茫眼界窮無盡濩落乾坤信有容分」野高低連普遂山川指點極涪恭横斜下接行商」路夭矯偏多偃蓋松嗚噎迴聞孤壘角丁當時聽」夕陽春風清終日塵難到地暖非春草自茸石水」發茶雲腳白金甌勸酒潑醅濃隼旟出郭乘無事」楚女行雲不見蹤幸忝承宣頒一劄因閑勞苦問」三農擬題賦詠慚張籍欲紀經行愧李邕陶菊摘」殘花尚在趙衰可愛日方冬少留待看霜天月苦」恨催歸別寺鐘老境所存輸鍵筆新詩無敵敢争」鋒始知天上張公子的是商於秀氣鐘」。

(《銘文録》298~299 頁何格非和張宗彦詩)

公元 1202 年(嘉泰二年)

二年，四川饑，廣安(軍)、懷安軍、潼川府大亡麥(出川緡八十萬令帥臣賑之)。

(《文獻通考》卷三〇一《物異考七》)

公元 1206 年(開禧二年)

三月癸巳，以程松爲四川宣撫使，吳曦爲宣撫副使。

(五月)丁亥，下詔伐金。癸巳，以伐金告於天地、宗廟、社稷。

(十二月)癸酉，吳曦始自稱蜀王。……乙亥，四川宣撫使程松遁。

(《宋史》卷三八《寧宗本紀二》)

《續通鑒》卷一五八載："(三年正月)曦即興州爲行宫，改元，置百官……曦又遣董鎮至成都治宫殿，分其所統兵十萬爲統帥，遣禄祁等戍萬州，泛舟下嘉陵江，聲言約金人夾攻襄陽。下黄榜於成都、潼川、利州、夔州四路，以興州爲興德府，召隨軍轉運使安丙爲丞相長史，權行都省事。"

公元 1207 年(開禧三年)

(二月)四川宣撫副使司隨軍轉運安丙及興州中軍正將李好義、監四川總領所興州合江倉楊巨源等共誅吴曦，傳首詣行在，獻於廟社，梟三日，四川平。

(《宋史》卷三八《寧宗本紀二》)

正德《四川志》卷三三《文詞·重慶府》中録有魏了翁所作《四川制置安公生祠記》，記載有："方反書之上也，朝論大震。上召羣臣計事，咸謂無出公右，乃爲書賜公，勉以圖曦報國。書未至而捷聞，君臣動色相慶，以謂知人。……蜀人於公飲食必祝，蓋公之祠遍蜀中……"

公元 1210 年(嘉定三年)

知岳州曹格、知昌州王騊並與祠禄。以監察御史範之柔言："格昏耄已甚，郡事不理；騊實曆四考，便任專城。"

(《宋會要輯稿·職官七四》)

公元 1211 年(嘉定四年)

【題記】術者云南北山童殊乏秀氣有修竹茂」林聞人益顯庵主王道瓊手植醮壇今已」森然因閲辛酉歲張何二公詩磨崖以」示好事者

辛未初冬鄧早跋張大成丹」。

（《銘文録》299~300頁鄧早閲辛酉歲張、何二公詩跋）

（七月）丙寅，詔四川官吏嘗受僞命者，自今毋得敘用。

（《宋史》卷三九《寧宗本紀三》）

公元1214年（嘉定七年）

（八月）乙未，罷四川宣、制司所補官。

（《宋史》卷三九《寧宗本紀三》）

此乃指吴玠、吴璘兄弟等人守蜀及吴曦未叛時以“四川宣撫司”和“四川制置司”以及“四川安撫司”之任，爲應付軍情，簡化程式，代朝廷而任命的蜀地及甘陝地區地方官員。另可參見李心傳所撰《建炎以來朝野雜記》卷一〇《乙集·時事三》中“淳熙至嘉定蜀帥薦士總記”條下所記。大足石刻中有許多題名於崖石的宋代官員不見於史書痕跡，或與此有關。可參見本書“淳祐二年”條。

公元1216年（嘉定九年）

二月甲申朔，日有食之。辛亥，東西兩川地大震。

三月乙卯，又震。甲子，又震，馬湖夷界山崩八十里，江水不通。丁卯，又震。壬申，又震。

（《宋史》卷三九《寧宗本紀三》）

公元1217年（嘉定十年）

（五月）癸卯，趙方請下詔伐金，遂傳檄招諭中原官吏軍民。

（十一月）癸亥，金鳳翔副統軍完顔贇以步騎萬人犯四川。

（《宋史》卷四〇《寧宗本紀四》）

公元1218年(嘉定十一年)

(正月)乙未，以度僧牒千給四川軍費。……金人犯隔芽關，興元都統李貴遁，官軍大潰。

二月甲辰，金人焚大散關而去。……丙午，金人破皁郊，死者五萬人。

(三月)戊子，利州統制王逸等率忠義人複皁郊，金副統軍完顔贇、包長壽遁去，沔州軍士郭雄追斬贇首，長壽僅以身免。己丑，沔州都統劉昌祖至皁郊。辛卯，忠義人十萬餘出攻秦州，官軍繼進，至赤谷口，王逸傳昌祖之命退師，且放散忠義人，軍大潰。

(四月)戊申，命四川增印錢引五百萬以給軍費。

(《宋史》卷四〇《寧宗本紀四》)

公元1219年(宋嘉定十二年，金興定三年)

冬十有二月，同至東萊，傳皇帝所以宣召之旨。師知不可辭，徐謂仲禄曰：此中艱食，公等且往益都，俟我上元醮竟，當遣十五騎來。十八曰，即行。于是，宣使與眾西入益都，預選門弟子十有九人，以俟其來。如期騎至，與之俱行。

(《長春真人西遊記·卷上》)

《長春真人西遊記》爲元人李志常所撰，講述的是全真教掌門——長春真人丘處機應成吉思汗之邀，西行前往獻議國策之事。由於作者李志常是當時從行弟子之一，因此，書中所記山川道里、沿途風土人情、丘處機生平及元世祖對他們的接待，可信度極高，爲重要的歷史宗教資料。丘處機一行人，在跋涉一年零四個月後，於1222年四月抵達成吉思汗的行在——大雪山(今阿富汗興都庫什山)，受到隆重接待，成吉思汗直接呼其爲“神仙”。此後，丘處機與成吉思汗朝夕相處一年左右，常諫言他要“敬天愛人”，勿事殺戮，蒙古軍的在戰爭中的殺戮屠城行爲時有所收斂；後來丘處機又利用自己的特殊身份，釋放許多被蒙古軍擄掠的各地民眾，活人無算。回到中原後，在宣化一代的河北地區廣建宮觀，弘揚全真教，成吉思汗也常有詔書問候，後被任命掌管天下道教，於1227年卒，年八十。

（閏月）癸亥，興元軍士張福、莫簡等作亂，以紅巾爲號。

（《宋史》卷四〇《寧宗本紀四》）

（四月）福等殺總領財賦楊九鼎，掠閬、果二州，四川大震。趙方、魏了翁移書宰執，謂安丙不起，則賊未即平，蜀未可定；遂以丙爲四川宣撫使，董居誼落職，奪三官。

（六月）張福擁眾薄遂寧，權府事程遇孫棄城走。福入遂寧，焚其城。遂入普州，守臣張已之棄城走。福屯於普州之茗山，安丙自果州如遂寧，令諸軍合圍，絶其樵汲以困之。庚午，張威引兵至，福窮，請降，威執之以獻於丙。

秋，七月，丙申，張福伏誅；張威又捕賊眾千餘人，誅之，莫簡自殺，紅巾賊悉平。

（《續通鑒》卷一六一）

張福自遂寧入普州（今安岳），正是走的唐宋時期成渝北路的分支路線，從普州再向南即可到大足。《宋史》卷四三四《楊泰之傳》中載："（泰之）知普州，以安居、安岳二縣受禍尤慘，泰之力白（安）丙盡蠲其賦"，所述正是此事。

公元1221年（嘉定十四年）

十一月己亥，安丙薨。

（《宋史》卷四〇《寧宗本紀四》）

公元1223年（嘉定十六年）

【題刻】寶頂山 臨邛魏了翁書。

毗盧庵 朝散大夫守太常少卿兼國史院編修實録院檢討官魏了翁△書。

寶頂山 朝請大夫尚書兵部侗郎兼同修國史兼實録院同修撰杜孝嚴△書。

(《銘文録》230~231 頁魏了翁、杜孝嚴題書寶頂山)

此幾處題字分别位於寶頂山 29 號龕圓覺洞甬道左側、7 號龕妙智寶塔下方和 4 號龕廣大寶樓閣下方，未書寫年代。陳明光在《大足石刻研究文集》的《大足石刻探疑五則》一文中，據他們所署官職判定爲嘉定十六年。此處從此説。有學者認爲該數處題字幾爲同一時所刻；也多有學者據此題字認爲這正是寶頂山開鑿時段。此處筆者不敢苟同，象“寶頂山”這種題字在山中何時何地均可刻鑿，且未必就與某龕石窟有對應關系。畢竟，題字人不是開鑿者，只是遊客(甚至是否真到過寶頂山也頗可疑)。

公元 1224 年(嘉定十七年)

是月(三月)，召四川制置使崔與之爲禮部尚書，以鄭塤代之。與之治蜀，將士輯睦，府藏充實，至是被召，以疾辭，歸廣州，蜀人祠焉。

(《續通鑒》卷一六三)

《宋史》卷四〇六《崔與之傳》載：“崔與之字正子，廣州人。……召爲禮部尚書，不拜，便道還廣。蜀人思之，肖其像於成都仙遊閣，以配張詠、趙抃，名三賢祠。……薨時年八十有二，遺戒不得作佛事。”自開禧至嘉定年間，大足地區幾無石刻開鑿，或與安丙、崔與之等制置使不好佛事有關。

公元 1225 年(寶慶元年)

(十一月)甲申，朱端常言魏了翁封章謗訕，真德秀奏劄誣詆。

詔魏了翁落職，奪三秩，靖州居住；真德秀落職罷祠。

（《宋史》卷四一《理宗本紀一》）

公元1229年（紹定二年）

五月，詔成都、潼川路歲旱民歉，制司、監司其亟振恤，仍察郡縣奉令勤惰以聞。

（《宋史》卷四一《理宗本紀一》）

公元1231年（紹定四年）

六月己未，詔魏了翁、真德秀、尤焴、尤爚並叙復元官職祠禄。

（《宋史》卷四一《理宗本紀一》）

【碑文】釋迦」舍利」寶塔」禁中」應現」之圖」（碑名）

上祝皇王隆睿算△須彌壽量俞崇高」（碑左）

国安民泰息干戈△雨順風調豐稼穡」（碑右）

釋迦如來涅至辛卯紹定」（塔左）

四年得二千乙百八十二年」（塔右）

嘉定八年十一月有」旨宣舍利寶塔入」禁庭安奉」燦錦堂焚香致敬」中殿洎左右嬪御侍臣見碧琉璃珠現於塔内鐸旁」時大時小複於第二相輪現水晶珠是夜迎歸」椒殿」主上」中殿」東宫同見大珠現於塔面作真珠色祥光晃耀丕休」哉甚盛舉也恭惟」皇帝陛下以不世出之資懋隆」天寵」仰紹統極成著於中」德洽於外凡羽毛鱗介草木叢林莫不獻奇效瑞況」寶塔之鎮兹山綿亙千祀」一念感通與佛冥契非臣愚昧可以讚揚與林下衲」子仰觀盛美第摭其實謹刊諸堅瑠昭示萬古云」爾時嘉定十年四月一日慶元府阿育王山廣利禪」寺住持傳法臣僧道權謹書」。

（《銘文録》192頁釋迦舍利寶塔禁中應現之圖碑）

此碑鑲嵌於小佛灣毗盧庵洞外後壁中心。碑頂上及左右壁，鑿16個小圓龕坐佛像，碑下部，左右鑿四天王立像。碑首從左至右，豎刻6行12字寶塔圖碑名；碑身左右邊，各豎刻頌詞14字；碑身上部正中，陰刻一單層方形寶塔，由塔基、塔身、塔剎及四角山花蕉葉構成。塔基刻6個小方龕坐佛像，塔身刻一圓龕坐佛像。塔剎火焰寶珠上方，刻形體較大的坐佛像，飾有數重同心圓身光。碑身下部，豎刻僧道權題書20行219字。全碑共刻281字，按以上記述順序録文。其中俗字如"国"字，依原貌録入。此碑爲寶頂山現存年代最早的碑文，對研究寶頂山大、小佛灣的建造及趙智鳳的宗派有決斷性的意義。

必須注意，碑左右之文爲"上祝皇王隆睿算△須彌壽量俞崇高」國安民泰息干戈△雨順風調豊稼穡」"，是爲皇家祝壽和爲民間祈禱；而塔左右之文爲"釋迦如來涅至辛卯紹定」四年得二千乙百八十二年"，是記載釋迦涅槃至今的時間，兩者似乎風馬牛不相及。豈會有一面爲皇帝祝壽，一面談涅槃的如此古怪説法？考察"上祝皇王隆睿算"之句，查閲《宋史》，紹定四年之時，出生於開禧元年(1205年)的宋理宗才26歲，豈有爲其"祝壽"之理？祝壽之詞必出於僧人道權在嘉定十年所書。而誕生於乾道四年(1168年)的宋寧宗，嘉定十年時爲49歲，歲近知天命之年，爲其"祝壽"是情理所通的，況且其子8人，先後而夭，對於自身壽命與政權接替的憂慮是必然的，所以廣利禪寺的僧人或有爲其祈福延壽之舉；而關於"国安民泰息干戈"之句，則《宋史》卷四〇《寧宗本紀四》中記載有："(嘉定十年五月)癸卯，趙方請下詔伐金，遂傳檄招諭中原官吏軍民。……(十一月)癸亥，金鳳翔副統軍完顔贇以步騎萬人犯四川。"宋金爆發第二次大規模戰争，"息干戈"之句也就不難理解了。但紹定四年未有大規模戰争記載，僅有八月蒙古軍攻仙人關事。以此邏輯推之，刻於"紹定四年"的塔文必定是後刻上去的。筆者曾在現場仔細勘察，從碑體結構看(該碑乃分爲四塊，拼湊而成。紹定年號在碑體中部，嘉定年號在碑體下部)，碑體是在碑文上石後，分割安裝上毗盧庵的(紹定年號的"定"字被分隔線截開，定是先刻完碑文再被分割的)。這裏引發一個問題，若是趙智鳳當初設計並建造毗盧庵的時候，就規劃有此碑，爲何不直接在石上開方刻碑(抑或刻好整碑一次安裝上去)？而且碑下方未見有碑槽之痕跡。筆者以爲，合理的解釋，就是當初修建毗盧庵時未設計安裝此碑(或先有它碑，後被此碑代替)，紹定四年(1231年)刻完此碑後，發現很難一次安裝上現在的位置，只有截爲片段方才可行。此即爲小佛灣中毗盧庵所基本完成之年代。生於紹興三十年(1160年)的趙智鳳此年已是71歲的古稀之年，從塔文中談釋迦涅槃的文字來看，或已離世，所以寶頂山的整個建造工程基本停止，這應是寶頂山停止建造的時間上限。小佛灣中現也發現有未完成的毛坯作品，和大佛灣相似，證明小佛灣並非是大佛灣的藍本，至少兩者結束建造的時間當是一致的。

此碑文中落款"慶元府阿育王山廣利禪|寺住持傳法臣僧道權謹書|"，其所包含的具體信息不可不查，或將表明趙智鳳所自奉爲佛教何種宗派。僧道權，佛史無記。按，"阿育王山"在浙東路慶元府鄞縣，《明史》卷四四《地理志五》中載："鄞倚。……東南有阿育王山"，《輿地紀勝》卷一一《兩浙東路·慶元府·古跡》下載："釋迦如來真身舍利塔 按寺碑云，東晉義熙初，以塔之出現肇創茲寺，梁武帝賜名阿育王。皇朝《內苑》云：'錢鏐曰：'釋迦真身舍利塔見於鄞縣，即阿育王所造八萬四千塔之一也……'太平興國初，俶獻其地，太宗命取塔禁中，度開寶寺西北闕地造浮圖十一級，下作天宫，以安舍利'……"嘉定十年是宋寧宗在位時期，紹定四年爲理宗時期，正史與佛史中筆者均未查到有寧宗和理宗"宣舍利寶塔入禁庭安奉"之記載(在趙汝愚所編《宋朝諸臣奏議》卷八四《儒學門·釋老》中倒是記載有仁宗朝曾迎舍利入宫供奉，臣僚所上奏議中有"嬪嬙煉臂、削發者甚眾，喧傳滿街，無不驚駭"之語，此次行爲遭到韓琦、蔡襄、余靖、錢彦遠等大臣上疏反對)。明人田汝成的《西湖遊覽志馀》卷一四《方外玄蹤》中載："杭州內外及湖山之間，唐已前爲三百六十寺。及錢氏立國，宋朝南渡，增爲四百八十。海內都會未有加於此者也。爲僧之派有三，曰禪，曰教，曰律。今之講寺，即宋之教寺也。嘉定間，品第江南諸寺，以余杭徑山寺、錢塘靈隠寺、浄慈寺、寧波天童寺、育王寺爲禪院五

山。錢唐中天竺寺、湖州道場寺、温州江心寺、金華雙林寺、寧波雪竇寺、台州國清寺、福州雪峰寺、建康靈谷寺、蘇州萬壽寺、虎丘寺爲禪院十剎。以錢唐上天竺寺、下天竺寺、温州能仁寺、寧波白蓮寺爲教院五山(實際只有四山——筆者注)。錢唐集慶寺、演福寺、普福寺、湖州慈感寺、寧波寶陀寺、紹興湖心寺、蘇州大善寺、北寺、松江延慶寺、建康瓦棺寺爲教院十剎。杭州律院則昭慶寺、六通寺、法相寺、菩提寺、内外靈芝寺,不在五山十剎之列。”以此文觀來,則阿育王寺爲中國禪宗“五山第五”之山林。這塊碑更暗示了趙智鳳教派其實繼自禪宗,大佛灣内 17 號龕中復刻自廬山西林寺的《三聖御制佛牙贊碑》中所稱“廬山西林乾明寺”,據民國吴宗慈編《廬山志》卷二《山川勝跡・西林寺》中引《陸游遊記》記載:“(西林寺)紹興間方爲禪居,正殿釋迦像著宝冠,他处未见,僧云唐塑也”,亦是暗示其所自認爲禪宗流派,而且其文中所述“釋迦像著寶冠”,與大足及周邊安岳地區石刻中的諸多戴寶冠的佛像吻合,西林寺無記載爲密宗僧人駐錫過,説明這種形象可能並非密宗獨有。在小佛灣毗盧庵内的左壁上刻有“六代祖師傳密印”,筆者認爲,“六代祖師”乃指禪宗六祖,並非多數研究者認爲的柳、趙一派六位傳人,其實無妄之説。至於此碑爲何會立於小佛灣,據《宋史》卷八八的《地理志四》中記:“紹熙五年,(明州)以寧宗潛邸,陞爲(慶元)府”,筆者認爲,應是大足當地僧人(是否趙智鳳等,不能確定)將“寧宗潛邸”所在地的佛家寶物復刻於大足。結合碑中“上祝皇王隆睿算△須彌壽量俞崇高」國安民泰息干戈△雨順風調豐稼穡」”之句來看,當爲僧人祈望官方庇佑并對信徒造成心理暗示有關,這與復刻自“廬山西林乾明寺”的“三聖御制佛牙贊碑”功效是相同的。如果確爲趙智鳳等人所刻,則可能希望通過“御制”“禁中”等詞匯表明自己受到皇家政權的承認,來提高自己在世俗中的地位;通過禪宗山林的碑文,來顯示自己所繼的法理正統。無論後世研究者如何論定,當事人自身所述才是其本意。寶頂山中趙智鳳時代的碑銘僅有《釋迦舍利寶塔禁中應現之圖碑》與復刻的《三聖御制佛牙贊碑》,其既然暗示繼自禪宗山林,後人自不當强加自己觀點於古人。

【銘文】毗盧庵(題名)

虚空法界徧包含」只是毗盧一座庵」

六代祖師傳密印△十方諸佛露家風」大願弘持如鐵石△虚名委棄若埃塵」(頌詞)

(《銘文録》192~194 頁毗盧庵洞碑銘)

此兩段銘文位於小佛灣毗盧洞口及洞内左右壁。據前注中筆者所述,“六代祖師”應指禪宗六祖,小佛灣中有明代僧會元亮所書《臨濟正宗記》碑,亦提到禪宗六祖,見後文“隆慶五年”條。

【銘文】毗盧庵(題名)

風調雨順」國泰民安」佛日光輝」法輪常轉」

假使熱鐵輪」於我頂上旋」終不以此苦」退失菩提心」

假使經百劫」所作業不忘」因緣會遇時」果報還自受」

(《銘文録》192—194 頁金剛神龕題名、偈頌)

此銘文位於小佛灣毗盧洞内毗盧遮那佛像左右邊。據前則材料《釋迦舍利寶塔禁中應現之圖碑》,將其視爲同年鐫造。此“假使熱鐵輪」於我頂上旋」終不以此苦」退失菩提心」假使經百劫」所作業不忘」因緣會遇時」果報還自受」”之句,在此毗盧庵的的洞門左右壁的條石内側,寶頂大佛灣的 7 號龕的“妙智寶塔”、9 號龕的“化城龕”、15 號龕“父母恩重經變龕”、17 號龕“大方便佛報恩經變龕”、20 號龕“地獄變龕”、30 號龕“牧牛圖”中,以及聖壽寺的維摩殿佛臺座的東、西面皆有此語(臺座南面還刻有“相識滿天下△知心能幾人”之語,大佛灣中 19 號龕“六耗圖”中也有此句題刻),詳略不同而已。

八月己未,大元兵破武休,入興元,攻仙人關。……(十月)癸酉,大元兵破蜀口諸郡,御前中軍統制張宣戰青野原有功,詔授沔州都統。戊寅,以李𡌴爲焕章閣直學士、四川制置使、知成都府,趙彦吶直龍圖閣、四川安撫制置副使、知興元府、利路安撫使，安癸仲户部郎中、總領四川財賦。

（《宋史》卷四一《理宗本紀一》）

公元 1233 年(紹定六年)

(十一月)己未，以魏了翁爲華文閣待制、知瀘州、潼川安撫使，賜金帶。

（《宋史》卷四一《理宗本紀一》）

公元 1234 年(端平元年)

帝(金哀宗)自縊於幽蘭軒。……末帝爲亂兵所害，金亡。

（《金史》卷一八《哀宗本紀下》）

金人以蔡州城爲最後的駐蹕地。南宋軍先攻入蔡州城南門，蒙古軍隨後入。

此即史上所稱“端平入洛”，宋軍打算趁著金國滅亡，一舉收復河南地，結果大敗塗地，反而給蒙古軍以“啟釁”的口實，蒙軍策劃入蜀，冀圖入蜀而據長江防線上游。

(五月)詔魏了翁赴闕。

（《宋史》卷四一《理宗本紀一》）

(秋七月，)(元太宗)遣達海紺卜征蜀。

（《元史》卷二《太宗本紀》）

(八月)乙亥，以趙範爲京河關陝宣撫使、知開封府、東京留守，趙葵京河制置使、知應天府、南京留守，全子才關陝制置使、知河南府、西京留守。

（《宋史》卷四一《理宗本紀一》）

公元 1235 年(端平二年)

【題記】端平二年六月六日江原」樊允季領客資陽王熙」避暑於此枕石藉涼盤」旋終日松竹間風時作」秋聲」。

(《銘文録》300 頁樊允季領客避暑終日題記)

(九月)壬午，御前諸軍統制曹友聞與蒙古戰於大安軍陽平關，敗績，死之。……蒙古兵遂長驅入蜀。

(十月)丙午，蒙古庫端兵破宕昌，殘階州，攻文州。……略定龍州，遂與庫端合兵，進破成都。會聞皇子庫春薨，庫端旋棄成都而去。

(《續通鑒》卷一六八)

公元 1237 年(嘉熙元年)

(三月)乙亥，魏了翁薨，贈少師，賜謚文靖。

(《宋史》卷四二《理宗本紀二》)

《宋史》中稱是魏了翁是邛州蒲江人，但據嘉定十六年在大足寶頂山的題字中，自稱爲臨邛人，著有《鶴山全集》《九經要義》等書。

公元 1238 年(嘉熙二年)

【銘文】西蜀不幸，年年被韃賊所擾。時戊戌嘉熙二年，崖匠石桂等修。

(《四川歷代碑刻》)

此題刻在四川洪雅縣荀王寨。前文"端平元年"條下已有涉及，蒙古軍已改變攻宋戰略，以奪取四川。

公元1239年(嘉熙三年)

(六月)蒙古兵攻重慶。

(《續通鑒》卷一六九)

公元1237—1240年(嘉熙元年至嘉熙四年)

【銘文】趙本尊，名智鳳，紹興庚辰年生於米糧之沙溪。五歲入山，持念經咒，十有六年，西往彌牟，復回山修建本尊殿，傳授柳本尊法旨，遂名其山曰寶鼎。舍耳煉頂報親，散施符法救民。嘗垂戒曰："熱鐵輪裏翻筋斗，猛火爐中看倒懸。"嘉熙年間承直郎昌州軍事判官席存著爲之銘」。

(乾隆《大足縣志》卷九《隱逸·仙釋》)

此銘文原位於小佛灣七佛龕壁中下部，今已殘漶不清，從乾隆縣志中輯録。《銘文録》中亦引用自此段文字，但將"猛火爐中看倒懸"寫作"猛火爐中打倒懸"。這是大足所見到的銘文中最早關於趙智鳳的記載，具有重要意義。但是此中只敘説"修本尊殿"，未言明開鑿佛像事。山乃命名"寶鼎"，而非"寶頂"。弘治十七年(1504年)明人曹瓊所撰的《恩榮聖壽寺記碑》，雖所述之細節已不可信，但其文中："(趙智鳳)清苦七十餘年"這種簡單難訛之言當不爲謬言，紹興庚辰年乃紹興三十年(1160年)，嘉熙四年(1240年)距紹興三十年剛好80年，趙智鳳生年正好在此時間段内。此銘文極有可能是趙智鳳墓誌銘。也即，寶頂山停止建造的時間下限就在嘉熙年間(最早可能在紹定四年，見前文"紹定四年"條下注)，因爲趙智鳳的離世而停工。有説法認爲寶頂山的建造因爲兵燹而停工，但是筆者認爲或與兵燹無關。蒙古軍隊曾在端平二年(1235年)攻蜀，然自廿入蜀攻破成都後即棄走，《續通鑒》卷一六八中載："(十月)丙午，蒙古庫端兵破宕昌，殘階州，攻文州。……略定龍州，遂與庫端合兵，進破成都。會聞皇子庫春薨，庫端旋棄成都而去。"嘉熙三年(1239年)，蒙古軍再次攻蜀，《宋史紀事本末》卷九三《蒙古連兵》中載："(嘉熙三年)，蒙古遂取漢、邛、簡、眉、蓬州、遂寧、重慶、順慶府，尋引還"，線路分别從南、北繞過了潼川府大部分地區(大足屬潼川府昌州)，以此來看，蒙古軍在嘉熙年間未入昌州。《宋史》卷四五〇《忠義五・趙卯發傳》中載："趙卯發，字漢卿，昌州人。淳祐十年，以上舍登第，爲遂寧府司户、潼川簽判、宣城宰。素以節行稱"，即淳祐十年(1250年)昌州人都還可以參加科舉，應未罹受兵燹；且《宋史》卷三十九《忠義四・許彪孫傳》中載："景定二年，劉整叛，召彪孫草降文，以潼川一道爲獻"，則潼川府在景定二年(1261年)還基本應爲完整。寶頂山建造止於兵燹之説亦無直接證據。

公元1240年(嘉熙四年)

(正月)以李鳴複參知政事，杜範同知樞密院事，劉伯正簽書樞密院事，余玠華文閣待制、依舊四川安撫制置使、知重慶府兼四川總領財賦。

(《宋史》卷四三《理宗本紀三》)

(二月)蒙古安篤爾窺萬州，蜀帥遣舟師數百艘溯流迎戰。安篤爾順流，率勁兵，乘巨筏，浮草舟於其間，弓弩雨射；蜀兵不能敵，敗績於夔門。

以京西湖北路制置使孟珙爲四川宣撫使。

(四月)壬寅，前潼川路運判吴申入奏，抗言蜀事，帝感惻久之。帝曰："蜀從前亦委寄非人。"申言："棄邊郡不守，鄭損也；啟潰卒爲亂，桂如淵也；忌忠勇而不救，趙彦呐也。今彭大雅又險譎變詐，大費防閑。宜進孟珙於夔門，以東南之力助之，夔猶足以自立。"帝是之。

(《續通鑒》卷一六九)

公元1242年(淳祐二年)

夏，四月，癸亥，倉部郎官趙希塈，言蜀自易帥之外，未有他策。帝曰："今日救蜀爲急，朕與二三大臣無一日不議蜀事。孟珙亦欲竭力向前。"希塈曰："擇威望素著之人當夔、峽要害，建一大閫。"帝曰："重慶城賢，恐自可守。"希塈曰："重慶在夔、峽之上，敵若長驅南下，雖城賢如鐵，何救東南之危?"帝然之。

五月，甲午，知梧州趙時學陛辭，言吳玠守蜀三關，今胥失之，固宜成都難守。帝曰："嘉定可守否?"時學曰："若論形勢，當守重慶。"帝曰："若守重慶，成都一路便虛。"時學曰："重慶亦重地，可以上接利、閬，下應歸、峽。"

蒙古兵破遂寧、瀘州。

丁未，右正言劉晉之言："蜀禍五六年間，歷三四制臣，無地屯駐，獨彭大雅城渝，爲蜀根本，不然蜀事去矣。今宜於重慶立閫，庶可運漳諸戍。願早定至計，料簡邊臣，俾往經理，則蜀可爲也。"

(十二月)權工部侍郎、四川宣諭使余玠權兵部侍郎、四川安撫制置使兼知重慶府。

丁卯，詔："余玠任責全蜀，應軍行調度，權許便宜施行。"

(《續通鑒》卷一七〇)

據《宋史》卷四二《理宗本紀二》記載："(六月)丁巳，詔以于玠爲四川宣諭使，事干機速，許同制臣共議措置，先行後奏，仍給金字元、黄榜各十，以備招撫。"余玠於此時已有便宜行事之權。《建炎以來朝野雜記·乙集》卷一〇《淳熙至嘉定蜀帥薦士總記》中也載："蜀帥例得薦士。……自嘉定以來，蜀之宣撫、安撫、制置三司皆得薦士，亦非常制云"。大足石刻中許多官員未見於史書記載，當是蜀事危急之時方面大員爲應急而授。如寶頂山14號龕毗盧道場中所書"毗盧道場 朝散郎知重慶軍府事姚宍恭△書"，此人未見於任何記載。

公元1243年(淳祐三年)

播州冉琎及弟璞，有文武才，隱居蠻中，前後閫帥辟如，皆不至。聞玠賢，兄弟相率詣謁，玠賓禮之，館穀加厚。……如是者又旬日，請見玠，屏人曰："爲今日西蜀之計，其在徙合州城乎!"玠不覺躍起曰："此玠志也，但未得其所耳。"曰："蜀口形勝之地，莫若釣魚山，請徒諸此。若任得其人，稷粟以守之，勝於十萬師遠矣。"玠大喜，遂不謀於衆，密聞於朝，請不次官之。詔以琎爲承事郎，權發遣合州，璞爲承務郎，權通判州事，徙城事悉以任之。命下，一府皆喧然以爲不可。玠怒曰："城成則蜀賴以安，不成，玠獨坐之，諸君無預也。"卒築青居、大獲、釣魚、雲頂、天生，凡十餘城，皆因山爲壘，棋布星分，爲諸郡治所。

(《續通鑒》卷一七一)

青居城位於現南充市，大獲城位於現蒼溪縣，釣魚城位於現合川區，雲頂城位於現金堂縣，天生城位於現萬州區，還有此文中未提到的瀘州神臂城等。筆者個人曾登臨過釣魚城和天生城，城池皆位於山巔，下臨曲折江面(多爲兩江交匯處)，宋人的防御措施雖是"因山爲壘"，實際還"以江爲防"，因爲江流和山地都不是擅長馬戰馳突的蒙古軍攻戰的有利地形。從地理上看，這些軍事城池多位於川東地區，宋軍當年基本已放棄多爲平原地形的川西，以嘉陵江和長江爲限，阻隔蒙古軍。大足縣無險可守，應屬放棄的地區。下文中淳祐七年《何光震餞郡守王夢應記碑》中有文："獨惜介在山〔址〕，距大江幾二百里，素無城守兵衛"，即可爲之佐證。

公元1246年(淳祐六年)

樞密院言："前知普州何叔丁、簽書判官楊仁舉，淳祐元年冬北兵攻城，兩家二十余人死於難，叔丁孫嗣祖、仁舉幼子肖翁被俘逃歸。”

（《宋史》卷四三《理宗本紀三》）

淳祐元年普州就被攻陷，那麼緊鄰的昌州治所——大足縣，恐難倖免。既然“被俘逃歸”，蒙古兵應是旋攻旋走。

公元1247年（淳祐七年）

【碑記】昌鄰於合舊號東州道院文物彬彬久稔聞見人品有楊賢良王文安之清亭」沼有香霏鑒湖之勝僊跡有董葛之異山林有南北之秀物産有鹽米之饒縣」前守令僚佐類多名勝題墨淋漓遺蹟髣髴獨惜介在山【址】距大江幾二百里」素無城守兵衛狄難以來官吏民多不免焉加以師旅因以饑饉存者轉徙仕」者退縮至州縣官苟具而可環千里荆榛矣」制使尚書余先生鎮蜀外遏寇攘内撫疲瘵垂念【凋】郡密邇行臺乃請於」朝命前資守合陽王侯夢應領是州侯字明甫曆郡久純以詩書從事禮士戢」姦遺民少蘇寮吏畢集于是大足令何光震【華】甫司理趙若訊正子以鄉人備」員武信張順臣文炳職郡教普慈李方【嗣直】爲糸門曹重辟楊莘起明夫主大足」簿永川令玉牒趙希伓聖可尉瀘川趙□□甫相與聯事雖食飫杞菊駕乏輿」馬人或不堪其況然志合道同凡所講行恪遵教條務從衆所欲惡各欽乃職」初仕者俱獲小昇經任者相繼改秩【一】時同官清修之樂其庶幾焉侯以乙巳」春正月至州迨丁未冬首尾三年□【大】闖檄以稟事寮屬攀餞於南山侯顧謂」光震曰鄉賢仕此多矣昔△爐峰陳先生用庚孚山與此間何公應龍從叔聯」辛酉類省魁亞何公嘗位於」朝終艸日寶蓋政憲後未有聞焉初爐峰教授此州有不拜僞詔之節有楊賢良六經圖」勒石【並】教授【嘉】陵△堂【憲】之命將下而卒人士至今惜之今長公昕之晞舜見」升太學□□□黄應□□□出繼再以世學冠【嘉□】類省□經見四川制參時」利漕節甥【范】仲禮從【□前】大足簿新南平軍司法斯文之澤方增未艾近事章」灼如此【吾□其】可計日【前之】榮悴而不以千歲自期乎蓋書以補郡志之缺□」□□【乃偕】光震□上南山有石巖巖刊此識以垂千萬年淳祐七年冬十月【既】」望門生【登仕】郎昌州大足縣令權僉判何光震從

事郎昌州州學教授張順臣」從政郎待【□季】方迪功郎昌州大足縣主簿楊莘起拜手謹記」。

（《銘文録》300~301頁何光震餞郡守王夢應記碑）

大足寶頂山石窟建造或已結束。

今寶頂山大佛灣中22號龕的“十大明王”造像，多爲未完工的半成品，旁邊山崖上還有剛開方的石坯，顯示工匠未能按計劃完工而匆匆離開。上文碑文中記載的淒涼景象——“官吏民多不免焉，加以師旅，因以饑饉，存者轉徙，仕者退縮，至州縣官苟具而可，環千里荆榛矣。”以常理即可推知，川中殘破，已不可能有建造大規模石窟的條件。也有猜測營造組織者趙智鳳年歲已高而去世導致造像工程停止的，但無證據，只是臆測。

公元1174—1252年（淳熙元年至淳祐十二年）

【碑文】唐柳本尊傳（額）

唐□□□□□□□□【大輪□□□傳瑜伽本尊教柳】居士傳△△眉山【德雲府】△【沙門】釋【祖】覺重修△△△△△△右承奉郎前知敘州宣化縣王秉題額」□□□□氏名居直□□□□□□□□□□□□□柳本尊數致神異人不敢稱其名號柳本尊猶言法華之類也先是州城北有柳生瘻久之乃出嬰兒邑都吏收養既長聰慧過人」父殁□以柳爲氏【繼父職】邑人【多】以事系□□□□□□□□□慮□□賴以存活者甚衆一日遇女子於途遂與之歸未幾□役蔬食紙衣律身清苦專持大輪五部咒盍瑜伽經中略」出念誦儀也誦數年而成功會廣明離亂之後饑饉相仍民多【疫】疾厲鬼肆其凶居士憫焉光啟二年六月十五日盟於佛持咒以滅之是歲八月八日建道場然手指一節供諸佛【誓】」救苦惱衆生俄空中語曰汝願力廣大然此地非汝所居當西去遇漢即回逢彌即止居士于是挈其屬行次武陽象耳山路逢男子袁承貴願爲弟子同游峨嵋山登絶頂值大雪居」士露立雪中幾□晝夜儼然無變色感異僧謂曰居士不須居此山今成都多厲鬼盍往除之言訖不見居士出山至

清流鎮西渡江女子足跌溺水居士呼漁人援之求而不獲至□」□□一石有文可讀即以【奉】居士其文曰本尊金剛藏菩薩而清涼聖人助其開化濁世難久留今還臺山矣居士歎息久之領衆至成都時王建帥蜀而妖鬼爲祟自稱江瀆神天【複】元年正月十五日持咒禁止之妖怪屏息居士【益】自【勵】□問□□□救濟而秋毫無所受蜀人德之從其化而棄家預門人列者無慮數十人居士屏絶五味淡食午齋日益精□□」□□□名而嘉之恣其【遊】化所至無得留【天複二年將香於左腳踝上燒煉願衆生舉足】下【足】皆【遇】道場【永】不踐邪淫之地時四天王現身作證後山□□□□□空□□□經□□□」□二人楊直京臨江而釣居士勤□令持不□□直京【驚】恐棄竿作禮悔過邀居士造其家中途大雨□□□□□□□□□見者異之直京□【舍】宅爲供而身爲執侍居士曰吾□□□」當與四衆共之因□曰□□院已而至廣漢留數日忽憶遇漢即回之語于是還彌牟廣漢太守趙公遣吏請目睛欲試可居士知之【持】索香水滌戒刃而剔之忽菩薩現身爲證【趙公】」驚即迎至州痛自悔【恨時】天【複】三年七月三日也四年春【捨宅奉】居士爲四衆【廟】院□□□□大菩薩是也居士遣其徒住持還歸彌牟趙複爲營【廟】彌牟所居道俗還來靡索不具院成居士【令徒弟】」主之乃躬【往】金堂次金【水行】至成都玉津坊女子盧氏施宅建道場以奉香火會嘉州四郎子神作孽疫死甚衆居士割左耳立盟以除之深沙神現身空中五年七月以香和【燭煉心】」上以【供諸佛發心令一切衆生永斷煩惱感大輪明王】現身頂上【爲】作證又然香燭於頂上以供養諸佛複感文殊大聖應現八月五日結壇玉津坊揮刀斷左臂凡四十八【刀方斷刀】」【刀發願誓救衆生以應阿彌陀四十八願頂上】百千天樂空際鏘鳴廂吏以事白蜀主歎異遣使慰勞馬頭巷有丘紹者病死已三日心尚温其妻請居士至其家懇禱曰若獲【得再生】」夫婦及二女當【終身給侍居士以香水灑之】誦咒少頃復蘇自言【已墮】地獄聞罪人受苦聲俄香風四來香雨隨至現一佛身金色乘紫雲住空中呼我名遂驚覺因感泣誓志修【行夫】」妻二【女俱來侍奉不離左右居士用臘布裹陰火】焚之以示【絶欲俄寶蓋護其】上所司以聞蜀主益嘉歎即召如入問曰爾以何法救人而靈感如是耶對曰居【直】精修【日】煉誓求無【漏無】」【爲之果專持大輪五部秘咒救度】衆生又問會何咒須何物對曰但得香花供

養足矣乃嚴飭道場請誦咒而光明四發遂留供養三日賜金帛名香居士不受乞歸彌牟因下令【敕賜】」【額名大輪院長作皈依之地】【六年正月】然兩膝以供諸佛誓與眾【生三】會龍華【同相見】自爾四方道俗雲集座下授其法者益眾七年七月十四日中夜呼楊直京謂曰吾將去矣【汝當】」【久住共持大教總持秘密摧邪顯法所有】咒□授袁承貴【説是語已歸於涅槃生歿享年八】十四建塔院中今耳臂實傳尚在居士慈忍有力量依首楞嚴經然半□□頂及心上□□」□□□□□□□□□□□□□□□示寂□□□□□□□□□□□□□夫人□水□□□□□□居士持誦夫人疾有瘳蜀主大悦俱封銀青光禄大夫檢校太子太傅內殿侍□□」□□□□□□□□□□□□□□道場□□□□□□□□□□□□□□□□□□□□□□□□□□□□□□孟知祥□成都□塗持念有感應賜名位如故後游南方莫測所終□□」□□□□□□□□□□□□□□咒法世世不絶蜀廣政二十四年□□□□三日咒西金剛火□金鋼氵氵大□賜院中奉事又賜楊直京紫綬金魚俾領住持事□□□□□□□□□」大□□□□□□□□□□□□□□院事凡五十年門□□□□□□□□八十餘間至【熙寧】元年□月□敕賜壽聖院爲額成都持瑜伽教賈文確件其事命草澤張納爲之記又有本□□」□□□□□□□□□氏文□【即□義】不可讀【紹興】十年春□□□馮翊王直清以【沙門釋祖覺修】正故爲作傳」□□□□□□正□□□□□□【天上人間】一十六會□一十□□以瑜伽經□爲五部而以毗盧爲本尊位居中央其東方金剛部佛曰阿閦南方灌頂部佛曰寶生西方蓮華部【佛曰】」【阿彌陀北方羯磨】部佛曰【不空成就】□次【剖】□□□□□□□四方□□次剖二十八菩薩以理之四方各開一門有四菩薩主之是爲三十七尊而毗盧居其中故曰本尊其所□□」□□□□□□□□□□【大日如來傳金剛阿黎金剛傳龍猛阿黎龍猛傳龍智】阿【黎】龍【智】傳金剛智智傳不空不空傳嵩岳一行禪師稱瑜伽宗傳其法者自非登壇授□□□」□□□□□□□□□□□□□□□□□□□□□□□□□□□□□□□□□□苦行【志】□□視身世如弊履忄苦不能動其心豈所謂心不二而生物不測也耶□□經□□」□□□□□□□□□□□□□□□□□□□□□□□□□□□□金剛【經】者聞耳凡持【明】咒皆預此流居士嘗爲金剛藏而非

金剛藏之化也唐季崩離禮樂大□□」□□□□□□□□□□□□□□□□□□□□□□□□□□□人□□□□使真僞□混何足取哉」□□□□□□□□□□□□□□□□□□□□□□□□□□何□【也】□□□□本尊院通隸所部公聞之欣然函往觀焉主事者導公拜其墓於榛莽之間公顧而問曰本尊靈異□」辶□□四方□□□□不□□□□□□□□【一匾】□□□以崇奉之【意】乃命本院【尼】仁辯□□□資爲本尊建塔於墓之上架屋以覆之既成公謂岷曰本尊乃菩薩示現攝化□」□□□□□□□□以□□□□□□□□□□□□不□疑信相半子可作傳以明【著】其事吾將刻之墓左以詔後世岷退而詢諸好事得傳記凡數本猥□鄙俚雜□□幻□□」□□本尊菩薩師□方將□□□□□□□□作爲成書以表揚於世久之未暇也【三】日公走人【使】以華嚴導師覺公近所撰傳本相示且曰子爲我詳加訂正庶幾傳之久□」可信不疑謹□覺公詳述本尊【化道】始末□□□四川盡悉如岷素所欲書雖欲加損不可得也因□薌作禮書其末以還公初岷所生女希照普勝笄得疾三年莫能名狀□□」□□□□□□□□□□□□平□□□本尊【岷女】得【疾死危遂】許下發舍緣以奉【香】火故並録之以示歸依【之】心非一日也紹興庚申端午日安養居士眉山張岷謹跋男濟書□」□□□□□□□□□□□□□□□□□□□□□□大師之□□□昔受記於五台□人曰【逢】□則止遇【湖】則住師□即其所修行門教與大寶坊洪湖二山考之地志其混別之名歟□」□□□□□□□□成□虐□民□□□□□化□龍依歸以絶□□之□□大【洪】道場迄今雄侈緇流【千乘】佛事之盛居天下甲乙今傳載本尊似聞空中語曰遇漢即回□□」□□□□□□□□□□□□□□□□□□□□□□□【佛法】忍洪持密語以至燒指灼膚割目截臂作種種【難行】苦行爲衆生祛惑斷妄而不起稀有望報之心與大洪師若合符然□□」□□□□□□□□□□□□□□□□□□□□□原本尊之所存心則善矣因畢録之系於傳末云」

□□□□□□□□□九日右承奉郎前主管台州崇道觀賜緋魚袋王直清立石院主尼△仁辯△小師了通△師孫法興△△法□ 師息希照」。

(《銘文録》207~210頁祖覺撰《唐柳本尊傳》碑)

此碑據信爲寶頂山石窟創建者趙智鳳於南宋淳熙至淳祐年間(1174—1252年)所立，乃是彌牟柳氏墓側紹興年間原碑的復刻品，碑陰刻《寶頂常住田産》。由於此碑漶失内容太多，本書中未施標點，此碑的更多内容可參閲《銘文録》及《敦煌研究》2006年3期陳明光《重新校補宋刻〈唐柳本尊傳〉碑》一文。碑中稱柳本尊爲嘉州(嘉州爲今樂山地區。柳氏所生之州碑文中漫漶不失，此據洪熙元年《重開寶頂石碑記》中所書"相傳以爲嘉州城北，嘗有柳樹生瘿"。或爲眉州人)柳樹中所出，顯是怪誕，安岳毗盧洞萬曆三十九年的一則碑記中則稱"西人柳本尊者"，見本書"萬曆三十九年"條。

公元1252年(淳祐十二年)

蒙古汪德臣將兵掠成都，薄嘉定，四川大震，余玠率諸將俞興、元用等夜開關力戰，乃解去。

(《續通鑒》卷一七三)

公元1253年(寶祐元年)

(六月)甲午，于玠卒，贈官五轉。庚子，以董槐兼參知政事。癸卯，詔撫諭四川官吏軍民。

(《宋史》卷四三《理宗本紀三》)

公元1254年(寶祐二年)

秋七月己酉，詔："前蜀帥于玠鎮撫無狀，兵苦於征戌，民困於徵求，玆俾其家輸所取蜀財，犒師振民；並邊諸郡田租，其複三年。"

(《宋史》卷四四《理宗本紀四》)

公元 1255 年(寶祐三年)

【碑文】宋寶祐乙卯，韃賊自雲南斡腹。越明年，制臣蒲澤之，以天子命，命帥臣朱禩孫措置瀘、敘、長寧邊面。又明年，城凌霄，爲屯兵峙糧，出攻入守據依之地。閏四月經始，冬十月告成。長寧守臣易士英任責，潼川路總管朱文正董工。

(《四川歷代碑刻》)

此碑位於四川宜賓市興文縣城西北 20 公里凌霄山，該地地形險要，爲川滇黔交通要道。蒲澤之修建凌霄城後扼守 31 年後始降元。元人自端平入蜀，久攻不下于玠所措置的一些山城，開始自甘肅、青海，越西藏進入雲南，向川南方向大包抄，以圖入川順江東下，叩開長江門户，直抵江淮而滅南宋。

公元 1256 年(寶祐四年)

詔："蜀罹兵革，吾民重困，所當勞來撫摩，使之樂業。比聞官吏乃肆誅求，殊失培植邦本之意。自今四川制司戒飭屬郡，違者罪無赦，御史台其嚴覺察。"

(《宋史》卷四四《理宗本紀四》)

公元 1258 年(寶祐六年)

(十一月)庚辰，大元兵渡馬湖入蜀，詔馬光祖時暫移司峽州。

(《宋史》卷四四《理宗本紀四》)

公元 1259 年(開慶元年)

六月甲戌，吕文德兵入重慶。詔諭四川軍民共奮忠勇，效死勿去，有功行賞，靡間邇遐。

（《宋史》卷四四《理宗本紀四》）

公元 1260 年（宋景定元年，元中統元年）

（正月）乙未，潼川城仙侶山。

（《宋史》卷四五《理宗本紀五》）

（十二月，元世祖）以梵僧八合思八爲帝師，授以玉印，統釋教。

（《元史》卷四《世祖本紀一》）

《明史》卷三三一《西域列傳三》載："烏斯藏，在雲南西徼外，去雲南麗江府千餘里，四川馬湖府千五百餘里，陝西西寧衛五千餘里。其地多僧，無城郭。群居大土臺上，不食肉娶妻，無刑罰，亦無兵革，鮮疾病。佛書甚多，《楞伽經》至萬卷。其土台外，僧有食肉娶妻者。元世祖尊八思巴爲大寶法王，錫玉印，既没，賜號皇天之下一人之上宣文輔治大聖至德普覺真智佐國如意大寶法王西天佛子大元帝師。自是，其徒嗣者咸稱帝師。"

公元 1262 年（景定三年）

冬十月乙卯，詔蠲四川制、總、州縣鹽酒榷額。

（《宋史》卷四五《理宗本紀五》）

公元 1273 年（咸淳九年）

（二月）庚戌，吕文焕以襄陽府歸大元。

（《宋史》卷四六《度宗本紀》）

襄陽自咸淳三年被元軍包圍，孤城獨守六年，自此降。南宋的長江上游與中游防線全失，僅剩江南一隅。

公元 1274 年(咸淳十年)

(十一月)詔："邊費浩繁，吾民重困。貴戚、釋、道，田連阡陌，安居暇食，有司核其租税收之。"

(《宋史》卷四七《恭宗本紀》)

公元 1276 年(德祐二年)

(正月)甲申，大元兵至皋亭山，遣監察御史楊應奎上傳國璽降。

(《宋史》卷四七《恭宗本紀》)

公元 1277 年(宋帝昰景炎二年，元至元十四年)

(二月)甲戌，西川行院不花率衆數萬至重慶，營浮屠關，造梯沖將攻之，其夜都統趙安以城降。張珏艤船江中，與其妻妾順流走涪州，元帥張德潤以舟師邀之，珏遂降。

(《元史》卷九《世祖本紀六》)

公元 1279 年(宋帝昺祥興二年，元至元十六年)

(正月)壬戌，分川蜀爲四道：以成都等路爲四川西道，廣元等路爲四川北道，重慶等路爲四川南道，順慶等路爲四川東道，並立宣慰司。

(《元史》卷一〇《世祖本紀七》)

十六年正月壬戌，張弘範兵至崖山。……（二月）陸秀夫走衛王舟，王舟大，且諸舟環結，度不得出走，乃負昺投海中，後宫及諸臣多從死者，七日，浮屍出於海十餘萬人。……宋遂亡。

（《宋史》卷四七《恭宗本紀》）

《元史》卷一〇《世祖本紀七》中載張弘範是“甲戌”日兵至崖山。

元 代 卷

公元1316年(延祐三年)

【碑文】文昌宫者，蜀梓潼縣七曲山神君之祠也。曩蜀全盛時，俗尚禱祠，鬼神之宫相望，然多民間商賈、里巷男女、師巫所共尊信而已。獨所謂七曲神君者，學士大夫乃祀之，以爲是司禄主文治科第之神云。宋亡，蜀殘，民無孑遺，鬼神之祀消歇。……延祐初，元天子特出睿斷，明詔天下以科舉取士。而蜀人稍複治文昌之祠焉。……未幾，今翰林學士承旨雲中趙公世延方爲御史中丞，移書集賢，以聞天子，爲降璽書，褒顯神君甚渥。而祠文昌者日盛矣。

(《巴蜀道教碑文集成》)

該碑文節選自元人虞集所撰《四川順慶路蓬州相如縣大文昌萬壽宫記》，虞集出生於南宋末年，祖籍爲四川仁壽縣(其爲虞允文五代孫，虞允文墓今猶在仁壽縣)，該碑文對於宋元歷史有較高價值，特别是對於四川地區的"梓潼神"信仰，叙述清晰可靠。"梓潼神"原本爲梓潼郡的山神，唐宋時在四川已香火旺盛，後在元代被封爲梓潼文昌帝君，成爲各地文昌宫中供奉、士俗争拜的科舉神祇。該碑記應撰於延祐三年，因爲碑文中有"今翰林學士承旨雲中趙公世延方爲御史中丞"之句，查《元史》卷一八〇《趙世延傳》中記載："(延祐元年)居中書二十月，遷御史中丞。三年……尋升翰林學士承旨，兼御史中丞，世延固辭，乃解中丞。"

公元1317年(延祐四年)

延祐四年，宣徽使會每歲内廷佛事所供，其費以斤數者，用面四十三萬九千五百、油七萬九千、酥二萬一千八百七十、蜜二萬七千三百。自至元三十年間，醮祠佛事之目，僅百有二。大德七年，再立功德司，遂增至五百有餘。僧徒貪利無已，營結近侍，欺昧奏請，佈施莽齋，所需非一，歲費千萬，較之大德，不知幾倍。又每歲必因好事奏釋輕重囚徒，以爲福利……其餘殺人之盜，作奸之徒，夤緣倖免者多。至或取空名宣敕以爲佈施，而任其人，可謂濫矣。凡此皆有關乎一代之治體者，故今備著焉。

(《元史》卷二〇二《釋老傳》)

公元1337年(至元三年)

(四月)辛卯，合州大足縣民韓法師反，自稱南朝趙王。

(五月)壬戌，命四川行省參知政事舉理等捕反賊韓法師。

(《元史》卷三九《順帝本紀二》)

公元1338年(至元四年)

至元四年，因監察御史言："四川在宋時，有紹熙一府，統六州、二十縣、一百五十二鎮。近年雍、梁、淮甸人民，見彼中田疇廣闊，開墾成業者，凡二十餘萬户。"省部議定，遂奏准置紹熙等處軍民宣撫司。……所隸資、普、昌、隆下州四處，磐石、内江、安岳、昌元、貴平下縣五處，巡檢司一十三處，各設官如制。……至元六年十一月，中書又因台臣言裁減冗官事，遂罷紹熙軍民宣撫司。

(《元史》卷九二《百官志八》)

宋代設立的“紹熙府”與元代設立的“紹熙軍民宣撫司”是兩個完全不同的概念。宋代紹熙府的設立是因爲榮州爲光宗“潛藩”而陞格所致，《方輿勝覽》卷六四《紹熙府·建置沿革》載：“復爲榮州。皇朝屬梓州路，後以係光宗皇帝潛藩，升紹熙府”，重慶府由恭州陞格而致也是同理。而元代紹熙軍民宣撫司的設置，乃主要是因爲流民冶賣私鹽的治安問題所設置，《元史》卷一九〇《贍思傳》載：“襄、漢流民，聚居宋之紹熙府故地，至數千户。私開鹽井，自相部署，往往刼囚徒，殺巡卒。贍思乃擒其魁，而釋其黨。複上言：‘紹熙土饒利厚，流户日增，若以其人散還本籍，恐爲邊患，宜設官府以撫定之。’詔即其地置紹熙宣撫司”。憑有限資料推斷，紹熙府的轄區大致範圍在今樂山市以東，内江市區以西，北至榮縣鐵廠鎮稍北，南以宜賓縣孔灘爲界，包括今自貢市的廣泛地區，從紹定六年(1233 年)設至寶祐六年(1258 年)廢，紹熙府存在時間應爲 26 年；紹熙軍民宣撫司主要轄區在今資陽、榮縣、自貢、内江、大足、永川地區，範圍比紹熙府更爲廣大，從至元四年(1267 年)設至至元六年(1269 年)廢，存在時間爲 3 年。

公元 1351 年(至正十一年)

(五月)辛亥，潁州妖人劉福通爲亂，以紅巾爲號，陷潁州。初，欒城人韓山童祖父，以白蓮會燒香惑眾，謫徙廣平永年縣。至山童，倡言天下大亂，彌勒佛下生，河南及江淮愚民皆翕然信之。

(《元史》卷四二《順帝本紀五》)

公元 1357 年(至正十七年)

明玉珍，隨州人。身長八尺餘，目重瞳子。徐壽輝起，玉珍與里中父老團結千餘人，屯青山。及壽輝稱帝，使人招玉珍曰：“來則共富貴，不來舉兵屠之。”玉珍引眾降，以元帥守沔陽。……久之，玉珍帥斗船五十艘掠糧川、峽間，將引還。時元右丞完者都募兵重慶，義兵元帥楊漢應募至，欲殺之而並其軍，不克。漢走出峽，遇玉珍爲言："重慶無重兵，完者都與右丞哈麻禿不相能，若回船出不意襲之，可取而有也。"玉珍意未決，部將戴壽曰："機不可失也。可分船爲二，半貯糧歸沔陽，半因漢兵攻重慶，不濟則掠財物而還。"玉珍從其策，襲重慶，走完者都，執哈麻禿獻壽輝，壽輝授玉珍隴蜀行省右丞。至正十七年也。

公元1363年(至正二十三年)

二十三年春正月壬寅朔，四川明玉珍僭稱皇帝，建國號曰大夏，紀元曰天統。

(《元史》卷四六《順帝本紀九》)

《明史》卷一二三《明玉珍傳》記載："以二十二年春僭即皇帝位於重慶，國號夏，建元天統。……分蜀地爲八道，更置府州縣官名"。記載的年月與《元史》有别。但據1982年在重慶江北洗布塘發掘出的明玉珍墓的"玄宫之碑"記載："以其年十月望日即國王位於重慶之行邸……癸卯歲正月朔旦，受皇帝璽綬，國號大夏，改元天統"，則應是至正二十二年在重慶稱國王，二十三年稱皇帝。《元史》之説爲是(但正德《四川志》卷二七《經略下・割據》中言："壬寅三月乃稱帝"，與《明實録・太祖實録》及《明氏實録》同，鑒於後數種史料晚於《元史》成書年代，從《元史》説)。據黄標的《平夏録》記載，明玉珍即位後，"去釋老二教，止奉彌勒"，《明實録・太祖實録》中也有記載，這應是與當時流行的韓山童的彌勒教與劉福通的紅巾軍起事有關。在重慶南岸區的彈子石有一處彌勒造像，據民國《巴縣志・疆域》記載："南岸有大石佛，明夏都察院鄒興所鑿也"，反映了當時流行的信仰(也有學者認爲是與明教有關，見温玉成《重慶彈子石鎮大佛段明教石窟造像》，《四川文物》，2002年2期)。筆者也發表有《四川地區的彌勒造像與明玉珍政權的"只奉彌勒"關係探討》一文，《文史雜志》2018年第4期。

《新元史・明玉珍傳》記載：立妻彭氏爲皇后，子昇爲太子。

效周制，設六卿，以劉楨爲宗伯。分蜀地爲八道，更置府州縣官名。蜀兵視諸國爲弱，勝兵不滿萬人。玉珍素無遠略，然性節儉，頗好學，折節下士。既即位，設國子監，教公卿子弟，設提舉司教授，建社稷宗廟，求雅樂，開進士科，定賦稅，以十分取一。蜀人悉便安之。皆劉楨爲之謀也。

……明年，遣萬勝由界首，鄒興由建昌，又指揮李某者由八番，分道攻雲南。兩路皆不至，惟勝兵深入，元梁王走營金馬山。逾年，王挾大理兵擊勝，勝以孤軍無繼引還。複遣興取巴州。久之，複更六卿爲中書省樞密院，改冢宰戴壽、司馬萬勝爲左、右丞相，司寇向大亨、司空張文炳知樞密院事，司徒鄒興鎮成都，吴友仁鎮保甯，司寇莫仁壽鎮夔關，皆平章事。"

公元 1366 年(至正二十六年)

二十六年春，玉珍病革，召壽等諭曰："西蜀險固，若協力同心，左右嗣子，則可以自守。不然，後事非所知也。"遂卒。凡立五年，年三十六。

子昇嗣，改元開熙，葬玉珍於江水之北，號永昌陵，廟號太祖。尊母彭氏爲皇太后，同聽政。昇甫十歲，諸大臣皆粗暴，不肯相下。

《明史》卷一二三《明玉珍傳》

1980 年，在重慶江北區洗布塘的重慶織造廠内發掘出明玉珍墓，出土棺木一具，銀錠兩枚，衣物絲織品十數件，另有極具史料價值的"玄宫之碑"一通，現藏重慶中國三峽博物館。

明 代 卷

公元 1371 年(洪武四年)

(六月)癸卯，湯和至重慶，明昇降。……(七月)辛酉，傅友德下成都，四川平。

(《明史》卷二《太祖本紀二》)

明昇，乃明玉珍之子，降明之後，押往南京，被遷往朝鮮。

大足縣改屬重慶府。

《明史》卷四三《地理志四・重慶府》載："大足，明玉珍置，屬合州。洪武四年改屬府。東有米糧關，北有化龍關"。大足在明氏夏政權下，曾是"雞鵝食邑"(爲養殖的雞類家禽提供飼料的地方)，明朱孟震所撰的《河上楮談》卷一"雞鵝食邑"條下記載："明氏存日，以長壽、墊江、大足爲雞鵝食邑，所徵谷以石計，後遂以定税額，故三縣歲課獨重。云嘗條其事，上官以額久定，不便更改，稍爲減別徵，然後當有處也。"

公元 1372 年(洪武五年)

僧元亮於大足弘道。

(《補續高僧傳》卷二五)

該書《曉山元亮傳》載："洪武壬子，歸棠建寶頂，大弘道化。"

其隨父於元末明初安家大足，拜寶林寺僧至福爲師，後參幽谷禪師。洪武五年回到大足(即此次)，因聲名頗著，被召往成都大慈寺，曾被蜀王請往内庭説法，後力求歸鄉，再返大足。大足北山佛灣245號龕下有其禮佛拜書殘文，文多漶失，有“本縣僧會元亮拜……化生九品人無數，儘是他方念佛來。□建文己卯□月□書”等文字。還可見下文中“建文元年”“建文二年”和“隆慶五年”條。

公元1381年(洪武十四年)

定僧道服。

(《明史》卷六七《輿服志三》)

《明史》卷六七《輿服志三》載：“僧道服 洪武十四年定。禪僧，茶褐常服，青條玉色袈裟。講僧，玉色常服，緑條淺紅袈裟。教僧，皁常服，黑條淺紅袈裟。僧官如之。惟僧録司官袈裟，緑文及環皆飾以金。道士，常服青法服，朝衣皆赤，道官亦如之。惟道録司官法服、朝服，緑文飾金。凡在京道官，紅道衣，金襴，木簡。在外道官，紅道衣，木簡，不用金襴。道士，青道服，木簡。”

公元1382年(洪武十五年)

十五年，始置僧録司、道録司。僧凡三等：曰禪，曰講，曰教。道凡二等：曰全真，曰正一。設官不給俸，隸禮部。

(《明史》卷七四《職官志三》)

同卷中載：“僧、道録司掌天下僧道。在外府州縣有僧綱、道紀等司，分掌其事，俱選精通經典、戒行端潔者爲之。……五年，給僧道度牒。……二十四年，清理釋、道二教，限僧三年一度給牒。凡各府州縣寺觀，但存寬大者一所，並居之。凡僧道，府不得過四十人，州三十人，縣二十人。民年非四十以上、女年非五十以上者，不得出家。二十八年，令天下僧道赴京考試給牒，不通經典者黜之。其後，釋氏有法王、佛子、大國師等封號，道士有大真人、高士。高士等封號，賜銀印蟒玉，加太常卿、禮部尚書及宫保銜，至有封伯爵者，皆一時寵倖，非制也。”

是月(四月)，大理寺卿李仕魯請黜僧道，忤旨，捶死階下。時給事中陳汶輝亦言之，聞仕魯死，懼罪，投金水橋下死。

(《明通鑒》卷一)

《明史》卷一三九《李仕魯(陳汶輝)傳》中載：“帝自踐阼後，頗好釋氏教。詔征東南戒德僧，數建法會於蔣山。應對稱旨者輒賜金襴袈裟衣，召入禁中，賜坐與講論。吴印、華克勤之屬，皆拔擢至大官，時時寄以耳目。由是其徒横甚，讒毁大臣。舉朝莫敢言，惟仕魯與給事中陳汶輝相繼争之。汶輝疏言：‘古帝王以來，未聞縉紳緇流，雜居同事，可以相濟者也。今勳舊耆德咸思辭禄去位，而緇流憸夫乃益以讒間。如劉基、徐達之見猜，李善長、周德興之被謗，視蕭何、韓信，其危疑相去幾何哉？伏望陛下於股肱心膂，悉取德行文章之彦，則太平可立致矣。’帝不聽。諸僧怙寵者，遂請爲釋氏創立職官。于是以先所置善世院爲僧録司。設左、右善世、左、右闡教、左、右講經覺義等官，皆高其品秩。道教亦然。度僧尼道士至逾數萬。仕魯疏言：‘陛下方創業，凡意指所向，即示子孫萬世法程，奈何捨聖學而崇異端乎！’章數十上，亦不聽。仕魯性剛介，由儒術起，方欲推明硃氏學，以辟佛自任。及言不見用，遽請於帝前，曰：‘陛下深溺其教，無惑乎臣言之不入也！還陛下笏，乞賜骸骨歸田里。’遂置笏於地。帝大怒，命武士捽搏之，立死階下。陳汶輝，數言得失，皆切直。最後忤旨，懼罪，投金水橋下死。仕魯與汶輝死數歲，帝漸知諸僧所爲多不法，有詔清理釋道二教云。”

公元1390年(洪武二十三年)

(蜀王椿)二十三年就藩成都。

(《明史》卷一一七《諸王列傳二》)

朱椿乃朱元璋第十一子，據《明史》卷一一七《諸王列傳二》記載："(椿)性孝友慈祥，博綜典籍，容止都雅，帝嘗呼爲'蜀秀才'。在鳳陽時，辟西堂，延李叔荆、蘇伯衡商榷文史。既至蜀，聘方孝孺爲世子傅，表其居曰'正學'，以風蜀人。……時諸王皆備邊練士卒，椿獨以禮教守西陲。……蜀人由此安業，日益殷富。川中二百年不被兵革，椿力也。……(永樂)二十一年薨。……自椿以下四世七王，幾百五十年，皆檢飭守禮法，好學能文。孝宗恒稱蜀多賢王，舉獻王家范爲諸宗法。"蜀獻王及後人能好儒守法，恪守家範，在史書中獲得極大讚譽，也確實爲蜀民粗安創造了寬鬆條件，與雲南的沐氏家族一文一武穩定著西南邊陲。

公元 1391 年(洪武二十四年)

(六月)丁巳，命禮部清理釋、道二教。敕曰："佛本中國異教也！自漢明帝夜有金人入夢，其法始自西域而至。當是時，民皆崇敬。其後有去鬚髮出家者，有以兒童出家者。其所修行，則去色相，絶嗜欲，潔身以爲善。道教始於老子，以至漢張道陵能以異術役召鬼神，御災捍患，其道益彰。故二教曆世久，不磨滅者以此。今之學佛者，曰'禪'，曰'講'，曰'瑜珈'；學道者，曰'正一'，曰'全真'，皆不循本俗，污教敗行，爲害甚大。自今天下僧、道，凡各府、州、縣寺觀雖多，但存其寬大可容眾者一所，並而居之，毋雜處於外，與民相混，違者治以重罪。親故相隱者，流願還俗者，聽其。佛經番譯已定者，不許增減詞語，道士設齋亦不許拜奏青詞。爲孝子慈孫演誦經典報祖父母者，各遵頒降科儀。毋妄立條章，多索民財。及民有倣瑜珈教稱爲善友、假張真人名私造符籙者，皆治以重罪。"

(《明實録·太祖實録》卷二〇九)

此即洪武《申明佛教榜冊》。從寶頂山《重修寶頂石碑記》(見本書"洪熙元年"和"宣德元年"條下)中可以看出，大足在此詔命之下可能合法存在的惟一佛寺當爲報恩寺(僧會司在此)。但此令實際操作極爲困難，不久後廢止。所以有後來永樂年間重修寶頂聖壽寺之舉。

公元 1392 年（洪武二十五年）

命鑄各按察分司印。先是，各按察分司所分巡按地方多有未當，至是命都察院六部官會議，更定凡四十八道：……四川三道，曰東川道，曰西川道，曰劍南道。

（《明太祖實録》卷二二一）

《明太祖實録》卷二四七又載："改置天下按察司爲四十一道。初，以天下爲四十八道，至是，上欲省之，且以各道名稱有未安者，因欲易之，命廷臣集議之。于是，太子少保兼兵部尚書茹瑺等議，改置爲四十一道。……四川三道：曰川東道，治重慶、夔州、保寧、順慶、潼川五府州及貴州都司所屬分衛；曰川西道，治成都、敘州、馬湖三府，嘉定、瀘、眉、雅、龍五州及建昌等衛、松潘軍民司；曰黔南道，治雲南大理寺等府、州、縣並各衛。"

公元 1397 年（洪武三十年）

【造像記】洪武三十年丁丑春月造。

（《銘文録》205 頁高觀音造像鐫記）

該龕位於大佛灣東面約 2 公里的公路邊峭壁上。内刻觀音像，脅立兩侍者，龕頂上鑿三小圓龕，各有坐佛像。

公元 1399 年（建文元年）

【銘文】□〔本〕縣僧會」〔元〕亮拜」□樂」□方」□鏡」開」□重」□閣」（爲他人題記所打破，漶）寶樓」台」化生」」九品」人無」數」儘是」他方」念佛」來」□建文己卯」□月□書。

(《大足石刻檔案(資料)》318頁)

此段銘文,《大足石刻銘文録》中第17頁録爲“佚名題第245號觀經變龕殘記”,録文爲:“□□□□」縣僧會□」亮拜□□」□樂□□」□方□□」□鏡□□」開□□□」□□□重」□□□閣」□□□佛」□□□□」□□□□」□□闔家」□□□□」□是□□」□七月初□」□□□□」□□□□」□□□□」□□寶樓」台□□□」□□化生」九品□□」人□□無」數□□□」□今□是」他□□念」□□念佛」來□□□」文□己卯」□□月書」”,並據“己卯”字將其斷爲前蜀乾德元年,實爲誤判。

公元1400年(建文二年)

寶頂僧人元亮坐化。

(《補續高僧傳》卷二五)

據陳明光《大足石刻檔案(資料)》一書中《寶頂山石窟資料》介紹,清人所撰《續燈正統》記元亮坐化於“庚申”,陳老先生考證爲《補續高僧傳》中所説的“庚辰”(即此年)應爲正確,余贊此説。因明朝早中期乾支紀年爲“庚申”的是洪武十三年(1380年)和正統五年(1440年),正統年顯然不可能,而洪武二十三年蜀王才就籓成都,若元亮洪武十三年坐化,其不可能在成都大慈寺被蜀王招入内庭説法(見本書“洪武五年”條)。另外,在寶頂維摩頂下西南側的遊客中心樓中,1997年考古發掘出的墓葬中最大一座石砌僧人墓,陳老先生認爲當是元亮墓。余以爲從出土的一青花罐來看,應是元末明初時期之物,此説也甚當。

公元1401年(建文三年)

【造像記】□□□建文三年」二月二十三日丁丑謹□」□□□上

銘宗自募鐫□」□南無觀世音菩薩一尊」(漶)榮仕才等。

(《大足石刻檔案(資料)》70 頁)

據該書所述，寨子坡位於石篆山石窟左、佛會寺西，與石篆山石窟一路之隔，其北邊山坡上鑿有一圓龕觀音像，此前未曾留意，後在第三次文物普查中發現，由黄能遷提供資料。觀音像身高 135 釐米，肩寬 44 釐米，左刻一净瓶，右刻一鳥立於雲頭。惟銘文中建文三年(1401 年)乃辛巳年，“丁丑”年乃是洪武三十年(1397 年)，高觀音造像記中就有“洪武三十年丁丑”字樣。筆者未解。或是指“日”之乾支。

公元 1402 年(建文四年)

(六月)谷王橞及李景隆叛，納燕兵，都城陷。宮中火起，帝不知所終。

(《明史》卷四《恭閔帝本紀》)

此即明朝的“靖難之役”，明成祖奪了自己侄子建文帝的帝位。後改建文年號以洪武年號相接，因此大足石刻中有出現“洪武己卯年(即洪武三十五年)”的年號。至於建文帝去向，一説在宮内歿於火中，一説自地道逃亡爲僧。明清時代的史書多傾向於後説，《明史》中言：“自後滇、黔、巴、蜀間，相傳有帝爲僧時往來跡。”

公元 1403 年(永樂元年)

【造像記】大明國四川道重慶府〔古〕昌州大足縣」僧會司僧人銘宗爲洪武三十一年十一」月十二日寓居静南鄉静南里重龍」山般若庵開山恒自〔惟〕□生於斯世難」報四恩未資三有于是歲月十方善」男信女同發善心慈悲喜舍資財命」匠鐫造十二光佛一龕願各人見生父母」及多生父母累劫究親隨個同生」净土△△△△化緣僧人銘宗」

堂教僧官本師和尚曉山證盟」珠玉寺無影禪師證盟」權司官和尚銘寶」報恩寺住持銘□」佛會寺住持△廣性廣貴」寶林寺住持△銘□」妙高寺住持△□□」寶頂住持僧□悟」□□匠人□□□」□□□□[德主]信人江齊祥江齊□」永樂元年〔歲次癸未三月〕(漶)」。

(《銘文録》403頁僧銘宗等造十二光龕鐫記十二件)

十二光佛像，位於大足縣三驅鎮的千佛村的千佛岩石窟右岩右端，横鑿十三個圓龕，内各刻坐佛一身，正中爲阿彌陀佛。各圓龕内，原均刻有造像鐫記，多爲“往生净土”之類發願，字多漶滅。可參見本書“大中九年”條下蒲江雞公山摩崖造像題記與注文。摩崖左端刻一六臂觀音像，鐫記爲“永樂元年十一月刻”。另，筆者注意到此時仍有静南鄉静南里之地名，這對於昌州在唐末就設有的静南軍到底位於何處，有地理指向的確證意義。

公元1404年(永樂二年)

【造像記】奉」佛發心鐫造信士」江世聰同室人王氏一娘」發心鐫造」觀世音菩薩一尊」以保房下觀音女」壽命延長然保父」母相生百年清吉」□□永樂二年十一月□日書。

(《銘文録》324頁江世聰造觀音菩薩像鐫記)

像座左面豎刻2行：“造像人」李观崇」。”

公元1410年(永樂八年)

【造像記】佛」大明永樂八年」正月造」。

(《銘文録》407頁任佷年造佛像題記)

【造像記】任佷年」大明四川道」永樂十年八月」造了」。

(《銘文録》408頁任佷年造觀經變龕畢鐫記)

此龕位於千佛岩石窟中左部，通編爲第8號。爲觀經變内容。因爲同一人所造同一龕，在此一併記録。其上品三生圖居中，中品三生圖居左，下品三生圖居右。龕左右壁各鑿7排，爲飛天、諸天及“十六觀”圖文。其中左壁第4排所鑿三人物像，從左至右題刻有“開山時南和尚」本尊祖師”“僧會”“官曉山和尚”。

公元1411年(永樂九年)

【造像記】大明永樂辛卯□七月△日」庚申吉日造」開天堂路」大清乾隆五十五年造」。

(《銘文録》408頁佚名造二菩薩龕鐫記兩件)

七佛巖位於大足縣城西南20公里的龍石鎮石馬村，有明、清造像12龕，造像内容有七佛、西方三聖、地藏、達摩、千手觀音等。此爲七佛岩第4龕題記，龕内並坐二菩薩像，左像頂上鐫“地藏”2字，右像頂鐫“泉山花化”4字。龕内所鑿二像，似爲明、清各一身。

【造像記】永樂九年六月△日造。

(《銘文録》408頁佚名造西方三聖龕題記)

此爲七佛岩10號龕題記。其11號龕有並坐二祖師像，上有榜題“西天二十八祖”“達摩祖師”字樣。

公元1412年(永樂十年)

六月戊午，建湖廣武當山宫觀，命隆平侯張駙馬都尉沐昕董其役。

(《明太宗實録》卷一二九)

蜀獻王朱椿蒞臨寶頂。

見下文“成化十年”條下僧超禪所立《恩榮聖壽寺記》碑。

公元 1413 年(永樂十一年)

大乘法王者，烏斯藏僧昆澤思巴也，其徒亦稱爲尚師。永樂時，成祖既寺哈立麻，又聞昆澤思巴有道術，命中官繼璽書銀幣徵之。其僧先遣人貢舍利、佛像，遂偕使者入朝。十一年二月至京，帝即延見，賜藏經、銀鈔、彩幣、鞍馬、茶果諸物，封爲萬行圓融妙法最勝真如慧智弘慈廣濟護國演教正覺大乘法王西天上善金剛普應大光明佛，領天下釋教，賜印誥、袈裟、幡幢、鞍馬、傘器諸物，禮之亞於大寶法王。明年辭歸，賜加於前，命中官護行。後數入貢，帝亦先後命中官喬來喜、楊三保繼賜佛像、法器、袈裟、禪衣、絨錦、彩幣諸物。洪熙、宣德間並來貢。

(《明史》卷三三一《西域列傳三》)

【銘文】中順大夫重慶府知府開封胡」靖爲公務事便道遊此」永樂十一年八月二十四日題」。

承事郎重慶府推官盧江之」金門張顯爲民瘼事同大足縣」儒學教諭盧陵劉畋人訓導武」昌樊謙永樂十一年菊有黄花之」月重陽三日前遊△謹題」。

(《銘文録》235 頁盧江之、胡靖遊記兩件)

正德《四川志》中《重慶府志·名宦》中載:“胡靖 睢州人，廉明耿介，有守有爲，吏畏其威，民懷其惠。卒之日，無不流涕。”此銘文中其自稱爲開封人，乃是《明史》卷四二《地理志三》載:“睢州 元屬汴梁路。洪武初，屬開封府，以州治襄邑縣省入。十年五月降爲縣”，其自稱開封府人也可。今睢縣屬於河南省商丘市。

【碑文】重修佛惠寺碑記

古渝之屬邑曰棠城即重慶府大足縣是也縣治之外群峰接翠衆流抱環林木輾轉而蹊徑隘窄凡奔蹄走轂之跡居民罔識焉而佛會禪寺巍

然獨立乎其間縱目舉步則有五十三佛龕藥王長壽王菩薩消災佛龕其古跡周匝乎東西南北實希晝禪師開山道場也始於宋紹興二年成於元祐三季元至正間邊臣跋扈兵燹相承民食不給倡狂叫嗥之徒以殿宇傾圮者爲米之薪田疇穗實者爲糗糧之物遂致荒埃坌積荆棘滋深迨至聖朝洪武乙亥朗然上人從其師慶明焚林以驅獸薙草以尋徑從而葺之越三載戊午始有復興之規模既而慶明圓寂朗然念其師夙昔之願乃偕其弟碧峰並心協力罄衣鉢募善緣賴檀越劉覺原傅時忠之衆善除山田以廣其地出資財以給其費于是蒙雜蔽塞餞以除之窐墳滲漏畚鞏而壅之身先僕夫持刀斧群而剪焉叢莽下頹萬匯皆出曠焉茫焉天爲之蓋高地爲之加辟丘陵山谷之映帶水澤陂塘之回濡夫以福地基業之興雖關乎時之治平亦田人心人力之所致也蓋自洪武己卯重建佛殿法堂方丈兩廡齋堂僧堂循而至於正殿鐫鏤彌陀觀音勢至三身及後甬壁觀音羅漢複鐫法報化三尊聖像龍神祖師監齋聖像山門左右天王建本師石塔一座住持衆僧石塔三座凡崩摧朽壞咸燦然一新上人亦可謂善繼善述者矣至永樂十年壬辰冬而落成焉次年癸巳四月八日廣性爲禁約事具本啟准華陽郡主以定本院見住基業命有司禁約浮浪勿使强暴侵漁因求記之餘謂梵宇之興非前賢之功不足以奮發後賢之願非後賢之心又足以表前賢之功哉昔之希晝禪師豈不爲開導空色亨衢而遊乎物之始終今也朗然上人尤能造履空色之真境吾焉知其不由斯道也夫非若其他然不能通塞有無之方者而自狹隘耶是宜書永樂十有一年歲次癸巳夏六月十日迪功郎蜀府典寶正致仕前進士陳留張壁景辰撰時弘治十二年歲在己未秋九月三日之吉鐫豎」。

（《銘文録》342～343 頁張壁撰重修佛惠寺碑記）

據《銘文録》中言，此碑原位於石篆山佛惠寺大雄寶殿前廊，在 60 年代已被毀，今不存，所録文字乃鄧之金所手抄。《銘文録》中稱"文中的'蓋自洪武己卯'句，應爲'建文元年己卯'，恐是大足地處邊遠不知而誤"，實誤。在永樂朝，不稱建文年號，以避靖難之役造成的奪位尷尬，在《明史》卷五《成祖本紀一》中載："（建文四年）秋七月壬午朔……詔：'今年以洪武三十五年爲紀，明年爲永樂元年。’”此實爲遮掩叔奪侄位之政治避諱。至萬曆二十三年(1595年)才恢復建文年號，《明史》卷二〇《神宗本紀一》載：“乙酉，恢復建文年號。”該碑文撰於永樂年間，刻石於弘治年間，皆在萬曆年號之前，所以不稱建文年號。因碑文撰永樂年間事，筆者故將此録爲永樂朝事。另，關於撰書人“典寶正”一職，在朱元璋的《皇明祖訓》中載有“王府官 典寶正 正六品”，《明史》卷七四《職官志四》中載：“典寶，掌王寶符牌。……典寶所，典寶正一人，正八品；副一人，從八品。”則“典寶正”爲王府掌管符印的官員，其級一般在正八品至正六品之間。

碑文中“具本啟准華陽郡主”當是手抄中的“華陽郡王”之誤。《明史》卷五四《禮志八》中明確記載：“(洪武)二十八年定制，……(親王)次嫡及庶子皆封郡王。……親王女曰郡主。”郡主乃是女性，不可能被“具本啟准”，而且，遍查史料，蜀獻王的12個女兒中，未有被封爲“華陽郡主”的。永樂年間被封爲“華陽郡王”的是蜀王朱椿的第二子朱悦燿。

公元1412年(永樂十二年)

【塔銘】重開山祖關通禪師之塔(額)

師於洪武壬戌歲四月二十八日〔示寂〕(左)大明永樂歲次甲午南吕月吉旦建立」。

(《銘文録》325頁佚名建造關通禪師塔、像題刻)

“南吕”月爲八月，《史記》卷二五《律書第三》中載：“八月也，律中南吕。”

公元1416年(永樂十四年)

【造像記】“奉佛喜捨信士任□□□□□□□」(漶)」南無本尊地藏王菩薩一身」時大明永樂十四年歲次丙申十二月」初三日庚申日

謹題」。"

(《銘文録》409頁任□□造地藏像一身題記)

【造像記】奉佛喜捨造像信士□江府新□□□□」□□□易伯源同緣彭氏一家眷等謹施」南無本尊地藏王菩薩」時永樂拾肆年十二月初三日庚申吉旦立」。

(《銘文録》409頁易伯源謹施地藏像一身鐫記)

公元1418年(永樂十六年)

蜀獻王朱椿令重修寶頂聖壽寺。

(《明太宗實録》卷二〇七)

見下文中"洪熙元年"和"宣德元年"條下《重開寶頂石碑記》,另,"成化十年"條下的《恩榮聖壽寺記》碑文中亦載。

十二月丙子朔,武當山宮觀成,賜名曰太嶽太和山。

(《明太宗實録》卷二〇七)

據《太宗實録》同卷記載:"山有七十二峰、三十六岩、二十四澗,峰之最高者曰天柱,境之最勝者曰紫霄南岩。……又即天柱峰頂冶銅爲殿,飾以黄金,范真武像於中。選道士二百人供灑掃,佃田二百七十七頃並耕户以贍之。仍選道士任自垣等九人爲提點,秩正六品,分主宮觀嚴祀事。……凡爲殿觀、門廡、享堂、廚庫千五百餘楹。上親制碑文以紀之。"武當山之修建,工役浩繁,金碧輝煌,時有"北故宮,南武當"之説。有明一代,皇帝都甚爲重視。嘉靖皇帝下令在此舉行過多次齋醮,嘉靖三十一年又令工部右侍郎陸傑重修武當宮觀。至於武當山供奉真武大帝,其來源,據《明史》卷五〇《禮志四》記載:"北極佑聖真君者,乃玄武七宿,後人以爲真君,作龜蛇於其下。宋真宗避諱,改爲真武。靖康初,加號佑聖助順靈應真君。《圖志》云:'真武爲浄樂王太子,修煉武當山,功成飛昇。奉上帝命鎮北方。被發跣足,建皁纛玄旗。'此道家附會之説。國朝御制碑謂，太祖平定天下，陰佑爲多，當建廟南京崇祀。及太宗靖難，以神有顯相功，又於京城艮隅並武當山重建廟宇。兩京歲時朔望各遣官致祭，而武當山又專官督祀事。憲宗嘗范金爲像。今請止遵洪武間例，每年三月三日、九月九日用素饈，遣太常官致祭，餘皆停免。”自永樂朝始，真武神(即玄武神)被視爲“護國神”。大足南山石刻第1龕即爲真武大帝造像，内著鎧，外披袍，脚踏龜蛇，與記載形象相符，正德十六年刻。

公元1425年(洪熙元年)

【碑文】重開寶頂石碑記

重修寶頂山聖壽院碑記」

寶頂山距大足治東僅一舍許岩谷深邃林巒秀美叢篁古木蓊郁陰翳真釋氏清净道場之境傳自宋高」壓宗紹興二十九年七月十有四日有曰趙智鳳者始生於米糧里沙溪年甫五歲靡尚華飾以所居近舊有古佛岩遂」落發剪爪入其中爲僧年十六西往彌牟雲遊三晝既還命工首建聖壽本尊殿因名其山曰寶頂發弘誓願普施法水」御災捍患德洽遠近莫不皈依凡山之前岩後洞琢諸佛像建無量功德聖壽本尊生唐宣宗大中九年六月五日相傳以爲嘉州」城北嘗有柳樹生瘻一日柳破其瘻而嬰兒出焉州之都吏以爲祥遂收鞠爲子比長修諸苦行轉大法輪其化甚行時明宗賜」其院額曰大輪至宋神宗熙寧間敕號曰聖壽本尊後智鳳因持其教故亦以是爲號爲初是院之建肇於智鳳莫不畢具遭」元季兵燹一無所存遺基故址莽然荊棘我大明永樂戊戌八月初吉報恩寺僧會了進舉其比丘之士惠妙奉」命來住持之既至後與師弟惠旭乃以協謀重修爲己任常相與勞身焦思夙夜展力薙其榛莽畚其上石高者平之虚者實」之縱横延袤高低廣狹相度適宜複募取之好事者捐資出橐掄材鳩工越四年辛丑正月法堂成又越十月僧堂饌堂寶殿俱」成後三年甲辰廊廡山門庖湢房舍莫不次弟就緒于是歷載以來重修毗盧殿閣石砌七佛階台重整千手大悲寶閣興修圓覺古洞添」梁四部靈文已畢請讀大藏尊經琅函架閣完成佛足台亭彩繪餘適過之睹其棟甍翼然塈飾

燦然而其中像教之儼音樂之勝」莊嚴之美非惠妙用心之勤不能然也惠妙別號玄極始師海公月舟後既參禮師祖亮公曉山克謹戒律嘗發弘願閲誦藏經既畢又爲」法會以表懺之時毫光五色現於殿内功德之著於是可見寺成徵記始末故並及之時」

大明洪熙元年龍集乙巳正月前雲南考試官任四川重慶府大足縣儒學教諭江西吉安府廬陵縣劉畋人記」

當代住持惠妙建立」

權山惠旭」

徒超瓊△超賢△超玘△大愚書」。

(《銘文録》211~212頁劉畋人撰《重開寶頂石碑記》)

公元1426年(宣德元年)

【碑文】重開寶頂石碑記

重修寶頂山壽聖寺碑記」

寶頂山距大足治東僅一舍許岩谷深邃林壑秀美叢篁古木蓊郁陰翳真釋氏清净道場地也傳自宋高宗紹興」二十九年七月十有四日有曰趙智鳳者始生於米糧里沙溪年甫五歲靡尚華飾以所居近舊有古佛岩遂落發剪」爪入其中爲僧年十六西往彌牟雲遊三晝既還命工首建聖壽本尊殿因名其山曰寶頂發弘誓願普施法水御災捍患德洽」遠近莫不皈依凡山之前岩後洞琢諸佛像建無量功德聖壽本尊生唐宣宗大中九年六月五日相傳以爲嘉州城北嘗有柳」樹生瘿一日柳破其瘿而嬰兒出焉州之都吏以爲祥遂收鞠爲子比長修諸苦行轉大法輪其化甚行時明宗賜其院額曰大輪」至宋神宗熙寧間敕號曰聖壽本尊後智鳳因持其教故亦以是爲號爲初是院之建肇於智鳳莫不畢具遭元季兵燹一無所」存遺基故址莽然荆棘我大明永樂戊戌八月初吉報恩寺僧官了進舉其比丘之士惠妙奉」旨來住持之既至後與師弟惠旭乃以協謀重修爲已任常相與勞身焦思夙夜展力薙其榛莽畚其土石高者平之虚者實之縱横」延袤高低廣狹相度適宜複募時之好事者捐資出槖掄材鳩工越四年辛丑正月法堂成又越十月僧堂饌堂寶殿俱成後三年」甲

辰廊廡山門庖稟房舍莫不次弟就緒餘適過之睹其棟甍翼然堊飾燦然而其中像教之儼音樂之美非惠妙用心」之勤不能然也惠妙號玄極始師海公月舟師祖亮公曉山克謹戒律嘗發弘願閲誦」大藏尊經既畢又爲法會以表懺之時毫光五色現於殿内功德之著於是可見寺成徵記始末故並及之時」

大明宣德元年龍集丙午正月前雲南考試官四川重慶府大足縣儒學教諭江西吉安府廬陵劉畋人記」

當代住持惠妙建立」

本寺權山惠旭」

徒超瓊△超玘△習鐫碑沙彌超學△超賢書」。

(《銘文録》212~214頁劉畋人撰《重開寶頂石碑記》)

此宣德石碑，與上文中的洪熙石碑，皆爲劉畋人所刻，記載了遭元季兵燹後重開寶頂的事實，頗有歷史價值。但是兩碑内容大同小異，爲何連年復刻，筆者一直存疑。胡文和、胡文成著《巴蜀佛教雕刻藝術史》一書中，論述此宣德碑比洪熙碑省略“于是歷載以來重修毗盧殿閣石砌七佛階台重整千手大悲寶閣興修圓覺古洞添」梁四部靈文已畢請讀大藏尊經琅函架閣完成佛足台亭彩繪”此59字，認爲明人故意用“移花接木”的手法，將“聖壽本尊”(是否是真極爲可疑)轉爲“聖壽本尊殿”，後又偷换爲“院”字，最後更偷换爲“壽聖寺”，刻意漏掉的此一段文字恰恰證明以前的“本尊殿”是在大佛灣之内，並非現在的聖壽寺之地。筆者以爲其中“偷梁换柱”之説言之有理。

【碑文】重修寶頂事實」(首行)

重慶府大足縣報恩寺僧玄極惠妙偕師弟惠旭於永樂十六年戊戌八月一日朔本縣僧會了進以予」輩戒行老成啟聞」蜀府特命僧惠妙住持寶頂寺既至其門觀其殿宇傾頹佛像未備至己亥年始置莊所立倉庫蓋浴堂燒瓦二十」餘萬片采良材大小千餘根庚子年八月剪荆棘拓基址于是飯堂乃成迨辛丑年正月十一日起造法堂五」間本年十一月十六日建立」大雄寶殿及僧堂兩廊周圍甃砌街基甲辰年暨」天王殿山門遠門俱完其年復覓匠裝塑」大佛三尊祖師龍神天王珠金繪彩悉

皆完美」丙午年正月△重開石池一所計深丈餘内種蓮藕菱芡養畜遊魚千數復」於寺傍左右值松柏五千四十餘株暂建石橋四座開通道路以便往來計六載修治始成僅鱗次興」工年序鐫於石△俾昭示後人有所考焉時」宣德元年丙午八月△日住持玄極立」師弟麗天」徒超瓊△超覺△超賢△超慈△超洪△超嚴△」超用△超玘△超一△超學△超習△超榮△」超如△超福△超祖△超性△超祥」本山僧道得△得榮△廣壽△超賢書」。

（《銘文録》251頁玄極立《重修寶頂事實》碑）

此碑也記載了永樂年間奉蜀府令旨重修寶頂的事實。叙事詳盡精確，也有寶頂的地理方位資料價值。值得注意的是，和洪熙碑中所稱"壽聖院"、宣德碑中所稱"壽聖寺"不同，此碑中是稱"寶頂寺"。同時代的碑文參差不齊，説明當時的寺名並無固定。

【碑文】大明永樂丙午（漶）」玄極重開建此池（漶）」世人止許空觀羨（漶）」。

（《銘文録》253頁玄極重開石池鐫記）

此石碑位於"臥佛"岩石池巨石上。查永樂年號内無丙午乾支，明初只有宣德元年是丙午紀年。"永樂"年號或爲記慧妙在永樂十六年重修寶頂事，以宣德元年爲斷。

公元1433年（宣德八年）

三月丙辰，賜曹鼐等進士及第、出身有差。

（《明史》卷九《宣宗本紀》）

【銘文】宣德癸丑夏五月余撫民適大足暇登此」山徧觀諸洞感而偶成一律以紀來游耳」石頂巍巍接上臺玲瓏樓殿鑿岩開三」千諸佛雲中現百萬神仙海上來岩隙有」龍常噴水洞前無獸不生苔」梵宫寂静人稀到古砌禪房絶點埃」賜進士重慶府通判豫章游和書」。

（《銘文録》235頁豫章游和書律詩一首）

公元 1438 年(正統三年)

禁天下祀孔子於釋老宫。先是，四川重慶府永川縣儒學訓導諸華言：“孔子祀於學，佛氏祀於寺，老氏祀於觀，俱有定制有等。無知僧輩，往往欲假孔子，以取敬信於人，乃繪肖三像並列供奉。如永川縣舊有寺曰‘三聖’，坐佛氏於殿中，老子居左，孔子居右，其褻侮不經，莫此爲甚。”上以愚僧無知妄作，命行在禮部通行天下禁革。

(《明英宗實録》卷四〇)

公元 1457 年(天順元年)

【妝修記】□無阿彌陀佛」(漶)舍財裝大(漶)」(漶)上同□余應廉母梁(漶)」(漶)弟余志立志道(漶)」(漶)侄余大金大銀一家(漶)」(漶)喜舍艮子三兩裝彩大(漶)」(漶)伏願」(漶)物康華過(漶)」(漶)生智慧之男願葉熊羆也□□福(漶)」(漶)吉祥於見歲者(漶)」(漶)龍□天順元年歲在丁丑五月十一日記(漶)」。

(《銘文録》255 頁余應廉裝絢佛祖岩像記)

公元 1465 年(成化元年)

夏，大足大旱，米價踊貴，道殣相望。

(《稀見重慶地方文獻匯點》中萬曆《重慶府志》(殘卷)卷六一)

公元 1469 年(成化五年)

免四川瀘州及榮昌、大足、銅梁、榮、江安、納溪六縣税糧共六萬八千六百餘石。以水旱災故也。

(《明憲宗實録》卷六三)

成化、弘治年間，川、陜、湖廣地區水旱相仍，災民流離。直至弘治二年(1489 年)，《明孝宗實録》卷三〇仍記載有："先是以四川飢，命户部郎中田鐸往湖廣摘撥兑運米二十萬石至夷陵，候四川差官接取。"

公元 1471 年(成化七年)

【銘文】明成化七年辛卯六月一日爲」首比丘法常命匠造爐入於」藏殿永充供養信士岳添輔」歐必鐸梁志昭」員寂本師超敬祖關」銅梁縣匠人汪孟良鐫」。

(《銘文録》190 頁明代鏤空雕香爐二座鐫記)

此香爐原位於聖壽寺燃燈殿内，1963 年移放小佛灣保存，今置放壇台前 9 米處 1994 年新建的亭閣内，圓形，由爐座、爐身、露盤、爐缽組成，通高 115 釐米，座圍圓 305 釐米。鐫記位於爐缽上，豎刻 6 行，58 字。

公元 1474 年(成化十年)

【碑文】恩榮聖壽寺記(額)

蜀府長史司爲敬神【事洪武二】十三年九月十一日【本司長史陳南賓□□】於承運門敬奉」令旨令【境内】文府學宫佛寺【道觀】神祠古【刹或緇流治道或隆□剛理或□祚】生靈凡有國者莫不遵奉【無非所以】爲民」【也今難知】得一等愚昧無知之徒有樵采樹木【者有牧牛作踐者有耕】種侵佔者有掘土僕【碑者有往來寄】宿者」【是不知】敬畏褻慢威靈非惟有違於」國典亦且獲罪於神明若不嚴加禁約恐後大禍陰起悔【將】無及令△長史司出榜去禁約【敬此除敬遵外本司】備云」旨意出榜曉諭仰所在常川張掛如有仍前違犯者許僧呈報到官定行啟」聞治以重罪須至榜者△右給付大足縣僧會司寶頂寺住持慧妙

收照」

永樂十六年四月初十日給」

重慶府大足縣爲祈恩事△成化六年閏六月初八日承奉」

蜀府長史司貼文爲禁約事近據成都府僧綱司申據重慶府大足縣僧會司申該本司寶頂寺僧超禪□□□」

唐宋年間乃毗盧佛化身柳趙二本尊開建古跡道場上爲」國家祝厘下爲庶民祈福先於△永樂十年敬奉」

蜀獻祖駕臨本寺見得石像儼然殿宇傾頹缺僧修理至△永樂十六年四月内奉」令旨差百户彭善新送本司惠妙住持外自師圓寂蒙府縣貼仰本僧住持其彼處僧民賢愚【不等每將】山門外」竹木山場田地作踐侵欺思得本師惠妙遵奉」令旨住持僧民皈依超禪雖蒙貼委未奉」國恩難以護束合行狀呈乞爲備達照例乞賜」令旨僧民皈向備中得此參照緣系名山勝跡祝延△△聖壽原奉」

令旨焚修處所擬合就行爲此合行申覆乞爲啟△聞伏賜」

令旨責付本僧住持據申得此參照所申緣系祈恩事理未敢擅便成化十年六月十三日本司【官□左長史□□】」右長史梁能安具本於△承運門題奉」

蜀王令旨著僧超禪住持敬此除敬遵外擬合通行爲此除外文書到日仰本縣照依來文事【理飭行】僧會【司□□】」住持焚獻出給榜示△本寺張掛曉諭軍民人等△毋得侵欺△違者△許本僧呈告△究法施行△奉此【參】照前事【□□□】」此除行轉僧會司△令僧超禪焚修外各照永樂年間舊額管種界分爲准△不得争占山場△田地△園林【□□□】」侵【不占偷破】如有不遵有違者許僧指實赴官△陳名捉拿懲治△究問罪戾不貸△須至給者右給大足縣僧會司寶頂山住持僧超禪收照」

成化十年【六月十八日】給」。

（《銘文録》215~216頁僧超禪立蜀府《恩榮聖壽寺記》碑）

此碑文以道光《大足縣志》補録。碑文記載了永樂十年蜀獻王朱椿遊覽寶頂，並在數年後頒令進行保護修飾的事蹟，反映了明初寶頂重建的經過，頗有歷史價值。但寶頂山僅此一碑記録了蜀王遊寶頂之事，其餘碑文僅記載蜀王在永樂十六年令重開寶頂。若此碑文所記不僞，筆者有若干疑問，是何人邀蜀王來遊寶頂(當時僅是“一無所存。遺基故址，莽然荆棘”之地，見洪熙元年、宣德元年《重開寶頂石碑記》)，爲何一字不提？爲何蜀王在遊寶頂後六年才令人來重新住持寶頂呢？碑文中的“百户”乃是明朝的軍職，下轄軍卒一百一十二人，既然是新住持上山，何須王府差軍人護送呢？細思線索，依筆者個人見解，寶頂山的田地有“投獻”王府之嫌。“投獻”之事，簡而言之，乃是小民或寺廟等田産主將自身名下田産或詭稱的無主之田獻於宗室或權勢之家，以求避役及逃租。明陸釴的《病逸漫記》中言：“天下王府，惟蜀府最富，楚府、秦府次之。楚府昭王，太祖高皇帝愛子，田地最多，故富。”《明神宗實録》卷四二〇中的記載也可以一窺蜀府致富的答案：“成都附近田地，爲王府者十七，軍屯十二，民田僅十一而已”，天啟《成都府志》卷四《賦役志》中記載：“成都雖名沃野……而腴田膏土儘是王莊，貧民或爲彼佃户，以償租庸，此亦天府中之最可憫者。”蜀府田地之廣，財殖之厚，乃是無可置辯的。明代蜀府名下的土地中，多應是以“投獻”的名義而獲得庇護，《明世宗實録》卷三八六中記載王鳴臣上疏中言：“宗室廣收民田爲己私業，而陰以勢力把制，使有司不得編差徵税，貽累糧里”。“投獻”蜀王府的土地中，可能不僅有成都府附近的腴田，也可能有其他各州縣的田地，《明神宗實録》卷四一八中載：“小民因差役苦累，多將田産投進王府，以希影射。有等豪暴强宗，往往擅離封城，於各州縣吞占田産，有司知而不問”，顯然强宗豪族對田土吞併的胃口並不僅限於其封地周邊。若是有人將荒蕪的寶頂寺及其周邊田地指爲荒地，投獻蜀王，或是寶頂寺住持自己將田産投獻蜀王，則蜀王來遊寶頂，接納了投獻，而其後六年派人上山以住持之名接管田産，並特别派“百户”護送住持至寶頂，暗示了背後的田主是誰，則整個過程就是符合邏輯的。

在前文“永樂十一年”條下的《重修佛慧寺碑記》中記載有一句：“廣性爲禁約事，具本啟准華陽郡王，以定本院見住基業”，這句話正是泄露天機，涉及投獻之事。在該條下的注文中已經指明華陽郡王乃是蜀王朱椿的第二子朱悦燿。此朱悦燿是何等人呢？舉兩則材料：

1.《明史》卷一一七《蜀王椿傳》中載："世子悦熑先卒，孫靖王友堉嗣。初，華陽王悦燿謀奪嫡，椿覺之，會有他過，杖之百，將械於朝。友堉爲力請，得釋。椿之薨，友堉方在京師，悦燿竊王帑，友堉歸，不問。"朱悦燿既想奪其侄子的王位，被杖罰後因侄子求情而釋，仍不思悔改，趁蜀王椿薨而王位繼承人在京，又盜竊王府財物，仍然未被追究；

2.《明仁宗實録》卷九中載："悦燿，蜀獻王第二子。素放肆不順，爲父所惡。一日，擅除所愛卒爲千户，制冠帶給之，獻王聞之，大怒，叱衛士捽至庭，罵之曰：'禽獸！爾反耶?'，杖之百餘……囚之數月。……悦燿反誣奏友堉悖逆、怨誹數十事，意在去友堉，則王位以此及己。上即位，遣按察司副使余信兼察之。信還，奏悉出悦燿誣罔，因具出兩人素行，且言：'蜀人老少共知者。'上遂命友堉嗣蜀王，而召悦燿，既至，猶執奏友堉前過。上厲色曰：'爾兩人行事，蜀人所共知，不可掩，况可欺朝廷乎？……'抵其奏於地，叱之下。悦燿惶恐而退。明日，後入奏，請授護衛指揮、千户、百户子弟子及女户官，並請以流官爲世襲。上曰：'朝廷之制，護衛官當升降者，從王具奏。郡王安得專之?!'不聽。……敕蜀王友堉，令遣人送華陽王家屬赴武岡完聚，其平日隨從之人，悉還之。……改命華陽王居澧州。"這裹説的是朱悦燿一貫擅自違制，無論身處蜀府或至朝廷，習以爲常。

無法想象，朱悦燿這樣的人會是佛門善男信女，能夠爲數百里外的從未見過的縣城古寺的重建而出力。大足佛惠寺向其"具本啟准"的惟一解釋，就是佛惠寺也有樣學樣(佛慧寺住持和寶頂住持應有聯繫，可見前文"永樂元年"條下《僧銘宗等造十二光佛龕鐫記十二件》銘文中有"佛會寺住持△廣性廣貴……寶頂住持僧□悟」"之句，佛慧寺住持當知道寶頂寺投獻之事)，見寶頂寺在永樂十年"投獻"成功後，也於永樂十一年將石篆山田土(宋代原爲嚴遜家族的莊園)"投獻"，以求王府庇護。大概主事者管道未盡如人意，故只能投靠王爺下一級的郡王，而貪婪狠愎的朱悦燿正是最佳人選。

碑文中又在“啟准華陽郡王”後，有“以定本院見住基業”一句，這是最關鍵的證據。若寺廟田產有據，不用過分擔心被人侵佔，有“强暴侵漁”等情僞之事，可以申據當地僧會司或者上告縣衙，何須越過大足縣、重慶府甚至四川巡、按司的等級，直接到成都的王府奏請批文！而且，批文是由蜀府的“典寶正”張璧所書寫，“典寶正”一職，爲王府掌管符印的官員，前文“永樂十一年”條下注文中已有考證。永樂十一年的《重修佛惠寺碑記》碑文中無重慶府和大足縣人員的署名，顯然地方官員未參與其中，乃是借王府中掌管符印的官員而私自下令。若無田土利益其中，誰願身與其事？况朱悦燿此人，“違制”乃其常態。《重修佛惠寺碑記》正是暗藏了向蜀王府中“投獻”的事實，同時也成爲寶頂寺投獻的最爲有力的佐證。

公元1475年(成化十一年)

【銘文】□□□□陽府壽州蔡」□□□人氏見在四川蓬州」□東□□金城里金」□山福念氏施衣資造」□爐比丘□智曉惠印」□□□智圓上同」□□□□沈氏二徒惠慶」□□立悟傳」□□□□」□成化十一年六月上旬題造」。

(《銘文録》188頁明代鏤空雕香爐二座鐫記)

此香爐原位於大佛灣廣大寶樓閣龕前，今置小佛灣十惡罪報圖前，香爐形制與前成化七年所刻的大致相同，通高109釐米，鐫記刻露盤上，豎刻10行，86字。明宣德年間，責成宫廷禦匠吕震和工部侍郎吴邦佐，參照皇府内藏的各種名器的款式，及《宣和博古圖録》《考古圖》等史籍，設計和監製香爐。爲提高品質，工藝師挑選了金、銀等幾十種貴重金屬，與純銅一起經過多次反復的精心鑄煉，始得各種成品，成爲明代工藝品中的珍品，往往賜予重臣與皇室姻親。大足所存石香爐可爲宣德爐成型後的參考物。據《大足石刻檔案(資料)》中記載，1954年文物調查時，本縣曾收到漢鼎、宣德爐等銅器10件，後被四川省博物館提去。

公元1486年(成化二十二年)

【造像記】重慶府大足縣静南鄉遇仙里中峯山」觀音寺住持比丘集能徒静玉[静]」[全]同母親杜氏三姐蔣氏麼姐□□」功德主蔣思昂王氏五蔣慶祖陳氏」□□□□□信女盧氏七蔡氏□」□□□□□□□□一家眷等」(漶)」[觀音菩薩]□□祈保家門昌盛活業」興隆子貴孫賢高緣祁遂者」成化二十二年六月十一日鎸匠馮永受等」。

(《銘文録》410頁僧集能等造觀音菩薩像鎸記)

該造像位於縣城西南25公里的季家鎮寶峰村寶豐寺，殿宇中供有石刻圓雕像，有明成化、嘉靖紀年(見本書"嘉靖五年"條)。據《大足石刻檔案(資料)》78頁記載，此鎸記位於大殿神龕上左觀音像蓮座，在此鎸記末2釐米處，刻有"□祐四年鎸造施主王立明"。明代無"□祐"年號，筆者以爲，宋代有"景祐""皇祐""嘉祐""元祐""淳祐""寶祐""德祐"的年號，除"德祐"僅有兩年外，其餘年號均有可能，表明在此處宋代就可能鑿有造像。另，從這則材料中可以注意到，其地理信息描述極爲詳盡，在宋人鎸記中則幾乎未有此種記述。

公元1493年(弘治六年)

【造像記】大明國四川布政司重慶府大足縣……鄉□安賢里居住，奉佛舍財眾姓等蘭友政……闔家捨財鑄造無量佛，永遠供奉吉。(右)

邛州蒲江縣至知鄉眾□〔信〕人……弘治六年菊月吉日造。(左)

(《大足石刻檔案(資料)》第147頁)

菊月"指九月。據《大足石刻檔案(資料)》中所述，此銘文位於八區(當時全縣分爲十區)新勝鄉觀音寺中的大殿中鐵佛佛座，在1954年的文物調查中被發現，後被當地供銷部門銷毁爲廢鐵變賣。還有如寶頂山聖壽寺康熙時僧南翁所書"凌霄閣"匾、石篆山佛會寺乾隆朝大理少卿劉天成書"野渡佛林"匾、寶頂山廣大寺民國時國民政府主席林森題"廣大寺"額，以及一些明清時期的古器物等，因爲"眾所周知的原因"，今皆不存。

公元1504年(弘治十七年)

【碑文】恩榮聖壽寺記(額)

賜進士第文林郎南京山東道監察御史富順曹瓊△撰文」

賜進士及第奉順大夫翰林院學士古渝△劉春△書丹」

賜進士第中憲大夫△雲南按察司副史△前監察御史△永川△趙炯篆額」

重慶郡屬邑曰大足去城東三十里有山曰寶頂有寺曰聖壽建立自唐至宋熙寧間」敕賜今號相傳爲毗盧氏托俗煉形之所也毗盧愛是山獨秀於眾峰中白雲冉冉蔭蔚蔽天遂棲焉【山之翠微爲棟宇森聳疊見門】」外有池一泓監池巨跡雙印磐石池下有崖懸石如兩壁抱溪而西蓋自巔岩至此周遭凡六百尺【悉鐫天竺諸境及冥司判官羅漢】」千象據自大藏經中挈出故跡炳炳兩崖之上蓋以寓上天下地有福善禍淫之報大意宛然景跡非【常金碧爛熳天然工巧殆有神妙】」皆毗盧之功也寺因著名」朝廷久矣弘治癸亥秋今」皇上以海内平寧宫掖多福乃繪觀音水蓮畫象信以」國寶」命僧録覺義成完領捧親置雁堂爲諸釋弟子供侍以祈邦國無疆之庇甲子秋九月九日完公始駐大足明日會余與邑之二尹吉水【龍公】」沖墟判簿安基李公時雍徽州劉公文緯蓮幕蒲城許公文明鴻臚同邑尹公尚德分教九溪胡公國佐江陵張公廷和致政大尹【本邑】」朱公孔陽輩於官邸余曰寶頂之約久而不踐今之盛世盍乘興一遊以各償所願乎諸公唯唯是日遂與完公偕往登山展拜祭盥【手焚】」香致祝畢侍者引憩一丈室茶頃日尚在高春完公複邀余輩環

寺步覽既而歎曰完奉」命西至五台東及普陀以爲天下名山莫有儷者至歷斯境崖跡迴異又不在二山之下佳哉佳哉吾亦歎吾儒恒以佛氏爲談空不據之【教】」今考其書毗盧佛再世托生於本邑米糧里趙延富之家奉母最孝母嘗抱疾乃禮求於其師將委身以救之母疾以愈他凡可以濟人【利】」物者靡所不至清苦七十餘年始幻化超如來地之上品觀此又未必無據也自唐大中及今幾七百年而叢林愈盛靈應亦赫每【天】」空日麗或有五彩光射於峰岩之表是亦猶吾儒中若岳武穆之墓木隗孝子之江崖至今不泯豈非精忠篤孝足以動天地感鬼【神】」故身雖去而一念之靈猶托跡於山川草木間耿耿然與兩儀同悠久者亦其理之必然也假令事不足征何以有是」九重恩光遠被萬谷中而俾氏喬争耀也歟坐中龍公劉公起而揖余曰今日之事不容不紀乃命寺僧住持法金磨石【以俟余以義不得辭】」遂爾執事然境界之勝神功之殊」聖恩之榮衣冠之會愧不足以壯其盛正歐陽所謂安得巨筆如長虹而【兹】山之【遭】當必有待於大家焉」

大明弘治十七年歲在甲子冬十二月一日朔初十日丙寅吉旦本寺住持法金立」。

（《銘文録》218~219 頁曹瓊撰《恩榮聖壽寺記》碑）

公元 1509 年（正德四年）

正德四年（林俊）起撫四川。……會保寧賊藍廷瑞、鄢本恕、廖惠等繼起，勢益張，轉寇巴州。……官軍乘勝進圍之，俘及焚死者二千有奇。已，本恕、廷瑞爲永順土司彭世麟所擒。……捷聞，璽書獎勵。

（《明史》卷一九四《林俊傳》）

林俊，字待用，莆田人，成化十四年進士。其性直言敢抗，"上疏請斬妖僧繼曉並罪中貴梁芳，帝大怒，下詔獄考訊。後府經歷張黻救之，並下獄。太監懷恩力救，俊得謫姚州判官，黻師宗知州。時言路久塞，兩人直聲震都下，爲之語曰：'禦史在刑曹，黄門出後府。'"與之同名的王恕，爲他也得罪皇帝，"二十年複改恕南京兵部尚書。……林俊之下獄也，恕言：‘天地止一壇，祖宗止一廟，而佛至千餘寺。一寺立，而移民居且數百家，費内帑且數十萬，此舛也。俊言當，不宜罪。’帝得疏不懌。……天下傾心慕之，遇朝事有不可，必曰：‘王公胡不言也？’則又曰：‘公疏且至矣’，已，恕疏果至。時爲謡曰：‘兩京十二部，獨有一王恕。’”林俊本人極力反佛，巡撫四川、雲南等地時，多毁佛寺及佛像，人號“林劈佛”。大足北山288號龕乃其幕僚雕刻其像，是打破北宋大觀年間佛像所雕刻，龕楣上書“大明蜀總制林公之像”，自有深意，見嘉靖三年條。正德六年離蜀，“俊歸，士民號哭追送”。歷事四朝，官至刑部尚書，贈太子少保。

公元1517年(正德十二年)

【銘文】重慶府大足縣妙高流枝無量寺」開山修造大戒比丘如勝號」(其間9行人名略)」各祈修行有慶進道無魔」正德十二年六月二日謹題」。

(《銘文録》411頁僧如勝開山修造塔亭佛像鐫記)

無量寺位於縣城西30公里的鐵山鎮麒麟村。此銘文位於無量寺山門石砌塔亭彌勒佛龕左上壁。面北石雕彌勒佛像，額上屋簷横刻“無量佛”3字，面南石雕一菩薩像，額上屋簷横刻“解結菩薩”4字。在彌勒佛龕右壁，刻鐫記“(漶)昌(漶)」重慶府大足縣(漶)」(漶)溪住居(漶)」(漶)士何大(漶)」(漶)李民三(漶)」(漶)何萬定(漶)」(漶)鐫裝(漶)」無量壽佛更願合門昌(漶)」正德十二年六月六日書題」”；在“解結菩薩”龕左上壁，刻有鐫記“匠人李漢□」潼川州安岳縣賴興福夏□溪」天王寺河西岸近居奉」佛施資鐫妝信士田萬辿□」岳父母張仲觀毛氏六□信士張氏麼姐」上同嚴蒠田□春吳氏七一家」眷等發心詣於」無量寺鐫粧」□□□菩薩一尊更願」(漶)爪化□」(漶)女發心光□」(漶)」”，視爲同時代所刻。

公元1518年(正德十三年)

【碑文】重建鷲峰禪寺記

進士第南京户部郎中□□□□□□□□□□□□□□

賜進士出身監察御史□□□□□□□□□□□□□□□

全蜀大佛有三，而宕渠淶灘鎮曰鷲峰，蓋其二佛也。……其刹去□城八十里許，□□□□四面峻絶，依險鐫一大佛，身□□□□丈，頭圍二十尺，諸佛羅漢小像殆千百計，神工妙手，非世匠所能爲也。其□□□□不可復考。但遺碣所載，廣明二年辛丑，僖宗移蹕成都，蜀盜蜂起，星文示災，上遣使詣刹祈禱。由□□□□□□□□□□□□砌圍整飭，歷五代至宋紹興二十六年丙子，復建藏殿，而累世之功畢矣。殿樓九十在九，宿僧九百九，□□□□□□□乎全蜀。……□□圓覺毗盧有殿，禪室齋廚具備，與然新建，制度□古，工始於成化乙酉，成於□□□□□二十三年丁未。……有是其刹雄峙東川，與成都之大慈，古渝之崇勝相爲并稱。弘治□元，□□□□□□□□□□□□□□□□皇天子即位之三年，詔令天下廢寺。郡守金公崇厚，欽承□上命，重道崇儒，□閱諸刹，惟鷲峰殿柱，堪構大成圣殿□□□廊房。宿僧焚獻，此刹之所以又廢。……

大明正德十有三年歲次戊寅春二月朔後十二日立

東川居士□□□書丹。

(《合川縣文化藝術志》)

該碑位於合川淶灘鎮鷲峰山二佛寺内，碑文記載了該寺的興廢過程。因寺中佛像爲川中第二大，得以命名“二佛寺”。可參見前文“淳熙三年”條。

公元1519年(正德十四年)

【銘文】籍系湖廣郴州同父居住」四川省重慶府大足縣二尹官舍」黄朝同緣蘇氏睹寶頂圓覺洞發心買木命匠修」門以遮風雨施作

莊嚴納兹片」善於來生速賜子孫於今世永」承孫宗祀繼續宦門謹述」□□正德十四年正月上元日吉示」。

（《銘文録》253 頁黄朝培修圓覺洞記）

公元 1521 年（正德十六年）

【銘文】捨財信士王伯富謹立」正德十六年夏五月」十五日焚香建立修爐石匠黄相」黄彎」成國用」。

（《銘文録》295 頁王伯富造真武龕香爐鐫記）

此銘文位於南山石窟右岩端 1 號真武祖師龕右壁。香爐今已不存。

公元 1522 年（嘉靖元年）

秋七月己酉，以南畿、浙江、江西、湖廣、四川旱，詔撫按官講求荒政。

（《明史》卷一七《世宗本紀一》）

嘉靖皇帝即爲明世宗。正德十六年明武宗薨後，因無子嗣繼承，乃召安陸王（封地在今湖北鍾祥）世子朱厚熜入宫繼統。嘉靖皇帝是明朝在位時間第二長的皇帝，早年勤政爲所稱道，中年由於篤信道教，加上與群臣不和，長期隱於西苑（今北京中南海和北海一帶），不問朝政。因爲醉心於長生術，寵信龍虎山道士邵元傑、羅田道人陶仲文等，常常於宫中舉行道教的齋醮儀式，奸相嚴嵩等人就是因爲善寫齋醮之"青詞"而獲得賞識。由於齋醮儀式耗費巨大，群臣勸諫之章疏不絶於朝。

公元 1523 年（嘉靖二年）

【妝修記】本寺釋子性寅贖金妝西方境右」邊勢至菩薩妝滿岩神

像」伏願報師祖於前聖前賢」攜父母永超於净居净界」者妝匠丘遵道」丘守道」嘉靖二年癸未九月一日性聰書」。

(《銘文録》254 頁性寅妝絢觀經變右岩像記)

公元 1524 年(嘉靖三年)

【妝修記】本寺□□□寅施資贖金」妝左邊觀音菩薩滿岩」石像功德完成伏願報」師祖於前聖前賢攜父」母於净居净界者同徒」覺藻△覺玟」妝匠黄鐸」嘉靖三年六月一日吉旦性」聰書」。

(《銘文録》254 頁性寅妝絢觀經變左岩像記)

【銘文】石屋忘年紀霜松記十」圍壯容驚變盡迂叟是」真歸扃小一莊足名遜」百念希山盤開野水新」雨蕨芽肥」風雨睡曾著幽堂重乃」心龍歸先有洞鹿觸故」成林遺蛻遭逢際孤廬」恍惚臨更闌銷短燭涼淚」落衣襟」

右二詩乃太子太保刑部尚書」見素林公之作也正德庚午公被召起用征剿劇賊」巡撫四川府時爲巴縣教諭幸從事幕下受」教最深越明年功成身退蜀人爲立生祠嘉」靖初科道交薦三聘復起其精忠大節天下共知無」容喙者茲累疏乞老榮歸雲莊仰慕風采不」可得見近偶蒙寄賜小像並雲莊之懷誠如」久處密林忽見長天也攜以公行至大足聞有奇」巖登摩雅刻乃大宋太史公范祖禹撰趙懿簡公」神道碑上有遺像猶存遂捐廩命匠鑿一石洞以」鐫公之像礱一石碑以刻公之詩用識蜀人之思共傳不」朽云嘉靖甲申秋八月吉重慶府同知范府拜書」知大足縣事臨安唐鼇翔」。

(《銘文録》67 頁范府書林俊詩並跋)

此詩碑位於大足北山佛灣的 288 號及 290 號龕，其中 288 號龕系打破北宋大觀元年(1107 年)元年的千手觀音像而刻的明刑部尚書林俊像，龕楣上横刻“大明蜀總制林公之像”。關於此碑記的一些校補及解讀，可參閲《文物世界》2010 年 6 期方珂《大足石刻北山 288、290 號龕林俊像及碑文研究》一文。范府跋中所言“(神道碑)

上有遺像猶存”，今未見，常理來看碑上也不會有遺像。據萬曆《重慶府志(殘卷)》卷六二記載，林俊於正德四年至六年川中討賊時，“時宦官用事，每各邊征剿，必以子弟私人寄名空籍，冒功陞賞。俊切拒絶不許，權幸惡之，且與總制洪鐘議多不合，因乞致仕，内批即允之。……俊歸，蜀人號哭追送。未幾，兩川逋寇复熾，殘破蜀地，人民亦遭荼毒矣!”此段文字記載的可信度相當高，結合此，從中不難揣摩范府在北山刻詩懷念林俊的情由。

公元 1526 年(嘉靖五年)

【造像記】嘉靖五年九月」智崙鐫妝」勢至菩薩一尊奉」佛捨財信士」章俸欽熊氏」章俊欽陳氏」章得表古氏」焚獻住持静穗」。

(《銘文録》410 頁智崙鐫裝勢至菩薩記)

鐫記位於寶豐寺大殿神龕大勢至菩薩背面。寶豐寺原稱“觀音寺”，見前文“成化二十二年”條。

公元 1528 年(嘉靖七年)

郡縣大旱。是年春，三月不雨，至夏秋不雨。草薙丛萎，土石尾裂，居行人即一人二百斗浙瀝不易。得斗米至四百錢，然市邸猶稱絶粜。流離餓莩，相轉於途，已复疫广差殂傷，無慮萬數，至闔閭靡一孑遺者。民物風景，此爲心僭然一變，蓋三巴皆如是云。

(《稀見重慶地方文獻校點》中萬曆《重慶府志(殘卷)》卷六二)

公元 1530 年(嘉靖九年)

【銘文】遊寶頂寺和壁間郭通府韻一首雖詞格鄙俗殊不可」觀將以紀歲月云耳」撥冗春遊眼界明遠迎簫鼓數山僧觀風愧我荒新」政

愛古令工洗舊銘草軟隴頭黄犢臥松香洞口白雲生千」秋勝概都收覽誰禁禪堂歎語聲時」嘉靖庚寅仲春二日知大足縣事桂林袁衍書」。

(《銘文録》238~239 頁袁衍和郭通府韻)

公元 1553 年(嘉靖三十二年)

【銘文】潼川州遂寧縣安仁里净明寺住持」覺壽號南山幼年脱俗蚤入」空門仰蒙△覆燾之恩幸獲衣食之裕」感恩△天海欲報無由出備衣資九十」兩妝修法堂一所香爐一座廣大庵出資修正殿妝△大佛一尊又妝圓覺洞」毗盧佛中尊同徒悟惇悟悰妝左右」大佛二尊師徒累年出備油臘灌燭然」燈供養各殿△諸佛以此累作之功勛」普報△四恩之厚德祈戒體智慧嚴確」圓明福壽門徒悠修繁盛者」同徒悟惜△悟忱△悟安△悟析△悟和△悟性」嘉靖癸丑二月吉旦本山僧△悟南△書」。

(《銘文録》254 頁覺壽妝絢培修記)

公元 1557 年(嘉靖三十六年)

【銘文】述思古跡記(額)

述思勝跡記」

余一日衆會於蘭若之凶概思先人之創跡來而展基界畔之艱苦衆者曰可矜可歎近睹其殿容嵬嵬廊底落落」化佛熊熊其成功梁木之許盡肥材合抱之用皆□思惜思也此淵源之來而始興於」宋元祐之間乃嚴翁晝翁開植之暘而成跡之地嚴翁請晝剪芟荆棘砍伐曹萊住寺爲名曰石篆佛會也因以得名」古碑貽記而識之焉當偲偲切切而悲念可紀銘於後裔不没其先人本源之記矣時正夏時期永暑氣炎凛百以」思二翁之志不常也量空於宇宙胸闊於江山今人者皆俯仰於萬世之遠睹碑銘於一目之近於戲不由不以之得」懷不出不以之思念而使後人視今亦猶今視昔也所當明梓鏤倖碑後是録其所述然而去世有限售之隸躍□」無先後之異斯取後人之覽者亦將有感念於人創跡艱苦之由所謂

先佛之來則世尊於靈鷲迦葉於雞足普賢於」岷峨文殊於五臺福印於金山慧遠於盧峰視其古人而勞其形質成其勝跡磨劫以成佛矣今而後修身學道者□□」古人之志行矣此往古來今亦若是矣余成斯後銘一日而三□恐已不能成之也刻顯功就正符前碑以畢其志一」一足述其述思勝跡之概哉詩曰如紀吾山五百□宋元洪武世相連成名佛會並希晝創跡禪林自遜行」萬古不遺山石篆索秋永定慶明天」蜀王令旨坊牌鎮燈紹宗風性朗然」太歲丁巳季夏月望日臨濟敵孫度牒僧慈渤述權山真弁院主如昭」前代比丘行安△△△△續碑當代住持慈根記」……(以下9行乃是“助緣僧”“耆舊”等名字)榮昌匠士雷正霞□相連普智。

(《銘文録》333~334頁僧慈渤書《述思勝跡記》碑)

此碑文刻於石篆山佛惠寺宋《嚴遜記》碑碑陰。其中“臨濟敵孫度牒僧慈渤”中的“敵”字當系“嫡”字之误刻。碑立於“太歲丁巳”年,明代的洪武、正統、弘治、嘉靖、萬曆均有此紀年,而其文中已提到“蜀王令旨”,當是永樂年之後所立。查此碑文“助緣僧”中有“慈琴”之名,結合下文嘉靖三十九年的《比丘慈琴植樹刻記》,此碑當立於嘉靖年間,“太歲丁巳”即嘉靖三十六年(1557年)。

公元1560年(嘉靖三十九年)

【銘文】加靖三十八年爲開山伐木」〔僧〕比丘慈琴發心栽柏」樹乙藏計五千四十八」數示知僧俗人等不許」抽扯鐮割誓許」大乘經乙百二十部天」神十二〔堂〕其不遵者自」昭果報庚申年五月造」徒真完虎真龍虎真梅虎」〔院主〕如鏡如吉。

(《大足石刻檔案(資料)》81頁比丘慈琴植樹刻記)

作碑文僧人爲“慈琴”,與前文嘉靖三十六年的《石篆山僧慈渤書〈述思古跡碑〉》”中慈渤當爲同代僧人。銘文中“庚申”年乃嘉靖三十九年。其“嘉靖”寫爲“加靖”,乃僧人所書俗字。這是一則古人環境保護的材料。

公元 1565 年（嘉靖四十四年）

【銘文】修路記」棠邑西路有曰高平鋪者夫固於永安而□□成之六□也□其道難□□」而不□□□行者行道之□旁由一小道名曰陡溝規大道道□但□□□」□□□雖捷而尤不治於□心也凡由是路者孰不有望於化善者□修□」□□□里大路不暇於此其鄉人有喜於□□者或有不足其或有□」□此路之□□□時而得平長道有□□」王子俊字道保者號玉峪者本地方人也其人平易其富好樂□□行者登陟□□」謹加第不安於心而欲修平之遂施財竭力命匠鳩工同外嶽□守者□□常□」□□及又得戴子□字□□者矢心效力竭己所有而修此路焉且不計□□□」□□平之早者砌之沿石爲梯上下相挨則險阻已闢高低適宜凡利於便而□」□□□□無仰歎負戴無苦登車馬亦便於往來矣視彼大道同一坦夷且地理尤捷」□□□□補哉其喜豈不大哉然是路之修不一而足昔見南北有不便者常修砌」□□□此西路之小徑不募人財不資人爲惟王氏父子創其哉解子協其心何其樂□」□□□若是也耶施工也始自修南路西路北路（漶）」□□嘉靖四拾三年正月二十六日之吉告成於四拾四年正月初二□終時久而心益□昔□□」□□爲而爲是亦古人進□之心也然則此路由於不替則此善亦流於替厥□之□」有既乎又況善類之極昌其後長其祥諸福□□亦自然之□耳兹因王氏之善之□」識此以驗子俊雲」外嶽房（漶）修路匠人丁白吉」嘉靖乙丑歲春二月二十八日邑人曾□□撰（漶）修路信士」（人名 5 行漶）」。

（《銘文録》419～420 頁□□霞裝修觀音像記）

碑文本爲修路記，《銘文録》中寫爲“□□霞裝修觀音像記”，乃是《修路記》碑右上角有殘字“信士□□霞裝修｜觀音｜戊戌年”，戊戌年或爲萬曆二十六年（1598 年）。

公元 1566 年（嘉靖四十五年）

（正月）戊午，四川官兵討妖賊蔡伯貫等，擒之，降其眾七百餘人。伯貫，大足縣人，本以白蓮教誑衆，其後從之者日盛，遂挾衆爲亂。偽號大唐大寶元年，旬月之間連破七州縣。詔停巡撫劉自强及守臣俸，討之。賊以妖誕相誑惑，雖群党響應，所在蠭起，然實烏合無紀律，遇官兵輒敗衄不支。一時瓦解，諸首惡多被擒戮。伯貫懼，還走大足舊巢，官軍破巢，擒之，餘黨悉降。伯貫舉事三十六日而滅。捷聞，會自强陞户部右侍郎，上從部議，先令自强開俸，候代至之日還京。伯貫等訊實處決，其餘功罪，下巡按御史勘實以聞。

（《明世宗實録》卷五五四）

公元 1570 年（隆慶四年）

【銘文】善功部」（額）

據本省潼川州遂寧縣净明寺」住持比丘悟悰」同徒本堂本欽本合」本觀本國本沖」徒孫宗敖宗賢宗太」宗義宗頂宗珠」誘引禪僧悟祖」榮昌縣妝匠吳自賢男吳仲秋△兵△艾」伏念悰等忝爲空門什子怩無報謝」佛恩施財妝千手觀音金像一堂先同本」師覺壽兄悟惇妝大臥佛一尊九族四位」修砌圓覺洞頂大佛三尊菩薩三位暨法」堂施銀十兩又香爐一座施油燭齋供十」餘有年廣大庵正佛一尊功德錢前後共」四百兩餘各處捨資不枚具此善功刻石」爲記△伏願普報四恩同登十地□□□」大明隆慶四年庚午秋本寺住持悟朝」。

（《銘文録》253 頁悟朝立《善功部》碑）

公元 1571 年（隆慶五年）

【碑文】榮昌縣普澤廟，在縣東北隅。宋慶曆賜號普澤，迄今相言稱之。……起初專祀唐爲巴川令因鎮瀘南有功，授經略安撫使趙公諱延之以始。公澤在蒸萌，宜崇報也。厥後增祀唐南康王謚忠武韋公諱皋，與宋昌州守陳公。……乙丑冬，複以兵燹之，故鳩材飭工，益大新之。……三公功德不没，久已在崇報。豈獨私於昌人？……隆慶辛未歲孟夏吉日。

（《巴蜀道教碑文集成》236 頁《普澤廟重修記》）

此碑文摘自榮昌人喻茂堅所撰《普澤廟重修記》。碑文中所述“宋昌州守陳公”，未知何人，只有大足北山 253 號龕鐫記中有“都知兵馬使前知昌元永川大足縣事陳紹珣”，不能證明是否相符，見前文“咸平四年”條。另，文中所記“乙丑冬，複以兵燹之”，乃指大足人蔡伯貫之白蓮教反亂事，見前文“嘉靖四十五年”條。

【碑文】臨濟正宗記(額)

敕賜聖壽寺傳燈記」

【我朝掃胡元以】開天取渝【土於明氏棠城乃渝州】之屬邑也其間【名山大觀雖不可紀】惟寶頂【稱】」【諸山之甲考其開創始於】」【唐宣宗】大中九年【奉朝敕賜三道所以表佛跡之奇】」【蜀王令旨二道所以嘉天作之美迄今萬年香火代不乏人焚獻」△△△△△△△△△△△△△△△△△△△△△△△唐宋開山歷代祖師諱雖傳燈有人而諱派失實粵稽】上古【傳燈釋迦首傳迦葉次授阿難及二十八祖達摩初入東土一花五葉至六祖三十三祖方立】五家宗派【本寺乃臨濟派脈自始祖元亮系陝西平涼人氏洪武初年居此傳燈無盡教海注洋第恐世遠諱訛宗派拂紊謹將前代祖圖後續發派暨各祖宗譜勒諸石焉則】茲石之【傳於派者】」(碑第 5—11 行)

當與寶頂渝水同高深矣何患【夫諱之失實也哉謹記】」

臨濟下二十一代祖僧會司僧會【元亮曉山銘海月舟監昭然】」妙△元極

奉命△住持△惠旭【麗天△圮翠岩後代】住持△性正△悟南覺本△覺詩△性儒△法全△【洪法△明覺△珣覺△高悟頂」

【奉】旨∧住持△【超禪性空】」

大明隆慶五年歲在辛未【冬十二月之吉當代住持悟朝立】」。

（《銘文録》217 頁悟朝立《臨濟正宗記》碑）

此碑立於小佛灣，今碑文已多湮失，所缺字乃據道光《大足縣志》補録。因碑文格式繁雜，與此書格式不便，讀者可參閲《大足石刻檔案(資料)》第328~329頁及其所涉資料。據《補續高僧傳》卷二五記載："元亮，字曉山，河南信陽蕭氏子。誕夕室有光如晝，甫長，茹素誦佛，不爲俗誉。父攜之宦遊棠，遂家焉。棠寶林寺僧至福，道高一時，師禮而祝發，福示以禪要，有省。且指參古渝幽谷禪師，才入室，契如針芥，塵勞迸於一見，疑滯銷於片言。洪武壬子，歸棠建寶頂，大弘道化。時方選名德高流，有司以師聞，被詔住報恩，遷大慈，宸章屢降，有'幽蘭久隱棠林下，不覺微香泄九天'之句。師力求退院，久之乃賜還山。初蜀藩，請師入内庭説法，贈以金襴衣錫缽諸物，並上所錫賚。師受之，存爲十方招提，始終不御也。嘗有示徒頌曰：'甕裏何曾走卻鱉。蝦跳元來不出門。出世若無堅固心。六道輪回空自走'。庚辰十月十三日，忽索浴更衣危坐，時天净無雲，日輪亭午。但聞轟雷三陣，圓光現於空際，其數如之。遂化去，荼毗，舍利如注"。書中記載元亮爲河南信陽人，而碑中自叙爲陝西平涼人，《補續高僧傳》成書於崇禎年間，遠晚於隆慶年，可見僧人成書所采荒蕪，不足爲信。

公元1578年(萬曆六年)

夏四月，大足雨大雹。時大雹如磚石，邑西南從順、加勝、三溪民間苗畜俱壞。是年春、夏，邑疫复大行民間，老幼多挈家以亡。事聞於縣，遍授醫方，問多沿者。

(《稀見重慶地方文獻匯點》中萬曆《重慶府志(殘卷)》卷六二)

這是一則明代的賑濟資料。文中所載"從順、加勝、三溪"當是里名，"加勝"乃"嘉勝"之俗寫(若並非抄寫者魯魚亥豕之誤)。《稀見重慶地方文獻匯點》中萬曆《重慶府志(殘卷)》卷三《星野》中載："大足縣……里凡三十三：安賢、長受、三溪、從順、昌寧、嘉勝、得陽、青平、遇仙、後院、高峰、同古、雍溪、富春、錫山、米糧、曲水、雙山、崇泰、汶水、善慶、伏元、静南、月富、興昌、豐成、永安、三花、仁政、中山、進德、招賢、存義。鎮凡四：縣西四十五里老官鎮，南四十里珠溪鎮，南三十里龍水鎮，西南三十二里劉安鎮。"《民國重修大足縣志》卷二《方輿下·鎮鄉》中記載的明代的《潮音寺碑》中有"三溪里"。清初，全縣劃爲十四里，其中有"崇勝里""嘉勝里"，"崇勝里"乃"從順里"之諧音，"嘉勝里"爲繼承明代之地名。

公元 1580 年(萬曆八年)

【妝修記】四川重慶府大足縣清平□」李店壩金鳳橋住居喜捨」發心信士鄧志高信女盧氏」同子鄧□□等於」萬歷八年三月二十五日甲子黄道吉日」莊彩□□舒勝廟」玉皇大帝五顯靈官土地二位」莊之後壽保□□□度」□□□□□祝」當境土地二位之神」(上半部)

舒才厚△二錢△△鄢才品△二百文」(第 2 至 7 行出資人名略)前後共進功資錢九千八」百文△祈雨了願總共用」去錢九千八百六十文」姜朝第室人汪氏楊起□」玉皇洞輝煌金容」萬歷八年七月△日吉立」(下半部)。

(《銘文録》309 頁鄧志高、舒才厚妝彩、祈雨鐫記)

此妝修記位於舒成岩 4 號龕三清龕左壁。上爲妝彩銘文，下爲祈雨銘文。

公元 1585 年(萬曆十三年)

【銘文】乙酉年修整大石頭」□□行」大明萬曆拾三年二月」初十日」。

(《銘文録》412 頁佚名開鑿石窟鐫記)

此鐫記位於眠牛石 1 號龕牛王菩薩龕左岩壁，牛王祭祀在民間由來已久，一來顯示農人對耕牛辛勤勞作而致家産的謝意，如清人李調元《新搜神記·神考》中“牛王”條：“今人多於十月初一是相率祭牛王。牛於農家有功，以報本也”；二來牛王菩薩據信可以保持人畜不染瘟疫。後世神化爲人神形象後，繪爲孔子的弟子冉伯牛。2號龕爲灶王菩薩像，有鐫記“咸豐九年八月十六日立(左)彭陳氏子秋元寄石捐修”；3號龕爲日月光菩薩像；5號龕爲送子觀音像；6號龕爲川主、土主、藥王龕像，有妝修記一則：“信士譚世倫乾坤△家□家元家禄」發心修塑」川主土主藥王三聖金容」錢九千六百文自修之」後香煙綿遠萬古不朽」”；另有銘文一則：“阿彌陀佛(額)」修塑觀音三聖日月神像小引」棠城西関廂里九甲地名中河溝生有吉地曰眠牛石古刊字跡未修法身形勢」嵬峨不啻一方之保障也予先年曾與諸君募衆修塑△觀音聖像金童玉女」並劫小礄今癸丑歲予弟兄叔侄發心修塑△川主土主藥王三聖金身未敢」取動諸君資財外修日月菩薩二尊予願善與人同是以募化諸公多寡隨緣」共襄盛舉非敢邀福求媚竊意共戴化日咸仰照臨如無日月二光萬古幾如」長夜矣今修塑告竣勒石鋟碑以誌不朽他如獲報之説畧而弗道是序」(會首譚世倫、坤、乾以下27行人名略)」乾隆伍拾捌癸丑年季冬月二十五日△△立」。”此處鐫刻的神衆紛雜，顯示了明清時期日漸衰落的宗教信仰。

公元1586年(萬曆十四年)

【銘文】蓋爲初分天地，自古至今洞遺留。衆像新人生，始爲宋朝年間，本尊爲記，至到而今，未能成也……鐫妝功績雷魚德、楊氏、同男雷廷華、王氏、雷廷祥……榮昌縣匠人胡魚崇、男胡萬仲。萬曆十四年歲在丙戌十二日初四日甲子……徒傳祥書記。

(《安岳華嚴洞石窟》)

此據《四川文物》1994年3期李官智《安岳華嚴洞石窟》一文録入，筆者對斷句稍有修改。華嚴洞位於安岳縣城東南56公里赤雲鄉的箱蓋山。有華嚴洞與大般若洞二窟，造像159尊，明、清碑刻題記24則。此段銘文乃是大般若洞左巖壁上所刻，説明該窟内容爲宋代“本尊”所開鑿。温玉成在《2005年重慶大足石刻國際學術研討會論文集》的《大足寶頂石窟真相解讀》一文中推斷，華嚴洞與毗鄰的毗盧洞(見下文“萬曆三十九年”條)出自同一人之手，華嚴洞中的左右壁所刻的第一人像分别是祖覺和道光《安岳縣志》中記載的“宋方技柳本增”(筆者認爲很有可能是修縣志的清人將唐人“柳本尊”與宋人趙智鳳搞混了，且有筆誤，此段明朝銘文中明確提到“宋朝年間，本尊爲記”，無“本增”之説)。很明顯的是，安岳華嚴洞與毗盧洞的内容均爲柳趙教派之遺跡，與大足石刻極有淵源。

【銘文】……夫古華嚴洞，乃周昭遺跡……

(《安岳華嚴洞石窟》)

此銘文位於華嚴洞壁上。“周昭”當指周昭王時期。據南北朝時期的佛教僞書《周書異記》述：“周昭王即位二十四年，甲寅歲四月八日，江河泉池，忽然泛漲，井水皆溢出。宫殿人舍，山川大地，咸悉震動。其夜五色光氣，入貫太微星，遍於西方，盡作青紅色。周昭王問太史蘇由：‘是何祥也?’由對曰：‘有大聖人，生於西方，故現此瑞。’昭王曰：‘於天下何如?’由曰：‘即時無他，一千年外，聲教被及此土。’昭王即遣鐫石記之，埋在南郊天祠前。”僧人所撰佛史中多采此説，因此中國佛教徒定周昭王二十四年四月八日爲佛誕日。明人陸容的《菽園雜記》中載：“釋迦生周昭王二十四年四月八日。中國人奉佛教者，于是日祀其神。”“周昭”乃借指佛教。

公元1592年(萬曆二十年)

【銘文】萬曆壬辰三月吉旦瀘州善士鄧太山友歐妙香金妝」古佛記乞父母康齡引進僧悟林書」同徒了圭」。

(《銘文録》254頁鄧太山金妝古佛記)

此古佛像即寶頂山南岩27號龕毗盧舍那佛像，中間的花冠中現柳本尊像。

公元1611年(萬曆三十九年)

【碑文】觀音壁新豎萬年燈記

聞自唐代有西人柳本尊者，爲諸眾生開示覺悟，梯航勒大士像於毗盧上之右。森嚴神妙，有功前語，點之於紫竹，篁□風晴雨露之□，誠人間稀有者。歷年雖有焚獻香燈緣，以作輟靡，當諸人設燃□盡燈久矣。

（《安岳毗盧洞石窟調查研究》）

據《四川文物》1994年3期曹丹、趙昤《安岳毗盧洞石窟調查研究》，安岳毗盧洞，位於縣城東南50公里處毗鄰大足的石羊場厥山上，有毗盧洞、幽居洞、玉皇洞、千佛洞和梯航勒大士造像龕共5個石窟，近500軀造像和碑文，是安岳、大足間著名的密宗道場。這篇明人的碑記中明言"西人柳本尊者"，在他處材料中未見，而且毗盧洞造像群中柳本尊有多處形象爲卷髮，結合安岳和大足石刻中也常有卷髮人形象，確值得推敲。

公元1634年(崇禎七年)

【銘文】西域坐化大禪師記事△△△△西(漶)助工丁文周方有重馮節」

師(漶)何國人癸酉之夏獨〔自〕合州來邑中人不識也遊妙高及他梵刹凡數月十有一月始去妙」高和寶頂寶頂僧益不識師師亦雅好清静選地兀坐都不乞食然終以不通華言故又」貌服都異山中人往往聞而詣師輕肆侮慢師便怒叱或起撻之有樵傭被酒使氣忿師叱」(漶)能忍輒掠師束衣帶以去帶中有石師自國中攜來今失之甚惘然諸人殊不解寧」□刺史戴公敬辰言在治日遇西僧與〔師皆類〕亦有攜石爲□伯(漶)訴之州爲鞫還之因叩」(漶)師作形語以沸湯浸石飲之便不饑

始知師所失石(漶)資糧也遂去寶頂還住」(漶)更移住天慶觀當是時師益絶火食有欲設供(漶)栗葡萄或生米面升許」漶)兩月一日拉馮生德浚報恩僧了智登北山禮浮屠繞(漶)□者彌日步觀全邑」山川□天〔畫〕地作欣喜狀已更指岩頭〔廢〕(漶)樂作懺悔狀〔既〕還直母指向馮生再三示」謝(漶)複欲遊妙高中途而□過西禪更爲市肆小兒狎去志遂決乙丑昧爽禮佛」畢合□趺坐而逝是時二月八日也先是師行時□生揣知師意〔殆〕不欲住世傳諭師到」處(漶)静以聞至是西禪僧走白馮□馮(漶)智往叩則已嗒然矣馮生曰是惡可」以奉(漶)遊北山時固甚喜然未得師指奈何智(漶)之再報可遂與師至山而謀之」同志(漶)造塔六月塔成當是時牧(漶)目不知(漶)者師辮髮□齒髮長委地三」尺餘兩臂隱隱有蓮花各一殊非刺紋面瘦削如石(漶)色目光射人滅度後猶能鑒物」絶不瞑端坐盤膝宛然如生嗚呼吾輩不能(漶)師之行(漶)不可知然以去來若此不可」謂非有道者矣吾鄉尊崇净業者固多謗(漶)自不□如師坐化片時凜凜可敬猶」複憎慢他何足道乎師有遺經皆片片分析今不辨□文也不肖欲安置塔中智不可」遂聽之當奉之本山以俟能受持者△捐資督工建塔弟子了智△了因△清言」

崇禎柒年歲在甲戌夏六月望後三日帶髮弟子潘紱記△捐資嚴以元△任學榮△夏光祖」

捐資貢生潘紘馮世倫蔣國柱潘紱潘綱」

鄉官李來鳳庠生孫崇先馮德浚潘延」

監生潘紈熊渭飛馮德□馮西京肖□」

信女馮門張氏簫門王氏馮門簫氏」

孩童潘懷道潘懷建潘延祚潘懷遠肖玉秀潘懷鄣潘懷平馮延禧」。

(《銘文録》56—58 頁潘紱撰西域坐化大禪師記事碑)

此碑鑲刻於北山 168 號窟中後部“明西域禪師坐脱大禪師坐化塔”正面，塔爲石砌八角形。此碑記述平淡世俗，且此“禪師”因“不通華言”，未與當地人有深入交流，碑文價值不大。

公元 1644 年(崇禎十七年)

十七年春正月庚寅朔，大風霾，鳳陽地震。是月(正月)，張獻忠入四川。……(三月)丁未，昧爽，内城陷。帝崩於萬歲山。……明亡。

(《明史》卷二四《莊烈帝本紀二》)

清 代 卷

公元 1665 年(康熙四年)

(八月)乙酉，豪格遣貝勒尼堪等先後克遵義、夔州、茂州、内江、榮昌、富順等縣，斬故明王及其黨千餘人，四川平。

(《清史稿》卷四《世祖本紀一》)

公元 1690 年(康熙二十九年)

【碑文】【重】開寶頂碑記(額)

重開寶頂山維摩寺碑記」

足邑三十里許有寶頂山寺即維摩道場也歷代香火最盛名齊峨眉蜀人有上朝峨眉下朝寶頂之語自獻賊逞殘以後僧堂寺燼迄今」四十餘載即所存瓦礫亦不可睹惟修藤巨木纏綿蓊翳紅翠填塞飛鳥上下而已壬戌秋餘來牧茲土詳詢耆老招徠墾荒之法咸云邑」有山山名寶頂寺建維摩聞前人言山寺興廢關係邑之盛衰寺盛則民皆安堵寺廢則民盡逃散如欲招集逃亡宜先開寶頂叩其景勝」曰山門外石上有佛雙足印覆以亭由山門而上大雄殿天堂藏經樓本尊塔及兩廊僧寮雖基址弘敞猶爲梵宇常境寺門外有古佛崖」石壁盤旋路約里許其右鐫三世佛丈六金身千手大悲像皆莊嚴中具慈憫相遠望自生敬心曲處臥佛一尊橫亙六七丈岸轉則毗盧」接引蓮台佛牙六賊圖以及地獄相凡釋典所載無不備列大小神佛像約萬餘喜怒皆有生氣其左則牧牛十偈圓覺洞菩薩及壁間花」鳥魚龍鏤刻精工金彩璀燦今猶熠熠耀目昔謂魯班所

造然不知創自何時唐大中九年柳本尊出而重修宋嘉熙年趙本尊複爲修建」元明香火震炫川東惜今荒閉歲久大悲像角樹根侵裂毗盧洞爲猛風拔木所損圓覺洞内石板盗賊撬傷寺内正殿天堂暨僧廊山門」俱盡焚毁前有行僧欲圖修葺以居民稀少裹糧難繼不數月而他徙故逃民率去不復返余聞而悲之因思維摩尊者一生苦行千載」道場況兹山寺興衰實乃縣民攸系有地方之責者何可聽其荒圮而不之問耶遂給示招僧開建俱以工大而不敢任癸亥夏有性超道」者隨其師自綏陽朝峨眉止於榮之寶城禪院聞而冒雨往觀及至崖畔僅絹長辟草徑稽首而已甲子春余奉檄查木至綏複申前約性超」毅然允諾夏四月偕五僧結廬山下餘給以資種令先爲積谷計暇則執刀荷鋤逐漸開墾力作勤苦從者皆有悔心性超獨堅忍而不顧」繼入寺而蛇虎遁跡旱禱而靈雨應祈足民胥悦居縣者信心喜舍遠徙者聞風來歸公請祝髪住持性超亦以身許佛立誓永守募建大」雄殿修元覺洞訖其志願猶未滿愜同來僧性正募造天堂惜工未興而寂性超複竭力終事然已神疲力瘁矣因思像教之設惟藉以誘」化愚俗令其觸目驚心時生善念但招提法界之巨麗」神京省會固多若佛崖之像贊目所罕睹洵是神工有識者宜加意護持蓋殿宇頃圮猶可再建若石壁毁裂誰能補修惟應芟除叢樹搜剔」根株以防其裂墜則千餘季之」聖跡得以永留而一邑之生聚當由兹複振矣是不得不鐫諸碑碣昭示來兹俾知性超開建之勞苦寶頂復興之顛末也前聞山下居民云」癸亥春夏間荒途未辟時聞山上鐘鼓樂音老幼傳以爲異豈邑之泰運欲新而山靈預啟其機歟因並志之」

大清康熙歲次庚午暢月穀旦」

敕封文林郎知榮昌縣事兼攝大足縣史彰撰記」

榮昌縣廩膳生員王△濟書丹△△歲貢生喻豐年△大足縣武舉人周△晟同立」

開山住持僧性超△△徒德深△△化主扃正龍△王正奇△△鐫匠陶君培」。

（《銘文録》219~221頁史彰撰《重開寶頂碑記》）

注意此文中的“詳詢耆老”一句，此時距明亡不過四十餘年，“耆老”當是明末遺民。其以耆老所言訂立邊界，當是遵循明代的聖壽寺田産界限所定。在寶頂山小佛灣《唐柳本尊傳》碑的碑陰，刻有《寶頂常住田産》碑，《銘文録》中視其爲明碑，其中今可析讀的斷續文字："古跡寶頂山佛祖岩正是趙智宗(漶)……祈乞風調(漶)」國泰(漶)一千田(漶)」……」聖旨三道免(漶)拾伍(漶)」……」白衆本山諸□田土不許典當……。"若碑文無誤，則明代聖壽寺有田地大約一千畝。聖壽寺中乾隆三年(1738年)的《亙古昭然》碑中記載"史公接踵捐修，廟貌巍然。及四至界畔，歷定清楚，皆勒貞珉，以示永久。……田土通共九百九十二畝"(見下文"乾隆三年"條)，史公乃指史彰，其中"九百九十二畝"與"一千田"基本相符，當是延續明代的田産而來。從明初慧妙等人白手開創，恢復寶頂，至有"一千田"，當不皆是土地買賣的結果，而可能多是民間投獻(見前文"成化十年"條下注1)。《明神宗實録》卷四一八中載："小民因差役苦累，多將田産投進王府，以希影射。有等豪暴强宗，往往擅離封城，於各州縣吞占田産，有司知而不問。"而且，除去小民希求減輕徭役之外，也有權貴射利逐行其事，《北京師院學報》1986年2期張顯清的《皇室王府勳戚官紳兼併土地——明代的土地"投獻"》一文中言："有的權貴爲了吸引農民投獻土地，有時還以低於國家税糧額徵收籽粒。雲南黔國公沐府就曾這樣做過，以致'投獻者接踵'。"《大明會典》卷二二六《僧録司》中明確記載："景泰三年令：'各處寺觀田土，每所量存六十畝爲業，其餘撥與小民佃種納糧'。"聖壽寺在明末的土地顯然不止六十畝，爲何能不尊禁令？没有官府的强力庇護，想必是難以做到的。

公元1698年(康熙三十七年)

【墨書】佛日光輝△法輪常轉」。

本朝開山僧寂先法號月見大和尚合堂建立△大清康熙三十七年歲次戊寅仲冬月初八日戊寅穀旦」

先年助緣榮昌縣監攝大足縣正堂夏□□楊□□李□□峰高驛丞□△先年助緣重慶府大足縣正堂汪儒學正堂蘭」。

(《銘文録》386頁僧月見修建青山院上殿題記)

此墨書位於上殿背梁檁面，另外梁上有咸豐二年重修培修的墨書題記，院外地壩上有咸豐九年的鐫記，見《銘文録》386 頁。

公元 1717 年(康熙五十六年)

【墨書】□□□道□察□司簽事△董佩笈」重慶府正堂記録一次加一級△周元勳」提調漢土官□□□□□石柱土司鎮淮□府副總兵加一級△杜清□」□提調□□官□總□紀録五次加□□△韓□」

重慶府□□□□□堂兼大足縣事加三級△李敬之」重慶府榮昌縣駐防兼攝大足縣事加一級△朱相吉」重慶府榮昌縣儒學兼攝大足縣事加一級艾國壽△劉綺△榮昌縣兼攝大足縣事範庭□」

皇圖鞏固△帝道遐昌△佛日增輝△法輪常轉△大清康熙五十六年丁酉二十一日吉旦」。

(《銘文録》255 頁府縣官員培修題記)

此墨書位於寶頂山萬歲樓樓頂井字形屋架，書寫在三根抬梁面上。另一抬梁面上有 1868 年的【墨書】“大善士僧德芳△覺澄△黄昌覲△李自文△張孝榮」總首羅珊△李明元△黄清貴△文慶廷△僧玉寬」大清同治七年歲次戊辰正月初六日建修立」”，爲便查閲，特附録一處。

公元 1719 年(康熙五十八年)

【銘文】立契約賣田地山場房基陰陽二宅夏門楊氏同孫夏文蓮情因先年得買王甫之田地一分」地名官田壩載糧七十三畝承當國賦因爲家下人力不敷公故子亡遺存孫男年雛拖」債難填婆孫商議情願將祖置業産出賣與玉皇觀住持僧一念募眾男女」萬年燈功果會艮承買常住田一分當日憑眾會首三面議定吹系價艮一百零」八兩整皆夏處婆孫領足並無貨物折算中間並無押逼其四至邊界踩明並無包」賣他人寸土在内任從玉皇觀頂補冊名耕種常住供佛日後夏宅親族人」

等不得異言如有四至不明賣主承當其四至東抵大路爲界南抵凹口爲界」西抵小河爲界北抵張楊二處田爲界今恐人心不古立此賣契與玉皇觀永」遠爲據」實計樓房三間耳房二間牛欄豬圈倉敖一並在内其田水原有切路古圳」住持僧一念」憑中證(唐則聖、王華等六行人名31人90字)」康熙五十八年十二月十五立賣契田人夏門楊氏夏文蓮老川」命匠刻碑僧一鎧南禪秀山書丹」。

(《銘文録》311頁玉皇觀置田産《契約》碑)

公元1721年(康熙六十年)

【碑文】裝修玉皇古洞天尊碑記」

嘗聞事無論煩簡要必求有終功不拘大小要必尚其克成予」父先年裝古洞七十四位天尊捐銀一十八兩有零志有餘」而歲不我與予繼其志又將三元火官並三百六十應感天尊」一一金裝又自捐銀三十六兩有零匠工告竣衆請勒碑予非」敢云誇功也亦非敢云祈報也不過繼父志以告成云耳」父諱則聖字異生道濟其號也母唐氏男唐子俊賓氏」子偉郭氏子佳周氏子仲楊氏男婦蔣氏孫才茂李氏」才盛馮氏才英黄氏才雄鄧氏才通才進才高」康熙六十年九月初一日大足縣城内信士唐子俊自記」。

(《銘文録》311~312頁唐子俊裝修玉皇古洞天尊碑記)

公元1726年(雍正四年)

【碑文】重修大佛碑記」

香國寶鼎原系趙本尊於紹興年」開創建之寺也三奉敕賜永作」醫王之地無奈年遠歲更」佛像殿堂皆遭兵燹至我」大清康熙甲子年有僧容衆禪宿」開山復修殿閣後遇本邑縣主」諱李維鈞者捐俸協同合邑紳」士耆老費金四十余兩共成」毗盧大佛一尊敬奉香火不意」佛像雖存而金身破壞爲僧坐視」則善何生特起毫念先捐己資」復募十方依成萬德」毗盧大佛一尊求證佛地庶幾前」後功德昭然人間集斯

美利上」報四恩下濟三有願祈在會人」等世世生生普沾佛利永享遐」齡當必道德超隆福果奇瞻因」此勒石以垂不朽云耳」前住此山中興第一代禪師上南下」翁和尚捐資二十兩」當代住持嗣祖沙門萬庵監同」兩序合院大眾鼎建」時化主△△維庵」大清雍正四年歲次丙午十一月」初八日立」施財眾姓芳名開列於此」。

（《銘文録》259 頁僧萬庵等重修大佛碑記）

據陳灼在《2005 年重慶大足石刻國際學術研討會論文集》中《大足石刻辯疑六題》中引乾隆年間安岳知縣徐觀海所著《重修道林寺階墁記》中載："康熙四十九年，僧南翁自楚來蜀，卓錫於此，補葺諸殿，煥然一新。雍正間，僧萬庵續修之。"民國人薛天沛《益州書畫録補遺》中記載："南翁，康熙年間自楚遊蜀，住大足寶鼎寺。精易理，能詩詞，工草書，逼真懷素。有《南翁語録》。"

公元 1738 年（乾隆三年）

【碑文】亙古昭然（額）

重建寶頂山四至界畔碑記」

寶頂一山蜀中名地也自兵燹後不無圯毀荒穢逮我」朝定鼎以來鴻恩浩蕩歷」簡仁厚長史撫綏招徠士民樂業已有可觀兼荷前任昌侯攝理足邑之△史公△陸公△李公及嗣任之△史公接踵捐」修廟貌巍然及四至界畔歷定清楚皆勒貞珉以示永久則斯山之住持僧惟格遵已定之界畔耕種輸賦應無異議」已但是時地尚荒蕪其所記載不過標亓大概至於四至中之土田歪斜曲突之形勢未盡詳記因啟近民漸開競端」而住持僧名萬庵者又複頹靡不振前任△陳公欲驅未果作年秋幸蒙我邑侯△許公概然復古令換住持複命邑」中紳士耆老再將僧俗各已耕熟之界畔會集踩明重建碑記俾空門衲子焚獻有資行見蜀中之明地山河共固而」列侯之嘉跡日月同長矣是爲記」

文林郎知大足縣事正堂加一級記録五次許」

儒學正堂加一級△△△△楊」

駐防部廳加一級△△△△姚」

督撲廳加一級△△△△李」

協同勘定常住田土四至界畔詳列於後」

一東至龍頭山路左邊山嶺連張姓分水徑至何姓山后土沿坎至土地祠轉下小河穿橋抵正河分水心徑至□□」小水溝石橋上過田坎朝東分嶺直上車家廟山頂横過朝西分嶺直下大柏樹抵小水溝直下小石橋爲界」

一南至高姓小水溝朝西正河分水心徑上腳庵河朝南上孔姓田坎徑上大柏樹古墳嘴横過下大柏樹小灣□□」田坎直過土地祠下河分水心轉下至羅姓水溝分心直上羅姓田坎横過轉黄連嘴直上山分嶺抵二層岩朝□」順岩至水溝過上岩嘴順岩徑至二層岩壁朝上徑至古石梯爲界」

一西至石梯大岩連龍黄二姓長岩轉黎姓坳土沿坎至彭姓高岩坎軟岩曲轉上小子嶺翻過直下水溝沿岩過大」路上山分嶺下啄頭岩過土凸順坎直下土凸田過正山分嶺過土凸口上山分嶺直過嵐坳大扯角田上山分嶺直下轉」長圵小田坎過爛溝田坎轉至大路左邊上山分嶺至觀音岩後分嶺直下過坳至山王殿順岩徑抵大青杠樹轉」上大路徑至小灣順岩直下岩嘴向小寶頂路抵岩幫岩徑至龍塘爲界」

一北至龍塘當溝直下抵黄姓正岩轉上對面佛翻坳順土邊轉下岩正水溝抵張姓二水溝跟溝轉上抵大岩順岩」

朝東徑至龍頭山大路左傍山頂爲界」田土通共九百九十二畝」

住持僧□然△維庵△宗祥△市庵△净明△徒孫自光△月海」

大清乾隆三年歲次戊午仲春中浣之吉△闔邑紳士鄉耆里民△公立」。

(《銘文録》225~227 頁闔邑民公立《亙古昭然》碑)

此碑對於清初寶頂寺廟經濟及田土劃分有經濟史料價值。碑文中記乾隆三年寶頂山田土爲九百九十二畝。在前文"康熙二十九年"條下注中，筆者分析認爲，清代的寶頂寺的田土應該是繼承明代的界限而來，因此，起碼到乾隆年間，寶頂寺仍然擁有近一千畝土地，維持了明代的規模。

公元1740年(乾隆五年)

【碑文】萬年燈碑(額)

嘗聞佛田爲人世名丘燈乃天下光明無量寺白象山係棠城古刹昔年何等轟烈不知創治何時不意毀自先朝殿□□」興於當代蒙△衆喜施大殿告成△佛像威嚴関足邑之風水非淺鮮也雖然△佛子二人也曾披星戴月虔心□□」培補因缺少光明爲萬年之舉蒙△眾檀那發心募衆光燈興成永遠朗照踴耀乾坤願祈風調雨順国泰民安」于是烈石碑銘萬古不朽以是爲序周士升助銀一錢二分楊彬海助銀一錢二分」(其間19行捐資人名略)」皇清乾隆五年歲次庚申孟春月穀旦住持僧照慧系湖廣寶慶府□陽縣人氏徒普明貴州思南府人」。

(《銘文録》414頁僧照慧立萬年燈碑)

公元1741年(乾隆六年)

【銘文】滴水清波

香泉一道落城阿點點」清流静不波蛟訝珠聯」相覓切魚猜水調出聽」多滴開萍影浮新月蹴」起回文漾碧螺孺子何」知天籟發臨流亦自唱」清歌」湖南衡陽李德題」乾隆六年刊。

(《銘文録》70頁李德題“滴水清波”及七言絶詩)

李德是當時的大足知縣。見下文中“乾隆九年”條。

公元1744年(乾隆九年)

【碑文】創修□宇大殿碑記(碑首)

四川省重慶府正堂加一級紀律二次李」文林郎知榮昌縣事前署大足縣印務許元基」敕授徵仕郎知大足縣事沈潛」賜進士出身知大足縣事李德」署理重慶鎮標左營中軍守府事周洪謨」大足縣儒學正

堂加一級楊作棟」重慶府鎮標左營駐防大足汛右部廳李」大足縣督捕廳加一級紀録一次李」乾隆玖年歲次甲子八月吉日穀旦」。

(《銘文録》259頁李德等創修□宇大殿碑記)

【碑文】無量□□(額)

夫謂棠城東隅二十里許有名山曰寶鼎山其山峻嶺四顧旋繞實渝東之分水也亦乃(漶)」何代自兵燹後殿府頹圮今朝定鼎以來因吾公西意於康熙四十八年開建□□上中下殿左右兩廊(漶)」別去但今住持忖思殿府俱備然則無像觀今鑒古無非修葺古人云若□□□□□□□受者是若(漶)」恐遺失漏于是鳩工刻石二塊載籍姓名永垂千古無量之福田矣是以□序」(第5—27行出資人名略)」

龍飛乾(漶)冬(漶)」。

(《銘文録》265頁佚名立《無量□□》碑)

公元1748年(乾隆十三年)

【碑文】遥播千古(額)

四川東道重慶府大足縣米糧里寶頂住持方丈大和尚」上浄下明△徒監院德舟焚獻應舟」鄉約會首黄成先△穆源遠△劉成漳」南無千手大士法像一堂以及兩旁羅漢又並錢爐一座」於己巳歲重妝方丈」釋迦與阿難迦葉金童二尊」三大士共韋馱伽藍真容」龍神山皇土地聖像」大清乾隆十三年戊辰仲冬月△穀旦立□鐫匠張仁山」。

(《銘文録》256頁浄明立《遥播千古》碑)

公元1751年(乾隆十六年)

【碑文】常住田碑(額)

聖府洞置常住田碑序」古云寶鼎名山圓覺勝境前玉峰高聳後有天池深闊接四景之崢嶸爲棠城之盛覽無如兵燹後廟貌雖存而田園邱澤蕩然無有住持者□」嗟焚獻之無資有心者識將來之屺廢爰是會眾

善而募積狐腋而成裘感有生之大造稽勝地不常動宅産之善養廣好□□是所望□□□」公寺田建興住僧堅性有托聚金二百餘兩得買王成益田地一分糧畝界畔書寫分明予等執契請仰於」邑侯張公公曰此盛德事也予未捐俸以厥美當印書契俾垂千秋衆善佈施功德必偕聖府不朽歸而勒石印以張公之言□□□□□□□」他若勝地之嵯峨神光之赫奕昭昭在人耳目余複何贅焉」(以下12行滿刻捐資人名字)」大清乾隆十六年辛未季夏月二十二日吉旦立生員舒宏明何資璽同撰住持僧大爵一潤」。

(《銘文録》362頁舒宏明撰聖府洞置常住田碑序)

此碑文位於乾隆十五年《契約存照碑》南面，由於此碑石四面皆有碑文，故稱爲“四面碑”。另兩方碑文爲下文中的乾隆二十三年“刊刻碑文”及乾隆二十五年“掉常住田”碑文。四碑記載内容反映了因清初移民入川而導致的土地分割問題，側面映襯了康乾時期鄉村經濟的逐漸恢復。

【墨書】皇圖鞏固地道遐昌(左)佛日增輝法輪常轉(正脊)

龍飛皇清乾隆拾陸年歲次孟冬月丙辰日穀旦(右)風調雨順國泰民安。

(《銘文録》462頁佚名題白塔寺後殿背檁題記)

白塔寺位於距北塔50米處，相傳建於清初，寺塔共存，爲北山一景。

公元1760年(乾隆二十五年)

【銘文】四川重慶府大足縣米糧里寶頂山住持僧有久徒心超」本邑會首鄉約黄成先鄧大科穆源遠龍文芬鄧宗禹」同心募化修裝圓覺洞滿堂佛像立四柱塑金龍四條造」化錢爐一座洗裝牛王菩薩及殿宇兼修山王廟聖像龍神共」四尊萬歲閣修裝普陀岩觀音菩薩金童玉女功果告」畢刻石爲記永垂萬古」本山住持僧石傳△監院覺舟」滎邑裝

修匠張可則徒吕太和劉光漢張永清」(石剥落文滅)男黄昌寧」乾隆二十五年歲次庚辰仲夏月二十八日吉旦立」。

(《銘文録》256 頁僧有久修裝圓覺洞、萬歲樓等處佛像記)

【碑文】掉常住田(額)

聖府洞掉常住田碑序」

粤自天竺遺經上方垂教之始紅爐停駕梵刹創造之初藏世界於一粟佛法誠哉打已矧兹聖府洞□□□□□□□□□□」光明炯炯擬其像如青獅之望月狀其形儼如白鶴之飛騰渾兮收天地之光華穆兮孕陰陽之代序□□峨眉近映寶鼎□□」也爰有神功懋建聖貌森嚴古跡昭垂法相赫矣洎乎兵燹而瓦碎垣頹田園邱澤蕩然無存矣幸□□然世和□□□修□」獻每苦無藉囊衆善等募化二百餘金得買王成益田地一分界畔契約既已勒石鐫碑但寺田寓遠管理維□□□□□」執掉約僧俗有憑以廣狹攸殊該補三才銀九十餘兩然銖兩矣豈獨功支焉因募衆以董事□克收乎鴻功□流歸海□」集合群功以托出慈悲既價值之交明紀衆德而銘勳著績庶幾托焚獻與咫尺永無迢遥之嗟種福於靡□長垂不朽□□」於後以是爲序」(以下 11 行刻人名略)」乾隆二十五年歲在庚辰六月二十八日△吉旦。棠城廩生余源□□□並書」。

(《銘文録》363 頁余源撰書掉常住田碑序)

此摩崖位於南岩圓覺洞甬道右壁，同壁上有 1824 年銘文："修善植福非以邀名也既非邀名記」亦可以不必爰是實録其行與事垂之」珉曰銅梁縣安居鄉涼水場住居」信士彭世璉(人名略)裝彩」大佛三尊觀音一尊獅王一尊」合室老幼俱發仁慈啟囊内之錙銖裝」佛像之森嚴共計四尊並穿全金祈保家宅興」隆人物咸亨雲集千祥駢臻百福矣勒之」貞珉以志不朽云」大清道光四年六月中浣吉旦立匠師唐安朋」。"爲便查閲，特附録一處。

公元 1770 年(乾隆三十五年)

【碑文】維德之基(額)

剎名石壁寺由來舊矣巨崖宕律鎮頂古垂三教神像遺跡儼存爰考碑志蓋□立□」與明末兵燹之厄而聖像赫濯之地忽廢爲荆棘叢生之所矣我△朝定鼎以來一時」吾人士睹遺像之猶存複構堂而祀焉然猶未有專祀者而香煙不無少間迨△乾隆三十」二年有鄉老易諱世文願祀香燈於此因募衆善豎建華樹虔椿天燈時逢上元銀花燭」照今已三載周隆功緣事畢又念孤閣聳翠未極大觀越至△天運庚寅歲□冬重述同」志樂舍錙銖乃更建左屋二間永爲焚獻住持之説至是一倡衆和而極落成之大觀也余」以俾後之人踵事增華相繼於無窮云爾蔡儒顧相琮拜撰並書」(出資人名略)龍飛皇上乾隆三十五年十一月中浣望一日吉旦△匠師劉三倫刊」。

(《銘文録》335頁顧相琮撰書《維德之基》碑)

公元1780年(乾隆四十五年)

【妝修記】遂寧縣中安里」善士張龍□同縁黄氏男昌文次子昌德」闔家發心施銀錢裝修寶鼎名山」大慈悲千手目觀音大士金身一尊」維摩大帝金身一尊△三□感應護韋陀尊天菩薩金身一尊」送子娘娘金身十尊」毗盧佛金身一尊△佛光主照本命乙丑年十二月十三巳時」施銀三百八十兩功德圓滿像果周隆祈保修主增福延壽」子貴孫賢報今生之四恩享來世之福田(漶)」貴爲人□福源添浩□之□□山增嵯峨之筭祥光瑞氣」門庭吉慶」乾隆四十五年庚子歲△夏月△吉旦」。

(《銘文録》260頁張龍□裝修大佛灣、聖壽寺像記)

公元1775年(乾隆四十年)

【碑文】實録碑記(額)

住持實録」

吾銅菩提寺僧晴舟者高僧也前丙戌夏足邑寶頂山紳士約鄰等以方丈乏人□」接上院時寶頂寺煩兼之時歉不豐辭不就固請許之五月三日坐院後大衆無食」乃與接僧數人共計厥艱借銀若干兩以度饑歲嗣時來時和年豐百廢俱興連年」修補益未獲寧處焉先寶頂舊規租穀

僅二百餘石僧以寺大僧多朝参絡繹田奴」租少不足於用況前僧逋欠者壘千其何能償于是始有加租之議良佃則增益之」强佃則訟逐之遂加至四百石餘而新規一成迨壬辰冬晴舟以力疲難支辭歸故」里乃未及兩月而寶頂之監院等山者負債遂至二百餘貫至問其所出則茫無以」對于是眾惡其浪費也又群然來銅複請晴舟住持勢不得已又坐方丈僧於此山」實難艱哉且夫茂林修竹叢林之巨睹也方晴舟未坐院時山林材木芟除盡矣僧」爰岩巡山禁翦伐賣窯炭以供燎爨歷經十年而蔚然生秀詎不盛歟雖今所負債」新舊總計亦有多金然租穀之數每年多二百石零林木之美其值亦可制數百餘」兩其培植之功詎不足多耶今年夏僧向予求記予曰予何記即以足邑之紳士庶」人交口稱君者爲之實録以告來茲是記△銅邑稟膳生員劉倜撰」計開一上寺乏食借銀買穀雜費三百餘兩△一買窯炭柴薪錢不具數」一爲悟参訟事及加租逐佃控界七載争訟用銀不具數」一舊佃户誆騙具控荒旱不等歷年共短租穀不具數」一土租錢歷年短少共計一千六十有零一請工栽植柏樹麻柳一萬餘千」一屢年上軍需錢不具數△一各縣修橋路出銀百餘金有碑可憑」一建修山門靈官殿照牆垣衛買運瓦石用錢不具數」一贖取前僧所當什物及新置家業去錢不具數」一户佃容憑地鄰等計少田租土財錢四十四千文」一禁蓄青崗燒瓦兼以所加之租培補萬歲樓閣七佛園功所借帳目亦將此租陸續還明」

臨濟正宗三十六世磬山下第七代上晴下舟大和尚兩序同立」

乾隆四十年五月(滤)穀旦」。

(《銘文録》221~224頁僧晴舟立實録碑記)

此碑記録了清初寶頂重新興起過程及寺廟管理資料，特别是對於寺廟經濟方面有重要史料價值。碑陰刻光緒十六年《皇恩》碑。

公元1783年(乾隆四十八年)

【碑文】名因神傳(額)

修神像石座龍龕碑記△棠北羅國璽號廷用字永昌别號雙溪敬撰書」嘗聞十方善果待人以成八部勝因隨時而建如」璧山大帝業繼神

農德同天地恩澤被於四方求之即應法像遍修宇内叩之皆靈予也」仰慕神德欲刻石像於九蓮山永享禮祀於觀音寺無奈家乏余金何敢延匠興修」必須衆公力助方能不日功成爰是募化同人共成厥美功已告竣理應標名姓字」書刻堅石因果流芳萬年伏冀」神恩普濟靈顯如日月常明士民咸賴血食享萬世不替衆既誠心神必默應云爾」(下刻17行爲捐資人姓名略)」大清乾隆四拾捌年歲在癸卯癸亥二十七日乙酉開光吉時已卯衆姓虔誠立」。

(《銘文録》369頁羅廷用撰修神像石座龍龕碑記)

公元1784年(乾隆四十九年)

【造像記】今據」大足縣安賢里地名蒲家壩信士」宋延齡室人劉氏發心建修」釋帝位佛一尊左右阿藍加舍二尊」並石香爐乙座祈佑吉祥如意」乾隆四十九年六月吉旦建立」。

(《銘文録》378頁宋延齡造釋迦佛龕鐫記)

此造像位於大足縣玉灘鎮響水村七拱橋，編號爲1號龕。其中6號龕爲宋代的地藏三十六變相。

公元1785年(乾隆五十年)

【造像記】十萬里中四甲地名古桐村」信士趙維元法名祥顯於乾隆」戊寅年二月十六申文起引」各院禮拜禄計功勳圓滿周」隆以民發心於古志石門山」捐資雕塑」南無西方接引阿彌陀佛金容一尊祈保」家門清吉人眷平安謹意」大清乾隆五十年歲次乙巳五月初三吉旦」。

(《銘文録357~358頁趙維元造接引佛龕鐫記》)

公元1792年(乾隆五十七年)

【碑文】正堂示禁(額)

署四川重慶府大足縣事墊江縣正堂加五級紀録十次軍功紀録三次又卓異加一級許△爲」鐫石嚴禁滋擾以清禪院以垂久遠事照得寺廟庵觀供設△神佛募僧道以資焚」獻宜清净以肅旃檀今查寶頂寺屢被山主地鄰及土豪流棍欺凌難堪攪擾靡寧」平日貪饕飲食巧口如簧偕端勒磕錢財存心若蠍遇事生風移花接木或以丐婦」偶憩巖洞指爲藏奸或因遊僧借寓梵宫稱爲匿匪他如起逐佃户與人何干而地」棍播弄反令訐訟霸居經理寺務惟僧自主而山鄰把持必欲奪權攬事且於寺前」開設店鋪招引匪徒惹禍滋非波連僧衆種種滋擾需索殊堪擢發除密差查拿外」合行示禁爲此示仰該寺山鄰地主及諸色人等知悉自示之後各宜凛遵如敢仍」前入寺攬擾把持需索一經訪聞或被該僧告發輕則枷號山門重則照凶惡棍徒」擾害良民例投界遠方絶不稍微寬假毋違特示」當代住持僧□□」乾隆五十七年六月□日」。

（《銘文録》227頁住持僧立《正堂示禁》碑）

公元1793年（乾隆五十八年）

【碑文】永垂萬古（額）

無量寺古之名刹也創自先朝兵燹後殿宇傾頽不堪復覩自康熙五十三年有僧翠峯避」荆棘將後殿建修開置土内糧田二十畝募衆裝製佛像修理大路數十餘丈刹形將以復」新其徒普俊有志繼修承當二載西歸遺孫通濟年幼衆邀保接道慧代理一十三載不惟」振興且將寺内之田土山林什物器皿出當已盡時值四十三年通濟已成請衆理等約計」當價銀五百兩餘惟兹通濟振興有志忍饑躭寒獨勵獨奮不辭辛苦之勞克儉克勤寧憚」饑餓之瘁建修殿宇創立山門補修佛像面砌地壩栽培山林凡寺外前後左右高低之土」開辟糧田四十餘畝又將先年當價概任承當理落取清寺内什物等項俱已整齊月令創」就之規模將已猶乎昔日古刹之整新是非奮力勤圖安能克臻至此哉故予等見其志量恢」宏遡其意之所欲建念之所欲作者猶不止乎此也事不可以不書衆等表而出之因勒諸石」（以下6行爲捐資人名及捐資數量略）靈濟正宗無量寺住持僧通濟徒心□心□仝立」大清乾隆五十八年歲次癸丑

月建太簇中浣吉旦業儒陳清選撰録書」。

奮志振興光古刹(左聯)勤修培植耀清禪」。

(《銘文録》414~415 頁僧通濟立《永垂萬古》碑)

公元 1795 年(乾隆六十年)

【銘文】寶頂山佛祖寺△夫乃古佛巖□□□」之前巖琢諸佛像考其□□柳本尊」生唐宣宗大中九年六月□□誕降」嘉州城北嘗有柳樹生癭一日柳破」其癭而嬰兒出焉州之都吏以爲祥」遂收鞠爲子比長修諸苦行轉大法」輪其化甚行時明宗賜其院額曰大」輪至宋神宗熙寧間敕號曰聖壽本」尊相傳後有曰趙智鳳者」自宋高宗」紹興二十九年七月十有四日始於」大足縣米糧里沙溪年哺五歲靡尚」華飾以所居近舊有古佛巖遂落發」剪爪入其中爲僧年方十六西往彌」牟雲遊三晝既還命首建佛祖而重」開聖壽發弘誓願普施法水御災捍」患德洽遠近莫不皈依山岩法像琢」補光輝夫趙本尊而洗聖壽即柳本」尊之舊跡也相傳歷朝以來宗風遠」播佛法常興今我大清乾隆六十年」住持寺僧募化善信延匠采石鑿修」佛寶及蓮座裝塑法寶僧寶阿難迦」葉滿堂神像重整大雄殿閣貯藏經」佛内惟祈△佛日增輝法輪常轉皇」圖鞏固帝道遐昌十方檀信庇恩光」過化父母登彼岸釋僧之願根源刊」於蓮台永貽諸後之云耳」

乾隆六十乙卯年冬月上旬日△書」。

(《銘文録》268~269 頁佚名培修佛祖寺並鑿佛像記)

【碑文】寶頂山伏祖寺中代」開山祖師旭野冊名」常鳳前後載糧三百」九十七畝其有界址」東界廣大寺底小河」溝分水心直上河鼎」上坡分嶺爲界」南界至半邊廟龍神」堂彭姓分嶺大路過」磨盤山底齊岩邊一」圈陳姓爲界」西界齊鑾洞子與龍」姓順岩一圈底陳姓」三叉溝尖石橫溝直」過上嶺底羅姓屋後」分嶺爲界」北界至羅宅右邊凹」田直過順坡過凹上」嶺至古廟底文姓分」嶺直下小河溝分水」心底廣大寺爲界」。

(《銘文録》269 頁佚名刻佛祖寺田産碑記)

公元 1796 年(嘉慶元年)

【碑文】聖旨(額)

四川重慶府大足縣事名山縣正堂加三級紀録五次隨帶軍功加一級七△爲遵例示禁永遠奉行」事照得案奉新例内開△禮部爲敬抒管見等事案内議得浙江學政錢奏生監侵牟惡習宜勒石」嚴禁一條查各寺廟均有生監主持名爲檀越一切田地山場視同己業考其所自皆玄祖先創建」或加鼎新或捐田在寺其源流遠無可考或據志書或據家譜皆渺茫而不足憑而一寺或一姓或三四」姓不等以寺産之多寡爲多寡其中此争彼奪無歲無之無郡不有經歷數年不能完結皆由彼此各有」私據即經斷結更换一官必翻控其中牽連生監數人至數十人不等下結上翻滋累殊甚竊思祖宗即」有創助子孫永作衣食尤可笑者捐數十畝即合寺之田皆歸掌握又甚荒遠難稽嗜利紛争最爲惡習應請」旨飭部通行禁止無論有憑無憑年遠年近所有檀越一概革除勒石寺門永遠遵守等語查士民捐資」産於寺廟本屬樂施何得竟起檀越各色侵牟霸佔滋生事端也地方官如過此等訟案即應隨時斷結」以息紛争應如所請通行禁直省出示曉諭將檀越各色一概革除不許借有私處争奪許告其士民施」捨之田産建修之寺廟但許僧尼道士經管亦不許擅自售賣如有犯案到官者該地方官隨時酌辦按」例懲處仍勒石示禁可也等因轉行到縣奉此合行出示曉諭爲此示仰闔邑士民僧家人等知悉嗣後」檀越名色一概革除凡有施捨田産建修之寺廟其施主及施主之子孫不許藉施産建修根由經寺務」覬覦生事但許僧尼道士經管亦不許擅自售賣仍於寺廟門首勒石永遠禁革均勿故違須至告示遵」

乾隆三十二年七月△日請案△嘉慶元年立△△△住持僧慧心△合堂兩序大眾同建」。

(《銘文録》227~228 頁僧慧心立《聖旨》碑)

【碑文】正堂示禁(額)

署四川重慶府大足縣事名山縣正堂加三級紀録五次又隨帶軍功加一級七△爲嚴禁惡」棍生事擾害佃户霸種賴租住僧賣寺産以清净

土而申△國法事照得寶鼎爲大足名勝都」人士往往登眺其間披襟選勝翰墨之跡溢於碑石惟昔維摩祖師闡揚宗教建寺於兹香花」梵唄之盛甲於全省其齋田僧産頗稱豐裕乃無聖僧繼起以致内則頑耗乏其財外則痞棍」駁削其産各佃户乘隙吞租霸種訟牘繁興叢林日敗殊堪痛恨查例載叢林古剎舊經報官」入冊齋田不許私相售賣典當違者發邊遠充軍其山地田仍歸該寺管業倘有續置田地亦」令報明地方官申報上司載入清查冊各等語今寶鼎寺自本縣於舊冬將從前不法頑僧驅」逐之後另選戒僧慧心住持在案誠恐尚有該寺近鄰者無知棍徒借稱擅越在寺尋釁兹擾」設計陷害或以局賭騙錢或以誘姦索詐或稱飲酒食肉而供其欲壑或以借錢不還而估物」拉牛種種擾害不可枚舉言念及此殊堪發指除密訪嚴拿外合行出示嚴禁爲此示仰合邑」軍民僧道人等知悉自示之後如再有前項不法棍徒膽敢在寺擾害許該住持指名具稟以」憑嚴拘訊明照例先在該寺門首枷號三個月滿日充發倘該寺僧不守清規自蹈不法一經」犯案亦必按律究辦決不少貸各宜凜遵毋違特示△右諭通知」

大清嘉慶元年三月朔五日△當代方丈慧心立△統領合堂兩序大衆同立」。

（《銘文録》228~229頁僧慧心立《正堂示禁》碑）

公元1801年（嘉慶六年）

【碑文】釋迦佛碑（額）

虔修釋迦文佛碑記」寶頂佛地也而第一世祖靈應遐方放古棠勝境幾與吾邑」白鵠並盛古遂寧郡南惟陳氏繁族甲於鄉其君顯者特崇」文佛而修之以一介來告曰某非遐福於父母子孫也聞花」雨之潤溯石點之奇恩以損金五十用是崇佛萬一焉厥功」既成囑予爲記予系佛以贊曰維四十九包藏萬有天中之」天濛誰匹偶阿耨多羅曆劫不磨優曇獻異亦曰摩訶匪直」唵繼是奇实來鳥洛念三藐三菩提佛流顯爍兹乃損金丈」六一莖種波羅於寶頂兮萬載知名」△△遂寧縣下安里十甲地名顔家溝陳宗昭（10至12行出資人名略）」△△戌申科鄉貢進士遂寧淳庵劉人驥

騰千甫撰」△住持方丈上惠下寬副寺知客合同兩序常住損銀五十千文建修」大清嘉慶六年歲在辛酉季夏月中浣」。

(《銘文録》260~261 頁陳宗昭等虔修釋迦文佛碑記)

公元 1803 年(嘉慶八年)

【碑文】續代光輝(額)

欽賜藍翎正六品駐防重慶鎮左營大足汛事升授建昌永定營部廳隨帶軍功加三級軍功加一級」紀録十次馬△△爲公稟賞示懸碑以垂永遠事嘉慶八年十一月二十日」據崇勝里民黄進明鐘逢題陳文芳王子政等稟稱無量寺僧通濟歷今□」積苦修焚獻開辟田産百畝有餘立買莊田載糧四十六畝六分修砌路□」蟻等山鄰祈稟賞碑前來據此本廳查得無量寺住持僧通濟實係自幼□」剃勤儉苦積修理殿宇山門裝彩佛像栽培山林修砌孔道開辟田園□□」克儉克勤若各里寺院諸僧如此勤儉輝煌廟宇能無毀敗三寶日漸□□」矣合行賞示建碑爲此碑仰該寺僧通濟如能常常護惜三寶勤慎焚獻□」嘉可賞以示鼓勵嗣後不許外遊浪僧入寺騷擾致敗三寶住持通濟永□」改真修之念以致三寶叢林有賴所置田園注銘碑記永垂住持之優善□」磨矣毋違此碑」右附崇勝里無量寺住持僧通濟准」嘉慶捌年拾貳月初八日」碑示△△△△△△△△△△△△△△△△△△△△△將此刊碑於左勿□」。

奮志振興恩惠至(左聯)勤修苦建德慈隨」。

(《銘文録》415 頁僧通濟立重慶鎮左營大足汛事馬△賞示懸碑)

公元 1810 年(嘉慶十五年)

【碑文】善果流芳(額)

裝彩關聖夫子文昌夫子火德星君金容碑志銘川主火神聖□並善士□□人等(漶)」神有金容尤人之有衣冠□人必來□□□□瞻視尊神□□金□□□後(漶)」玉皇大殿左右先□奉有關聖夫子文昌夫子火德星君以及靈(漶)」庚午夏六月有首領等謀及同人裝彩金身一時

環近善士□□欣然樂(漶)」生爲正人死爲正神足之書者彰矣人之贊者多矣其有附會之説響而(漶)」而知夫子之爲夫矣於戲是亦天也是以聲名洋溢十方國地及□□凡(漶)」其在天爲張星爲文昌在地爲□嶽爲□□在人爲將相爲士夫其爲神□在□□文昌(漶)」詩云張仲孝友非謂我夫子興自隋唐以來鐫□□□至今飛□降筆處處彰美(漶)」龍□亦掌禄嗣此又夫子降靈而自叙者也至於火神□興朝之萬熒□威循度(漶)」泰金鞭耀處眾魔潛蹤赤面霽時群品沾澤是火神之足以御災捍患威鎮四方不與關聖(漶)」莊嚴儼然黄金之相以視昔之泥塑裝彩而真面難睹者今則焕乎維新而神光普照□則相(漶)」真如日月之經天山河之緯地矣若夫果報之説自有攸歸且置不道△棠城府學師生黄□(漶)」龍神聖像二尊(漶)」(第 14—25 行出資人名略)

大清嘉慶十五年六月下浣吉旦立」。

(《銘文録》261 頁黄□□立《善果流芳》碑)

【妝修記】序云」斯系足邑海棠城香國永安二甲村昔里古跡玉皇廟聖澤□」亙古今座鎮崗龍金獅趣案如群鳳玉猶瓶今朝康熙□」内諸公發善建廟營裝顏彩輝百餘載宇斜辟倒風雨傾□」嘉慶二年之眾善樂捐整廟廷建之帷作蓬萊殿上聖威靈樂金□」豐十年乙丑歲予父子發片念心禱祈父壽遐齡享佑予家」昇平叨蒙聖澤洪恩遠今命繪士妝聖容伏願上帝靈□」如天地之攸久威光如日天之昇恒普濟下民咸吉之永慶」信善蔣信魁侄(男)成昆成侖成嵩闔家等發心捐裝滿堂金容」繪士范承璽畫宗華」石匠張恒升」龍飛嘉慶拾伍年庚午歲夾鐘廿九日處士牛德宏書」。

(《銘文録》312 頁蔣信魁繪裝玉皇龕鐫記)

此碑位於玉皇廟正殿右壁，在左壁還有一塊 1840 年道光二十年的碑文："增修小引」余讀碑碣知玉皇蒲堂諸像(漶)以迄於今其間或」彩繪金容或像妝蓮座種種(漶)廣茲有于蔣諸君」毅然倡首妝塑文昌帝君(漶)面蓋輸一己之願」力功難圖成借眾善之囊金(漶)曰卓哉此舉眾善」奉行立功立德乃聖乃神膺(漶)共顯厥靈千百年」來俎豆猶馨堂堂廟貌卓卓(漶)並書」(第 7～19 行出資人名略)大清道光二十年仲夏月吉旦立」。”另，廟内還有一圓雕東嶽帝殘像，上刻銘文：“信士楊光榮同緣□」氏爲男發心裝修」東嶽聖像一尊」(左)嘉慶□□□午」年十二月初五日」開光大吉」。”“□午”年，據查，嘉慶三年乃丙午年，嘉慶十五年乃庚午年，以此碑内容，斷爲庚午年。附録於此。

公元1818年(嘉慶二十三年)

【銘文】重九日偕幕友胡梓川宋樹亭少尉蔡峻峯内弟何晴霞游南禪」寺遂至玉皇觀登高記」鴻雁北來節逢九日簿書少暇選地登高城南三里有南禪」寺僉曰幽勝肅駕遊焉刹宇荒涼僧房卑庛不足삘衿金惟」門外松檜橚槮頗堪延賞遂呼騶赴玉皇觀路漸曲仄延緣而」上約里許乃至茶飲少憩入三清洞瀏覽鑿空巖石琱鐫法」像非自然者撫睎洞門右刻隸書二十字筆意甚雄傑乃譙人曹」偉卿公餘侍親遊此爲慶元庚申冬雪後三日也側面刻楷書」七十字字有闕落係後人鑿削乃知昌州陳伯彊饗其先考妣」者爲乾道己丑冬至日也循睎洞門左刻楷書二十三字乃申」國吕元錫挈家尋仙於此爲淳熙戊戌六月十三日也尋」仙下鑿毁三字出洞摸左石壁爲屋木閉遮擁甚黝黑燃火燭之尋七」律詩四首倡者爲左朝請大夫知劍州軍州事張宗彦和者爲左朝」請大夫知昌州軍州事何格非無歲月旁刻草書四行甚」模糊審睎乃辛未初冬鄧早跋張何二公詩者知其詩作」於淳熙辛酉歲鄧早跋張大成書丹也旁有南山留題七律一」首乃淳熙五年六月十二日吕無錫挈家登南山回少憩南禪寺所作也下」刻和韻詩署款處數十字極小駁落不可辯仍循至右石壁有淳熙」七年冬十月大足縣令何光震同教授主簿等官刻石紀事者」文凡六百九十字旁有端平二年六月六日江原樊允季領」客資陽王熙避暑於此凡三十二字數百年湉封藤覆之物一旦出於」人間喜極欲顛百馮是獲飭吏人撤木欄滌塵土將拓以餉知好也遂登」老君閣石像數十斷裂横卧彎視客外野煙岂樹時露積陽孤鶩飛」處白墖出尖緶田水滿皓同積雪矣呼燈劇飲聯騎而歸濡墨作記」並棖二詩」夾路松聲湧翠濤叢篁秀色上霜袍偷閒來問空王法仰首」呼通

帝座高冪地寒雲迷窣堵摩天健鶻覻林皋登峯欲咒」石龍雨洗盡落斑好吮毫△攀蘿拊葛費冥搜趙宋」詩篇石壁留已到紅羊刼火日誰悲白雁荆襄秋感懷」我欲唾壺擊歎歲民偏鼓腹游嚴申酒禁米價甚賤黄鞠茱萸循例」醉△嚴城寒漏下上丙下支 Geng 篝△△嘉慶戊寅歲嘉平之月」賜進士出身前翰林院庶起士知屏山縣署大足縣事西涼介侯張澍呵湅書」。

(《銘文録》303 頁張澍重九日偕友登高記)

【銘文】春雲雪後澹如消，鬥覺霜蹏踏磴驕。柳色青來鶯」舌滑，菜花黄處酒旗飄。刑清無事官疏懶，僧」俗何知佛家寥。半載昌州慚撫字，懷音試聽泮」林鴞。磨崖蘚字又來尋，乾道淳熙歲月深。毀」黨籍碑青史泣，小朝廷幣白頭吟。僅多避暑」消閒客，誰抱憂時活國心。讀罷張何唱和句」，晴天一鶴響瑶音。歲行盡矣，余將卸篆，官舍清寂，重遊遺興」。摩挲宋刻，倍增感籲，口占二詩，以志蹤跡」。嗜古君子，或有取諸。時」嘉慶二十三年臘月二十四日西涼介」侯張澍題」。

(《銘文録》303~304 頁張澍重游南山題詩並跋)

【銘文】辰秀太清

著雍攝提格雲」嘉九日偕友登高」愛此巖石削而」平之贊以四言」賜進士出身翰林」院庶起士知敘州屏」山縣署大足縣事」武威張澍介侯甫題」。

(《銘文録》304 頁張澍題"辰秀太清")

【銘文】蓊然雲起

戊寅塗月(左)武威張澍書。

(《銘文録》304 頁張澍書"蓊然雲起")

張澍(1776—1847 年)，字百瀹，號介侯，甘肅武威人，乾嘉之世經學家、史學家和金石學家，有《續黔書》《養素堂文集》《蜀典》等行世。在四川歷任過屏山、興文、大足、銅梁、南溪五縣的知縣，於大足知縣任上乃嘉慶二十三年，主編過嘉慶《大足縣志》。

西安碑林博物館收藏有張澍未行於世的《大足石刻金石録》手本。

公元1822年(道光二年)

【墨書】大清道光二年歲在壬午臘月初三日總領袖龍萬清黄□□江萬□黄存高鄧先龍彭志□□□□黄昌俸黄體□□□□□□□譚公瓊△重修」(西向東寫)

傳臨濟正宗三十八世罄山下第九代寶頂住持僧戒□△僧照明皇圖鞏固△帝道遐昌」。

(《銘文録》258頁龍萬清等重修小佛灣壇台房宇記)

公元1824年(道光四年)

【碑文】永垂萬古碑記(額)

小寶鼎裝塑△萬歲龍牌靈官文昌大帝合碑記」棠東廣大名山也與寶鼎遥相輝映其東南諸峰林巒龍美望之蔚然(漶)」著靈明焚禮眾詢其所自創自康熙庚寅辛卯年間亦極輝煌壯麗(漶)」末云自幼披剃賴師公玉賢撫育成立受戒沙門得衣缽真傳禪機(漶)」寺頗興旺焉迨及己未秋尤幸眾善同心喜捐樂助複修」萬歲龍牌一座住持力居其半越至嘉慶二十二年施主于利富利禎利行(漶)」得買麼□名下田土山場房屋基址一契載糧十畝田價銅錢七十四千文(漶)」滋訟不休請憑山鄰紳約等情願施入三寶以作焚獻寺産歸僧永遠照□管(漶)」碑爲據而寺僧洪參複又發慈悲心種菩提果於道光四年甲申秋倡爲首領謀□□近善□□」彩靈官大帝文昌神像金身二尊立太子一尊眾皆欣然樂從喜舍錙銖未數月□因□□□」文記之予等將前後眾姓行捐之功德金名勒石合碑而爲之序然□斯舉也而寺僧□□□」善樂助之功永堪流傳奕衣異於不墜云爲之□七言律云」(殘文録碑末)

嘉慶四年修龍牌」(第14~42行出資人名略)」

龍飛道光四年歲次甲申南吕月△建立當代住持僧洪參△徒秀峰△徒(漶)」

言律云：寶溪庠生黄體□（漶）覽勝尋芳步寶山（漶）四圍樹色種聲静（漶）斷碣殘碑舒眼界（漶）我來此地憑瞻仰（漶）。

（《銘文録》265頁黄體□撰永垂萬古碑）

公元1826年（道光六年）

【妝修記】是廟也昔名舒勝今號半邊洞宇開自先朝」繪彩重新今日寶珞莊嚴前臨中敖而托拱」擅香瑞氣下映金鼎而輝煌雖非鷲嶺祈園」而翠竹黄花群沾法雨名山勝景而長松細」草普蔭慈雲△他如尋園歡喜無非選佛之場」對沼醍醐即是證果之地當今」聖王御宇百廢俱修有樂捐善士不吝錙銖」重妝二殿神像俾異日黄金布地花雨彌天」莫非此好善之心所感昭云耳維大清丙戌」道光六年季夏月望九日甲子黄道開光信」善黄寶禮同缘楊氏△彭宏典同缘會氏敬」爲本身疾愈妝彩祈保星辰康泰禄馬扶持」。

（《銘文録》310頁黄寶禮等妝彩東嶽大帝、淑明皇后龕鐫記）

公元1831年（道光十一年）

【妝修記】本山住持僧秀然發心裝彩」古佛一尊祈保山門清吉」李自富吴立元各一錢」道光十一年四月初三日立」。

（《銘文録》258頁僧秀然裝彩聖跡池古佛記）

公元1833年（道光十三年）

【碑文】天燈碑（額）

囊排金粟春風起而流星網飛釵綴王蟲霜蛾飄而碎花亂落董事多人」羅金數十掛鼇山之萬盞交輝青雲迴龍賣燈市於千家普照黑山雙鳳點」盡西漆南油縱然鐵頁銅頭胥作忠臣孝子然來金枝玉樹任他刀山劍塢」化爲珠壘瓊臺信乎星移萬點堪兆泰運休光誠哉月滿千村足

覩昇平氣」象月之十一閒步至此領袖諸君曰光耀三載焰徹九霄央抒以詞俾刊厥」石餘返躬内叩撫懷静思愧乏蘇海韓潮謝月江花焉得黄絹幼婦外甥虀」臼第以業承鴻命敢不聊憑鼠須願竭駑鈍用效蛩吟以誌我境時和年豐」室饒黍稷民安物阜户擁倉箱於事無不可就備呈造物之奇於功無不可」成照徹通幽之異使後之遊斯地者想當年扶攜而歌王燭赤叟黄童追逐」而列火城蛾兒連子一樹光茫已止金峨之嶺三年燦爛曾輝千佛岩候其而煒」(會首楊通書劉義秀等以下是人名30行略)」龍飛道光十三年歲次癸巳春王月」。

(《銘文録》416~417頁劉義秀等立天燈碑)

該碑位於千佛岩第6號川主、土主、趙公、玉皇龕外左面，在右面另有一碑："天燈碑記(額)」凡境有樂善之地必賴有好善之人而後能成不朽之功我境千佛岩樂善地也□□□□□」中流古像沿岩石壁森列登高而望羣山俯首欬吐之聲四境皆聞以故□□之約恒一□而」集焉先是諸君子予元清候植火樹於其上光徹緑野遍地銀花如□□□□□□可□□□」時遊人如市歌詠弗絶熙熙攘攘誠境中之一大觀也無何人樹九解功道□□□□□□□□」無覩丁酉秋歲大熟于是境内數君子昌率共間附和者頗衆不期月而募化百金□□□□」爲樹植規欄勒石定矩之其衆務悉備焕然一新光輝四射人面玲□上□□穹□□□□□」月下酬疆土能勿並古於河山吾故曰樂善之地必賴有好善之人而後能成不□□□□□」(總會首左永恆劉義秀等以下是人名34行略)」覃斯龍□□屬在會内富貴貧賤未可逆料永不得分會若起此念(漶)」前次點燈三載錢三千放息四百交與此會支用」大清道光十八年正月望△日△△△△△△△△△△△△△△建立」。"兩碑所述内容相似，記載了當時當地正月裏火樹銀花的場面。文末"癸巳春王月"原文如此，疑爲"三月"誤讀。

公元1835年(道光十五年)

遊石門山記

乙未冬，文生吳紹典頻來志局，謂予曰："邑中古跡，自前令張介侯先生雅意冥搜，如寶頂、南山，并北山佛灣，殘碑斷碣，洵無遺矣。而縣東有石門山，沿巖鑿像，或仙或釋，或諸鬼神，千百變幻，混爲一區。其中多宋人石刻，可登乘邑否?”余以爲境非親歷，傳聞無當也。越今仲春四日，乃束裝游焉。出城四十五里抵山腳，巉巖磊落，雄踞一方若獅然。路折而南，瞻梵宇尚隔層梯。循梯上至石門，石鐫山王土地一龕，旁刻小字十行，甚模糊，拂塵諦視，爲乙亥歲紹聖二年二月二十四日清明節造，弟子楊才友，鐫神匠文居道。由山門進巖，高二丈許，長亦二丈許，上覆以屋，諸佛倚巖而坐者，凡四龕，玉皇位中龕，横懸一匾曰“通明殿”。外鐫二天神，右千里眼，左順風耳，狀甚丑，牛鬼蛇神，仿佛似之。藥師佛位右一龕，旁鐫立像四尊，下鐫十弟子像，高不盈尺。釋迦佛位左一龕，旁有香花菩薩、阿南、迦葉像四尊，下刻小書十八行，雖有漶滅，大率可讀，乃長溪里奉佛女弟子趙氏、男吳信之鐫造，時紹聖三年丙子四月十四日，文惟一刻。左二龕則居觀音，下刻楷書十三行，筆秀而勁，乃僧法顯鐫造，時紹聖元年甲戌歲。稍轉於巖隙間，開一線路，狹僅容身。右石壁鑿洞二，洞口有天神二，秉鉞執鞭，極威猛之狀。入圓覺洞，甚黝黑，適有祈報者，舉燭齊輝，光耀諸佛，儀態淑譎，非復人間。出洞不數步，即五顯大帝龕，大帝獨腳亭亭，甚雄偉。過此爲孔雀明王洞，明王騎孔雀，折一足，后人修補之，非自然者。洞内不甚暗，燃火燭之，周圍皆鐫法像，上層像慈良，次層像莊嚴，末層像或乘蓮，或駕鶴，或跨龍，玲瓏萬狀，神工鬼斧，蓋非人力所能爲。巖曲處爲送子殿，送子觀音，系今時造者，求嗣輒應，香火之盛，震耀邑東。轉而南，有三皇洞，豁然開朗，諸像列眉，上鐫三皇，垂旒執笏，猶見太古衣冠；左右二力士，睜目露牙，陰森可畏。兩旁鐫立像大小數十，精工妙麗，肅若朝班，惟左班像多斷裂。土人云：“右班中足踏龜蛇能作孽。國初時，與明王洞孔雀俱遭雷擊”。蓋震撼及之耳！三皇洞外左石壁鐫炳靈殿，炳靈太子位居中，旁有七十五司，紗帽籠頭，眼光四射，似欲窺人隱者；下刻地獄變相，鬼怪紛沓，靡不活現。巖間復尋故道出，摸左壁，刻昌南詔從事酆㮊紀行詩三十韻，隸書，四百五十字，筆法枯勁中饒清潤之概。挑燈讀畢，囑工拓，以餉知好。爾時斜陽罩樹，刹外春色倍覺宜人。晚出眺之，見巖側面平如鏡，上横鐫“石門山聖府洞”六大字，旁有小楷書數行，爲“戊戌淳熙五年中元從事皇佛監判官宋以通書”，末刻“山主文道盛造”，於乾隆乙卯年九月十一日崩頽，是年復修。吁戲！淳熙紹聖，數百年於兹矣！而古跡遺文，尚存十一。斯亦吾邑光也。因作記以報吳君曰：“微先生之言不及此。”

（《民國重修大足縣志點校》181～182頁邑人李型廉《遊石門山記》）

由於文中有言“前令張介侯”（即張澍），因此該文當成於嘉慶年之后。查歷史年表，嘉慶後只有道光十五年與光緒二十一年爲乙未乾支，當定爲道光年間。民國大足縣志中還有多篇清人的石窟遊記，筆者精力有限，僅録數篇，稍爲線索。

公元1836年（道光十六年）

【碑文】重修小寶頂廣大寺觀音殿普陀巖碑志銘」

寺有前殿猶人之有顔寺有後殿猶人之有腦寺有兩廊猶人之有耳人必數者具而□爲完人人□□□□而□」爲完寺今廣大寺亦古梵刹也創自康熙年間百餘年來基宇尚隘廟貌且頽是亦□□一□□□爲起□□□□」有僧上德下芳原系釋祖門下弟子年類芻尼之少才似妙喜之長髫年披剃頗知□學禪□早透□□□□□□□」於遂邑之五柱場禹王廟居焉歷年苦積頗存錙銖因師公洪參年已衰邁常住淡□□□□□而僧□□□□□」理事務將所出佃之田贖回自行耕種朝夕焚獻衣食頗足又復重修觀音大殿普□□大小□□□□□□□□□」輝煌雖未結構盡善然規模氣象巍乎焕乎數倍於前矣計費贖田修寺共捐金七□□□□□□□□□□□□□□」助玉成其事所謂自作者還自受而好善樂施者可知矣經始於甲午春興工遂落□□□□□告竣今□□□□」故問記於予予登山觀之歎曰善哉是誠僧之智也衆之力也抑佛之靈也雖然予□□□□天下□干□年不朽」之物彼夫秦宫漢殿至今何在吳苑越台於今安存而廣大寺爲神所憑依衆所□□□□□皆衣異當□□□□□」荒煙然非得人隨時補修不可若夫後來居上愈出愈奇踵

事增華自在後人而□□□□□□豈遂爲觀止□□」不文並溯前推後而爲之記△△庠生黄體訓撰△△雲山黄朝覲書」

(第13~23行出資人名略)」

道光十六年六月十九日立△△本寺方丈師公上洪下参△監院徒孫德芳△徒覺華△朗法眾(漶)」。

(《銘文録》266頁僧洪參重修廣大寺觀音殿碑志銘)

公元1843年(道光二十三年)

【妝修記】棠城信士徐榮德合宅人等」發心△叩許」孔雀明王佛洞中諸神金身煥彩蒙」神護佑即日彩煥金身酬恩了願」乞保人眷身安吉祥如意」道光二十三年〔正月〕十八日徐〔榮德〕□」。

(《銘文録》75頁徐榮德彩煥第155號窟孔雀明王金身鐫記)

【碑文】白塔寺碑序」

□有云人傑地靈斯言誠足味矣邑之白塔寺古刹也未知創於何時建於何人以意揣之大都前之賢□」□於地理精於形家卜得城北里許高聳處率眾募修廟宇建豎白塔城之保障系爲邑之文風關焉生〔斯〕□」者人文蔚起黎庶繁殷未必非樓神得所庇陰於無窮也歷代焚獻亦不可考〔承〕□〔門〕亮和尚參透玄妙〔謙〕□」法戒坐静之暇培修日多功不亞於前人人傑也而已〔遜此靈〕矣數傳而後德興□□各懷異志分作東西」房債日累積不〔克〕守成於道光十二年福真等將寺出頂〔詞〕經前任□縣尊章公□〔於〕當堂查驗銅梁縣盤」龍寺僧圓海圓亨堪充住持邑中紳士江文煥周明監等協同盤龍寺山鄰楊□□□□儀清理界址串名海」書立文契代前僧填還借貸四千百文招轉各佃保租銅錢二千八十□並給前僧衣單銅錢□□海亨齒積即將廟之」壞者補葺之像之塵垢者妝彩之一切山林牆垣〔從蓋〕培補次第宅繕較前之〔廟宇〕〔傾〕圮香燈冷落不大〔異〕」吾因之有感矣天下事莫爲之前雖美弗彰莫爲之後雖□弗傳海亨承〔繼〕斯地不惟近紹福珍和尚並□」紹聞建者百千萬年於不朽也地之靈與人之傑也邑中美舉甚多又得此廟之煥然重新永鎮一邑風水」見土切觀光□欲温飽三□名臣此爲首指

□居□縣因海亨來頂時同詣縣署□章〔公細〕查海亨虚□□」告之敢任保舉之〔者〕厥後〔詢〕邑中附近紳耆得知斯廟之大略如此特敘之以見人傑地靈之不爽云□□」陝西鳳翔府觀音寺〔名刹〕正□□經學禪師〔傳派〕得道與恩正真洪祖普妙避昌從令直〔古〕」真瑞和尚〔傳派〕紹續心宗覺性了悟定慧園明果超成佛」銅邑壽隆寺悟吾各尚□仁本天然智清源海印〔逍〕常光和寶月寂照□□□」傳臨濟正宗第二十七世住持比丘圓□(漶)」石燈山無相寺師弟圓□□經師」月宫山波輪寺師弟圓□徒□明□□」銅梁縣貢生楊應□佛山氏撰」大足縣文生周明□石□氏書正」大清道光二十三年仲冬月△吉旦立」。(白)

(《銘文録》462~463頁楊應□撰白塔寺碑序)

另有一《白塔寺花園記碑》，未知何年，應相去不遠，附録於後："白塔寺花園記」從古名園不一長備觀覽者卒少爲其地非〔閑〕静而所種花木亦非名貴幽香也故」通都大邑世族貴戚莫不各據其園自以爲美□千秋乃不移時而人之遇之〔雖〕荒」穢不惜者有之若陶之菊同之蓮蘇之行亦非必超絶□□□□□往往共〔和〕稱〔美〕」良以□地□高而所種皆佳植不求奇而自〔異〕也□□□山白塔寺自」朝定鼎以來歷經修□□□□□□稱〔美路幽花〕□□□□□□□既然嵩已任□」觀音殿后命匠修砌磚瓦石塊經年累月不憚□□□□□〔花〕園乃成選奇異〔緑〕竹」水勤灌溉於朝暮名花佳木畢集其中春夏之間蘭香□人荷緑獻瑞秋冬之際露」白並潔雪花同鮮堪備拈花之徽笑别呈慧目之色象更〔於〕花木之旁置二魚硐明」水照天麗藻映地魚有金墨二色當晴光之滿空則隱伏而聽法及徽陰之將兩則」□躍以參禪徽風飄蕩飛花雜混錦鱗雷鳴土震落葉浪掩金□緩步環遊神清氣」爽試由園東望長崖千佛光射園花南瞻院宇層台塔峰屹立園前而不敝其西則」□嶺環列回繞於園右北則鳳山疊來曲接園牆奚啻鳥語花香園之景不一園之」□日多園之幽芳奇異亦愈出不窮失豈嚴囂雜處與朝紅夕謝之俗景色凡卉同日」□哉異時」□意圖以斯園載入邑志則其園不朽寺之勝亦不朽僧之名亦不朽千載後〔何〕」。"

公元 1844 年(道光二十四年)

【銘文】関聖帝君覺世真經」敬天地禮神明奉祖先孝雙親守王法重師尊愛兄」弟信友朋睦宗族和鄉鄰別夫婦教子孫時行方便」廣積陰功救難濟急血孤憐貧創修廟宇印造經文」捨藥施茶戒殺放生造橋修路矜寡拔困重粟惜福」排難解紛捐資成美垂訓教人冤讎解釋鬥秤公平」親近有德遠避凶人隱惡揚善利物救民回心向道」改過自新滿腔仁慈惡念不存一切善事信心奉行」人雖不見神已早聞加福增壽添子益孫災消病滅」禍患不侵人物咸寧吉星照臨若存惡心不行善事」淫人妻女破人婚姻壞人名節【妒】人【按】能謀人財産」唆人争訟損人利己肥家潤身恨天怨地罵雨訶風」謗聖攻賢滅像欺神宰殺牛犬穢溺字紙恃勢辱善」□□□□離人骨肉間人兄弟不信正道奸盜邪淫」□□□□不重勤儉輕棄五穀不報有恩瞞心昧己」□□□□假立邪教引誘愚人詭説昇天斂物行淫」□□□□横言曲語白口咒詛背地謀害不存天理」□□□□不信報應引人作惡不修片善行諸惡事」□□□□水火盜賊惡毒瘟疫生敗産蠢殺身滅家」□□□□【近】報在身遠報子孫神明鑒察毫髮不紊」□□□□□福攸分行善福報作惡禍臨我作斯語」□□□□言雖淺近大益身心戲侮吾言斬首分形」□□□□消凶聚慶求子得子求壽得壽富貴功名」□□有成凡有所祈如意而獲萬禍雪消千祥雲集」□如此福惟善可致吾本無私惟佑善人衆善奉行」勿怠厥志」道光廿四年仲夏之月士庶敬刊」。

(《銘文録》432 頁士庶敬刊關聖帝君覺世真經)

公元 1849 年(道光二十九年)

【碑文】福△重創碑△壽(額)

重創小寶鼎廣大寺並塑修佛像序」

自方廣東被教肆西移周魯二莊親昭夜景之鑒漢晉兩明並列丹青之飾然後遺文間出列刹相望圖澄道流於西□」羅什名被於東川矣廣

大寺者沙門釋氏之所立也南則玉皇古洞雲霞之所沃蕩北則層岩懸岩日月之所回薄西□」城邑百雉紆餘東連寶鼎千里超匆信棠山之勝概也△西意禪師行挈珪璧擁錫來遊澄心相度已久於康熙四十八」年爲之薙草開林置經室立禪堂以能廣行大迦葉故以廣大爲寺名迄乾隆十九年有△住持雪純始妝塑諸神像以」肅瞻仰厥後高軌難追藏舟易遠僧徒闃其無人榱椽毀而莫構可爲長太息矣惟△德芳禪師原廣大苗裔也杜□□」邪養志五桂之市掩室摩竭系心兩地之山概深複簣悲同棄井乃移遠回籍積青鉄而有餘就近歸農間靈山之□□」值道光十四年庀徒揆日重修觀音大殿募塑普陀像△黄公之序詳矣屆十八年又重建前殿至二十二年又復□□」殿暨上下左右海面石工並正殿佛像下殿文武諸神像募眾五十餘金共計費二千餘金歷數載寒暑而梵堂壯麗□」彩煥然此不徒△師之智能所致而亦△佛神之感通澤施於無窮工竣托余序余以陞高而望層疊延袤上出雲□□」間透迤下臨無地金姿寶相永藉間安息心了義終焉遊集當鏤文於殿側宜樹碑於山間世彌久而功宣身愈久而□」劭敢寓言於雕篆庶眾妙△△邑歲貢生胡朝品篆並書」(第13~26行出資人名略)」

大清道光二十九年己酉歲春三月△吉旦住持僧德芳△建」。

(《銘文録》267頁僧德芳重創廣大寺碑)

"青鉄"應爲"青蚨"，是古錢幣的代稱。

【銘文】□謂補修□所以繼古人刊□□志而□□人向善□□也」茲觀音岩系前明善士開通路徑時建諸佛像於巖壁蓋欲□」佛慈之廣大可以庇行人而佑衆生歟今歷數百年神像□」壞金碧黯然廟基路道傾圮不堪爰是募衆錙銖補修重建」功成告竣刊列衆善姓名乃記之曰棠邑之東其谷化龍懸」岩曲徑昔人開通山壞水聚佛像金容補修重建衆志所向」(其間捐資人名略)」道光二十□年夏月(漶)」。

(《銘文録》434頁李光録等重建補修寺廟佛像記碑)

因"道光二十□年"辨識不清，按下限時間道光二十九年計算。

【銘文】竊□□□□□□□□□□□□□□□□□」則靈誠此巖也得

天地之靈氣受日月之」精華將欲赫濯騰飛竟被雷神震切考古」實在於乾隆年間矣後之好善者就石刻」塑雷電二神並修觀音普賢文殊三大士」金身于是方鄰遠近祈禱多驗奈之年久」飄摇金容暗昧今譚君補揚前功重募裝」彩爲之焕然一新豈謂岩不奇而神不靈」也耶是序」(第10至37行人名略)」道光二十九年冬月十七日△△立」。

(《銘文録》434~435頁譚家隆等重募裝修神像金容記)

公元1852年(咸豐二年)

【碑文】恩沛佛門(額)

特授四川重慶府大足縣正堂加三級紀録五次彭△爲遵照示禁事道光廿一年」十一月十二日奉分巡川東兵備道嵩△紮發告示内開照得各寺觀僧人奉佛焚」修自宜予以清静不使稍有滋擾兹據僧人瑶光等以各寺觀僧人並無不法情事」於年終由僧會司赴縣出具總結而廳汛各署猶復紛紛取結並按季以查廟爲由」藉端需索兵役人等乘機勒磕等情呈請示禁前來據呈自非無因合函出示嚴禁」爲此示仰兵役人等知悉嗣後爾等務須各安本分不得仍向各寺觀訛索擾累至」各寺觀僧人是否確守清規應由地方印官隨時順便稽查於年終取具僧會司切」實總結備案該廳汛員弁不准再行□結並藉查廟爲由任意需索自示之後徜該」員弁並兵役人等陽奉陰違仍敢藉端索擾一經訪聞或被告發本道惟有從實參」辦決不姑寬等因奉此合行出示曉諭爲此示仰縣屬寺觀住持僧人等知悉自示」之後如有廳汛兩衙兵役仍敢藉端索擾許該住持僧人具稟」本縣以憑究辦決不姑寬各宜凜遵特示△△△△△△△△右△諭△通△知」龍臺山僧映槐書」右爰小引」無量寺古刹也由明季以迄我」朝多歷年所百廢莫興拖負債租約二千有奇及今債項畢償惟存租錢三百串許」而△佛龕古徑與廟宇周遭之傾圮者既勉力修理而補葺之矣爰綴數語非敢居」功亦聊使後來孫徒識廢興之自云耳」住持僧源朝徒廣文孫續清續現曾孫本量」

皇清咸豐二年壬子歲姑洗月△△△△△△△△△△△△△△△△△△日吉立」。

(《銘文録》415~416頁僧源朝立《恩沛佛門》碑)

汛兵乃是清代地方鎮守軍隊，塘兵是朝廷軍隊中的通訊兵。

公元1856年(咸豐六年)

【銘文】西竺一脈

邑人遜齋曾志」敏時年六十有」二左右兼書敬」成勒石(左)」大清」咸豐六年」歲在丙辰」冬月十九」日△穀旦(右)」。

(《銘文録》240頁曾志敏書“西竺一脈”)

【銘文】海棠香國

大清咸豐六年□」□丙辰重九日□」録於棠城忠□□」
邑人曾志敏遜齋」氏時年六十有二」左右皆書敬誠勒」石」。

(《銘文録》463頁曾志敏書“海棠香國”)

公元1862年(同治元年)

【裝修記】發心裝□」觀音金身」(第3、4行出資人名略)」祈保」人口大吉富貴雙全」匠師袁化吉妝黎庶普繪」同治元年二月十二日吉立」。

(《銘文録》270頁袁化吉等裝繪高觀音金身記)

此高觀音像處另有1836年道光十六年銘文爲：“募化裝彩觀音金身」道光十六年五月△吉立」”以及1885年光緒十一年銘文：“邑貢生」李學綱男文生新萌」彩絢」高觀音金身二尊佛傍像共」五尊祈保家門清吉」光緒十一年七月初一日刊」。”

公元 1863 年(同治二年)

【碑文】佛宇重新(額)

重修大佛寺碑序」余聞中國崇佛始於漢明天馬脱形傳自成化赫赫三年(漶)」國之觀瞻亦與寶鼎名勝同爲不朽者也無如歷久而(漶)」梯崩壞且佛之金容剥落上院住持目擊心思非百有(漶)」山鄰相商出簿募化另行改建幸諸君聞之願爲倡首(漶)」于是鳩工庀材卜日興造未幾告竣勒石垂碑以標姓字(漶)」能璽玉其相盡態極研行見佛顔廟貌較昔之傾頹崩□者(漶)」前之目擊心思者不暢然滿念乎至若報施之説可□而(漶)」(第 9～28 行出資人姓名略)大清同治二年歲次癸亥流火月上浣(漶)」。

(《銘文録》270 頁佚名立《佛宇重新》碑)

【碑文】批准示禁(額)

欽加同知御署理四川重慶府大足縣事即補縣正堂加五級隨帶加一級□」陳△爲賞示刊碑事案據崇勝里民陳天應陳德昭陳德尚陳忠槐□□□」陳天鳳陳德寬陳德鐘王朝宣鐘吉慧鐘相明張才廣鐘治元陳忠□□□」情因民等方境無量寺係屬古廟嘉慶二年住持僧通濟買王子政□□□」六百肆拾串載糧四十六畝六分其有四至界畔東南二界與賣主□□□」石牆垇坎上埋石爲界曲轉左高岩順岩直過至賣主後龍主頂山□□□」坎斜下坡順坎腳抵賣主團田坎直下截斷左長田小角作梗下田□□□」抵牆腳順田後坎抵土堡腳截斷灣田小角埋石作田坎下高岩曲□□□」界沿高岩至東與無量寺合界其有賣主出留與無量寺原前相連□□□」前後左右埋石爲界又有嵩見界畔相連之柴薪上不得坎下下不□□□」畔凴中踩踏埋石分明出賣契之内並無存留寸地自賣之後任從買□□」作牆砌埂投税挑撥入冊永遠管業迄後通濟物故前數年來遭伊徒□□」將此業出賣被僧源朝與民等阻止未賣故爾佛神香燈有賴茲僧源□□」徒等復行出售佛神香燈絶滅實難久爲防杜爰集民等商議稟□□□□」禁刊立碑記永遠禁止不許出賣神僧均沾伏乞等情據此除稟此示□□」爲此禁仰方境公正紳耆及

寺鄰人等知悉自示之後無量寺田房□□□」佃耕管以作佛神香燈焚獻只許培修寺廟不許僧人擅賣寺業□□□□」寺鄰首事赴縣具稟以凴拘案嚴究決不姑寬各宜凜遵毋違特示□□□」。

修路小引△無量寺東西土路泥濘殆甚寺僧源朝捐貲修之平□□□□」成請序於愚愚爲之讚曰此山不竭惟佛之德此路不傾銘僧之恩□□□」維新不傾不竭長隨碑碣」龍飛大清同治二年歲次癸亥月建丙辰律仲姑洗下浣穀旦」。

(《銘文録》416頁陳天應等立"批准示禁"碑)

"律中姑洗"是指三月，《史記》卷二五《律書第三》中言"三月也，律中姑洗"，洗音鮮。

公元1864年(同治三年)

【銘文】大將南征膽氣豪腰横穐水雁翎」刀風吹鼉鼓山河動電閃旌旗日」月高天上麒麟原有種人間螻蟻」豈能逃太平待詔歸來日聯與先生解」戰袍△癸亥春日△饒玉成」。

(《銘文録》246頁饒玉成書古詩一首)

此詩位於聖壽寺玉皇殿后簷下板壁，共有四首，均無紀年，視爲同時所刻。據《銘文録》載，聖壽寺康熙二十九年重建，至雍正年間各殿神像方漸塑成，同治年間進行過一次大的維修。查清康熙以來的乾支"癸亥"，先後爲康熙二十二年、乾隆八年、嘉慶八年、同治三年、民國十二年。因饒玉成詩中所述爲冷兵器時代，不似民國年間，而乾隆八年及嘉慶八年，史載並無大的南征戰事，不合詩中所述。而同治三年，正是清政府與太平天國及撚軍在全國各地交戰，特别是在江南地區攻剿不斷的年月，據趙爾巽等撰《清史稿》卷二一《穆宗本紀》記載，同治三年，"(二月)庚寅，曾國荃等軍克鍾山石壘，合圍金陵。……(二月)壬子，蔣益澧各軍克復杭州及余杭。……是月，免貴州各府州縣被擾逋賦。……(四月)丁酉，以江防下游肅清，裁汰師船，並弛封江之禁"。因此，筆者將其年月定爲同治三年。

【銘文】眼中不必名山大川千萬」耳中不必鑾笙鳳吹迎」風起△性子才城」秀山主人饒玉成」。

（《銘文録》246頁饒玉成書詞一首）

【銘文】夫因兵亂守蓬茅麻苧裙衫鬢」發焦桑柘廢來猶納税田園荒」後尚征苗時挑野菜和根煮」旋砍生柴帶葉燒任是深山家深處也應」無計避征徭」柳涯居士」。

（《銘文録》246頁柳涯居士書唐詩一首）

【銘文】問余何事棲碧山笑而不」答心自閑桃花流水渺然」去別有天地非人間」鶴壽」。

（《銘文録》246頁鶴壽書律詩一首）

公元1869年（同治八年）

【銘文】縹渺靈山有」路通尋幽直」入梵王宫泉瀼」石壁流來冷」月向花牆過」去空佛骨亂」埋黄葉裹僧」衣斜掛白雲」中阿彌八萬」四千塔我在蓮」台第幾重」。

道光五年」春季江津拔」貢楊曇題」同治八年」十一月中浣□□」道人手録」。

（《銘文録》248頁楊曇題七絶一首）

詩刻位於大雄殿右梯道旁面西刻小佛灣石壁，同壁刻有和楊曇原韻詩5首，均爲民國年間。爲便於比較，同列於下：

"和楊曇原韻」人在塵寰性已通」雲山縹緲梵王宫」泉由石壁流來潔」月度華岩萬象空」獻賊欺天埋佛骨」培修聖跡白雲中」我愛清幽七寶地」直上瓊台第幾重」壬午冬」。壬午冬書」佛像甚莊嚴」人心結善緣」迂回陪勝跡」仙境在人間」崇慶趙紫光」。"

"和楊曇原韻」野蔓荒煙路不」通攀崖斬棘訪」瓊宫景圭南海」潮聲静月到」西方色相空零」落禪房衰草」外亂横佛骨夕」陽中宦遊昊

〔日歸〕圭早再造靈〔山又〕一重」民國三十二年秋」郫縣王烈題」。"

"和楊曇原韻」山勢嶙峋曲徑通〔微〕」〔激〕仙梵〔生〕花宫苔深」洞老鐘猶在僧杳寺」荒榻已空怪木參天」雲影外方池映月柳」陰中浮生始覺無佳」趣欲度高峰第」一重」民國三十三年夏」李枕宇題」。"

"登寶鼎山步楊曇原韻」翠柏蒼松覺路通」遊人尋幽寶鼎宫」英雄兒女都成幻」富貴榮華總是空」佛骨横陳荒草地」鶴龜脈鎖慧眼中」勝跡古雅唐宋代」踏遍名山又一重」巫山縣若虚莊主人」。"

"路到窮時忽又通萬山環擁梵王」宫尋幽我被煙雲裹禮佛人誰色」相空鳥語遥傳青嶂外徑聲遠應」翠微中塵沾未覺遊蹤暢直上峰」巒第一重」羅玉删」。"

公元 1870 年(同治九年)

【碑文】重修寶頂山聖壽寺維摩殿經殿正殿玉皇殿東南二嶽靈官殿萬歲樓等處廟宇並諸佛像總碑」(首行)

邑西北多山山連亙或數十里或百里若眠鼉若奔馬若蹲獅踞象求一岡巒特峙者則難之寶頂居衆山中」群峰拱揖疊嶂回環洵天生選佛場也考寺始於唐盛於宋沿於元明而毁於明季張李之亂荒煙蔓草没爲」丘墟」國朝雍正年間邑令史公彰有吏才善因地爲治以爲山之興廢與邑之盛衰相倚伏因征綏陽僧性超理治焉尋」故址於榛荆飾空山以金碧珠宫貝闕嶄然一新而邑之文風民俗遂果蒸蒸日上越道光季年歲欠稔寺僧」以田瘠逋租去禪榻荒寒佛燈冷落鄰寺僧德芳見而傷焉慨然以重修爲己任因功浩費繁慮難以囊金蕆」乃事也適茂才羅君珊李君明元黄君性炳李君自文黄君清貴文君慶廷張君孝榮住持玉寬等乃相與贊」成之工始於同治壬戌五月竣於庚午正月是年二月將具齋施茶果以落之也不陋余挽余記其事余見夫」曲徑穿雲危樓插漢雕甍耀日飛閣流丹登其堂精神焕發憑其岩氣象萬千此日之輝煌大異當年之傾頽」矣特不識邑之文風民俗其臻盛又當奚似也余更知此中之振興鼓舞大有人在也不然西京鐘鼓東國辟」雍猶將茂草鞠之況寶頂一

荒冷寂寞之區哉△△邑歲進士廖沛霖澍生氏撰」

邑文生蔣鴻勳子元氏書丹」

廣大寺僧德芳△徒覺澄△侄孫昌遠前後共捐銀陸千八百兩正」

（第 15~22 行捐銀人名略）」

兼理領簿首事唐一高等共四十人所化眾姓功資概録正殿木碑茲不復贅」

大清同治九年庚午月建戍戊寅上元後三日復鐫計此舉前後九載通共費用一萬餘金特立總碑以垂不朽」。

（《銘文録》262 頁廖沛霖撰《重修聖壽寺……總碑》）

碑文最後“戊寅上元後三日複鐫”，乃是 1878 年光緒四年複刻。

【碑文】廣大寺僧德芳共捐銀陸千八」百兩正重修寶頂山聖壽寺」各處殿宇並諸佛像工竣重鐫」於石以紀亓史云」丙戌嘉平復刊」。

（《銘文録》264 頁僧德芳捐銀重修聖壽寺碑）

“丙戌嘉平復刊”，乃是指光緒十二年（公元 1886 年）復刻。

【銘文】佛惠寺上覺下郎拾鐃記

嘗思種麻得麻種豆得豆之言未」嘗不歎因果之不爽也同治九」年庚午歲四月二十四日本山」覺郎上人耘於寺之西郊得鐃」上中下三付滌其泥淤清潔完」好碰之聲出山頭四境咸驚仔」細認之上鐫大明嘉靖十八年」秋月本山僧人真惪匠士王萬澄梅萬恭」造等字善哉善哉天地爲之留」哉使非故物則世之拾銀變幻」者不知凡幾而斯鐃完璧歸山」豈非物各有主拾金還是埋金」□□朗上人當不吃棒豁然三」□□余欣然爲之及及詩以壽」□□俾世是昧昧者共信因果」（漶）□□云」□□年來物未消」△△自將磨洗認前朝」△△□□暗裏殷勤護」養△△焉得洪音透紫霄」山人僧聖質拜題」萍僧隆泉敬書」匠士盧訓文胡姓元」同治九年秋八月望五日」本山住持覺朗號志容刻石」。

（《銘文録》337 頁僧覺朗拾明代鐃三副刻記）

公元 1873 年(同治十二年)

【銘文】萬壑争流湧似潮一峰獨秀勢」千霄空王殿閣雲中現香國川」原畫裏遥暖日篔簹眠醉影春」風楊柳舞纖腰石龍禱雨前賢」贊代異情同若見招△故鄉群」盗肆窮搜猶幸余生虎口留(壬戌余讀」禮家居大遭兵燹)秦蜀亂離經十載駱多勳」業炳千穐(蜀駱相秦多帥同時平賊厥功甚偉)城非賢令」誰嬰守(庚申秋賊犯大足子靖饒君練團固守城賴以全)歲適饑」時我宦遊撫字催科勤夙夜農」桑並勸預爲籌僊山洞府爲誰」開偷得閒身踏屐來詩煅花間」傾白酒棋敲石上拂蒼苔斜陽歸」路稀人跡繞郭柔桑麻喜自栽忽」捧△九重親政詔(次日恭奉親政騰黄)定知賢」佐有伊萊△△同治十二年歲次」癸酉春遊南山寺步吕張二公留題原韻」城固王德嘉並書」。

(《銘文録》304~305 頁王德嘉步吕張二公留題原韻詩)

據清人余瀾閣《蜀燹死事者略傳》中摘録《大足城防記》所載:“咸豐庚申五月,李逆踞牛腹渡,遣王偽統領由榮昌逼縣西界,城中震恐。署邑篆吳通守文嘉,乃籌防具。二十四日,竄三溪鎮。二十九日,毀三驅場。七月朔,抵城外較場,踞演武廳,賊大旗爲雷擊倒。初三日,賊移營去。初四日,竄龍水鎮,至玉龍場,銅梁團總任思鉦戰敗。二十一日,饒知縣爾靖接事,仍籌防練。饒春榮者,都司祝良芳逃勇在縣,饒縣君有練勇三百,屬伊管帶。春榮協團堵御,見賊先奔。十九日,賊竄中敖場,城中戒嚴。官紳皆登城守御,春榮獨置酒狎娼,爲汛官張登魁督兵掩執,局紳排解不獲。春榮縱勇百餘,持刀索殺登魁,經局紳叱退,旋掠汛署一空。饒縣君以賊近不問,登魁疑不直己,次夜乘醉入署,刀傷縣君頭額,斷其拇指,各團勒勇鎮壓始息。次日,張逆抵城下,督眾圍攻。春榮已暗投逆,印官因傷臥床,汛弁蔽法在獄,城如累卵。幸委查保甲之李大令,接署汛事之馬正剛,力爲部署。守備得以弗疏,越日圍解。十一月十一日,永川陷。二十九日,榮昌複陷。十二月朔,藍逆親率悍隊來攻,不利。張五麻子力持大足難破之議,移圍遂寧。

初九日，彭紹幅踵至，外恃姦民，内通練勇，決意圖攻。賊屢分隊擊諸寨，罔不敗衄。武廟逼近南門，祀灶之夕，有人聞廟内磨刀霍霍聲。次日，有無知男子，忽僕廟門，蘇，語衆曰：'好爲善，勿畏賊，吾爲汝等殄滅之。'語畢仍僕，人咸知荷武聖默佑，氣愈壯。明年元旦，賊縛燭龍，繞西門稱賀，語狎意汰。初二日，縋三百人背城搦戰，毀賊炮臺。初三日，劄諸團寨刻期赴援，四城縋團勇出戰，大破賊巢。賊棄輜重婦女宵遁；前後閉城六十餘日，堅守兩月，圍解。惟時丁勇餉源支絀，悉議撤去，乃按團每百户出護城丁一名，每户日給一錢以養丁，分四路管帶統轄之。"

【銘文】壽

同治癸酉春三月(左款)城固王德嘉書」。

（《銘文録》305 頁王德嘉書"壽"字）

【銘文】絶塵

大清同治歲次癸酉夏四月(左)知大足縣事城固王德嘉書」。

（《銘文録》305 頁王德嘉書"絶塵"）

在 1875 年光緒元年，在大足南山還有王德嘉的一塊隸書碑銘文："睢歌吹笙」考之六律」八音克諧」蕩邪反正」奉爵稱壽」相樂終日」於穆肅雍」上下蒙福」長享利貞」與天無極」光緒元年乙亥夏日」城固王德嘉臨」。"一塊行書碑銘文："但以功績」既高恩澤」莫二出入王」命衆人不」敢爲比不可」令居本位」須别示有」尊崇只可」於宰相師」保座南横」安一位」城固王德嘉」。"

【銘文】寶頂

大清同治癸酉夏四月八日」(左)知大足縣事城固王德嘉書」。

（《銘文録》239 頁王德嘉書寶頂）

此摩崖，凹鑿作匾形，位於寶頂山南岩西端面西，刻石面高 234 釐米，寬 425 釐米。楷書横刻"寶頂"二字，徑高 165 釐米，寬 125 釐米，筆劃深 7 釐米。左右署款，豎刻各 1 行，徑 12 釐米。王德嘉，號筱垣，今陜西漢中人，同治十一至十三年任大足知縣。

【銘文】文峰塔

知大足縣事王德嘉率王□□同建(左)

大清同治癸亥孟秋月穀旦(右)。

(《銘文録》459頁王德嘉建造文峰塔題刻)

文峰塔建於縣城南2里的南山巔上，高15米，九級，與北塔遥相對應。

【銘文】欽加同知㦸特授重慶府大足縣正堂加五級三次王爲」示禁事案據永安里中敖場團首舒隆文楊順綱稟」稱情民等均因該場外原有石巖刊有神像無人侍」俸香燈名半邊廟略避風雨近因乞丐僧道以及面」生不法匪人在此住紮民等屢屢戒斥不聽反與匪」等成仇只得預爲協懇賞示刊碑嚴禁免釀禍端以」請地方伏乞等情據此除稟批示外合行出示禁止」爲此示仰各處游方僧道及流丐人等知悉自示之」後爾等毋得仍在半邊廟石崖居住以致勾引遊匪」在彼住紮滋事倘敢不遵許該處團鄰人等立即驅」逐如果惡霸不去准即指名稟案以憑拘究各宜稟」遵毋違特示△△△△右諭通知」同治十二年又六月二十七日」告示△△△△實貼半邊廟曉諭」。

(《銘文録》308頁縣正堂王示禁碑)

公元1874年(同治十三年)

【碑文】前署邑令武威張澍前遊寶頂山記」

久欲躡寶頂山巔尋幽探異問毗盧佛之遺跡以牒訴倥偬未暇捫壁旋因涔濆逾月路濘淖不便肅驂乃擂鼓北巖宣陽排陰天大晅霽於十月十八」日載途焉出東門十餘里漸折而北路漸艮坎將至寶頂山五里許有孤峰鬥絶在外鐫白衣觀音像上鐫小佛三尊懸巖覆之遠望西北諸山如狻猊蹲踞伺攫行人抵山隅路側有石屋鐫林林央央生獰堪當轉而東則至山門門外大石池方圓三畝許池中左側豎一碑碑左右石上有雙足跡大如箕惜」水深不得至碑所摩挲整衿入則石坊高峙横書西竺仙境四字循階上内爲韋馱殿再進即維摩殿像極莊嚴令人祇竦再進爲觀音

殿由維摩殿之右」西行有大寶樓閣即寶頂也内藏毗盧肉身凡三層以石砌成下層刻達摩中層刻迦葉上層刻釋迦周圍刻經間以佛像樓閣後石壁下截鐫八字大如」鬥僅存末大寶樓閣四字由右側陟石級而升高丈許爲平臺建石屋屋亦高丈餘自東壁抵西壁長三十步後壁鐫小佛數盈萬凡柱梁斗拱網非佛者」或向或背或坐或臥或立或行或曲膝或伸臂或瞑目或歡笑或悲戚靡不生動曲肖所執香花寶珠鈸缽纓絡之屬亦複精巧寡倫西壁多鐫女菩薩像」東壁上鐫毗沙天王像怒氣郁勃陰森逼人旁鐫佛數百妙麗端嚴天人俱足屋簷外左側有毗盧石庵左右壁外均鐫佛又鐫天神彎弓拔劍拎襖極威」猛之狀庵後壁外畫寶塔圖圖上鐫佛横書釋迦舍利寶塔禁中應現之圖十二字佛下畫寶塔像旁刻嘉定十年僧道權記叙事雅潔有體庵前楣横刻」毗盧庵三字庵之下有石洞内鐫佛像門前立二力士手執杵鉞左右壁亦鐫二力士像厥狀複慈良喜色可掬由觀音殿右出沿緣而上約十弓許爲聖」壽寺寺踞山頂巍峨宏敞老松幽篁宗生族攢殿中塑如來上有樓木刻曉山和尚臥像俛視群峰羅列環拱如小兒孫洵此山獨秀矣寺側石佛數十立」叢芳間悉皆斷裂土人云系張獻忠所毀東南小阜有白塔下狹上廣無頂土人云康熙時飛至瀘州爲鐵索鎖住不能飛來矣乃返禪室少憩出山門折」而西百余步至佛灣縱觀右岩腰鐫猛虎下山狀勢極奔逸折而東巖高百尺鐫金剛十尊三世佛三尊各高五丈許有轉輪佛口銜金輪霞光萬道狀極」雄偉少進孱顔横鐫寶頂山三字末署銜朝請大夫權尚書兵部侍郎兼同修國史兼軍□録試官修撰杜孝嚴書下鐫大佛尤爲奇特頂上圓光配藜於」崖際再進則爲千手大悲殿慈憫之懷溢於眉睫真鬼工也杜齡龜畫所不到稍轉至岩曲鐫睡佛首大如屋身長九丈旁鐫弟子十余向佛若悲泣者」又」折而西則爲北岩爲九龍口九龍口噴清泉飛灑益壽始生之兒流於方池九曲入澗旁有孔雀明王洞明王騎孔雀勢欲凌虚旁有毗盧閣像静悶若有」思者再進則鐫佛牙六賊圖又鐫地獄變相鬼怪紛沓暨兜率天宫諸佛拈花及雪嶺鷹岩釋迦苦煉令觀者神遊其境複返至南岩之左沿巖而西凡鐫」牛九頭十牧童牛或吃草或飲水或跧臥或倚樹或仰首鳴或控勒不可制其牧童或用力牽拽或揮鞭或倚石臥或坐石吹籧或延頸斜睨或相抱而戲」乃楊次公得道牧牛事也山峰忽危聳而起突出丈餘則爲圓覺洞有大獅雄踞洞口拳毛鬥尾恍聞吼聲洞甚黝暗上鐫觀音文

殊普賢兩旁十二尊」者儀態幻眇匪複人間周圍及頂俱鐫鷲嶺峰巒大海波濤花鳥飛舞魚龍變幻齶眙者久之惟前巖上漏一線天天光斜穿入洞乃辨諸像由獅子巖而」西路徑逼仄鐫坐佛巖際有若城者名魯班倉仍返至右巖口緣蹬而登其上平阿四徹建萬歲樓作八卦形簷拱巽騫勢若飛動蓋是山分南北二巖中」爲深澗由澗底西行有大足川土人云川亦有大足雙跡也嗟虖余行天下遍矣凡所登覽已極耳目之觀今至寶頂浩眺岩壑窮睇法像則舉舌而驚曹」能始曰寶頂聖壽寺者唐柳本尊學吳道子筆意環巖數里鑿浮屠像奇譎幽怪古今所未有也噫信矣知大足縣事城固王德嘉勒石」

大清同治十三年歲次甲戌孟春上浣穀旦」。

（《銘文録》246~248頁王德嘉書張澍《前遊寶頂山記》碑）

【碑文】維予之先佐命唐虞爰逮漢世」青紫重紆予獨好道而爲匹夫馳」放五經遨戲僊都入火不灼蹈波」不濡高尚素志不事王侯貪生得」生亦又何求超跡蒼霄乘飛駕浮」逍遥太極何慮何憂顧閔群愚與」我爲仇年命之逝如彼波流奄忽未」幾泥尤爲儔走索死不肯暫休予之」聖師體道知真昇騰變化松喬爲鄰」維予同學一十二人寒苦求道歷廿年」中多怠惰志行不堅身投幽壤何時」可還痛乎諸子命也自天天不妄授道」必歸賢勿爲將來勤加精研嗟爾」流俗富貴所牽神丹一成昇彼九天」壽同三光何但億千維予垂髮少好」道德棄家隨師辟世自匿廿餘年」名山之側寒不遑衣饑不暇食思不敢歸」勞不敢息奉事聖師承顔悦色面」垢足胝乃見哀識遂傳要訣恩深」不測妻子延年咸享無極黄白已」成貨財千億役使鬼神玉女侍側」△要△艾東西乘翼予得度世神」丹之力」

同治十三年甲戌秋臨山谷道人書後漢」人得道陰長生詩三篇於川東大足官」署之怡心亭蘭汀王德銘時年七十二」。

（《銘文録》306頁王德銘臨山谷道人書後漢詩三篇）

公元1885年（光緒十一年）

【碑文】告示

從來建修寶塔閤邑風水攸關」無如年湮代遠傾頹毁壞不堪」不惟無人修補反在塔内取磚」膽藉縣署名色雕成磚硯賣錢」更有匪徒痞党月夜潛匿其間」從此出示封禁責成廟内衆僧」無論工商士庶不准開塔遊觀」庶幾無人折毁古跡得以永全」倘敢藐違故犯該僧扭稟勿延」本縣提案究懲王法決不稍寬」光緒十一年二月初七日曉諭」。(白)

(《銘文録》460頁縣正堂丁護塔告示碑)

此正堂告示顯示了白塔年久失修，甚至被人爲内部破壞的情景。因此在光緒二十年(1894年)的時候，此碑的碑陰又有碑文"縣正堂桂示(額)白塔重地防護宜勤」諭爾住持關鎖塔門」勿許百姓進内遊行」恐其失足墮地傷身」又恐新修磚路踏傾」倘敢違拗扭解來城」提案重責決不容情」光緒二十年二月廿七日曉諭」"，顯示塔内的磚路曾被修葺過，呼應於光緒十九年(公元1893年)《僧積廣書培修多寶塔記》。

公元1889年(光緒十五年)

【裝修記】蓋聞兜率旨傳光閃琉璃之界御花神隆錦呈」豔陽之天感寶德之焚香高高慈航駕出惘原」人之迷本迢迢願船撐來白雀紫竹均洞天雅」堪明心見性緑楊蒼松悉福地獨肯粉骨報親」千千手手手握寶千千眼眼眼藏真誠商朝□」女仙亦寶頂古跡也普謂仙家造成□不誣矣」雖嘗皇庚申疊遭兵燹附近士庶募資裝金絢」彩奈地卑潮濕金容每多剥落不無遺恨時有」壁邑□□大路場信士戴光昇字大順者拈香」晉謁目睹千手千眼」觀音大士月容減色修發虔心捐金重裝滿座」金身並裝絢巖左石壁」大佛金身三尊八十八佛轉輪金車舍利妙智」寶塔送子殿滿堂神像諸勝兼修十八梯石」坎數步使之焕然一新焉非敢以是沽名也不」過祈△神恩庇佑俾辭世雙親冥中獲福暨本」身卻病延季後嗣昌榮永膺多福已耳是爲記」信士戴光昇△室人張氏△男立富饒氏△貴張氏△孫嗣福△禄△禎△祥」總捐銀一千餘兩△邑

人羅性之撰△黄△增書」大清光緒十有五年歲次己丑季夏月吉旦立」。

（《銘文録》257頁戴光昇裝彩千手觀音、華嚴三聖、父母恩重經變像記）

公元1890年（光緒十六年）

【碑文】皇恩（額）

總理四川全省塘務使□□□□□□□□□□次△劉爲曉諭□」

太子少保頭品頂戴兵部尚書兼□□□□□總督部堂△劉遵□」

禮部諮議制司案呈本部具奏前事一折□□□一紙内開據護三寶以□□」道事照得佛地之設有寺無僧終無焚獻有僧無寺空無落典自我國家□□」盛朝以來原有佛道兩門庵堂係□□□之所近有本省石經寺僧畢雲□□□」佛地情事於光緒八年赴京具□□□□□□等人夥党冒稱山主霸佔□□□」差□□一併在案本部堂△批准□□□□□該二犯生審明訊確果係□□」三寶霸佔佛地等情實□□□□□□□□□□□外永遠不回本督部王公□」臣議奏由内閣抄出一折前因」聖主仁皇帝有愛惜叢林之意已曾恩於山東遐齡寺恩賜四字頒行天下只許培」修勿得損壞豈容爾等滋擾至今我國朝天下往往有不法之徒損壞廟宇□」占佛地者甚多只得依例據奏」欽恩批准查得佛地之設有樂施好善之家或施以田土佛道均沾其厚澤以待世」世遠年裡有等無此之徒冒稱山主名色從中串吃餘利凡遇寺中有□□□」引類攢磕僧道或以大題誣賭誣奸種種弊端難以枚舉等語」皇上入太廟懿旨澤被寰宇三教並重名山古刹庵堂寺院只許培修勿得□□□」此行知仰本省路司道轉飭地方官或行纂入通志該僧道一體遵照如有□」冒山主誣磕僧道之徒該住持等指名具稟以除佛道之害爲此傳諭仰駐□」塘差赴送各府州縣庵堂寺院諸山僧道□□□□□□大雄殿以亦杜誣□」之風亦以生佛道之輝永作□□□□□□□□□□□□□□□□□務要各守」清規勤誦經典亦不准貪□□□□□曉諭諸色人知□□□如有冒稱誣□」僧道稟明地方官重究懲辦各□凛遵勿違特示」

光緒十六年正月二十四日赴給諸山實貼曉諭勿損」
比丘釋書同大衆道立」。

(《銘文録》224～225 頁比丘釋立《皇恩》碑)

【墨書】壬辰年裝彩。

(《銘文録》257 頁柳本尊龕壬辰年裝彩記)

柳本尊行化圖龕中另有 1944 年銘文:"四川省東道重慶府」壁山縣七塘鄉」乾元堂募化善緣等」彩换普陀岩玉皇」釋迦佛」匠師壁山巴縣安岳同協」中華民國三十三年二月初一日同彩」。"此乃大佛灣内至今所見到的最後一件裝絢記。

公元 1893 年(光緒十九年)

【銘文】邑之北山舊有白塔一座建自唐朝乾寧厥後宋之」紹興明之成化皆已培修逮我△朝傾頹益甚歷任」曹公旭耀王公德嘉黄公登雲疊諭紳糧重爲補修」奈無公款有志未逮自桂公蒞任傳集邑紳高雲從」歐陽仁江坦陳新柏沈開基楊鼎新陸嗣淵楊復新」等商議示諭有糧之户各自樂捐委局紳楊順芬劉」炳南周道宣劉炳煩梁履亨劉艾榮經理收有成數」督紳修補繼美前賢則桂公之名當與斯塔並永矣」略誌巔末以垂不朽」

督修知縣桂天培」訓導魏△鼎」千總劉聯芳」典史游于藝」
監修」都司歐陽仁」訓導周道宣通判」劉炳熉」文生令狐臻賢」
匠司」文錫三」譚長興」令狐玉堂」龔林盛」
住持」僧積廣」僧成書」
大清光緒十九年癸巳十月△△△△△△△穀旦」。(白)

(《銘文録》460～461 頁僧積廣書培修多寶塔記)

公元 1900 年(光緒二十六年)

【妝修記】本邑民教相爭衆患甚於兹祈焉後果無恐」次年約衆創

修廟宇裝彩神像以志不朽」(6行捐資人名略)」光緒廿六年七月吉日立」。

(《銘文録》435頁譚有恕等創修廟宇裝彩神像記)

此處銘文中提到的“民教相争”，是晚清時代外國傳教士在傳教過程中與中國本土人引起的各種衝突的反映。在道光十二年至二十四年間，大足地區發生有著名的“余棟臣教案”，事因起於教民與鄉民的互相仇視，余棟成率眾搗毁教堂，引來軍隊彈壓，後來又劫持法國傳教士，引起法國駐渝領事向四川省官員抗議，成爲了國際事件。據民國《大足縣志》中記載，其起事檄文中寫道：“今洋人者，海舶通商，耶蘇傳教，奪小民農桑衣食之計，廢大聖父子君臣之倫，以洋煙毒中土，以淫巧蕩人心。”又説“本義民但誅洋人，非叛國家”，清晰地表現出“扶清滅洋”的時事觀(據重慶海關税務司報告中記載的大足縣余棟臣起義佈告稱：“我大清臣民皆忠孝之人，誰敢信奉夷狄之教。今洋人詐稱通商傳教……自道光以來……焚我皇宫，滅我屬國，既占上海，又割臺灣，强迫開埠膠州，竟欲瓜分中國。”這其中涉及的中日《馬關條約》及中德的《中德膠澳租界條約》，似已超出農民認知，檄文也不似出自地方文人手筆，爲可疑資料，不及縣志中記載可靠)，但結果“所過地方，教堂教民悉殺無遺”，反映出農民戰争的盲目性，最後被四川省府彈壓。

公元1902年(光緒二十八年)

【碑文】教孝

北山古文孝經在趙懿簡碑左右趙碑穴石壁」作碑形經則就穴内外分刻兩旁其刊於碑後」可知未無年月志乘莫徵字畫遒勁有晉人風」自北山頽廢即隱於荒煙蔓草間風雨剥蝕無」過問者余任是邦閑登北山披荆棘剔苔蘚得」范祖禹敬書五字案趙懿簡碑爲公所撰則此」碑爲公所書更無疑義湮没數百年一旦得此」喜不自勝考公當宋哲宗朝守經據正獻納尤」多蘇文忠公稱爲講官第一史稱其長於勸講」平生論諫不啻數十萬言其開陳治道區别邪」正辨釋事宜平易明

白洞見底蘊雖賈誼陸贄」不是過云其得力於盡忠補過將順匡救之意」者深矣余想起其久而劘滅也葺廊三楹覆以素」瓴繚以朱闌顔其額曰教孝竊以聖人言孝至」美且備司牧者以此教民即足以塞天地横四」海往歲京圻之變喋血千里蚩蚩之氓忘其身」以危其親使明教孝之旨自必洞洞屬屬如執」玉奉盈何騃愚至於斯極今其餘殃駸及蜀土」將欲大爲之防捨孝奚屬是即余顔額之意也」夫」

大清光緒二十八年八月既望權知大足縣事朝邑」霍勤煒志」。

（《銘文録》58頁霍勤煒題書教孝碑）

碑左篆書横刻“教孝”二字，全文367字。

公元1904年（光緒三十年）

【碑文】縣正堂示（額）

欽加同知御賞戴花翎奏署重慶府大足縣事即補縣正堂加五級紀録十次記大功十三次沈△爲」出示刊碑永遵辦理事據米糧里寶頂局山鄰職員李鴻勛州同李學剛職員黄明德」保正劉資生副正楊蓋臣紳黄增黄崇善黄義官李修五李相廷王合欽文自鈞張」錫文陳澤生住持僧永學僧永桂僧安國僧昌遠等稟稱情紳等附近寶頂系名」山古刹每逢觀音勝會各邑士民多虔心來廟進香慶祝詢買白蠟清油燭以」潔神靈無如奸巧謀利之徒來此發賣大小神燭均擅用漆蠟棬油假燭燃照」佛前黑煙環繞不惟褻瀆神聖且污穢佛像金身朦垢殿宇雖歷年經各」主示禁伊等視爲具文及今作會甚至價減少數希圖獲利紳等目擊心傷只」得稟懇賞示嚴禁勒石鐫碑大張禁革自禁之後大小神燭務照城東規模概」用白蠟青油没如有不遵紳等稟懇究治以達神庥而昭鄭重神人均沾伏乞等」情據此除稟批示外合行出示嚴禁△爲此示仰遠近賣燭人等一體自悉自」示之後務須遵照城東規模大小神燭概用白蠟清油以達神庥倘有敢於違」抗仍賣漆蠟棬油假燭者許山鄰等指名具稟帶案訊究其各凜遵勿違特示」（第14、15行立碑人名略）

光緒三十年三月初七日　右諭通知寶頂山曉諭勿違」。

(《銘文録》229 頁僧永學等立《縣正堂示》碑)

這是一則禁止在寶頂山售賣假冒香燭油蠟的告示。可見寶頂香火之盛。

公元 1908 年(光緒三十四年)

【鐫記】光緒三十四年」年二月□進」真武大帝位」□□文中□」□ □□吉立」。

(《銘文録》295 頁佚名造真武大帝龕鐫記)

此龕位於佛兒岩石窟中部，通編爲第 3 號，内鑿真武大帝及侍者。龕横書“威鎮祇靈”4 字，龕框左右各豎刻 7 字“手擒妖鬼執寶劍；脚踏鬼蛇用司刀”。

【銘文】闔聞」足邑屬羅漢寺住居有張公春」城昔年寶頂山局士衆舉數載」辦事正直有功茲刻壽年八旬」有貳昔衆經家迭置業房數股」複買觀音岩灣曠時照房業壹」契刻後弟兄叔侄分居各缽見」有觀音岩神像損壞是身特發」悲心另外培添觀音乙尊」川主像乙尊並將衆像彩畫」□完其功告竣撰書岩石刻碑」□記吾塗萬古標名後世知見」□□朽耳□(其間捐資人名漶滅)」光緒卅四年□□□□月(漶)」。

(《銘文録》431 頁佚名培添觀音、川主金容記)

公元 1909 年(宣統元年)

【銘文】此地三教堂△□□三教日月觀音大小神」象十五尊先祖入蜀見焉剪」荊棘建廟宇今二百餘載□」應昭然吾人繼先人之志以」絢彩以報神聖之功云爾」(第 6~13 行略)大清宣統元年二月吉楊順達□」。

(《銘文録》346 頁楊順達裝絢三教堂神像記)

此記中所言“先祖入蜀”事，乃是清朝初年的“移民實川”，此銘文證明清代的當地居民已非早年的本土居民。

公元1910年(宣統二年)

【銘文】福 」陳希夷書」
壽 」陳希夷書」。

(《銘文録》241頁陳希夷書“福壽”字)

陳希夷乃宋初陳摶。此二字乃宣統二年鑿“三清殿”時鐫刻，刻工銅梁劉洪春。

【銘文】福　壽」
觸目警心介爾景福」再書大壽勸人忠厚」(中)
大清宣統二年歲在庚戌暮春之初」敬書大福勸人質樸」(左)
人信吾言必得其壽涵若龍必飛敬書」匠師龍久義」(右)。

(《銘文録》241頁龍必飛書“福壽”字)

民 國 卷

公元 1913 年

【銘文】與佛有緣

建修佛緣橋立」(左)

宣統元年己酉五月東調戍藏得與諦」穆活佛結歡喜緣四載有餘癸丑三月」派代回川龍橋謁祖近道經佛灣沿岩」瞻矚悦凝西竺再到不禁神遊久之」時逢修橋將竣乞序於余軍事星火不」暇詳説因援筆書此官字無實蓋頭(以)垂不朽」陸軍部舉人駐藏第」一營營長兼賞罰科」官承武將軍府參謀鳳陬龍蜚聲」。

(《銘文録》242 頁龍蜚聲書"與佛有緣"碑並跋)

公元 1916 年

【碑文】新修廟碑」

七佛巖古佛地也創自明永樂時代但代遠年湮」廟宇無存神像易於隳頹鄙衆等目睹心傷特募衆」善新修廟宇一座彩畫神像數尊今功告竣用壽」諸石以志不朽△衆議每年正月只照散燈永不設天燈」(44 行出資人名略)」民國五年全月中浣△立」。

(《銘文録》425 頁佚名撰新修廟碑)

公元 1917 年

【銘文】時維仲春月屬上浣欲觀流水去訪桃源何如走寶」頂參妙

玄俺曾游蓬萊飲宴海島升丹均不遂俺願」亦不足俺觀惟足邑西南有一寶頂名山山勢崔巍」廟貌燦然溯自宋之熙寧時梅福解印掛冠初遊青」城訪道峨眉參禪繼則雲遊此地果證功圓悲閻浮」之眾生億萬不了然修真養性返本還原特繪圖於」茲將仙佛畢塑道法俱傳請看那川主降龍下手功」夫既指點淢瞧他慧燈朗照還好高枕而眠燃燈佛」睡摩佛於焉登覽氣象萬千銀河中牛女出現玉壁」上聖神莊嚴水流佛國佛居岩間欲求仙佛欲會孽」冤跳下幾步坎坎看爾所往那邊兩條大路隨人去」閱三乘妙諦由人去諳所塑神像至道存焉嗟夫嗟」夫鄰封諸國之人無不踏遍焚些香煙盡都是些肉」眼莫有幾人知其詳端俺特明明題現略略說穿若」不信請拿大乘報恩經看究竟那句未繪滿那段未」塑完且翻黄庭道德兩經卷皆形容於佛灣惟望眾」生仿此修煉可以希聖可以希賢可以成佛可以成」仙也不枉梅福度世立願傳出此金丹」武英首相譚大金仙撰三官堂從善壇承首等刻」民國六年丁巳二月上浣渭水後裔秋舫姜至彰書」。

（《銘文録》242～243 頁姜秋舫遊記）

【銘文】中央古物保管委員會

保護古物 嚴禁重粧

民國六年十一月二日 紀念

（《綿陽龕窟——四川綿陽古代造像調查研究報告集》）

此銘文位於綿陽梓潼臥龍山 3 號龕外上側。

公元 1920 年

【碑文】建修勸善所敘」（首行）

宣皇遜位民國初立歲在壬子玄任初小學」校教育於斯見夫山石嵯峨廟貌威嚴有神」出鬼没之妙乃知志所謂石門鬼工信不誣」也明年癸丑得善侶曾黎僧等設壇口誦經」凡祈晴禱雨屢獲奇效至甲寅信善之士始」鮮而益夥乃有創修勸善所之議倡首則有」李義生曾春霖

王子欽鄧永觀鄧作民黎價」侯黎道生及住持僧宗清廣洲與玄爲之倡」共事則有楊培禔羅上達楊海北楊品三品」三又捐匾料一張庀材鳩工越乙卯而告厥」成功然天下事創者難守者亦不易衆協」王承熙等稟縣立案請示禁止浪敗爲久」遠計蒙」縣知事李主少樵批云查核來案設立」斯舉名義洵屬嘉善辦法亦極正當已」准擴張進行除稟批示外合行示諭爲」此示仰該會及諸色人等一體知悉自」示之後倘有不肖之徒假公濟私侵蝕」會資破壞善舉藉此所爲別項公所及」在此所演戲賭博滋擾等情一經被人」控發即予提案重究決不姑寬云云」後之覽者縱不體建修之意亦當知示」禁之恩孟子曰待文王而後興者凡民」也若夫豪傑之士雖無文王猶興竊有」厚望焉即後無豪傑不破壞善舉亦不」□爲一鄉之善士善人多而惡人自少」雖有惡人亦將勸勉而同歸於善末劫」頻臨可以慶鳩安而樂燕處太平再見」得以盡人事而合天心此不勸之勸也」勸于何有故不揣弇鄙而樂爲之序」附録從信善名列後」(以下人名 21 行，207 字，略）」中華民國九年庚申夏月望日南陽但道玄撰△豫章羅(漶)」。

（《銘文録》363~364 頁但道玄撰《建修勸善所敘》碑）

公元 1924 年

【銘文】烽煙永靖。

（《銘文録》67~69 頁魯瀛書烽煙永靖）

通編爲 138 號龕，其篆刻“烽煙永靖”4 字，徑 62×99 釐米；左上款豎刻“民國十三年元日”7 字，右署款豎刻“遵義魯瀛”4 字。

【銘文】民苦久矣望治之心如望歲」焉今日爲十三年歲首之元」日書烽煙永靖四字以祝太」平復作五古十七韻以自警」我今告士兵兵民一家人我若」欺老年我有父母身我若欺少」年我有兒女身我若欺婦女我」有姊妹身開口爲同胞同胞沾」何恩一福未曾享百難已飽經」扶杖避拉夫攜兒避大軍田園」被兵踐屋宇被兵焚器具被兵」燒財物被兵傾養女十三四逃」災速嫁人慈母難養子孝子難」養親血肉溝

鑿蛆孤兒嗷々鳴」是誰造此孽粉粹寧甘心我曾」經此痛慎勿加諸人天道有循」環因果不爽分我今告士兵士」兵互叮嚀莫作尋常語到頭自」有真」遵義魯瀛」。

(《銘文録》69頁魯瀛五古十七韻詩)

【銘文】民國甲子秋予來宰是邦」聞此禪林早稱絶勝縹」緲煙雲仙凡難别予於」公暇即約數友同來參」觀以廣眼界迄予至此」果見洞中雞犬無異桃」源而擊缽之聲總覺催予」詩興不得不搜索枯腸」勉步名人後塵留詠律詩」以志壯遊」

參知縣事學爲官訪道參」禪不畏難著履穿雲尋」覺路攜琴伴月到仙壇寺」居蜀國今成古碑認唐朝」近未殘問佛爲因高臥起」幾生修積在蒲團△菩提」樹老身成陰緑映龍潭水」不深滌盡俗塵明佛性撥」開雲霧見禪心白蓮花現」神威貌翠竹林敲梵語音」多少名山無此勝都緣風」月值千金」知大足縣事幾江楊渭莘題並書」。

(《銘文録》243~244頁楊渭莘詩並序)

同壁有劉翰卿詩並序，提到楊渭莘，無年月，應爲之後作品。附録如下："甲子秋八月内兄楊渭」莘聘任案牘因公之暇」從岳母曹遊縣治東寶」頂山適見其地幽然大觀」真凜凜有仙氣因賦古」歌一則云」層層古樹石粼粼天然寶」頂氣蕭森其中卓約」有仙子仙人遺跡今尚存」我來此地一拜見凜凜仙」山秋一片滿階梧葉白雲」深一亭鶴舞青松殿大」唐仙子柳本尊養性」修真獨苦煉一睡即成」千古心至今饒有馨香」薦籲嗟仙子不歸」來空對名山寫憂怨」幾江劉翰卿偶書」。"

公元1932年

【銘文】香焚寶鼎

民國壬申年四月穀旦」龍鳳山清静自在道人書」。

(《銘文録》244頁自在道人香焚寶鼎)

自在道人，本名彭汝尊，大足龍水鎮人，"同善社"道首，

1950 年被鎮壓。

以大足寶頂山臥佛爲藍本的潼南縣馬龍山臥佛完工。

(《潼南縣志》)

馬龍山位於離潼南縣城 39 公里處的臥佛鄉。該臥佛開鑿於山之北麓，爲釋迦牟尼涅磐像，全長 36 米，頭長 9 米，面闊 5.4 米，胸闊 7.5 米。佛像右側横臥，左側軀體實刻，右側軀體隱於下方石内，與大足寶頂山臥佛意境相同。周圍刻有“九龍浴太子”及“九曲天河”，上方天空中有相送的眷屬，下方刻有十大弟子，正中間刻有致哀的玉皇像，佛身兩端俱有護法神像，其布局完全與大足寶頂山第 11 龕的釋迦涅磐像相同。《潼南縣志》中介紹該造像開鑿於民國十九年初，歷時 3 年完成，本書從此説。據《四川文物》1985 年 3 期丁艾《潼南馬龍山摩崖造像》一文中説，采訪當地老人，言民國十七年二月初，有金龜寺(今潼南康樂鄉)的谷玉成，來馬龍山向群衆募化錢財集資修造馬龍山摩崖造像。馬龍山臥佛於民國十八年開鑿，至民國十九年竣工，歷時兩年完成。具體負責刻造臥佛的工匠是馮炳山、馮松柏父子，刻造時他們曾多次去大足寶頂爲臥佛取様，故與寶頂臥佛造型和佈局極爲相似，當地人稱爲“新寶頂”。

公元 1945 年

【銘文】中華民國卅有四年四月江寧楊」家駱應大足縣郭縣長鴻厚縣」參議會陳議長習刪之邀組織大」足石刻考查團參觀北山寶頂山」等處唐宋造像參加者鄞馬衡」侯官何遂吳顧頡剛銅山張静秋」江寧朱錦江廬江馮四知北平莊尚」嚴新河傅振倫臺山梅健鷹臨川」雷震侯官何康民權蘇鴻恩江津」程椿蔚潮安吳顯齊以是月廿七日」至縣凡歷七日遍遊諸山識韋刺」史之勳猷見趙本尊之堅毅妙」相莊嚴人天具足爲之歡喜贊」歎爰於歸日題名刊石以志勝遊」。

(《銘文録》58 頁馬衡書大足石刻考察團碑記)

此乃抗戰勝利前楊家駱於北碚組團赴大足石刻考察所記，由於出發日爲乙酉日，因此史稱“乙酉考察團”。此乃大足石刻近代重新被發現並走上現代舞臺的開端。

大足石刻考察團日記(吳顯齊)

引言

吾師楊家駱先生，繼其曾祖父祖父父親三代編著國史通纂及譯述法國狄岱麓學典的大業，於民國十九年組設中國學典館，對中國文化施以大規模的整理，對西洋文化施以大規模的介紹，並因李石曾先生的領導，期於此整理介紹中，融會貫通，創立一真正的世界文化。自該館成立至抗戰前七年中，出版所著中國學典二十餘種，一百餘冊，四百萬言。抗戰後該館隨政府西遷重慶，初設於北碚，後遷於北温泉公園。

在北碚時期，除繼續中國學典的編纂外，一方面與中山文化教育館理事長孫科先生合作，徵存抗戰文獻，堆積數室，爲現代史上最重要的工作，楊先生曾據以編成中日國際編年史、中韓國際編年史、臺灣史、流球史(編者按，新版《民國重修大足縣志》中漏此三字)、抗戰建國大事記、中國年鑒及圖書年鑒戰時版百餘大冊。一方面與教育部長陳立夫先生合作，設立中國教育全書編纂處，該項中國教育全書，民國三十一年時，蔣主席手諭稱“爲抗戰以來所編篇幅最巨之書稿”，時中國學典館已遷設北温泉公園，民國三十二年，蔣主席蒞園時，曾到館參觀楊先生所著書，甚爲讚許。

在北温泉公園時期，中國學典的編纂，因李石曾先生的指示，已改稱世界學典，進行更爲積極。此外合作事業，如與鄧少琴先生合作設立北泉圖書館、北泉博物館及人文印刷廠，使北温泉公園成爲中國西南文化之中心，鄧先生現正收集川康史料，從事川康地人志之寫作。如與盧作孚李雲根諸先生合作搜集合川故儒張石親先生的遺稿二百餘冊，而由楊先生重加編校，于是不爲人知的張石親先生，有如王船山遺書之於一百年餘後始經曾文正公刊成而確立其學術地位一樣。如與鄭壁成先生合作，搜集四川所刊四庫失收書版片，編印成爲北泉山館叢書。如與盧子英先生及中央遷建北碚各機關合作編纂科學的北碚志，成爲方志中最理想的模範。如與陳習删郭卓吾諸先生等大足各界人士，及馬衡何遂顧頡剛諸先生等考古家，合作組織大足石刻考察團，鑒定湮没千年之大足石刻的重大價值，而表揚於世界。

這些合作，皆由楊先生首爲之倡，並實際工作，而成爲抗戰中中國文化史上最光輝之一頁。至如與中國學典館有關的他項學術工作，像馬廷英先生的古氣候與大陸漂移的研究；鄭麐先生的英譯先秦羣經諸子；鄧少琴先生在西康發現西夏的遺裔等等，或爲中國史地學的重大發現，或爲國際文化溝通的要舉，在此實不及一一論述。惟現爲記録楊先生主持的大足石刻考察團第一次考察經過，不得不先敘明這些，以當引言。

大足石刻，湮没千載，此次考察的成就，實與發現敦煌相伯仲。先是楊先生到川後，曾將古籍上所載四川文物列爲一表，以備蒐訪，已知四川石刻，未被人注意者甚多，適民國三十三年因大足縣志事與大足耆儒陳習删先生通函，于是商陳先生邀同大足縣長郭卓吾先生組考察團前往考察，使大足石刻經過科學的藝術考古工作而確立其地位，陳郭兩先生備柬託劉承漢先生至北温泉專迎。楊先生邀約參加考察的有：馬衡、何遂、顧頡剛、張静秋、莊尚嚴、傅振倫、朱錦江、馮四知、雷震、何康、梅健鷹、程椿蔚、蘇鴻恩諸位先生及作者。約而因事未往的：有孫科、李清悚、金兆梓、羅香林、汪長炳、黄大受諸位先生。

四月二十五日，本團自北碚温泉公園啟程，二十七日到大足(在陪都西北約二百七十里)，遊覽了一星期，在五月七日歸來。作者欣獲同遊，並負責編輯記録，因將逐日見聞，隨時筆記，聊供參考。

四月二十四日　星期二　陰

今天，本團同人馬衡、何遂、顧頡剛、張静秋、傅振倫諸位先生出發去合川，遊釣魚城，同時考察古跡。因楊先生曾在合川鄉間發現漢墓古磚數千塊。

四月二十五日　星期三　曇天

上午，九點鐘，作者和馮四知先生從松林别墅到公園鐵瓦殿楊先生的寓所，不久，莊尚嚴、朱錦江、何康、蘇鴻恩、梅健鷹、雷震、程椿蔚幾位先生也來了。談了一會，十點鐘，在嘉陵飯店進午餐，餐後，帶了行李，到碼頭囤船上去。

午後二點鐘，上了重慶駛來的民悦輪，船上很擁擠。總幹事程先生和船上經理接洽的結果，我們得到了船頭的座位，在這里，看風景就像看五彩電影一樣。

嘉陵江在陽光下閃著灰色鋼的光輝，兩旁的山峯，青翠不絕，流動著又嫵媚又寧静的形體，使人每一秒鐘都佔有它的新變化、新和諧。在歷史上，有不少名畫家，用色彩去表現它，也有不少的詩人，用文字去嚽美它。不知道這嘉陵江畔的人民，有誰去描寫他們的生活？

三點多鐘，船過釣魚山。山在北岸，是約一百八十公尺高的臺地，危崖綿延十餘里，上面有釣魚城的殘址，吸引了我們的視線，在望遠鏡裏，發現了屹立在山頂的城門，這就是宋末秦蜀人民孤軍作戰，抵抗元兵三十餘年的地方。一切戰争的遺蹟，都被時光侵蝕了；只有這個不朽的城門，象徵著人民堅强的意志。

四點鐘到了合川。合川位於嘉陵江上，涪渠兩條支流在這里會合，形勢宛如重慶，水運的頻繁，不讓瀘縣和宜賓。這里是廣元、江油以致隴東、陝南一帶貨物的出納口，也是嘉陵江流域的棉布、蠶絲、藥材、木材、橘柑的銷售中心。本地產煤極富，工業有紡織、火柴、造紙等。

上了碼頭，就到柏樹街中國旅行社招待所，定了房間，卸下行李，在茶社休息閑談。昨天先到合川的幾位先生也來了，一見面，就談起這兩天的遊蹤。

六點鐘，在民生飯店進餐。然後在街上漫步。這個城市的夜景，有優美的月光，有梧桐樹下的談心者，有燈火通明的商店，有在石板路上的游戲的孩子，有蹲在冷僻處的乞丐，倒是夜重慶的縮影。

四月二十六日　星期四　晴

早晨七點鐘，僱了滑桿就出發。從這里到大足，滑桿是現時最主要的交通工具。出南門，渡涪江，在南津街就早餐。

合川附近的北巖，和龍多山的跳珠洞，都有唐代的造像，可惜限於時間，不能去遊覽。

從南津街南行數里，榆柳夾道，路上有殘存的漢磚；這就是前幾年楊先生發現漢磚數千匹的地方。一路丘陵起伏，麥田如海，景色清新，引人入勝。過臨渡鄉，到張家橋，已經九點多鐘，一共行了二十五里。自此入銅梁境，山野間，使君子、胡豆、小麥都有豐收景象，可見近日雨水的霑足。

又行了二十五里，到二郎鄉，遇到趕場，很熱鬧。就在場上休息，十一點鐘進餐。

場上有出售花樣剪紙的攤子，出售著一百多種刺繡和窗飾的圖案，剪的是老百姓最熟悉的事物，以動物、植物和吉祥花紋爲最多。在單純化了的線條和形體裏，保留著物體的特徵，流露著農民真摯的情感，可算是民間最健康最淳樸的藝術，值得美術家去研究和改造。何、朱、雷、梅幾位先生和作者，都選購了一些留作紀念。

二郎鄉街道很湫隘，擁擠的房子，和穿著灰藍色衣服的住民，形成一個單調和貧困的對照。

十二點鐘起行一十五里，到新興鄉，這裏只有幾座破舊的房子，和一些行動迂緩的老年人，給人一種蕭條的感覺。

休息後，再行二十五里，三點半鐘入銅梁城，住同光旅店。大足縣代表劉課長承漢已經來這里迎候本團。他爲了迎候本團，到過二次北温泉。

利用休息的時間，我們翻閱著帶來的參考資料。

五點多鐘，出街散步。我們走到城外，在城濠邊一條綠蔭掩映的石橋上，攝影留念。

在這個山城裏，接觸到的最活躍的人物，是駐在本地的二〇一師的青年軍。

1944年，面對反軸心國同盟的國際戰爭形勢，中國抗日戰場開始轉入戰略反攻。國民政府提出“一寸河山一寸血，十萬青年十萬軍”的徵兵號召，募招知識青年從軍報國。許多高中學生投筆從戎，短時間内募集十數萬人，成立青年軍九個師(另附兩團)。青年軍201師於1944年12月在四川璧山成立。由於文化較高，見識較廣，所以作者對他們印象較爲深刻。

銅梁是個二等縣。面積一、四七九方公里，人口有四十九萬餘人，人口密度，每平方公里三四四人，出產以糖、茶、紙、白芍、石斛、煤、鐵爲大宗。

六點鐘，劉課長在一品香設席洗塵，到有銅梁縣黨部書記長劉代芹先生等，致詞歡迎。

晚上，中央通訊社駐銅記者查立平訪問本團，楊先生發表了關於本團的組織緣起，和大足石刻概況的談話。

四月二十七日　星期五　晴

六點鐘，在一品香進早餐。隔了一點鐘出發，劉科長在前引導。我們分坐滑桿和人力車，行了十里，到土橋場，遣回人力車，另僱滑桿。

又行五里，在銅大公路上，屹立著兩根大石柱，分刻著“民族復興路”“空軍第一關”十個蒼勁的大字。過了這裏，就是沃野平曠的舊市壩，在那綿亙的巴嶽山下，瓶溪河邊，有空軍入伍訓練營，是中國新空軍的搖籃所在處。

巴嶽山峻嶺杳冥，俗傳明朝張三豐在這裏得道飛陞，是道教的勝地。

九點二十分到大足境的瓶溪，距離銅梁三十五里。瓶溪鄉長和民眾在新市歡迎，飲茶後，何、梅、雷三位先生和作者去參觀瓶溪小學，遊覽瓶溪舊市。那裏的街道頗整潔，市面卻很冷落。

又行二十五里，入萬古鎮。聽説這個市鎮是明代建立的，古老的建築物，還保存著有特殊風味的型式。

中午，鎮長張嘯虎先生設席招待。到有大足參議會副議長王承烈先生等十餘人。璧山正則藝校呂先生也被邀作陪；他是爲他父親鳳子先生到大足開畫展，歸途經過這裏的。

大足人士，等本團有數月之久，今日會面，盛意殷勤，使人不安。

午後兩點鐘起行，十五里到大堡場，又二十里，到石馬鄉，又行五里，在五點半鐘的時候過登雲橋。

眼前展開一片漠漠的水田——廣闊平坦的梯田，坡度不大，仿佛是爪哇稻田臺地的風光。有一句川諺説："梁山壩子遂寧田"，形容那兩處田地的肥美。大足和遂寧接壤，也是産米區；所出的東關米，馳名西南。最近川北苕災，大足没有發生同樣的慘劇，可見一般人民的生活還不差。

大足與遂寧本不相鄰，而與潼南接壤。道光《大足縣志》與光緒《大足縣志》中言從縣北門走五十里到李氏三槽，可達遂寧邊界，但係小路。據《民國大足縣志》中引《潼南縣志》記載，潼南縣是民國元年析遂寧之地而設，因此舊説與遂寧接界，即是與潼南接界。民國二十四年，實行行政督察區制，潼南縣隸四川省第十二行政督察區，專署駐遂寧，尚勉强可稱與遂寧接壤；三十年，縣志記載北界是由香山鄉沿天保鄉、青龍鄉境與潼南爲界。

到了大足城邊的觀音橋，夜色從四面圍攏來；城裏的燈火已經在閃動了，像在招呼客人。劉科長指著城北山上的一個塔影説："那就是北塔，寶頂山太遠了，看不到。"這兩處，就是大足唐宋石刻的薈萃地，也是我們考察的目的地。

七點半鐘，從寬坦的緑草如茵的公路，進入城廂的東關鎮。大足各機關團體首長四十餘人，在陳議長率領下，親來歡迎；擁擠的觀衆，使交通斷絶了。這種熱烈的景象，表現了戰時人民對發揚文化的重視。

劉課長引導本團到臨時參議會，和陳習刪、王承烈、王元虎、王小滄、雷在齊諸位先生晤談。不久，各機關團體的首長也陸續來會面，劉課長一一介紹，甚爲忙碌。

臨參會爲本團佈置了雅潔的宿舍，招待殷勤，盛意可感。

四月二十八日　星期六　晴

早上八點鐘，在臨參會舉行石刻考察座談會。出席者，有本團同人和陳習刪、王小滄、趙宋喜、雷在齊、劉承漢幾位先生。開會前，大足文獻委員會送來油印的《大足諸山遊記抄》一種數十份。

楊先生致開會詞，報告工作計劃，接著，討論並決定下列諸事項：

(一)住大足期間，進行龍崗山和寶頂山石刻的鑒定、命名、記述、摩拓、繪制、攝影、丈量、統計、登記、編號等初步工作。

(二)編刊《大足石刻圖徵》一集，内容如次：

上編	甲	大足石刻部位圖
	乙	大足石刻照片選輯
	丙	大足石刻摩繪選輯
		大足石刻服飾器具譜
中編	甲	大足石刻目録
	乙	大足石刻碑記選録
下編	甲	大足石刻及其背景
	乙	大足石刻在歷史上及藝術上之價值
	丙	大足石刻待訪録

此項資料，可印製《大足縣志》首冊。

(三)由教育部中華教育電影製片廠攝制“大足石刻”影片，以廣流傳。

(四)在顧頡剛先生主編的《文史雜志》上，出一《大足石刻考察專號》，發表本團整理的成果，以供學者參考。

(五)在北碚、重慶各地輪流舉行大足石刻展覽會，以資宣揚。

(六)在北碚的北泉圖書館附設“大足石刻陳列室”，以垂永久。

上列第一項的工作，由本團同人分任職務如次：

鑒定時代、命定窟名者	楊家駱、馬衡、何遂
收集碑記文字材料者	顧頡剛、莊尚嚴、朱錦江
拍攝影片照片者	馮四知
繪制像飾者	朱錦江、雷震、梅健鷹
椎拓者	傅振倫、蘇鴻恩
編定窟號、丈量尺寸、登記碑像者	何康、吴顯齊
總幹事	程椿蔚
文書	張静秋
編輯	吴顯齊

九點半鐘，同人坐滑桿赴龍崗山，同行的是陳習刪、王承烈、

王元虎、趙宋喜、雷在齊、劉承漢諸先生。

龍崗山俗稱北山(唐時稱龍崗山，宋以後稱北山)，在城北三里的西關鎮。

出北門，在梯田間行了二十分鐘，望見眼前屹立著翠壁似的長崖，就是龍崗，唐末昌州刺史韋君靖在這里建立過永昌寨。沿著崎嶇的山路上去，繞過了幾個山坡，就到佛灣。

上了山，由陳習刪先生導游。陳先生現任參議會議長、文獻委員會主席，兼任大足新志的總纂，博雅多聞，很有風趣；對於本團的工作，襄助最多。他一邊引路，一邊介紹。

佛灣形如月牙，自南而北，長達半里。沿山鑿路，摩崖造像；龕窟相連。洞口西向，在陽光裏，燦然如蜂房。這是唐宋石刻的陳列館，可惜埋在時間的塵土裏，一向默默(原文爲“没没”，編者按)無聞。

我們從頭到尾，看了幾遍，像在歷史長河裏泛舟旅行，接觸到不少古典而動人的景象。這里最大的窟，高丈外，可容五六十人，雕飾巧麗。風格樣式，每龕不同。佛像高的有七尺，次三尺，小的盈尺。裏面既有新出土的五代宋初的佛龕，完整如新。從灣口的韋君靖像和碑起，到嘉靖莆田林見素詩和跋碑止，共石刻二百餘處。

看到佛灣，過了一道幽静的荒谷，再到對面巖上的多寶寺參觀。

多寶寺俗稱北塔寺，寺前有多寶塔(俗稱北塔，又稱白塔)，高八丈外，成爲龍崗山的標志。寺門懸有“岷峰善堂”的匾額，内設西城鎮公所。這是一個佔地十餘畝的荒涼古寺。清嘉慶間，大足縣令張澍《登多寶塔記》，已有“……多寶寺者，唐宋古刹也；鼠跳敗瓦，鴟嘯摧梁，樹秃如僧，僧窮似寇……”的描寫，可知零落已久。

寺的後院，擺有石雕的盤龍和殘佛數身，古樸可愛。

午後一點鐘，在寺裏進餐。休息後，攝影留念，上多寶塔。

塔是磚築的，作八角形，底層每邊長一丈，共十三層，只有六級可以上去。我們盤旋地走上去，看見各級的内壁和塔心，嵌著紹興、成化、萬曆、光緒歷次的修塔記和造像記，還有浮雕精美的佛像和供養人像。第六級是宋大學士馮檝在紹興初年施錢四百貫文修的，它結束了龍崗區佛像的雕刻。

實際上，馮檝鐫記是紹興二十二年，已不是紹興初年；而且，直到紹興二十五年仍有認砌十一級塔的鐫記。

在塔裏，同人發現了紹興二十四年伏小八的造像鐫記。這個在古代社會没有地位的雕刻家，他的名字，在我們的拭拂下，放出新的光彩。

塔上，看到腳底的丘陵和大足城，象洶湧的海浪，浮著一葉扁舟。透明的渺茫的藍天，璀璨的陽光，使人化身爲這顫動景色的一部份，感覺到親切而融合。

下了塔，去看塔下懸巖的造像。是二身並肩的坐佛，都是有二丈八尺高，一丈二尺寬、螺髮、衣著簡古。下面的山坡上還有佛像五身。

二點半鐘，回到佛灣工作。

佛灣的韋君靖碑，敘述當時在這里建立永昌寨的事，説："……公又於寨西□□□□□，翠壁鑿出金仙，現千手眼之威神，具八十種之相好；施□□□，□回迴俸以建浮屠，聆鐘磬於朝昏，喧贊唄於遠近，所謂歸依妙門，□□□□者焉。"這是佛灣諸像和多寶塔肇造的緣起。

四川二大石刻名區，除了大足，就是廣元的千佛巖（自唐開元五年，益州刺史韋抗鑿通峽道，建像始，到清咸豐四年止，造像設色，共一萬七千身。二十三年開川陝公路，被炸去三分之二）。這兩處，都是韋姓開始造像的，可算是巧合。

傍晚回城。

四月二十九日　星期日　晴朗

上午，九點鐘，本團開座談會，討論考察工作。關于準備在《文史雜志》刊出的《大足石刻考察專號》，經決議由同人分任撰述，除插圖和寶頂石刻論文候補外，暫定篇目如次：

甲　《大足小志》　顧頡剛

乙　《大足石刻及其背景》　楊家駱

丙 《大足石刻藝術批評》 朱錦江
丁 《大足石刻古文孝經考》 馬 衡
戊 《永昌寨考》 何 遂
己 《多寶塔考》 莊尚嚴
庚 《南北山石刻之體範》 傅振倫
辛 《補〈新唐書·韋君靖傳〉》 楊家駱
壬 《大足石刻考察團日記》 吴顯齊

開過會，出城去繼續龍崗區石刻的考察工作。

佛灣石刻純用紅色砂巖作材料，龕窟鑿在巖上，大部分没有建築物保護，時長日久，受水的化學作用和風雨、氣温、有機物的機械作用，已呈消蝕的趨勢；加以人爲的劫厄，造像和體積，碑圖等，大半殘毁。如果能依著這曲折的長巖，築一道迴廊，圍起欄桿，添上柵門，那麼，既容易保存，又可以吸引遊人。本團擬把保存石刻的意見，貢獻給地方人士。

一篇韋莊的《秦婦吟》表現了晚唐中原的動盪，而一塊胡密的《韋君靖碑》(注一)也反映出晚唐東川的形勢。

距今一千年前，在唐乾符元年(公元八七四)以後，王仙芝、黄巢等農民大叛亂的狂潮，汎濫了全中國。在碑上，可以看到，當時東川的韋君靖，以貴族的出身，地方官的權位，參加了誅鋤叛逆的戰争，十餘年間，成爲雄視嘉陵江流域的封建領主。現在的重慶、巴縣、合川、大足、安岳等地方，都在他的統治勢力之下。

景福元年(公元八九二)的春天，爲了保衛領土，他在昌州龍崗山建築了一個永昌寨。這個寨周迴二十八里，在十二個山頭上，築了二十多座城堡，一百多個敵樓；裏面房屋櫛比，千門萬户，儲了十年的糧食，屯著幾萬的士兵，經過寨下的人，只看見煙籠著粉堞，霧捧著朱樓，上面迸出飛泉，旁邊流著緑水；要不是聽見笳角龍吟，鼙鼓雷鳴，真會疑心是海市蜃樓呢。

有了肥沃廣大的莊園，有了一勞永逸的堡壘，韋君靖又表示皈依佛門，在寨西的長巖(即現在的佛灣)雕造佛像，大起浮圖。就在這個時候，西川的王建和韋君靖的上司顧彦暉争奪東川，三年中，打了五十多次仗。乾寧四年(公元八九七)王建圍攻梓州，彦暉自殺。王建又遣華洪取昌、普、渝三州，從此，韋君靖一蹶不振了。

以後，經過前蜀、後唐、後蜀、南唐、趙宋的統治，是一串災難多於安樂的日子，使這個鹽米之鄉——大足的人民，飽經離亂，幻想佛力保佑；既厭塵世，遂冀來生。自乾寧二年(公元八九五)起，到紹興二十四年(公元一一五四)止，歷二百五十九年，龍崗的造像不絶，成爲人民對於現實壓力的逃遁所。

這些佛教藝術品裏，最精美的，在風格上，是融合了印度的温柔，希臘的典雅，和中國的優美，表現了當時人民的思想和情感；一個龕，一個窟，都藏著特殊的社會背景和生活色彩。這些沉默的石像，恍惚要和遊人談些古老有趣的故事。

全部的作品，顯示著儀軌的演變，和作風的進展，無論在中國的文化史上或藝術史上，都可以和雲崗、龍門媲美。

今天，開始攝影工作，這次要拍的“大足石刻”影片，是由馮四知先生攝影，作者編輯的；我們決定拍攝有藝術價值和歷史價值的石刻。同時記録考察團的活動，作一次有系統的介紹。

攝影的時候，因爲千手觀音窟，孔雀明王窟和觀無量壽佛經窟都藏在殿堂裏，光線暗淡，不便工作，承陳議長叫暫時揭開屋瓦，拆掉窗上的木板，真是熱心可佩。

今天，同人在觀音巖(佛灣附近)發現紹興二十四年伏小六的造像題記，又在佛灣發現丙午年伏元俊和他的兒子伏世能作品及鐫記。他們和伏小八都是南宋昌州人氏。伏元俊在題記中自稱匠人，可見他們的社會地位并不高，雖然作品很有審美的價值。

據在大足新志的記載，宋代的雕刻家，還有文惟一、文居道(兩人的作品都是石門山，已經殘毀)、文惟簡(作品散見石門山和石篆山)、羅復明(曾將石恪的壁畫改成石刻畫像)，這些藝匠爲富人、仕官、豪族和寺院服務，而取得報酬。

因爲作品不是植根於現實的生活，所以造像多静止的和出世的，流露著一種冷淡的寧静，雖然能表現佛教的精神，卻不能予人以親切之感。這種雕刻藝術的歷史，亦可算是創造者和他同代人的關系的歷史。

中午，大足縣政府田賦管理處(副處長羅肇融)、糧食儲運處(副處長黄忠源)、司法處(審判官張世良)、地方行政幹部訓練所(教育長沈子雍)、地籍整理處(處長陳隆堪)、國民兵團(副團長楊建民)、縣政府經收處(主任沈德周)、救濟院(院長雷在齊)、衛生院(院長何俊明)、西關鎮公所(鎮長張曄光)、東關鎮公所(鎮長彭治周)假座臨參會，設席招待。

下午可能都喝醉了，没記録。附詩第八首中有“日日筵間怯酒杯”句。

四月三十日　星期一　陰

早晨，下小雨。十點鐘，雨停了。十點半，出發到城東北的寶頂山。和本團同行的有陳議長、劉課長、雷院長、王經理等十餘人。各人坐了滑桿，帶了被蓋，準備在山上過夜。

出了東門，過東關鎮，這里是大足有名的東關米的集散地，商業頗繁盛，又經過雞市橋、平橋、倒橋廟，走過山野的淺丘地帶，一層一層的梯田，鏡子似的留著藍天、白雲和青山的光景，雨後的空氣格外新鮮，路卻滑得很，偶然有一兩聲鳥叫，使幽僻的山路更静了。

過了倒馬坎，就到香山鄉的寶頂山；已經是下午一點半，走了三十五里。上了山，一條寬坦的石板路，引我們進入聖壽寺。在寺外，望見路旁北巖，有摩崖造像，金碧輝煌，隱現在青翠的竹林中間，這就是有名的大佛灣。

在寺裏休息了一會，陳議長引導我們去遊覽。午後，兩點半聚餐，由臨參會主持，同遊的都參加。

聖壽寺是川東的大叢林，川諺有“上朝峨嵋，下朝寶頂”的話；每年陰歷二月初，朝山進香的，常達萬餘人。我們來遲了，已經看不到那種香煙匝地，鐘鼓沸天的景象了。

如果龍崗山富於歷史意義，那麽，寶頂山卻富於故事意味。當龍崗山石刻開始鑿造的時候，西川出了一個苦行的宗教家柳本尊，他是一行禪師以後的密宗居士派。在光啟天復年間，持念經咒，自殘肌體，行化於成都一代；他的信徒遍川中，尊他爲瑜伽部總持王。一個世紀後，傳到大足米糧里的趙智鳳(一一五九至一二四九)，在所居的古佛崖，爲他經營聖壽寺院和石刻道場。

聖壽寺的建築物，經過宋、元間兵燹，和明清歷次重修，已非本來面目。現在的聖壽寺，占地近百畝，入山門，是韋陀殿，再進是大雄殿，燃燈殿，都相當宏偉，但已黯舊。燃燈殿右邊有佛説十二部石塔，刻藏經目録和祖師頌、誓詞等。目録經名多不經見，似是趙氏藏經結集之所。塔後是大寶樓閣，純用石砌，現存殘址。閣中有毗盧庵，庵和閣都有精美的浮雕造像，多殘毁。

由大寶樓閣右邊的石級走上去，就是維摩殿。我們在殿外攝影留念。這里很幽静，殿前有幾十株扁柏，撑著巨大的緑傘，柏樹下，野薔薇盛開，象一堆一堆的白雪。野草叢裏坐著三十多身寂寞的石佛，多半没有頭，他們的肌體匀稱，衣褶也流利遒勁，也許是古佛崖的遺物。

從原路走到寺外，寺前有一個淤塞的石池，池畔是香山場的街道。寺右的水田裏，樹著一個釋迦真如舍利寶塔，高丈外，浮雕很精美。再過去，小阜上有一個轉法輪塔，高四丈外，上豐下鋭，俗稱倒塔，也有造像。

從寺門左邊行幾十步，就看見大佛灣。大佛灣分南北二巖，中間連以接龍橋，恰巧象 A 字，這裏就是趙智鳳利用溪源夾岸，高約十丈的石壁造成的道場。

大佛灣的進口，左邊石壁鐫牧牛圖，右邊鏤猛虎一，作下山狀。虎旁是十力菩薩、轉輪王、三世佛群像，表現嚴峻，動人心目。再右是毗盧庵、觀音殿，殿裏浮雕千手觀音等像，金碧莊嚴，千變萬化，使人震眩。殿右是釋迦舍利寶塔，觀音應化列龕，蟠龍殘柱。再右是釋迦涅槃聖跡，氣氛悲寂。轉角處是釋迦誕生聖跡，雕九龍浴太子，龍口吐出的泉水，就是大足川的源頭。(大足川就是瀨溪河，源頭在潼南，編者按)右邊是孔雀明王龕、毗盧道場，都很精巧。再過去是賢劫七佛和風、雨、雷、電、雲五神像，取材幽古，姿態生動。再前是大方便佛報恩經道場，觀無量壽經道場，設計復雜，構圖偉大。再前是降伏窟，窟舍分三層：上層是現報司十王像；中層是大藏佛説出曜經道場；下層是華鮮(原文如此，編者按)經道場，和大藏佛說護口經道場；分刻經文和法像(相)，象連環圖畫；表現森嚴深刻，令人震悚。再前又分兩層：上層是唐瑜伽部主總持王窟，刻柳本尊行化十圖，並記；下層是金剛應化窟，有馬首明王、忿怒明王等十像，線條豪放，極富生命的啟示；未完成，鑿痕如新，象剛才輟工一樣。

自十力菩薩起，到金剛應化窟止，全部石刻，稱廣大寶樓閣，都在北巖的範圍内。走過金剛應化窟前的接龍橋，就是南巖。

南巖石刻較少，有大佛、圓覺道場、牧牛經道場等造像，圓覺道場以洞大像精勝，牧牛道場以牧童和牛的活潑自然勝。看到這里，已回到大佛灣進口的左壁了，周迴約行一里多路。

關於柳本尊和趙智鳳的歷史，因爲文獻難徵，傳說紛紜。今天，本團考察後，發現他們的造像，遺留在聖壽寺和大佛灣一帶的石刻中，計有柳本尊的像二十多身，長鬚、俗裝，多作行化事跡(煉指、立雪、煉踝、剜眼、剜耳、煉心、煉頂、舍臂、煉陰、煉膝)；趙智鳳的像四十多身，圓臉、卷髮、翹鬚、或坐、或立、或作說法狀，頂上大抵有“假使熱鐵輪，於我頂上旋，終不以此苦，退失菩提心”二十字。像旁多刻偈語、訓詞等。北巖的降伏窟，就是他思想的結晶；窟裏有他的坐像和鎖心猿、剿六賊的學說表解及浮雕。全部石刻，表現了勸人行善修身，祈求佛佑的思想，和他誓入濁世的志願；至於他自撰的韻語、散文，也不時流露著“諸佛菩薩，與我無異”的教主口吻，與悲天憫人的襟懷。

本團撥開了時間的塵土，解答寶頂區石刻之謎：斷定趙氏先後在聖壽寺裏建一大寶樓閣，後來又開鑿了大佛灣南巖羣像，和北巖的廣大寶樓閣，辛苦了幾十年，沒有親眼看見工程的完成，就逝世了。不久，元兵入川，四川大亂，這個大叢林就衰微了。

考察完畢，分寶頂石刻爲二人區，七十五段。這裏因爲有完整的系統，和分明的段落，不能象龍崗區石刻那樣以龕窟編號。

晚餐後，我們在寺裏的香山鄉公所開同樂會，給這個幽靜的地方，添些歡樂和熱鬧的空氣。

晚上，就借住寺裏的香山鄉中心學校的教員宿舍。雖然是四月底，但山上卻象還是秋天，深夜裏，寒氣侵襲棉被，用冰冷的手指來擾人清夢。可惜没有月亮，不然可以在那神奇的幽巖和古殿裏夜遊。

五月一日　星期二　晴

一清早，罩著山峰的層雲就慢慢散開了，這是晴天的預兆。

昨天，同人接到佛教會(釋清泉、覺仙)、大寶頂住持(懷修、懷澄、本洪)、小寶頂住持(清泉)的請柬，約今天上午六點鐘，在小寶頂設素宴招待。

五點多鐘，我們和陳議長等出發。從大寶頂向西行了三里多路到淺丘地帶，就到小寶頂。高聳的柏樹，擁著精潔的梵宇，一個澄清的池塘擺在寺前，象給它做鏡子。到了這里，仿佛是另外一個世界，一個給人以沉思和想像的世界。

餐畢，攝影留念。寺僧引導我們去看路邊的大佛；在一處懸巖下，雕出三身大佛，半身、彩飾，有白粉的題記，氣魄雄渾，也是宋代的石刻。

回到聖壽寺，展開各項工作。到這里來，我們就忙於摩拓、登記和攝影。攝影要利用陽光，不能放過每一瞬間良好的機會，更爲緊張。可惜有些深藏巖洞和建築屋裏的造像，無法曲盡其妙地照下來。

寶頂石刻，經本團考出，確是趙智鳳一手經營，歷數十年而成。趙氏生於宋高宗紹興十九年一月十四日，是大足米糧里沙溪趙延富的兒子。五歲的時候，因爲母親生病，祈佛出家，在所居的古佛巖落髮。二十一歲，去柳本尊闡教的聖地(彌牟)巡禮，雲遊三年，回山建聖壽本尊殿，傳柳本尊法旨；立本尊教派，稱所居爲寶頂，文獻上説他："凡可以濟人利物者，糜所不至。發宏誓願，普施法水，御災捍患，德洽遠近，莫不皈依。凡山之前巖後洞，琢諸佛像，建無量功德。"歷史使他成爲哈巴前密宗的大師。

密宗在五代以後，雖然譯經的勝業未墜，但已少設壇傳法了；並且由於秘密咒語和奇異儀式的盛行，已流爲巷井間的俚俗宗教了。惟獨趙智鳳卻能以發達的寺院經濟，建立不朽的寺院文化，給四川留下有偉大石刻密宗道場，可説是宗教史上的珍聞。

這些石刻，是用褐色巖石作雕刻材料，而以全部藏經和柳本尊、趙智鳳的故事思想爲題材；透過崇高美的形象，來宣説和衍揚密宗的教義，使僧人和巡禮者震動心魄，或發生美的憧憬而歡喜贊嘆。這是密宗以圖像設教的遺産，也是佛教文化所賦予靈感的佛教藝術；從這裏面，可以看見面對無限以求解脱，和萬有一體的哲理。

在形式上，可註意的是寶頂時刻具有這樣的風格，這是由於造像計劃經營了幾十年，時間悠久，匠人衆多的緣故。大體上説，這裏的石刻，在形式上，多作高雕和浮雕；在組織上，多達到謹嚴、簡潔、和諧、匀稱的效果；在手法上，則多採取動態、雄渾、樸素的表現；在源流上，是繼承龍崗的優良傳統，而發揚光大的。這些作品，論節奏的和諧，光線調和的動人，色調的鮮明活潑，都不讓龍崗區的造像，至於註重安定性、永久性和對比的强烈，則猶過之。

寶頂區石刻考察結果，編定位七十五號。計有碑十七種，經文五種，藏經目録一種，圖記十通，圖頌十首，其他題記、詩文、誓願、偈語、釋詞等數十通；造像已毁的盈萬，現存的約有一千五百五十一身，完整率爲百分之七十九點二。

何遂先生擬作《本尊教派源流考》，楊先生擬撰《補唐書方技柳本尊傳》和《補宋史方技趙智鳳傳》，準備列入《大足石刻考察專號》。

正午，四川省銀行大足辦事處(主任陳啟明)、縣銀行(經理李佐卿)、農工銀行(經理王小滄)、新農墾殖公司(董事長王元虎)，在大寶頂設席招待同人。

午後，決定回城，工作更忙。

寺裏的和尚和地方人士，紛紛向馬、何、顧三位先生求字書，當他們揮毫的時候，真是圍觀如堵。

香山鄉鄉民代表和鄉長等八人柬請本團五時赴筵，同人因不能久留，表示心領敬謝。

五點鐘，匆匆離開寶頂山，回大足縣城。

六點半鐘，大足縣黨部(書記長沈受之)、縣立初級中學(校長鄧康彬)、縣立女子初級中學(校長徐仲文)、縣立簡易師範學校

(校長蔣思相)、私立慶雲中學(校長黄自若)、縣立民眾教育館(館長饒汝霖)、水利委員會(主任委員姜孝聞)、防護團(總幹事謝樹材)、東關鎮中心學校(校長鄧邦泰)、西城鎮中心學校(校長王震卿)在民教館設席招待。

晚上九點鐘，在臨參會舉行同樂會；有很出色的笛子和胡琴，歌聲和笑聲融合著，一直到散會。

五月二日　星期三　晴朗

今天，除了馬、壯、傅三位先生去南山(在城南五里)的南禪寺考察宋代石刻，同人都到龍崗去繼續工作。

龍崗佛灣時刻經過登記、統計的結果，編爲二百五十五窟號(内有碑三、圖一、經幢五，造像銘、題記和摩崖文字近百通)，以像記約三千六百六十四身(内有佛像、菩薩像等三千一百九十九身，供養人像四百六十五身)，完整率爲百分之十一點一；其他散佈在多寶塔和附近觀音巖、趕場坡的造像没有算在内。

北山石窟現今編號一直至290號，與此不同。《大足石刻内容總録》的《引言》中未能説明現今編號據於何時；據《銘文録》記載，1954年，四川省文物管理委員會赴縣調查文物，對已發現各處造像進行了重新編號、登記，編號沿用至今。

佛灣的造像，純用砂巖作材料。多營獨立的龕窟，背景不同，作風互異。造像的原因：有超度亡魂的，有生病祈禱的，有避難求佑的，有表示皈依菩薩的，也有祈求禄壽綿遠，眷屬安康，子孫蕃衍，同生極樂的，大都尋求解脱，願望甚奢。供養的信士信女，少則一二人，多則幾十人。雕刻匠人有獨自經營的，也有家人合作的。造像既成，妝鑾工竣，多修水陸齋表慶，以示瞻仰，並鎸題記，敘述本末。所用題材，多爲釋迦、藥師、三世佛、阿尼佗、如意輪、觀世音、地藏、接引、文殊、普賢以及十六應真、天王、神王、部眾、飛天等，並有紀念像和少數故事浮雕。形式多採用高雕，極少圓雕。彩飾多憂鬱沉重的色調，也有古雅明净的淡彩，可以看出時代的風尚。雕刻的組織是流暢自然，多静態的、秀美的、精妙的組織和體積較小的作品。因爲材料、製作、限制、内容各種因素的決定，形成了和寶頂石刻不同的作風；不過，在一些五代、北宋的佛龕上，還可以看見寶頂石刻的先導精神。

這些造像，唐代的是妙麗莊嚴，動人靈魂，可算完美純正的中國藝術作品；五代兩宋的則由繁而簡，由大而小，由自然而流於修飾，技巧圓熟，神韻稍遜。這裏面的代表作，對於形式的表現，製作的重心，身軀的比例，肌肉的狀態，都極留意，比較同期的西洋名作，並無愧色；至於那種樸實、寧静、慈祥、崇高、厚重的氣度，猶能表現濃厚的東方色彩。

中午，劉課長招待同人進餐。

午後，顧、楊兩位先生應縣立女子初級中學和縣立初級中學的邀請，分別到兩個學校作學術演講，並且代表本團訪問各機關的首長。

傍晚六點鐘，黄慶雲先生在其寓中招待同人；黄先生是川軍將領，這次黄先生因公留渝，特地在重慶打電話來大足，要他家人代表招待，真是盛意可感。黄宅稱「雲廬」，在東門外，環境幽勝，棟宇精美，是大足名宅之一。鄰近有慶雲中學和饒烈士國梁紀念碑，我們乘便遊覽了一回。

五月三日　星期四　晴

本團原訂的日程是四月三十日離開大足到銅梁，五月二日回到北温泉。但到了大足之後，湊巧郭縣長公出，臨參會留本團多住幾天，等郭縣長回來；盛情難卻，一再的展期。

臨參會請本團在離開大足的時候，撰文勒石，作爲紀念。早晨，由馬先生執筆，撰寫《大足石刻考察團龍崗題名》一通，全文如次：

“中華民國三十有四年四月，江寧楊家駱應大足縣郭縣長鴻厚，參議會陳議長習刪之邀，組織大足石刻考察團，參觀北山、寶頂等處唐宋造像。參加者鄞馬衡、侯官何遂、吳顧頡剛、銅山張静秋、江寧朱錦江、廬江馮四知、北平莊尚嚴、新河傅振倫、臺山梅健鷹、臨川雷震、侯官何康、民權蘇鴻恩、江津程椿蔚、潮安吳顯齊，以是月二十七日到縣，凡歷七日，遍遊諸山；識韋刺史之勛猷，見趙本尊之堅毅，妙相莊嚴，人天俱足，爲之歡喜贊嘆；爰

（編者按，新版《民國重修大足縣志》上無此字）於歸日，題名刊石，以誌勝遊。”

八點鐘，縣商會（主席楊宗震）假座臨參會設席招待本團。席間，知道這裏的出産，以米、絲、夏布、煤、鹽、鐵貨、竹木器爲大宗。這個面積一三、一五八（數據有誤，新版《民國重修大足縣志》改訂爲一三五八）平方公里，人口三十六萬餘的三等縣，抗戰期中，在役政和糧政上，都有著優異的成績，可見人民貢獻之大。

大足現有中學四所，中心學校三十餘所，保國民學校二百餘所。

十點鐘，同人去參觀縣立初級中學、西城鎮中心學校、縣立女子初級中學和縣政府、糧食儲運處，印象深刻，甚感興趣。最後，還拜訪了陳議長，坐談半點鐘，可惜時間短促，其他的文化機關和地方代表人士，不能遍訪，實在是一件憾事。

中午，縣府秘書吳學勤、科長翟光宇、舒楚昌、主任丁亮才、軍法官李民諸位先生假座臨參會，設席招待本團。

午後，仍繼續龍崗區石刻的考察。

大足石刻，經過這次的鑒定，將替中國藝術史和宗教史添上輝煌的新頁。尤其是造像所表現的儀軌、人物、服飾、器物、建築諸形式，和歷史故事、社會生活、自然現象，以及各項文字記録，更蘊藏著唐宋社會史的寶貴資料，應該作有計劃的保存和研究。

本團建議地方人士組織大足石刻保存會，地方代表人士已完全接受，並邀同人加入合作。關於保存石刻的詳細計劃，將由楊先生起草。

傍晚，七點鐘，馬、何、顧、楊、朱幾位先生應各界的邀請，在臨參會大禮堂舉行學術演講，闡明大足石刻在中國文化上的價值，和保存、表揚的切要；聽眾七百餘人，歷時一點四十分鐘，引起了廣泛的註意和熱烈的響應。

九點鐘，本團假座臨參會，設席招待各機關團體的首長和地方代表三十餘人，藉以聯歡，聊表謝忱。郭縣長剛出巡迴縣府，亦應本團的邀請。

席間，本團代表楊先生致詞，報告石刻考察概況，和今後的工作計劃。並稱由於地方人事和各機關的積極協助，使本團初步工作，得以順利完成，謹表衷心的謝意。

臨參會秘書趙宋喜先生代表大足人士致答詞。開始謙遜地説他們協助的力量還没有充分發揮，接著，就熱烈讚譽本團工作的成就，懇切地希望本團從速表揚大足的石刻。

最後，大家碰杯暢飲，燈火輝煌的客廳，充滿了歡洽的氣氛。

五月四日　星期五　晴

九點鐘，同人去縣府拜訪郭縣長。半點鐘後，就坐滑桿到龍崗山；郭縣長和雷院長撥冗相陪。他們在强烈的陽光下，灼熱的空氣裏，往來龕窟間，不辭勞苦，使人感覺不安。

幾天來，今天的天氣最好。藍天，没有一朵雲彩，幽静的山谷，不見絲兒風影。

中午，郭縣長在佛灣觀無量壽經變龕的瓦殿裏歡宴本團。餐畢，在藥師如來窟攝影留念。

這里的石窟，僅僅四個地方有瓦殿的建築；内中有兩處是住保管人員的，雖然香火不絶，早晚也有誦經禮佛的儀式，但終抵抗不了荒廢的侵襲。在這寂寥的山巖上，永昌寨光榮的日子已經一去不回來了。

佛灣石刻，多珍貴的作品，現在，擇其能代表一個時代，一種藝術，或某種特殊情形的，依照石刻次序，介紹如下：

碑圖、題記的名刻有：第一號韋君靖碑，第一〇〇號古文孝經窟(注二)，第一〇一號趙懿簡公神道碑(注三)，第一三〇號文殊詣維摩詰問病圖(注四)，第一五三號西域禪師題名(注五)。

造像的代表作，唐代的有：第五號天王窟，第九號千手觀音窟，第十號如來窟，第四六號如意輪菩薩龕，第四七號三世佛龕(注六)，第五十二號救苦觀世音菩薩龕(注七)，第五十四號如來龕，第八十一號觀世音菩薩窟，第一六四號藥師如來窟，第二一八號觀無量壽經窟。五代的有：第三四號十六應真窟，第四十九號阿彌陀佛龕，第一一三號供養信女龕，第二四二號千手觀音龕，第二四七號藥師琉璃光佛龕。宋代的有：第一三七號如意輪聖觀自在菩薩窟，第一四二號孔雀明王窟，第一六一號彌勒泗州大聖山窟(注八)，第一六二號地藏菩薩窟(注九)，第二二六號地藏接引龕，第二四六號藥師十方佛龕。

其所編號與現今不同，見上則注釋。

唐宋造像，真是美不勝收，在作風上，約可分爲十二品：寧静、肅穆、慈祥、端莊、生動、自然、飄逸、簡樸、雄渾、秀美、精妙、巧麗。

這些美術品的産生，是中國歷史經驗的演進，和受印度文化的影響的結果，在它的過程中，我們看到唐代的是一個姿態衣褶極委婉巧麗的東方美人，到了宋代，就修飾成傾國傾城，後來偏重了修飾，以致忽略了軀體的健康。

我們工作到最後一分鐘，在夜色迫近的時候，才陸續的下山。

晚上八點鐘，臨參會和文獻委員會諸位先生設席招待本團，由趙宋喜先生致詞，充分的表現了他們歡迎與惜别的盛意。

九點鐘，縣立初級中學和初級女子中學，在民教館舉行同樂會，歡送本團，到會的有六百多人。由教育會幹事雷在齊先生致開會詞，報告他們歡迎籌備的經過。同樂會的節目是音樂和舞蹈，精彩動人，本團馮先生也被邀唱曲。這是一個令人難忘的晚會。

這兩天，大足人士請何、馬、顧、朱、雷、梅幾位先生題字書畫的，絡繹不絶。

文獻會爲了表示臨别的厚誼，送來一些特産：龍水剪刀和中敖竹水煙袋，分贈同人，作爲紀念。

五月五日　星期六　陰雨

在大足八天中，本團的初步工作完成了：影片一部，照片二百幀，部位圖兩種，摩繪二百幅，拓片一百通，石刻目録兩種。因爲同人都有職務，不能久留，需要辭歸整理。

早上，八點鐘，和郭縣長，陳議長，及地方人士告别，坐滑桿離開大足城。雷院長代表大足人士送本團到銅梁；不辭跋涉，盛意難忘。

滑桿的行列，在濛濛的細雨裏，經過東關鎮的虹橋，沿著銅大公路前進。到石馬鄉的時候，已經是十點鐘，離開大足城有四十五里了。前幾天經過的水田地區，現在已佈滿了青煙似的秧苗了。

雷院長順便引導我們去游石門山。

離開公路，向東南行了一里多的田塍，看見一座小山，長滿了竹子和松柏。下了滑桿，穿過山門，就是聖府洞的古廟。廟後是二丈平方的石壁，雕刻著釋迦、玉皇、藥師群像各一龕；原來是宋紹聖三年文惟一所刻，後來重修的。左邊有一個石岬，寬約八丈，裏面立了三間房子，房子後面是一個石洞，洞裏塑著觀音像，右邊還有一個石岬，砌石作頂，石壁如門，裏面寬七八尺，長約十丈，光線黯淡；在曲折的右壁上，鑿出圓覺洞、孔雀明王洞和玉皇洞，雕刻的石像和塑像都很精美，富於修飾意味，全部彩飾，多用沉重寒薄的色調。這些造像中，佛教的最多，道教次之，還有孔子和他弟子的像(注十)，反映出宋代複雜的社會思想。龍崗和寶頂兩地，也曾發現滲雜在佛教藝術品種的道教造像，且有改佛像作仙像的遺跡。

看完了，從原路走出來。右壁刻宋淳熙九年昌南詔從事鄧檉紀行詩並序，隸書四百多字；外面的石壁刻著“聖府洞”三大字，淳熙五年中元從事皇佛監判官宋以通書，乾隆年間重刻。

走下洞口的石級，再經過一段崎嶇的小路，又走上銅大公路。雨還在下著。

大足距長江和嘉陵江、沱江各約二百里。東鄰銅梁，北界遂寧潼南，西接安岳，南和榮昌、永川相連，東南和璧山接壤。全境丘陵盤結，無大河，交通僅恃公路和鄉道；縣東南文化較高，縣西北風氣閉塞。境内現有佛寺二十一座，廟十座，觀、庵、齋各一座，可見宗教色彩的濃厚。此地在明代以前，實爲渝、蓉孔道所經，故石刻分佈地區頗廣，除上述各地外，還有城西五十里的妙高山(有妙高寺)和城西南五十里的石篆山(有佛會寺)，都存有宋代的釋、道造像和其他石刻，指示著古代文化的一斑。

十一點鐘到萬古鎮。張鎮長等招待午餐，殷勤的送行。

下午四點鐘，入銅梁城，仍舊住在銅光旅店。

落了一天雨，明天是不會晴了，雷院長決意送我們到合川，同時吩咐抬滑桿的多走一天，叫他們後天才回大足。

在旅店裹面，看到最近幾天的大公報、中央日報、新民報和評論晚報，都以顯著的地位，報導本團的行蹤和工作。

六點鐘的時候，銅梁縣政府（張縣長會鑫公出，由劉秘書學齋代表）、統計室（主任葉化成）、經收處（主任劉德勛）、縣黨部（委員陳遠光，書記長劉代芹）、青年團（總幹事唐光桐）、民教館（館長周焕文）、銅梁中學（校長周家澤）和地方耆宿（黄述職先生等）假座臨參會設席招待本團，雷院長作陪。

席間，劉秘書致詞歡迎，本團由楊先生代表答詞，報告大足石刻的歷史背景，現存狀態，文化評價和保存、表揚的計劃。

餐畢，回到同光旅店，知道中央社駐銅的記者查立平先生來訪問過本團。

五月六日　星期日　陰

早上六點鐘，銅梁臨參會招待同人進餐。

在等待出發去合川的時候，我們到街上買些巴嶽茶，作爲紀念。銅梁是川東産茶區之一，出産的巴嶽茶很有名，現在有幾家大農場在經營著。

顧、張兩位先生要去社教院演講，留在銅梁城，等搭西泉中學的校車，轉赴璧山。

八點鐘，本團離開銅梁，雷院長繼續送行。

中午，到二郎圩，進餐。在休息的時候，雷院長賦詩惜别，下面就是被我們傳誦著的詩篇：

敢詡桃源可避秦，尋幽喜到武陵人，虎頭食肉滄桑感，鴻爪蹈泥草木春。佛似囊錐得脱穎，地因斧鑿遂揚名，相逢恨晚相違速，送别汪倫倍惘神。

下午五點鐘入合川城，仍住民生路中國旅行社招待所。

六點鐘，在民生飯店進餐，嘗到這家飯店的江鮏，和斷雞處的雞絲，領略了合川名菜的風味。

五月七日　星期一　晴

早晨，我們和雷院長分别，他回大足去。這一次承他殷勤送行，我們將永遠銘記他的摯意。

六點鐘，我們坐利湖輪離開合川。

白霧罩著嘉陵江，兩岸的山，象在朦朧的睡著，曉夢方濃呢。

經過程總幹事的接洽，船上經理招待我們在一間房裹休息。我們臨時開了一個座談會，隨意談談；總結了大足石刻考察的成果，討論並且決定了今後的工作計劃，關於大足石刻的保存和表揚，擬由楊先生起計劃，建議大足臨參會參考實施。

八點鐘，輪船馳過瀝鼻峽，不久，就望見温塘峽裹的北泉公園；這個有趣的旅程就結束了，同人亦握手告别，各人回到目的地去。

這十幾天的旅行，已構成我們生活的一部分，在每個人的回憶裹，將永遠留著鮮明生動的印象。

附注

注一：碑名爲“唐金紫光禄大夫檢校司空使持節督昌州諸軍守昌州刺史充昌普渝合四州都指揮使大夫上柱國扶風縣開國男食邑三百户韋君靖碑”。乾寧二年十二月立，静南令胡密撰。碑文左行，千餘字。下截列署其軍中節級將校一百六十餘人。據其記載，可明唐末五代局勢，而補史書之缺略。韋君靖像則唐亡後其扈從在蜀者所刻也。

注二：窟壁刻古文孝經二十二章，宋范祖禹書，保存完整，極爲名貴。

注三：此碑爲范祖禹撰，蔡京書，京書秀勁，海内存著極少；此碑雖殘，仍堪玩味。

注四：紹興間李大郎摹石恪水墨圖，羅復明刻石。題記左旁。

注五：壁上多南宋人遊山題名，可見當時外患日亟，士大夫仍在尋仙追涼，耽於佚樂。

注六：有造像銘云：“節度左押衙充四州都指揮兼昌州軍事銀光禄大夫上柱國王宗靖造三世佛一龕。”

注七：有造像銘云：“乾寧三年九月二十三日檢校司空守昌州刺史王宗靖敬早救苦觀世音菩薩、地藏菩薩一龕。右爲故何七娘鐫造，常願承此功德，永生西方，受諸快樂。”

注八：有題記云：“本州匠人伏元俊男世能鐫彌勒泗州大聖大（此“大”字乃原文衍字，非石刻上字，編者按），時丙午歲題。”

注九：有題記云："……丙午歲，伏元俊鐫記。"

注十：文惟簡造像，今剥蝕。其題材似採自漢時之文翁石室造像，與成都周公禮殿壁畫。

附大足觀佛事紀事詩八首

一、乙酉夏參加大足石刻考察團書感

敦煌石室久零落，伊闕雲岡半劫灰。
猶有昌州妙像在，清遊如夢記來回。

二、龍崗山吊韋君靖

十二峰頭壓敵樓，城中刺史醉未休。
豐碑方樹悲笳起，王建旌旗入梓州。

三、永昌寨

永昌殘址少問津，北塔寺前草自春。
欲問佛龕供養像，當時誰是寨中人。

四、佛灣造像

笑靨豐肌春意盈，水衣風帶似裁成。
佛灣多少乾寧窟，留與遊人細品評。

五、大足城東

繞樹鳥聲歌千囀，依山田水緑萬層。
記得雨晴風又定，滑桿一路過丘陵。

六、遊寶頂山聖壽寺

智鳳經營數十年，前巖後寺佛幾千。
若非妙匠揮斤斧，頑石依然埋瘴煙。

七、密宗道場巡禮

本尊教派源流長，寶頂山中見道場。
到此忽憐空色辯，三千諸佛宋時裝。

八、大足陳議長習刪先生等熱誠襄助厚意可感

頻來紅柬似霞飛，日日筵間怯酒杯。
東道殷勤多雅意，更思投轄阻人歸。

乙酉於東川北泉中教

公元 1947 年

【銘文】重修佛耳巖廟宇序」佛耳岩者創有年矣自白雲中峰蜿蜒而來雖非古刹佛地抑亦吾鄉盛」境也舊有石像初無丹鉛雖當風霜剥落之秋猶有祥瑞氤氲之氣且□」有求必應隨禱則靈無如廟貌傾圮神像零落今目睹而□悲之奈獨力」難持於是出簿募化幸諸君樂從傾囊相助庶廟貌一新神像輝煌謹將」善信勒諸瑱珉以垂不朽云耳△△△△庶士謝琢璠敬書黄通文」(第 7 至 29 行爲人名，略）」中華民國三十六年七月△△△△△△轂旦吉立」。

(《銘文録》426 頁謝琢璠重修佛耳巖廟宇序)

此銘文位於佛耳岩 7 號龕，是有紀年的民國時期最後的記録，也是大足石刻中的最後紀年。1 號龕中還有 1887 年光緒十三年裝修的銘文："序」邑西三十里有佛耳巖創始不可考大約垂二百餘」年矣其地自中峰爲來脈之勢與聖水爲犄角之形」雖無東廊西廈何殊勝地名區凡里中水旱疫痢無」不祈禱於間而神最能有叩斯應惜乎風雨摧殘佛」像落剥余等目擊心傷增修有志奈力不逮因募遠」近諸君共襄盛舉今當落成之日勒諸瑱珉以垂久」遠云爾是序△△誠齋唐心一撰並書」(第 9 至 35 行人名略)」光緒十三年七月初九日△△△△△△立」。"

紀年不詳

【鐫記】作善降祥天道也神道也神以靈著此寺觀之所由起乎邑北山佛灣唐宋以來石鐫佛像千萬中有送子殿神像」莊嚴靈應奇異自唐迄明香火之盛不亞寶頂惜明季兵廟宇傾頹亦越清代修補無幾△民國以來戴君元興」沈君顯文姜君有鳳江君虛海眾等募修天王殿功竣餘有木料□瓦□釘□胡君鑫甫楊君淮清蘇君子林等見之」慨然曰送子觀音有求必應遠近禱祈禱酬願者甚夥神像風雨不蔽其何以答神庥爰約同人訂簿募建□□終」□□□年春落成△噫後之視今亦猶今之

視昔百年後培修有更廓大其規模輝煌廟貌庶神恩永共護子孫□□焉」。

(《銘文録》75 頁胡鑫甫等募建送子殿宇鐫記)

此鐫記位於北山佛灣 123 號龕右側外門柱上。“送子觀音”,似是指 122 號龕聖母與兒童造像。

本書所涉資料

一、引用資料

西漢·司馬遷撰，南朝宋·裴駰、唐·司馬貞、張守節注：《史記》，中華書局，1959年。

東漢·班固撰：《漢書》，中華書局，1962年。

南朝宋·范曄撰：《後漢書》，中華書局，1965年。

晉·陳壽撰，南朝宋·裴松之注：《三國志》，中華書局，1959年。

唐·房玄齡等撰：《晉書》，中華書局，1974年。

南朝梁·沈約撰：《宋書》，中華書局，1974年。

南朝梁·蕭子顯撰：《南齊書》，中華書局，1972年。

北齊·魏收撰：《魏書》，中華書局，1974年。

唐·姚思廉撰：《梁書》，中華書局，1973年。

唐·姚思廉撰：《陳書》，中華書局，1973年。

唐·李百藥撰：《北齊書》，中華書局，1972年。

唐·令狐德棻等撰：《周書》，中華書局，1971年。

唐·魏征等撰：《隋書》，中華書局，1973年。

唐·李延壽撰：《北史》，中華書局，1974年。

唐·李延壽撰：《南史》，中華書局，1975年。

後晉·劉昫等撰：《舊唐書》，中華書局，1975年。

北宋·歐陽修等撰：《新唐書》，中華書局，1975年。

北宋·薛居正等撰：《舊五代史》，中華書局，1976年。

北宋·歐陽修等撰：《新五代史》，中華書局，1974年元・脱脱等撰:《宋史》,中華書局,1977年。

元・脱脱等撰:《遼史》,中華書局,1974年。

元・脱脱等撰:《金史》,中華書局,1975年。

明・宋濂等撰:《元史》,中華書局,1976年。

民國・柯劭忞等撰:《新元史》,臺北新文豐出版公司,1976年。

清・張廷玉等撰:《明史》,中華書局,1974年。

民國・趙爾巽、柯劭忞等撰:《清史稿》,中華書局,1977年。

北宋・司馬光撰:《資治通鑒》,中華書局,1976年。

南宋・李燾編:《續資治通鑒長編》,中華書局,2004年。

明・解縉等編修:《永樂大典》,北京圖書館出版社,2002年。

清・紀昀、永瑢等編修:《景印文淵閣四庫全書》,臺灣"商務印書館",1986年。

清・徐松編:《宋會要輯稿》,中華書局,1957年。

清・畢沅編:《續資治通鑒》,中華書局,1964年。

清・阮元等校刻:《十三經注疏》,中華書局,1980年。

晉・常璩撰、劉琳校注:《華陽國志》,巴蜀書社,1984年。

唐・李吉甫撰:《元和郡縣圖志》,中華書局,1983年。

北宋・王溥編:《唐會要》,中華書局,1955年。

北宋・王欽若等編修:《冊府元龜》,中華書局,1960年。

北宋・樂史著:《太平寰宇記》,中華書局,2007年。

北宋・王存等編:《元豐九域志》,中華書局,1984年。

北宋・歐陽忞著、李勇先、王小紅校注:《輿地廣記》,四川大學出版社,2003年。

北宋・孟元老著:《東京夢華録》,中國商業出版社,1982年。

北宋・黄休復著:《益州名畫録》,四川人民出版社,1982年。

南宋・王象之著:《輿地紀勝》,四川大學出版社,2005年。

南宋・祝穆著,祝洙增訂,施和金點校:《方輿勝覽》,中華書局,2003年。

南宋・耐得翁著:《都城紀勝》,中國商業出版社,1982年。

南宋・吳自牧著:《夢粱録》,中國商業出版社,1982年。

南宋·西湖老人著:《西湖老人繁盛録》,中國商業出版社,1982年。

南宋·趙汝愚編:《宋朝諸臣奏議》,上海古籍出版社,1999年。

元·馬端臨著:《文獻通考》,中華書局,1986年。

元·周密著:《武林舊事》,中國商業出版社,1982年。

元·孛蘭肹等著,趙萬里校輯:《元一統志》,中華書局,1966年。

元·劉應李原編,詹有諒改編,郭聲波整理:《大元混一方輿勝攬》,四川大學出版社,2003年。

明·陳邦瞻撰:《宋史紀事本末》,中華書局,1977年。

明·楊慎編:《全蜀藝文志》,線裝書局,2003年。

明·江朝宗編:成化《重慶郡志》。

明·熊相纂修:正德《四川志》。

明·劉大謨、王元正、楊慎等纂修:嘉靖《四川總志》,書目文獻出版社,《古籍珍本文獻叢刊》第42冊,1996年。

明·魏朴如、游朴、童良、郭棐等編:萬歷《四川總志》(三十四卷,兩淮鹽政采進本),四庫本。

明·李賢等著:《大明一統志》,上海古籍出版社,1987年。

清·顧祖禹著:《讀史方輿紀要》,中華書局,2005年。

清·常明、楊芳燦等編:《四川通志》,巴蜀書社,1984年。

清·乾隆《大足縣志》。

清·張澍、趙時纂:嘉慶《大足縣志》。

民國·許地山著:《道教史》,商務印書館,1934年。

民國·傅勤家著:《中國道教史》,商務印書館,1937年。

民國·湯用彤著:《漢魏兩晉南北朝佛教史》,商務印書館,1938年。

民國·蔣維喬著:《中國佛教史》,上海書店,1989年。

楊伯峻編著:《春秋左傳注》,中華書局,1981年。

數碼版《中華佛典集成》,Chinese Buddhist Electronic Text Association(中華電子佛典協會,簡稱CBETA)出版,April 2010。

南朝梁·釋慧皎撰，湯用彤校注：《高僧傳》，中華書局，1992年。

唐·釋道宣撰：《續高僧傳》，中華書局，1992年。

唐·釋智昇撰：《開元釋教録》，南方出版社，2013年。

北宋·釋贊寧撰：《宋高僧傳》，中華書局，1987年。

北宋·釋道元撰：《景德傳燈録》，成都古籍書店，2000年。

南宋·釋志磐撰：《佛祖統紀》，上海古籍出版社，2012年。

元·釋念常撰：《佛祖歷代通載》，新文豐出版有限公司，1975年。

元·釋覺案撰：《釋氏稽古略》，江蘇廣陵古籍刻印社，1992年。

明·釋如惺撰：《明高僧傳》，書林書局，2015年。

明·曹學佺撰：《蜀中廣記》，國家圖書館出版社，2014年。

黎邦正、劉重來、鄭家福編：《明實録類纂·四川史料卷》，武漢出版社，1993年。

杜潔祥主編：《中國佛寺史志叢刊》，臺北明文書局，1980年。

劉長久、胡文和、李永翹纂：《大足石刻研究》，四川省社會科學院出版社，1985年。

成都王建墓博物館編：《前後蜀的歷史與文化——前後蜀的歷史與文化學術討論會論文集》，巴蜀書社，1994年。

重慶大足石刻藝術博物館、重慶市社會科學院大足石刻研究所編：《大足石刻銘文録》，重慶出版社，1999年。

大足縣地方志辦公室編：《民國重修大足縣志點校》，大眾文藝出版社，2008年。

高文、高成鋼編：《四川歷代碑刻》，四川大學出版社，1990年。

龍顯昭、黃德海主編：《巴蜀道教碑文集成》，四川大學出版社，1997年。

龍顯昭主編：《巴蜀佛教碑文集成》，巴蜀書社，2004年。

廣元千佛崖石刻藝術博物館等編：《廣元石窟内容總録(千佛崖卷)》，巴蜀書社，2014年。

廣元皇澤寺博物館等編：《廣元石窟》，巴蜀書社，2002年。

巴中市文管所等編:《巴中石窟》,巴蜀書社,2003年。

雷玉華著:《巴中石窟研究》,民族出版社,2011年。

于春、王婷著:《綿陽龕窟——四川綿陽古代造像調查研究報告集》,文物出版社,2010年。

于春、王婷著:《夾江千佛巖——四川夾江千佛巖古代摩崖造像考古調查報告》,文物出版社,2012年。

秦臻、張雪芬、雷玉華著:《安岳臥佛院考古調查與研究》,科學出版社,2015年。

胡文和、胡文成著:《巴蜀佛教雕刻藝術史》,巴蜀書社,2015年。

二、參考資料

梁啟超著:《中國近三百年學術史》,湖南文藝出版社,2011年。

譚其驤主編:《中國歷史地圖集》,地圖出版社,1987年。

嚴耕望著:《唐代交通圖考》,上海古籍出版社,2007年。

万国鼎、陈梦家、万斯年編:《中國歷史年表》,中華書局,1978年。

岑仲勉著:《通鑒隋唐紀比事質疑》,中華書局,1964年。

方國瑜撰:《中國西南歷史地理考釋》,中華書局,1987年。

藍勇撰:《四川古代交通路線史》,西南師範大學出版社,1989年。

藍勇撰:《西南歷史文化地理》,西南師範大學出版社,1997年。

藍勇、曾小勇、楊光華等撰:《巴渝歷史沿革》,重慶出版社,2004年。

藍勇、楊光華、馬强等編:《稀見重慶地方文獻匯點》,重慶大學出版社,2013年。

漆俠著:《宋代經濟史》,上海人民出版社,1987年。

沈起煒著:《中國歷史大事年表(古代)》,上海辭書出版社,

1983 年。

《歷代史料筆記叢刊》，中華書局，1980—2007 年。

朱前前主編：《缘来如此——胡适说佛》，群言出版社，2013 年。

梁思成著，林洙編：《佛像的歷史》，中國青年出版社，2010 年。

于君方著：《觀音——菩薩中國化的演變》，商務印書館，2012 年。

胡文和著：《四川道教佛教石窟藝術》，四川人民出版社，1994 年。

吕建福著：《中國密教史》，中國社會科學出版社，1995 年。

劉長久著：《中國西南石窟藝術》，四川人民出版社，1998 年。

張焯撰：《雲岡石窟編年史》，文物出版社，2006 年。

大足石刻藝術博物館編：《大足石刻研究文集》，重慶出版社，1993 年。

大足石刻藝術博物館編：《大足石刻研究文集 2》，重慶出版社，1997 年。

大足石刻藝術博物館編：《大足石刻研究文集 3》，中國文聯出版社，2002 年。

大足石刻藝術博物館編：《大足石刻研究文集 4》，中國文聯出版社，2002 年。

大足石刻藝術博物館編：《大足石刻研究文集 5》，重慶出版社，2005 年。

大足石刻藝術博物館編：《2005 年重慶大足石刻國際學術研討會論文集》，文物出版社，2007 年。

大足石刻藝術博物館編：《2009 年中國重慶大足石刻國際學術研討會論文集》，重慶出版社，2013 年。

陳明光著：《大足石刻檔案(資料)》，重慶出版社，2012 年。

馮學成、趙立明等編：《巴蜀禪燈録》，成都出版社，1992 年。

向渠奎著：《三峽地區歷史時期考古發現與研究》，重慶出版社，2015 年。

四川省合川縣文化局編：《合川縣文化藝術志》，1991 年。

四川省潼南縣志編纂委員會編纂：《潼南縣志》，四川人民出版社，1993 年。

江津地方志編輯委員會編著：《江津縣志》，四川科學技術出版社，1995 年。

其他所引各種論文，已於書中詳列出處，不再贅述。

後　記

當這本書終於在2016年春節前完稿的時候，我心裹卻實在説不出高興。當晚，我就和朋友驅車去龍水湖的温泉，華燈初上，在温湯池中，望著剛掛上夜幕的繁星，我們各自敘述著人生軌跡和生活態度，感覺在冷冷星空下融化在了暖暖的泉水之中。

還是在2010年9月的時候，因爲黎館長囑咐的工作，我開始著手編寫《大足石刻編年史》一書。館長的意思是希望通過此書，我們能找出一些與大足有關的歷史節點，力圖勾畫出大足石刻産生、發展的過程中受歷史影響的軌跡。固然，一個大規模石窟群的産生，必然受到當時歷史條件下的政治、軍事、經濟、宗教等各個方面的綜合影響。敦煌石窟已有《敦煌石窟編年史》，雲岡石窟亦有《雲岡石窟編年史》，大足作爲中國南方，特别是西南地區的惟一大型石窟，應該是有它自己可以濃墨重彩的一筆歷史。我在1994年讀大學的時候學的是當時很熱門的計算機應用專業，後來因爲不捨夢想，考上歷史地理專業碩士，師從藍勇教授，主要關注於對明代資訊傳播的地理探索，對於石窟研究，其實，我來大足的時候，連大足石刻是什麼都不瞭解。但是在黎館長悉心點撥和同事關愛幫助下，漸漸才開始接觸到這方面皮毛的内容。對於石窟研究來説，我一直把自己看作一個初學者。

其實我本身是個較愚鈍的人，雖然小時候學習成績一直名列前茅，但是好像也没有太多前瞻性的看法。來到大足後，感受到館長和同事的殷殷期盼，我也會在夜深人静的時候思索自己的工作定向。因爲自己對於石窟和宗教方面並不太熟悉，有時也會陷入焦慮，受到失眠的困擾，甚至還有借酒精的麻醉才能夠睡去。後來想到既然我們做史，其實只要真正敘説事實和客觀看法，就已盡到自己的責任。然後，開始大量資料閲讀與鑒别。我是一個正統史觀很嚴重的人，所以，各位在我書中看到好象並没有引用多少資料，是因爲我的史料觀，並且鑒定删除了大多數不可靠的材料所造成的；另外，因爲所處的地方，能接觸到的資料有限，而我從頭至尾又是一個人做完所有的鑒别和録入工作，難免力不從心，挂一漏萬，懇請讀者能多做出批評指教。書中有些評論，出於史學的天然，或許有待商榷，但史評也是史學重要的一部分。司馬之書，當年也被指爲“爲盜者傳”，但卻並無影響史實，更爲歷史留下鴻雁一瞥。

佛教源起於印度，印度没有史觀，佛教在印度根本無史，不過是口耳相傳而已。進入中國後，由於受中華士人的影響，才開始記録歷史歷程。這在大足石刻中表現相當明顯，大足石刻至今没有正史中任何記載，多是遊客題記以及民間訛傳，這對史學研究當然有極大限制。至今對大足石刻的研究基本是以考古學爲基礎，史學上的基本没有站得住的觀點。館長所想和我所努力搜索的資料，正是希望爬梳出一些或被前人忽視的資料，從而建立起對大足石刻横向和縱向的時空聯繫感。我個人能力有限，受任之後，惴惴不已，今幸完成，更添惶恐。爲這本書，這數年時間我已經用了第五個鍵盤，前面數個用壞的，未忍捨棄，至今仍静静躺在辦公室的角落裏。

在這數年的默默耕耘與修訂中，我也感受了很多的温暖與真誠的幫助。館長與我們研究部門的領導時常關心我工作進度如何，還有對我生活上的關心與呵護。各位同事對我也是有求必應，對我予工作上的最大支援。在此深表感謝。

我父母妻小皆在重慶，平時只有週末才能相聚，我心中一直愧疚虧欠她們太多。記得女兒在一歲半的時候，我休假回湖北家鄉看望她，臨别的時候，止逢下雨，她看著我呵呵傻笑，卻不知父親這一走又是多久，那時的雨水，掩飾了我的淚水，最後掉頭而去；她小學第一次期末考試，因爲語文數學都只得了 99 分，她在電話裏給我説“爸爸，我一定好好努力”，我竟像魚一樣張著嘴囁嚅著説不出一句話，這没得到的滿分其實是扣的我的分。每次週末回到重慶，父親都到處奔走，爲我買愛吃的食材；母親則在家細火慢燉，最溫暖地照顧我的胃；妻子黄國屹，雖然是個很火爆的重慶女人，但是我每次因爲小事而和她争吵時，她都默默隱忍，讓我情緒發洩之後卻又深悔自己的唐突。有家人如此的關心與愛護，我才有此一生，列此一職，編此一書。對家人，我實在不能以感謝來表達。本來從不信佛的我，也多麼希望有來生……

在此，我得特地感謝黎方銀院長給予我去四川考察的機會，雖然艱辛困苦，甚至差點喪命考察途中，但是受職而無怨。感謝我院退休的陳明光老館長和成都文物考古研究所佛教考古研究所雷玉華所长對本書提出的若干極富價值的建議。感謝劉賢高院長平時對我工作的支持和生活的關心，並對我的諄諄教導。感謝黄能遷主任對我資料查考方面的全面支援和工作環境支撐。感謝工會副主席夏明對我辦公環境的關照。另外，也感謝我在寫作和考察過程中對我幫助過的，熱情接待我的巴中文管局的何匯局長，和不惜自己工作和休息時間帶我去水寧寺的楊靜秋科長，廣元文管所的王劍平所長，安岳文物局的傅成金局長和廖順勇主任，還有我叫不出名字，但是深懷感謝的廣元明月峽和皇澤寺的工作人員，夾江的那些好心的人民(我仍還記得在那裏找不到能符合我價錢吃飯的地方，最後在一條小巷裏找到個吃蓋澆飯的小餐館)。更特別，承蒙臺灣的朋友爲我指出許多正體中文的錯誤，在此一併致以深深謝意！

另外，感謝武漢大學出版社的白紹華編輯以及朱金波編輯對本書的出版付出的努力，以及排版的同志付出的辛勤，誠致謝意！

最後一句話，本書的内容來自四川(包括重慶地區的大四川)，在爲古代的四川人民精湛的技藝讚歎不已時，也對如今默默對四川石窟進行調查研究的學者表達同行相敬之情。